KB013323

예술의 유토피아

아도르노의 문제의식

예술의 유토피아

아도르노의 문제의식

초판 1쇄 인쇄 2024년 8월 5일
초판 1쇄 발행 2024년 8월 13일

—

지은이 문광훈
펴낸이 이방원

책임편집 이희도   **책임디자인** 손경화
마케팅 최성수 · 김 준   **경영지원** 이병은

—

펴낸곳 세창출판사

　　　신고번호 제1990-000013호   **주소** 03736 서울시 서대문구 경기대로 58 경기빌딩 602호
　　　전화 02-723-8660   **팩스** 02-720-4579   **이메일** edit@sechangpub.co.kr   **홈페이지** http://www.sechangpub.co.kr
　　　블로그 blog.naver.com/scpc1992   **페이스북** fb.me/Sechangofficial   **인스타그램** @sechang_official

—

ISBN 979-11-6684-339-6 93160

ⓒ 문광훈, 2024

이 책에 실린 글의 무단 전재와 복제를 금합니다.

예술의 유토피아

아도르노의 문제의식

문광훈 지음

세창출판사

왜 심미적 이성인가?

— 테오도어 아도르노의 문제의식

99

삶에서 초월적인 것을 약속하지 않는 일은
진정 살아 있는 것으로 경험될 수 없을 것이다.

아도르노, 『부정변증법』(1966)

　　1800년대를 전후한 시기부터 오늘날에 이르기까지 근현대 철학과 미학을 지배해 온 독일의 담론이 유난히 까다롭고 난해하다는 것은 잘 알려져 있다. 사변적 관념어가 많고, 이런 단어가 중층적으로 얽혀 있어 문장구조도 복잡하기 그지없다. 문장의 구조는 사유의 구조이고 의미와 논리의 구조다. 그러니 이 복잡한 의미구조를 오늘의 실감 있는 언어로 알아볼 수 있게 재해석한다는 것은 결코 간단한 게 아니다.

1. 한국에서의 아도르노 읽기

99

문장이 조잡하거나 영혼 없는 글은
불결하게 생각돼 읽지 않는다.

유종호, 『그 이름 안티고네』(2019)

아도르노T. W. Adorno, 1903~1969의 경우도 마찬가지다. 그의 저작을 해석한 대부분의 책이 생경한 것도 그런 이유에서일 것이다. '생경하다'는 것은 구사된 관념어가 낯설다는 것이고, 해석자 자신의 언어로 육화되지 못했다는 뜻이다. 그래서 서투르고 부적절해 보일 때가 많다. 이 어설픈 언어에서 독자는 어떤 실감을 얻을 수 있는가? 그런 언어로 가득 찬 책이 어떻게 원저자의 문제의식을 포괄적이고 깊이 있게 전달할 수 있겠는가?

그런데 이 같은 미비는 아도르노 읽기에만 해당하는 게 아니다. 발터 벤야민W. Benjamin의 경우도 크게 다르지 않다. 이 이론가는 1990년대 이후 우리의 학문 공동체에서 한국문학과 외국문학 분야를 통틀어 가장 빈번하게 인용된 저자로 알려져 있지만, 아직도 우리에게는 믿고 의지할 만한 혹은 훌륭하거나 뛰어난 벤야민론이 없는 것처럼 보인다. 벤야민에 관한 책은 대개 외국인 저자가 쓴 책의 번역서이기 때문이다. 있다고 한들 그의 한두 가지 면모에 대한 논의가 대부분이다. 나는 벤야민의 번역관으로 박사학위를 받은 연구자도 보았지만, 그의 번역론을 안다고 해서 벤야민의 전모全貌를 파악했다고 말할 수 있을까? 우리의 외국학 논의는 이처럼 파편화되어 있다.[1]

다시 묻는다. 왜 우리에게는 벤야민에 대한 정확하고도 깊이 있으며 유려하고도 균형 잡힌 해설서가 부족한가? 아니, 그렇게 멀리 갈 필요도 없다. 왜 한국의 학문공동체에는 예를 들어 칸트와 헤겔 철학을 공부할 때 믿고 의지할 수 있는 표준서가 여전히 부족할까? 혹은 그런 표준서로서 하나의 정전canon으로 삼을 만큼 널리 인정받는 책이 아직도 없는 것일까? 똑같은 논리로 이렇게 물을 수 있다. 왜 우리는 믿고 의지할 만한 아도르노론을 찾기 어려운 것인가?

한 명의 사상적 거장을 제대로 읽어 내려면 말할 것도 없이 몇 가지 덕목이 필요하다. 그러나 최대한으로 줄이면 그것은 네 가지로 수렴될 수 있다.

첫째, 해당 문헌(1차 문헌)에 대한 정확하고 꼼꼼한 독해다. 그러나 이것으로 끝나는 게 아니다. 이것은 출발점에 불과하다.

둘째, 그런 독해는 관련 문헌이 보여 주는 복잡다단한 논지와의 '비판적 대결' 속에서 이뤄져야 한다. 그래서 설득력 있는 것은 받아들이고, 설득력이 부족한 것은 제외될 필요가 있다. 아도르노와 관련하여 이뤄진 수많은 해석의 내용과 줄기가 모두 중요한 게 아니라, 그래서 그것을 다 받아들일 게 아니라, 일정한 기준과 관점에서 '걸러져야' 한다.

셋째, 그러면서 논자 자신의 문제의식이 체계적으로 만들어져야 한다. 다시 말하여 원저자 자신이 가진 문제의식의 핵심을 드러내면서 '동시에' 그렇게 읽는 논자 자신의 해석적 세계가 일목요연하게 그리고 정연한 질서 속에서 펼쳐져야 한다. 이렇게 하기 위해서는 논의되는 주제들 가운데 무엇이 중요하고 무엇이 덜 중요한지, 무엇이 핵심적이고 무엇이 지엽적인 것에 불과한지 구분해야 하고, 이렇게 구분하면서 해석자

---

1   정확히 10년 전 발터 벤야민에 대한 책을 출간할 때 나는 이 문제를 언급한 적 있다(문광훈, 『가면들의 병기창 — 발터 벤야민의 문제의식』, 한길사, 2014, 18~24쪽. 그 뒤 3쇄 출간(2017)에 즈음하여 '첨언(1091~1103쪽)'을 덧붙였다).

자신의 현실 ― '2024년 이 땅의 사회정치적 문화적 상황에서 원저자의 어떤 생각이 여전히 유효한 것인지, 그래서 무엇이 아직도 배울 만한 것인가'를 냉정하게 물어보아야 한다.

이 모든 생각들은 여러 단계의 절차 ― 번역과 해석, 이해와 보충 설명과 적용의 과정에서 (원저자의 언어가 아니라) 해석자 자신의 언어로 재구성되어야 한다. 이때 애매한 용어를 얼렁뚱땅 넘어가선 곤란하다. 그것은 다시 풀어 설명해야 하고, 논리적 비약에는 그 틈을 메꿔야 한다. 그렇다면 이런 논의의 여러 단계에서 궁극적으로 중요한 것은 무엇일까? 그것은 말할 것도 없이 해석자 자신의 언어이고 사고이며 문제의식이다. 이것은 거듭 강조되어야 마땅하다.

다시 쓴다. 한 거장의 해석에 있어 결정적인 것은 (당연히 원저자의 생각도 중요하지만 그만큼이나) 이 저자를 해석하는 연구자 자신의 사고와 언어에 내장된 깊이와 수준이다. 그런 사고의 깊이가 전제되어 있어야 원저자의 복잡다기한 문제의식을 불편부당不偏不黨하게 이해할 수 있고, 그런 언어 수준이 구비되어야 원저자의 문제의식을 문장적으로 재구성할 수 있기 때문이다. 다시 쓰기re-writing란 이런 문장적 재구성 과정을 뜻한다.

이런 점에서라도 넷째, 문장훈련은 핵심이 아닐 수 없다. 외국 철학이나 외국문학을 전공하는 사람들의 저서가 거칠고 경직된 것은, 그래서 읽어 내려가기 어려운 것은 그런 언어의식이 부족해서이지 않나 싶다. 즉 오랜 기간에 걸친 문장연습이 없기 때문이다.

문장훈련은 곧 사고훈련이고 표현훈련이며 논리훈련이자 감성훈련이다. 문장수련은 한 인간의 실존적 전체를 영육적으로 정련화하는 과정이기 때문이다. 이것은 매우 중요하다. 그래서 학문활동에서는 기본 중의 기본이요 근본 중의 근본 사항이다. 하지만 이것은 이 땅의 학문 공동체에서 자주 간과되는 것으로 보인다.

나는 외국문학 연구자들 가운데 전공 분야를 결정한 후, —그때는 대개 대학이나 대학원 시절이 될 터인데— 외국어 공부와는 별도로 '자기 문장을 지속적으로 훈련했다'는 사람을 별로 보지 못했다. 문학의 전공자라면 시와 소설을 가리지 않고 읽어야 하듯이 한국의 문학작품뿐만 아니라, 한글로 번역된 외국의 문학작품까지 포괄적으로 읽어야 한다. 이것은 무슨 의무감에서가 아니라, '그저 좋아서', 그래서 자연스럽게 이뤄지는 것이다.

작품을 감상하고 음미할 줄 모르는데 어떤 좋은 해석이 나오고 어떤 좋은 비평이 생겨날 수 있겠는가? 표준이 될 만한 작품론이나 작가론은 언감생심이 아닐 수 없다. 대체 우리는 언제까지 소화되지 못한 관념어 투성이 문장을 '깊은 사유'로 착각하고, 거칠고 조악한 문장은 '외국어 번역 때문'이라고 둘러댈 것인가?

난해한 것과 난삽難澁한 것은 분명 다르다. 문장이나 사상이 난해할 순 있어도 난삽하면 곤란하다. 난삽한 것은 원문을 제대로 소화하지 못하고 분명하게 이해하지 못한 결과다. 적어도 해설서에서는 그렇다는 뜻이다. 이것은 모두 연구자 자신이 관련 텍스트를 정확하고 엄밀하게 해석하여 자기의 언어로 갈무리해 내지 못했기 때문이다. 즉 그의 감수성과 해석력, 사고력과 문장력과 구성술이 모자란 것이지 결코 다른 이유에서가 아니다.

시를 쓰려면 문장연습부터 하라고 시인 김수영은 60여 년 전에 일갈한 적이 있지만, 이것은 외국문학 공부에도 해당된다. 외국문학도는 외국 철학의 전공자가 그러하듯이 마땅히 모국어/한글을 가다듬고 수련하는 일부터 시작해야 한다. 문학적 감수성이란 유종호 선생이 거듭 강조했듯이 모국어에 대한 민감성에 기초를 두기 때문이다. 그렇듯이 외국어 능력은 모국어 능력에서 온다.

문장이 정확하려면 사고가 엄밀해야 하고, 이 사고의 원천은 풍부한 감수성이다. 그렇다는 것은 거꾸로 감수성의 훈련에서 시작하여 이 감정을 이성적으로 검토하고, 이렇게 검토한 생각의 내용을 언어로 분명하게 표현하는 훈련이 이어져야 한다는 뜻이다.

작년에 알렉산드르 게르첸A. Gertsen론을 출간하면서 밝힌 바 있지만,[2] 나는 내가 쓴 모든 문장과 어휘에 대하여 '근거를 댈begründen' 준비가 되어 있다. 아도르노에 대한 이 책도 다르지 않다. 나는 나의 번역과 해석에 대해 책임을 질 수 있다. 이 말은 내가 쓴 문장들 가운데 마음 깊은 곳으로부터 스스로 느끼고 절실하게 고민하지 않은 것은 하나도 없다는 뜻이고, 바로 그 때문에 대충 이해한 학술어나 제대로 소화하지 못한 개념어는 전혀 쓰지 않았다는 뜻이다.

그렇다면 이것으로 끝나는가? 생생한 언어와 책임 있는 사고는 논의의 차원에서만 머무는 것인가? 그렇지 않다. 이 모든 것은 마땅히 해석자 자신의 '삶 안으로 육화되어야' 한다. 그래서 그 자신의 살과 피와 뼈가 되어 당사자의 현재적 생활을 윤택하게 만드는 데로 수렴되어야 한다. 내가 배우고 익힌 것이 내가 지금 살아가는 삶의 실질적 양분과 에너지가 되지 못한다면 나는 왜 읽고 쓰는 것인가?

우리가 아도르노를 읽는 것은 그의 여러 가지 문제의식을 우리 자신이 배우고 우리 사회에 적용해 보기 위해서다. 결국 감수성훈련은 사고훈련이자 문장훈련이고 생활훈련이다. 이런 상호유기적 훈련을 통해 우리는 각자의 삶을 만들고 공동체 전체의 문화를 형성하는 데 참여한다.

---

2 문광훈, 「연구를 마치며: 자서전과 반성적 회고」, 2023. 7. 28. 대우재단 홈페이지/학술사업 참조.

이것이 지식의 자기화요 앎의 생활화다. 내가 내 삶을 살아가는 데 도움이 되지 않는다면, 우리가 우리의 공동체적 현실을 일구는 데 그 나름으로 기여하지 못한다면, 아도르노를 왜 읽는 것이고 벤야민은 어디다 쓸 것인가?

2. 이 책의 내용을 문장 10개로 줄일 수 있을까?

아도르노의 미학체계가 아무리 복잡하다고 해도 때로는 간결하고 명료하게 표현될 필요도 있다. 그래서 나는 묻는다. 그의 미학적 문제의식을 문장 10개로 요약할 수 있을까? 나는 이것을 시도해 보려 한다. 각 문장에 두 문장을 보충 설명으로 붙였다.

1) **현대사회는 '최대수익의 원리' 아래 움직인다.** 그래서 이윤은 강제되고, 개인/자아는 말살된다. 이것이 오늘날의 '사물화된' 삶이다.
2) **사물화된 사회가 '총체적으로 관리되는' 자본주의적 상품소비 사회라면, '문화산업'은 그런 상업화된 현대문화의 이름이다.** 여기에서는 모든 것이 돈으로 환산된다. 이 환산화의 체계에 어울리는 것은 '동질적인 것'으로 환영받지만, 어울리지 않는 것은 '이질적인 것'으로 배제된다.
3) **지금의 자본주의 세상을 지배하는 것은 동일성과 등가성의 원리다.** 이 등가성의 원리에 따라 많은 것은 평준화되고 상투화되며 진부해진다. 그리하여 개별적인 것은, 사람이든 사물이든, 그만의 고유성을 잃는다.
4) **이처럼 삶은 어긋나고 모순에 찬 것이다.** 나와 너는 만나고, 주

체와 객체는 상호교차하며, 이 교차 속에 동질성과 이질성은 뒤섞여 있다. 그러므로 진리가 있다면 그것은 이 대립적인 것의 모순을 단순히 배제하는 게 아니라 수용하는 가운데 이 모순을 넘어 모순과는 다른 어떤 것으로 나아가는 데 있을 것이다.

5) **이 많은 모순들 가운데 어쩔 수 없이 받아들여야 하는 경우도 있다.** 그 모순의 이름이 아포리아aporia — 해결불가능한 난관이다. 학문이 해명하려는 것은 이 아포리아의 구조이고 동력학이다.

6) **철학이 아포리아를 '개념적으로 사유'한다면, 예술은 아포리아를 '형상적으로 표현'한다.** 철학이 아포리아와 부정변증법적으로 대결한다면, 예술은 아포리아를 미메시스적으로 드러낸다. 이때의 대응목표가 진실이라는 점에서 철학과 예술은 서로 통한다.

7) **예술은 기존 질서와는 '다른 질서' — 지금 여기에 없지만 언젠가 올지도 모를 다른 현실을 드러낸다.** 그런 점에서 그것은 비동일적인 것들의 자취와 흔적과 메아리를 담는다. 예술은 현실의 아포리아 속에서 유토피아를 상상하고 암시하며 표현한다.

8) **예술은 어떤 것도 주장하거나 강요하지 않는다.** 그러면서 좀 더 나은 것 — 더 나은 삶의 화해적 상태를 추구한다. 그런 점에서 '윤리적'이다.

9) **따라서 심미적 경험 속에서 인간은 감각과 사고를 쇄신하는 가운데 자신을 변형시켜 갈 수 있다.** 이것이 교양과 교육의 자발적 과정이다. 예술은 이미 있는 것의 상투적 정당화를 의문시하면서 주체의 새로운 형성을 도모하고, 이 주체 형성 속에서 비

지배의 이성적 질서로 나아간다.

10) **그러므로 철학의 과제가 '타율성 비판'이라면, 교육의 과제는 '자율성의 장려'에 있다.** 그렇듯이 미학은 새롭게 느끼고 다르게 사유하는 능력 — 심미적 판단력의 연마에 있다. 예술은 자율적 개인의 반성적 변형능력을 촉진시킨다.

여기에서 드러나듯이 아도르노의 사상은 사회(진단)로부터 시작하여 개인(형성)으로 수렴되고, 철학에서 시작하여 현실과 역사를 거쳐 예술/미학으로 돌아간다. 아우슈비츠라는 역사적 파국 앞에서 그는 교육과 교양의 문제를 생각하듯이 이 교양과 교육에서 개인/주체가 어떻게 되어야 하는지를 탐구한다. 그의 학문 전체는 자본의 '사회'와 이에 대항하는 '예술', 이 예술의 '이성'과 '타자성', 나아가 예술을 통해 배우고 익히는 '교양'과정, 그리고 이 같은 교양을 장려하는 '문화'로 요약될 수 있다.

이 모든 생각들은 어디로 귀결되는 것일까? 그것은 지금 여기의 나 자신이다. 나라는 주체, 이 주체의 바른 꼴이다. 그 꼴이란 어떤 것인가? 그것은 스스로 생각하고 규정하는 인간 — 자율적이고 독립적인 개인이다.

교양이 중요한 것은 자율적이고 독립적인 개인을 키우고, 이 개인의 인격과 품성을 교육하는 과정이 바로 교양의 형성과정이기 때문이다. 민주주의가 중요한 것은 그것이 자율적 개인의 자유로운 공동체를 합리적으로 구성하는 비폭력의 정치제도이기 때문이다. 그러면 미학은 왜 필요한가? 예술은 그런 인간다운 공동체를 가상적으로 보여 주고, 예술작품은 다른 현실의 가능성을 상징과 암시로 형상화하기 때문이다.

3. 심미적 이성의 움직임

이처럼 철학과 예술과 교육은 이어져 있다. 그렇다는 것은 제대로 된 심미적 감수성이라면 첫째, 철학적 사유로 자신을 무장시켜야 하고, 둘째, 이렇게 무장한 채 부정변증법적으로 현실과 대결할 수 있어야 한다는 뜻이다. 그러려면 셋째, 자신을 끊임없이 연마해야 한다. 이 연마의 과정은 그 자체로 교육과 교양의 즐거운 과정이다.

이것을 예술로 국한해 보자. 미학의 문제는 무엇인가? 그 중심에는 감수성이 있다. 그러나 이 감수성은 감각만의 사안이 아니다. 감각의 내용은 사고에 기대어 좀 더 정연하고 질서 있게, 그래서 합리적으로 구성될 수 있다.

그리하여 감성은 이성과 만나고, 생각은 느낌으로 보충되어야 한다. 이렇게 어울린 감성과 사고는 좀 더 조화로운 형태에서 잠시 완성된다. '잠시 완성된다'는 것은 그때그때의 완성이 최종적으로 완결된 게 아니라 더 나은 완성을 향한 하나의 단계에 불과하기 때문이다. 따라서 조화로운 상태도 지속적으로 지양되어야 한다. 그렇게 조화롭게 표현된 하나의 사례가 예술이고 예술작품이다.

창작을 고민하는 예술가의 사유, 그것이 심미적 이성의 이름이다. 예술가는, 그가 시인이든 작가든, 화가든 음악가든, 이 세상을 어떻게 표현할지, 삶과 인간을 어떻게 그리고 묘사할지 고민한다. 심미적 이성은, 그것이 각 개인의 느낌으로부터 출발한다는 점에서 감성적이지만, 이 감성은 사고와 논리에 의해 보완되어야 한다는 점에서 이성적이다. 감각적 인간을 이성적으로 만들기 위해서는 심미적으로 만드는 것 외에 다른 길이 없다고 프리드리히 실러F. Schiller가 200년 전에 쓰지 않았던가? 깊은 통찰이 아닐 수 없다. 심미적 이성은, 그것이 부정변증법적으로 작동한다는 점에서 철학적이지만, 이 철학적 사유는, 그것이 작품/형상화에 바탕을 두고 있다는 점에서 예술적이다.

그러므로 심미적 이성에서 철학적 인식과 예술적 표현은 하나로 만나고, 그렇게 만날 수 있어야 한다. 이 심미적 이성을 아도르노는 '심미적 합리성ästhetische Rationalität'이라고 불렀다. 두 개념은 상통한다. 그렇다. 예술과 이성이 서로 만나 하나가 될 때, 그것이 심미적 이성이다. 그것은 지금 여기의 현실을 성찰하는 가운데 아직 오지 않은 것들 — 좀 더 진실하고 선하며 아름다운 것들을 표현 속에서, 이 표현의 적나라한 진실 속에서 구현한다. 그런 점에서 예술은 아직 실현되지 않은 행복의 약속이다.

4. 아포리아와 유토피아 사이

오늘의 현실은 번거로울 정도로 복잡다기하고 크고 작은 재앙들로 차 있는 것처럼 보인다. 그러니 그 병폐가 하루아침에 치유될 것 같지 않다. 아마도 그것은 앞으로도 완전히 치유되기보다 어떤 것은 고쳐지지만 어떤 것은 그대로인 채, 아니 어쩌면 더 악화된 채 이어질지도 모른다. 그것은 차라리 지금은 모르는 또 다른 폐해를 더하면서 계속 잔존할 것이다. 그렇다고 하는 게 정확한 현실진단이 아닐까 싶다.

언어는 어느 정도까지 사물을 서술할 수 있고, 어느 선線에서 서술할 수 없는가?(언어의 한계) 나는 상대를 이해하고자 애쓰지만 오해하기도 하고, 우리는 그들을 알면서도 모를 때가 많다(이해의 한계). 어떤 진리는 알 수 있지만 어떤 진리는 알 방법이 떠오르지 않는다(인식의 한계). 그렇다면 공정하고 합리적인 행동은 가능한가? 선의로 한 어떤 행동은 자기도 모르는 사이에 악의로 변질되기도 한다(행동의 한계). 전혀 의도하지 않았는데 어처구니없는 일이 생겨날 수도 있다(윤리의 한계). 어떤 사안은 사람과 사람의 관계에서나 상황적 조건에 따라 예기치 못한 방식으로 전개될 수도 있다(상황의 한계).

이처럼 삶의 많은 사안은 양가적兩價的/ambivalent으로 보인다. 곳곳에 모순과 역설 그리고 이율배반이 있다. 이 이율배반으로부터 부조리가 생겨난다. 부조리란 이치에 어긋나거나 도리에 맞지 않는 일이다. 부조리가 일어난다면 그것은 우리가 처음부터 이치를 너무 좁게 규정했기 때문이 아닐까? 더 나가면 이렇게 된다. 우리가 설정한 이치는 더 이상 이치가 아니고, 인간이 가정한 도리는 더 이상 도리가 아닐 수도 있다. 이런 경우도 우리는 받아들여야 한다.

무엇을 할 수 있을까? 이 겹겹의 한계 속에서 우리는 무엇을 책임 있게 그리고 지속적으로 행할 수 있는가? 우리는 흔히 모순의 '극복'을 말한다. 그러나 모순은 극복되는가? 그렇지 않다. 어떤 것은 극복되지만 어떤 것은 극복되지 않기 때문이다. 극복되지 않는 모순의 많은 것들은 시간이 지나면서 다양한 방식으로 변주되면서 이월된다. 그리하여 그 모순들은 여전히 오늘의 살아 움직이는 문제로서 우리를 압박한다. 그러니 모순에 대하여 우리가 할 수 있는 것은 극복이 아니라 응전應戰이라고 불러야 한다.

살다 보면 따져 묻기보다 그대로 놔두는 편이 좋을 때도 있다. 탐구하며 질문하는 일만큼 의구심을 가진 채 바라보는 일도 필요하다. 또 어떤 한계는 단순히 넘어서는 게 아니라 받아들이는 게 더 바람직하다. 그것은 그 자체로 '인간의 조건'을 상기시켜 주기 때문이다. 그러면서 우리는 다시 시작할 수 있다. 그리하여 부단히 대결하는 것, 이렇게 대결하면서 어떤 모순은 지양하지만 어떤 다른 모순은 수용하고, 이런 수용 속에서 그 모순을 좀 더 높은 차원에서 쇄신해 가는 것… 학문의 변함없는 과제는 아포리아적 상황의 객관적 해명이다. 철학이 하는 것은 이 모순과 개념적이고 논증적으로 응전하는 일이다.

전지전능한 길은 현실에 없는 것처럼 보인다. 완벽한 방법은 삶에 부재하는 것 같다. 내게 100개의 입과 100개의 혀가 있다 해도 현실의 불가해를 다 열거할 순 없을 것이다. 마찬가지로 수십 수백 가지 목소리가 있어도 자신의 맹목과 인간의 어리석음을 온전히 헤아리지 못할 것 같다. 그러나 세상은 우리가 꾸는 열망의 크기와 응전의 방식에 따라 가늠될 것이다. 내가 사는 삶은 이 삶에서 내가 그 너머를 상상하고 초월하며 실행하는 것만큼 경이롭게 나타날 수도 있다. 이 초월은 우선 자기초월에서 시작되지만, 가장 작게는 한계를 넘을 수 없다는 사실의 인정에서도 이미 시작된다.

그러므로 현대예술의 유토피아는 디스토피아의 처참한 인식에서 시작한다. 어떤 디스토피아인가? 그것은 더 나은 삶이 전적으로 불가능하다고 판명된 아포리아적 현실이다. 이 현실이란 돈과 자본의 수익현실이고, 산업과 상업의 스마트 현실이며, 디지털 기술이 지배하는 가상현실이다. 스마트폰을 쓰면 우리는 정말 스마트해지는 것인가? 곳곳에 기회가 있듯이 위기가 있고, 어지러운 유혹이 있듯이 암울한 몽매가 자리한다. 아마도 재앙 없는 발전은 없을 것이다. 예술은 아포리아 현실에서 유토피아를 꿈꾼다.

5. 한국미학의 미래

1999년 독일 유학을 마치고 돌아온 뒤 나는 지난 25년 동안 서너 방향에서 글을 써 왔다. 독일문학에 대한 것이든 한국문학에 대한 것이든, 또 예술론이든 문화론이든 산문이든, 어느 글에서나 그 중심에는 예술이라는 주제가 있었다.

　지금까지 나의 학문을 추동한 것은 간단히 말하여 시와 예술의 가능성에 대한 어떤 열망이었다. 시는 무엇을 할 수 있고, 문학예술이 할 수 있는 것은 무엇인가? 다양한 예술작품에서 인간과 현실과 자연은 어떻게 드러나고 어떻게 파악되고 있는가? 말하자면 '심미적인 것의 잠재력에 대한 탐구', 그것이 내 학문적 열망의 기원을 이룬다.

　이런 문제의식 아래 책을 썼기 때문인지 나는 그동안 시인이나 소설가 혹은 화가나 큐레이터로부터 이런저런 연락을 받기도 했다. 어떤 이는 시집을 보내 주었고 어떤 이는 소설집을 보내 주었다. 또 어떤 이는 팸플릿을 보내면서 전시회에 초대하기도 했다. 나는 도서관이나 미술관에서 드물지 않게 강연도 했다. 그것은 독문학 선후배를 만나는 일만큼이나, 아니 그보다 더 흥미로운 일이었다. 더 신선한 자극과 영감 덕분이었다.

　일반 독자도 물론 중요하다. 하지만 이 아도르노론도 나의 발터 벤야민론이 그러하듯이 누구보다 시인이나 예술가들에게 읽히기를 나는 희망한다. 우리말로 된 번역문학이 궁극적으로는 한국문학의 일부라고 한다면, 번역된 이론서는 결국 우리 이론을 위한 책이다. 그렇다면 이 책처럼 외국 이론가에 대한 해설서는? 이것도 이 땅의 이론과 사상을 위한 밑거름이 될 뿐이다. 이 아도르노론도 오늘의 예술은 무엇을 할 수 있고, 한국문화의 미래적 방향은 어떠한지 의식한다. 예술이라는 단어 대신 시 혹은 시의 정신이라는 단어를 넣어도 글의 전체 의미는 크게 달라지지 않는다.

　이렇게 쓴 이유는 '문학적인 것의 의미' 혹은 '예술적인 것의 의미'를 다시 생각해 보자는 뜻에서다. 예를 들어 한국문학에서 지금 쓰이는 글은, 시든 소설이든 비평이든, 크게 보아 협소한 것으로 보인다. 한 편의 시를 쓴다는 것은 하나의 주관적 느낌이나 감상을 토로하거나 이미지화하는 데 그치는 게 아니다. 마찬가지로 한 편의 소설을 쓴다는 것은 단순히 어떤 이야기를 풀어내는 기술이나 기법에 그치는 게 아니다. 그것은 인간과 삶의 전체를 드러내는 일이고, 이 삶이 펼쳐지는 현실의 온전한 세계상을 적어도 그 일부라도 성찰하면서 그와 다른 질서를 구현하는 일이다. 그러므로 모든 문학적인 것은 깊은 의미에서 장르초월적이다.

그러나 오늘날 문학은 단순한 사건의 줄거리로, 혹은 하나의 서사를 드러내는 서술적 전략이나 기교로 축소되어 버린 듯하다. 여기에 깊이는 누락되어 있다. 문학비평도 다르지 않다. 제대로 된 비평가라면 작품만 분석해선 곤란하다. 문학적인 것은, 괴테나 도스토옙스키나 톨스토이나 밀란 쿤데라가 보여 주듯이, 삶과 인간과 현실과 역사를 포괄해야 한다. 그래서 생명과 윤리와 형이상학의 가능성을 새롭게 모색해야 한다. 참으로 깊은 의미의 문학은 삶의 전체, 이 전체를 육화한 예술적인 것의 전체와 다를 수 없기 때문이다.

육상산陸象山, 1139~1192은 800년 전에 "육경六經은 모두 나를 위한 각주에 불과하다[六經皆我註脚]"라고 썼다. 얼마나 많은 것이 이미 있어 온 생각들의 구태의연한 반복이고, 이 지루한 생각들에 대한 부질없는 보충에 불과한가? 그렇다면 이 모든 논평은 없어도 무관한 군더더기일 뿐이다.

나는 이학理學과 심학心學의 저 오랜 전통을 떠올린다. 이 좁은 반도의 역사에서 뛰어난 시론詩論이나 화론畫論이 없지 않지만, 턱없이 빈곤해 보인다. 이것은 더 넓은 맥락에서 사상의 역사history of idea를 밝히는 탐구자가, 20세기 후반에만 보아도, 드물다는 사실과 이어지지 않을까? 우리는 언제 인간과 삶, 현실과 자연과 우주에 대한 주체적이고 독자적인 관점을 펼칠 수 있을까? 그러려면 무엇보다 좋은 예술론이 많이 나와야 한다. 그것이야말로 우리 문화의 각주가 아니라 본론에 해당하기 때문이다. 한 사회의 정신문화란 시론과 화론 그리고 악론樂論을 포함하는 예술론에서 싹트기 때문이다.

아도르노 미학이 여전히 중요한 이유는 그 핵심에 한 가지 질문 — '예술이 불가능한 현실에서 예술은 무엇을 할 수 있는가?'라는 도저하고도 절망적인 자문自問이 있기 때문이다. 그는 사회를 분석하고 인간을 이해하고 역사를 진단하면서 예술의 가능성을 모색한다. 이런 모색의 바탕은 견고한 철학적 사유다. 그에게 미학의 길은 예술적 상상력과 철학적 사유를 통합함으로써 시도된다. 그것은 학문적이기에 객관적이고 실존적이기에 절실하게 느껴진다. 아무리 객관적인 진술이어도 저자 자신의 실존적 절실성이 배어들지 않는다면 그 진술은 오래가지 못할 것이라고 나는 생각한다.

6. 이 세상의 사랑스러운 것들

오늘의 사회가 과학과 기술의 후기산업시대인 것은 틀림없다. 그러니만큼 우리의 탐구는 과학적이어야 하고, 나날의 생활은 합리적이어야한다. 그렇다는 것은 삶의 사실에 밀착하고, 이 사실에 충실해야 한다는 뜻이다. 그러면서 사실의 올바름에 대해서도 동시에 고민해야 한다.

우리는 사실의 정당성 — 사실의 사실다움뿐만 아니라 사실의 되어야 할 올바른 방향에 대한 고민도 포기해선 안 된다. 바로 이 고민에 가치나 세계관의 문제가 개입하고, 이 고민으로부터 윤리학도 생겨나기 때문이다. 인문학은 쓸모[利]를 넘어서는 옳음[義]의 세계를 포기해선 안 된다. 예술론도 그렇고, 문학과 철학과 미학도 다르지 않다. 시적인 것이 아직도 인간적인 것이고 인간적인 것이 아직도 예술적인 것이라면, 우리는 이 비시적이고 비인간적이며 비예술적인 것과 부단히 대결해야 한다.

예술적인 것의 가능성은 예술적인 것을 훼손하는 현실의 이 전체와 응전하는 가운데 새롭게 펼쳐질 수 있기 때문이다.

우리가 아도르노를 읽는 것은 단순히 그를 칭송하거나 숭배하기 위해서가 아니다. 아도르노보다 중요한 것은 아도르노 이후의 한국미학을 모색하는 일이다. 우리가 읽는 모든 것은, 그것이 어떤 책이든, 아도르노론이든 한국미학서든, 결국 한국문화의 보편적 가능성으로, 이 보편적 가능성을 구현하는 데로 수렴되어야 한다.

하지만 그 이전에 이 책이 한 권의 책으로서, 다시 말해 한 그루의 멀쩡한 나무를 베어 그 재질材質로 만든 의미의 덩어리로서 '물질성에 걸맞은 쓸모'를 갖춰야 한다. 즉 이 책은 아도르노 미학서이기 이전에 한 권의 책으로서도 가치 있어야 한다. 그러니까 나는 한 권의 읽을 만한 책에서 시작하여 아도르노론을 거쳐 우리 미학의 미래를 모색하려는 열망을 품고 있다. 그렇지 못한다면? 나는 실패한 저자에 불과하다.

얼마 전 찬바람 속에서 노란 개나리잎이 돋더니 일주일이 멀다 하고 져 버렸다. 이어 벚꽃이 피었다가 졌고, 목련도 소리 소문 없이 사라졌다. 이제 학교의 정원 곳곳에는 철쭉이 피어나고, 라일락 향기가 대기 사이로 번져 간다.

아니다. 이 꽃들도 그사이에 떨어졌고, 이제는 아까시나무가 하얀 꽃망울을 피우면서 흐드러지게 늘어져 있다. 하루에도 얼마나 많은 '이제'가 있고, 얼마나 많은 '지금'이 조각난 모음곡suite처럼 끝도 없이 이어지는가? 이전에는 매년 매 계절이 아쉽더니 요즘에는 매주 매일이 아쉽고, 하루의 모든 시간이 귀하게 느껴진다. 이제는 나도 늙어 가는 것인가?

혁명가 트로츠키L. Trotsky는 세상이 줄 수 있는 가장 사랑스러운 것이 '새로 찍어 낸 신문의 잉크 냄새' 같은 것들이라고 쓴 적이 있지만, 내게 사랑스러운 것은 인간과 세상과 나날의 새로운 모습들이다. 우리가 죽을 때 기억나게 될 것은 혁명이나 이념이 아니라, 그리움이나 흐뭇함 혹은 행복의 어떤 순간일 것이다.

아침이면 찾아드는 신선한 공기와, 낮의 왁자한 시간에도 드물게 찾아오는 잠시의 정적과, 잠자기 전의 조용한 평화. 혹은 늘 덮는 이불에서 나는 익숙한 냄새와 그 잠자리 같은 것들. 아니면 맑은 물 한 잔이나 매일 마시는 커피 두세 잔이나 비가 온 뒤에 보게 되는 파란 하늘. 혹은 글을 읽다가 만나는 보석 같은 통찰이나 어떤 아름다운 선율들… 이런 것들을 나는 사랑하고 귀하게 여긴다. 나는 인간과 그 삶을 넓게 보고 깊게 읽고 싶다.

나는 내가 무엇을 할 수 있고 무엇을 할 수 없는지, 무엇을 해야만 하고 또 하고 싶은지를 가끔 떠올린다. 할 수 있는 몇 가지 일들 가운데 나는 내가 하고 싶은 일에 집중하고 싶다. 어떤 것을 쓰든 그 모든 문장이 지금 현재의 삶을 증거하고, 내 실존의 전부를 담은 것이 되게 하고 싶다. 그것이 삶을 사랑하는 나의 방식이므로. 그렇지 못하면? 펜을 놓고 창밖을 보거나, 거실에서 졸거나, 책을 읽거나 음악을 듣거나, 아니면 집 주변을 잠시 어슬렁거리는 게 나을 것이다.

책의 출간이 문화적 실천의 한 방식이라면 이 실천도 삶의 여느 일처럼 쉽지 않다. 오늘날에는 더 그런 것 같다. 사람들은 갈수록 짧고 가벼우며 말랑말랑한 것을 선호하기 때문이다. 이제 나는 내가 생각한 것을 더 이상 말하지 않고, 말하는 것을 믿지 않으며, 설령 진실을 말한다고 해도 그것을 알아차리지 못하도록 이런저런 암시와 비유 속에서 숨겨 버려야 하는 것인가?

지금껏 나의 열망은 너무도 자주 좌초된 까닭에 원래 그 꿈이 무엇이었는지 헤아리기조차 어렵게 되었지만, 이렇게나마 생각의 매듭을 또 한 차례 일단락 짓게 된 것은 오직 세창출판사 덕분이다. 출간을 결정해 주신 이방원 대표께 깊은 감사를 드린다. 부실한 원고를 꼼꼼히 읽고 교정해 주신 편집부의 이희도 씨께도 고마움의 인사를 전한다.

이 책이 시와 예술을 통해 오늘의 삶을 쇄신하려는 예술가에게, 이 예술가들의 현실 탐구에 조그만 기여라도 할 수 있다면 더 바랄 나위가 없을 것이다. 독자 여러분의 질정을 기다린다.

2024년 5월 2일
문광훈

───────────── 2장 ─────────────

예술–주체–교양–자율

3장

예술의 타자성

─────────── 4장 ───────────

문화산업과 문화비판 – 오늘의 상품소비사회에서

─────────── 5장 ───────────

타율성에 대한 저항

───────────────　6장　───────────────

알렉시예비치에게 대답하다 — 결론을 대신하여

일러두기

1. 1장 「예술과 이성」은 '아도르노와 비판이론 — 예술과 이성'이라는 제목으로 2017년 5월 6일 네이버 강연에서 발표되었다. https://openlectures.naver.com/contents?contentsId=132093&rid=2933 동영상 참조.

2. 4장 「문화산업과 문화비판 — 상품소비사회에서」의 일부는 '문화산업과 문화 — 오늘의 상품소비사회에서'라는 제목으로 2018년 11월 3일 네이버 강연에서 발표되었다. https://openlectures.naver.com/contents?contentsId=140519&rid=2943 동영상 참조.

3. 5장 「타율성에 대한 저항 — 아우슈비츠 이후의 교육」의 일부는 「아우슈비츠 이후의 교양 — 아도르노의 비판적 자기성찰」라는 제목으로 『헤세연구』 40집(2018)에 게재되었다.

1장

예술과 이성

99

아름다운 것에 대한 억누를 수 없는 그리움은 …
약속된 것의 실현을 향한 그리움이다.

아도르노, 『심미적 이론』(1960)

99

철학은 칸트 시대와 마찬가지로
이성의 추방이나 철폐가 아니라
이성에 의한 이성의 비판을 요구한다.

아도르노, 『부정변증법』(1966)

I. 시작하면서

오늘날 삶의 세계는 여기 한국에서든 그 밖이든, 온갖 수익과 이윤의 물질주의적 동기로 움직이는 것처럼 보인다. 이 땅에서는 특히 그렇게 여겨진다. 그저 '잘 살아 보세'로 그치는 것이 아니라, '부자 되세요' 혹은 '대박 나세요'가 이제는 아무렇지도 않은, 그래서 누구나 편리하게 하고 자연스럽게 여기는 모든 인사의 관용구처럼 쓰이고 있다. '연 수익 몇 %'나 '연봉 얼마'는 마치 식욕을 돋우기 위한 애피타이저처럼 한국인의 모든 대화에 등장하는 일상어의 전채前菜가 되어 버렸다.

이처럼 고도로 물질화된 사회의 물질화 경향에 거스른다는 예술과 문화 역시 그와 크게 다르지 않아 보인다. 오늘날 예술문화는 대체로 고객 유치용이거나 휴일 행사용이다. 자본주의 사회에서 예술은 더욱더 상품을 닮아 가고, 문화의 영역에서 광고와 선전의 영향력은 압도적이다.

그리하여 구태의연하고 상투적이며 모조품적인 것들이 오늘의 생활세계를 광범위하게 지배한다.

이런 상품소비사회에서 사람은 절망과 체념 없이 살아가기 어렵다. 수익극대화의 이 사회에서 '보다 나은 공동체'를 말하고 '인간의 자유와 이성'을 말하며, '행복의 가능성'을 희원하는 것은 어떤 의미를 지니는가? 이 가능성의 탐색에서 예술의 역할을 생각하는 것은 무슨 의미를 갖는가? 예술이 의미 있게 되기 어렵고, 예술의 사회정치적 관계가 의문스러우며, 나아가 그 존속마저 위태로운 지경에 처했을 때, 예술이 할 수 있는 것은 무엇인가?

다시 물어보자. 오늘날 예술과 철학을 말하는 것은 어떤 의미를 갖는가? 아니, 그 전에 이렇게 의미 있는 무엇이, 의미 있다고 말할 수 있는 무엇이 아직 남아 있기라도 한 것인가? 현대적 삶의 이 일반적 상투화와 문화적 피상성에도 불구하고 예술의 자율성 개념은 완전히 고갈되었다고 말하기 어렵다. 자율성 개념이 전제하는 예술의 독자성은 그 나름의 고유한 영역과 가치 속에서 경험적 현실과 대립하면서 어떤 대안을, 비록 미미할 수 있으나 그럼에도 포기할 수는 없는 대안세계적 비전을 비춰줄 수도 있기 때문이다.

아도르노의 문제의식 ─ 예술과 철학을 중심으로 선회하는 그의 문제의식이 서 있는 곳은 바로 여기다. 다시 강조적으로 묻자. 삶의 세계가 전반적으로 물질화-자본화-상업화되고, 이 물질화에 대한 예술과 문화의 비판적 잠재력마저 고갈되는 이 시점에서 도대체 예술과 철학은 무엇을 할 수 있는가? 더 나은 세계에 대한 예술의 약속마저 깨어져 버린 차갑고 적대적이며 낯설고 기이한 이 시대에 재앙의 인류사는 어떻게 복원될 수 있는가? 아도르노의 예술과 이성은 바로 이 점에서 출발한다.

20세기 지성사에서 철학과 미학, 사유와 예술의 가능성을 아마도 가장 높은 수준에서 그리고 가장 밀도 있고 철저하게 결합한 대표적 사상가는 아도르노일 것이다. 이것은, 그의 삶이 지나온 몇 가지 전기적傳記的 사실을 살펴보면, 금세 드러난다.

1. 편재하는 피상성 속에서

> **99**
>
> 공허한 시대는
> 공허한 것들로 가득 차 있다.
>
> 아도르노, 『심미적 이론』

아도르노는 1903년 독일 프랑크푸르트에서 태어났다. 그의 아버지는 유대인으로서 잘 알려진 포도주 판매상이었고, 어머니는 프랑스와 이탈리아 문화를 애호하던 가수 출신이었다. 그는 매우 유복한 환경에서 자라났다. 이 행복한 유년 시절은 그의 후기 사상에 깃든 유토피아적 갈망의 토대를 이룬다.

하지만 이 낙원적 시절은 흔히 그러하듯이 오래 가지 않는다. 아도르노는 고교 시절에 피아노와 작곡 수업을 받았고, 프랑크푸르트 대학에서는 철학과 음악 외에 심리학과 사회학을 공부하였다. 21세 때 후설에 대한 학위논문을 제출하였고, 알반 베르크A. Berg에게 작곡 수업을 들으면서 가곡이나 현악 4중주 혹은 오케스트라 소품을 작곡하기도 했다. (그가 작곡한 것은 50여 개에 이른다.) 그러다가 1931년 28세 때 프랑크푸르트 대학에 교수자격 논문을 제출하였다. 이때 지도교수이자 제1심사자가 유명한 신학자 틸리히P. Tillich였고, 제2심사자가 비판이론가 1세대였던 호르크하이머M. Horkheimer였다. 논문 통과 후 그는 철학과 강사가 되었다.

그러나 1933년 나치 정권에 의해 아도르노는 교수 권한을 박탈당한다. 이어서 가택수색과 출판금지 그리고 경찰의 협박도 이어진다. 그의 절반이 유대인이었기 때문이다. 그가 옥스퍼드 대학으로 떠난 것은 이 무렵이다. 이런 피신은 미국으로 이어졌다.

아도르노의 삶에서 결정적인 것은 말할 것도 없이 이러한 나치 체험일 것이다. 나치 집권은 수업권을 박탈했을 뿐만 아니라 출판과 표현과 거주의 자유를 앗아 갔고, 이 때문에 그는 전혀 낯선 미국으로 이주할 수밖에 없었다. 그것은 시대적으로 부르주아 시민사회의 몰락을 뜻했다. 개인적으로 그것은 망명객으로서의 이방인적 체험과 지식인으로서의 국외자적 입장을 갖게 만들었다. '추방되고 배제된 자'로서 그의 비판정신 — 비순응적이고 비타협적 태도는 이 같은 개인적 실존적 체험에서 나올 것이다. 이것은 1949년 겨울 그가 미국 망명을 마치고 독일로 돌아왔을 때도 계속된다. 전후 독일에서 철학자로 살아간다는 것은 가해자의 나라에서 살아간다는 것을 뜻했고, 나치의 아이들을 가르친다는 뜻이었다. 이 일은 당시 많은 유대 이민자들에게 금해지던 일이었다. 게다가 극우 민족주의의 성향이나 반유대주의의 흐름은 전후 독일 사회에서도, 정도의 차이는 있는 채, 크게 달라지지 않는다.

삶의 세계 전체가 총체적으로 관리되고, 프롤레타리아마저 이 사회에 통합되었으며, 철학 역시 사회항체적 역할을 상실해 버린 오늘날의 현실에서 아도르노는 철학이 이전에 가졌던 비판적 잠재력 — 더 나은 현실에의 전망을 다름 아닌 예술에서 찾는다. 그는 예술 역시 철학처럼 총체적 사회의 관리 아래에 있고, 상업화된 문화의 영향 아래 움직이지만, 그럼에도 예술은 삶의 물질화에 저항할 수 있는 마지막 보루가 될 수 있다고 생각했기 때문이다. 예술은 훼손되지 않는 삶의 어떤 원형적 이미지를 담고 있고, 그러니만큼 유토피아적 미래의 대리자라고 그는 믿었다. 그는 무엇보다 자라나는 세대의 교양교육적 가능성에 희망을 두었던 것으로 보인다. 사실 아도르노는 20세기 후반 독일의 정신문화를 재건하는 일에서 가장 영향력 있는 철학교사이자 정신의 기관이기도 했다.

아도르노를 살펴보려는 이 글의 시도 역시 시장의 간섭이나 상품물신주의로부터 벗어나기 어려울 것이라는 점, 수단과 목적 사이의 괴리는 분명 있을 것이고, 모든 의미 있는 것의 압도적 상품성을 간과할 수 없을 것이라는 점을 나는 의식한다. 의미는 이제 의미의 부정과 비판을 통해 비로소 가능할지도 모른다. 그렇다는 것은 오늘날의 이론실천적 모색은, 그것이 정치경제적이든, 사회문화적이건, 예술적인 것이건 간에, 이율배반적일 수밖에 없다는 것이고, 이 이율배반적 자의식 속에서 무엇인가 행해져야 한다는 뜻이다. 아도르노 이후의 미학적 가능성을 논의하는 이 글도 그렇다.

2. 논의 절차

아도르노의 사상은, 거장이 대체로 그러하듯이, 지극히 복잡하고 다층적이다. 그래서 그의 학문을 구성하는 분야와 개념도 아주 많다. 그뿐만 아니라 각각의 사상 전통은 상호이질적이면서 혼란스럽게 얽혀 있다. 한편으로 자본주의 분석이나 사물화 이론이 있고(마르크스), 다른 한편으로 본능과 충동에 대한 이론이 있으며(프로이트), 또 한편으로 주체와 인식이론이 있는가 하면(칸트), 다른 한편으로 변증법과 역사 철학의 재구성이 있다(헤겔). 그리고 합리화나 관료화에 대한 이론이 있는가 하면(베버), 사회적 사실관계의 강제적 성격에 대한 논의가 있다(뒤르켐).

이 모든 것은 호르크하이머와의 공동작업 속에서, 또 동료 헤르베르트 마르쿠제H. Marcuse나 제자 위르겐 하버마스J. Habermas와의 상호자극 아래 이른바 '비판이론'이나 '문화산업론'으로 차츰 결정화되어 간다. 아도르노의 사회이론이나 철학 그리고 문학비평도 여기에서 나온다. 이 다양한 분야와 주제어들은 서로 얽힌 채 끝없이 변주되면서 엄청난 의미론적 파장을 일으킨다. 그래서 정신을 바짝 차린 채, 각 개념이 지닌 여러 의미를 정신지도의 위상학에서 하나하나씩 그리면서, 또 이렇게 그려진 개념들 간의 상호관계를 점검하면서 읽어 가지 않으면 전체 윤곽을 제대로 파악하기 어렵다. 이것은 무엇보다 필자 자신의 공부를 위해서도 반드시 필요했다.

아도르노의 미학도 그와 다르지 않다. 그것은 혼란스러울 정도로 많은 개념어 아래 매우 까다롭게 펼쳐져 있다. 그래서 여러 주제와 관점에 따라 다양하게 논의할 수 있다. 하지만 그렇다고 그의 문제의식 전체를 일목요연하게 볼 수 없는 것은 아니다. 예술과 이성의 관계를 다루는 이 글에서 나의 논의 절차는 크게 세 단계로 이뤄진다.

첫째, 오늘날의 현대사회는 어떠한가?(2절)

둘째, 아도르노의 예술이해는 어떻게 이뤄지는가?(3~4절) 이 두 번째는, 좀 더 세분하여, 세 단계로 이뤄진다.

1) 그의 철학적 사유를 관통하는 핵심원리는 부정성否定性이다. 그의 모든 사유는 부정성의 변증법 아래 움직인다. 그의 미학이나, 이 미학에서 다뤄지는 예술의 에너지도 이 부정성으로서의 비판적 잠재력을 중심으로 선회한다(3절 "심미적 이성의 비판적 잠재력").

아도르노의 학문세계는 흔히 세 분야 ― 사회와 철학과 예술로 나눠진다. 그의 사회진단과 문명비판이『계몽의 변증법』(1947)에서 펼쳐진다면, 그의 철학적 사유는『부정변증법』(1966)에서 정점에 이른다고 할 수 있다. 그에 반해 그의 미학은 사후에 출간된『심미적 이론』(1970)에 집대성되었다고 볼 수 있다. 철학이든 예술이든 이 모두는, 그의 관점에 따르면, 결국 사회역사적 산물이고, 이 사회와 철학과 미학의 상호관계는 변증법적으로 얽힌 채 상호작용한다. 그러면서 철학의 비판적 사유도 결국 '미학적으로 수렴된다'고 할 수 있다. 이때 미학적 차원이란 심미적 경험에서 가장 생생하게 드러난다.

2) 예술을 추동하는 이성은 부정변증법적 움직임으로서 이를테면 기술적 도구적 합리성과는 '다른' 이성을 지향한다. 그러므로 예술의 이성은 '제2의 이성'으로서 이성을 비판하는 이성이다(4절 "예술의 합리성").

3) 예술은 이미 있는 현실에 자족하는 것이 아니라 아직 오지 않은 현실 ─ 비존재자를 상기하고 대변한다. 그것은 잊히고 억눌린 현실을 복원시킴으로써 "어둠에 참여"하고, 이 참여를 통해 "아직 훼손되지 않은 삶"의 가능성으로 나아간다. 이것이 예술의 초월적 신학적 유토피아적 계기다(5절 "예술의 유토피아").

셋째, 아도르노의 예술과 철학 그리고 사회분석을 거친 이후 우리에게 남겨진 것은 무엇인가?(6절) 이것이 결론이다.

필자는 『심미적 이론』에 대한 분석을 이 글의 중심에 두되, 다른 두 저작 ─ 『계몽의 변증법』과 『부정변증법』에 대한 논의를, 이것이 그때그때 다뤄지는 주제와 관련되는 한, 적극적으로 끌어들이고자 했다. 따라서 이 글은 그의 사회현실분석과 철학적 사유의 힘에 기대면서 예술의 여러 가능성 ─ 사회와 예술의 관계, 예술의 현실변형력, 심미적 경험과 주체의 형성 등을 성찰한 하나의 시도다.

II. 현대사회의 모호성과 불안정

오늘날의 삶은 역사의 그 어느 때보다 불안정하고 불분명한 것처럼 느껴진다. 삶의 각 부분은, 그것이 대상이든 경험이든, 서로 끊긴 채 지리멸렬해지면서 상호관련성을 잃어 가고 있다. 그래서 의미는 불확실하거나 사라진 것으로 보인다. 우연성과 파편성, 불확실성과 모호성 그리고 순간성은, 19세기 말 보들레르의 정의 이래 모든 현대적인 것das Moderne의 근본 속성이 아닐 수 없다.

그러나 이 많은 속성 가운데 가장 결정적인 것은 무엇일까? 이 결정적인 요소들을 지적하는 아도르노의 여러 개념 가운데 가장 핵심적인 것은 무엇일까? 나는 그것이 '사물화Verdinglichung'라고 생각한다. 그러니까 사물화 개념이 아도르노 학문세계의 출발점이다.

1. '사물화된' 삶

아도르노의 사유체계는 되풀이하건대 유난히 까다롭다. 그의 언어는 밀도가 대단히 높고, 고도로 압축적이고 비유적이어서 그 의미를 포착하기 어려울 때가 많다. 그래서 때로는 풀어써서 하나하나씩 꼼꼼하게 '다시 쓰는re-write/um-schreiben' 가운데 자기식으로 이해하지 않으면 안 된다. 그리고 그런 자기식의 이해는 웅얼대는 밀어가 아니라, 타인에게 설득력을 가진 언어여야 한다. 즉 논리정연하고 투명해야 한다. 그럴 때 비로소 이해될 수 있기 때문이다. 오늘날 인문학의 얼마나 많은 학술어terminology가 혼잣말처럼 중얼대는 무책임한 언어가 되어 버렸는가?

1) 수익과 이윤의 원리

근대화/산업화/도시화 이후의 삶에서 많은 일들은 수익과 이윤의 원리에 따라 움직이고, 이런 경향은 삶을 분석하고 진단하는 학문에서도 다르지 않다. 이것이 '수익이윤적 합리성의 편재화'다. 근대의 합리성이란 단순화하여 말하면 수익과 이윤의 합리성이라고 할 수 있다. 이때 등장하는 것이 사물화 개념이다.

이 사물화 개념에도 여러 가지 함의가 들어 있다. 하지만 한마디로 그것은 나와 대상, 주체와 객체 사이가 벌어지고 낯설어지는 것이다. 그래서 '소외Verfremdung'라는 말을 쓴다. 이 말에서 'fremd'란 영어로 '낯선', 즉 'strange'다. 이를테면 현실을 살아가지만, 이 현실로부터 내가 분리되어 있으면, 이 현실은 내게 낯선 것이 된다. 이 낯선 현실을 알기란 어렵다. 마찬가지로 나는 사물을 사용하지만, 이 사물의 의미나 속성을 잘 알지 못한다면, 그것은 사물로부터 소외되어 있는 것이다. 사람이 현실이나 사물에 대해서처럼 다른 사람에 대해서도 그런 소외된 관계를 맺을 수 있다. 교환가치에 지배되는 사회에서 우리는 사물의 직접성이나 본래성을 제대로 경험하기 어렵기 때문이다. '슬픔'은 여기에서 생겨난다.

사물화 — 주객의 소외 상태에서 일어나는 결정적인 것은 속박Bann이라고 할 수 있다. 좀 더 풀어쓰자. 우리는 물건을 쓰면서 이 물건에 '묶이고', 이렇게 묶인 채 '굳어지며' '강제된다'. 그래서 결국 '억압되면서' '퇴행해 간다'. 상품은 그 물건들 가운데 대표적이다. 사물화란 여하한 경직화와 강제, 억압과 퇴행의 비인간적 속박 상태를 야기한다. 이 속박 상태에서 주체는 객체 사물과 다르기 어렵다. 이것이 주객의 동일성이다. 주객의 소외란 결국 인간과 사물, 인간과 인간, 인간과 현실의 분리를 야기한다. 그리하여 주객 소외란 인간의 비인간화 혹은 탈인간화로 귀결되는 것이다.

이렇게 탈인간화하는 소외 혹은 사물화는 자본주의의 상품사회에서 전반적으로 재생산된다. 그러면서 확대되고 강화된다. 이것이 이른바 '총체적으로 관리되는total verwaltet' 삶의 상태다. 총체적 관리의 사물화된 삶에서 인간은 제대로 된 주체로서 살기 어렵다. 인간의 주체에는 자아가 상실되어 있기 때문이다. 사물화된 삶에서 자아는 죽어 있다.

'총체적 관리'처럼 중요한 개념들은, 거듭 강조하여, 그 의미를 분명하게 짚고 넘어갈 필요가 있다. 총체적 관리라는 말에서 '총체적'이란 독일어로 'total' 혹은 'totalisierend'를 번역한 것이다.[1] '총체적'이란 다른 식으로 말하여 '전체화한다'는 뜻이고, '철저하게 관리한다durchverwaltend'는 뜻도 된다. 관리란 대상을 '조작과 지배의 물건'으로 삼는다는 뜻이다. 말하자면 언제든 반복가능하고 대체가능한 관점에서 처리한다는 것이다.

이때 작동하는 것이 도식화 원리다. 그리하여 총체화한다/전체화한다/철저하게 관리한다는 것은, 아도르노 맥락에서는, 개별적 삶의 제각각의 고유성을 존중하는 게 아니라, 어떤 다른 삶의 가능성도 없을 만큼 하나의 획일적 원칙 아래 전일적으로 옥죄는 것이다.

2) 강제와 억압의 '총체적 관리'

총체적 관리에서 핵심은 강제와 억압이다. 총체적 사회란 이 억압과

---

[1] Theodor W. Adorno, *Ästhetische Theorie*, in: Gesammelte Schriften, Bd. 7, Frankfurt am Main, 1970(테오도어 아도르노, 『미적 이론 I, II』, 방대원 역, 이론과실천, 1991). (번역문은 부분적으로 보완했다. 이하 이 책은 본문 안에 쪽수만 표기한다.) 『심미적 이론』의 곳곳에는 현대 자본주의 체제나 시장소비사회의 문화산업과 관련하여 아도르노가 어떤 문제의식을 지니고 있는지를 암시하는 구절이 여럿 등장한다. 이를테면 "시장과 적응의 강제 아래"(306), "이윤에 의해 조정되는 산업의 거짓합리성"(306), "더 이상 교환에 의해 손상되지 않은 사물의 대변자요, 이윤에 의해, 그리고 품위 없는 인간의 거짓욕구에 의해 망가뜨려지지 않은 것의 대변자"(337), "억압의 편재성"(356), "총체적 지배의 시대에"(356), "이데올로기적 현혹"(360), "불합리하게 계속되는 결핍과 확대재생산되는 야만성, 그리고 총체적 파국의 편재하는 위험 앞에서"(362), "총체적 사회화"(372), "관리기술적 팽창"(372), "사물화된 노동분업"(384), "동일화 메커니즘의 지배"(409), "합리화의 강제에 대한 심미적 성찰"(451) 등이다. 여기에서 드러나듯이 한편으로 시장-강제-이윤-거짓합리성-교환-손상-억압-지배-이데올로기-야만성-사물화-파국-관리-동일화 메커니즘이 있다면, 다른 한편으로 이 거짓현실에 대한 비판과 반성이 있다. 예술과 철학과 미학은 이 뒤의 일을 떠맡는다.

강제가 '곳곳에 있음Allgegenwart'을 말한다. 이른바 '이데올로기적 현혹'은 이 편재화된 억압과 강제로부터 온다. 이것을 아도르노는 "사물화의 보편적 현혹연관항dem universalen Verblendungszusammenhang von Verdinglichung"이라는(252), 고도로 압축적인 밀도 아래 정식화한다.

위의 인용구를 풀어쓰면 이렇다. 사물화된 삶에서 주체의 자율성과 인식의 자발성은 사라진다. 사물화 상태는 곳곳에서 우리의 눈을 멀게 하면서 서로 이어져 있다. 그러므로 총체적 사회비판이란 편재하는 억압과 강제 그리고 그로 인한 이데올로기적 기만에 대한 비판이다. 그러나 이 총체적 기만사회에서 저항하기란 어렵다. 어쩌면 그런 의식이나 태도 자체가 불가능할지도 모른다. 오늘날에는 프롤레타리아마저 관리되는 사회 안으로, 그래서 부르주아 계층의 일부로 통합되어 버렸고, 현대사회의 적대주의는 더 이상 계급대립의 구태의연한 형식 안에서 드러나지 않기 때문이다. 전통적 의미의 계급의식은 이제 경험적으로 확증하기 어렵다.

예를 들어 풍요사회에서도 빈곤은 줄어들지 않고, 극단적 부와 극단적 빈곤이 동시적으로 존재하는 현상은 어떻게 설명할 수 있는가? 현대사회는 오직 자본환산화의 관심Kapitalverwertungsinteresse 아래 근본적으로 적대적이고 불합리하게 작동한다. 이 관리사회의 문화적 폐해를 분석하는 것이 이른바 '문화산업Kulturindustrie'이다. 그러나 문화산업은 사물화된 삶의 드러난 징후일 뿐 그 삶을 추동하는 게 아니다. 인간의 삶을 총체적 관리 아래 보편적으로 기만하는 것은 자본주의 사회의 환산화체계 Verwertungssystem다. 그러니 이것을 우선 살펴보아야 한다.

2. 자본주의적 환산화 체계

현대 자본주의 사회가 근본적으로 이윤과 수익을 지향한다면 이런 충동은 교환원칙 아래 움직인다. 교환원칙이란 무엇인가? 이것은 무엇보다 상품의 등가성 교환을 뜻한다. 교환원칙은 아도르노적 맥락에서 '인간의 노동을 평균 노동시간이라는 추상적 일반개념으로 환원하는 것'을 뜻한다.

1) 전반적 평준화

모든 사람의 노동은 원래 고유한 특색을 지닌다. 어떤 사람의 일은 다른 사람의 일과 유사하기도 하지만, 유사한 것 이상으로 다르다. 이 차이는 나이와 직종에 따라 더 커진다. 노동에는 개개인의 실존적 관심과 성향, 가치와 지향이 담기기 때문이다. 그러나 노동의 이 같은 질적 차이는 무시된다. 이렇게 무시되면서 추상적으로 평준화된다. 나아가 평준화는 노동 외의 다른 일에도 확대된다.

그리하여 사물은 그 자체로 가치 있는 게 아니라 교환되는 상품으로서 자리할 때, 혹은 상품을 맞바꿀 수 있는 효용을 가질 때 비로소 가치를 지닌다. 사회적 의미란 교환의 효용을 통해 비로소 실현되는 것이다. 이것이 자본주의 사회의 환산화체계다. 오늘날 세계는 환산화의 관심 아래 모든 사회적 삶을 순응적 강제Konformitätszwängen의 메커니즘 아래 둔다. '순응적 강제'란 말 그대로 '순응하지 않을 수 없도록 강제한다'는 뜻이다.

이때 교환원칙은 동일성의 원칙과 같다. 그래서 서로 같지 않은 것들도 교환원칙에 따라 마치 똑같은 것처럼 간주된다. 삶의 많은 일은 이런 등가관계 속에서 자리하도록 총체적으로 강제된다. 그리하여 개별 노동은 이제 고유하기 어렵다. 그것은 산업사회의 이윤추구적 목적에 따라 철저하게 평준화되고, 상품의 교환 속에서 추상화된다. 결국 삶의 관계는 물건처럼 사물화된다.

그러므로 사물화란 곧 상품화이고 타율화다. 이런 현실에서 주체는 자율적으로 살아가기 어렵다. 여기에서 자연을 지배하는 이성의 우월성은 기만적인 것으로 드러난다. '인간의 자연에 대한 지배'는 자본주의 교환원칙의 보편적 지배를 겪으면서 '인간의 인간에 대한 지배'로 변질되기 때문이다.

사회의 수단은 합리적이지만 수단이 실현된 목적에서는 비합리적으로 변질된다. 인간은 상품을 소비하는 가운데, 마치 헤겔의 주인/노예의 변증법에서처럼, 그 상품에 예속된다. 좀 더 정확히 말하여, 상품을 소비하면서 편의를 얻는 것만큼이나 편의라는 이름 아래 이 상품에 통제된다. 이것이 문명의 강제이고 자본의 지배이다. 비판이론은 이 보편적 강제체제 ― 상품소비사회에서의 교환이 균등한 것들 사이의 교환이 아니라 불균등한 것들의 교환임을 폭로하고자 한다.

2) 교환원리=등가성과 동일성의 원리

교환원리가 등가성의 원리 아래 실행된다면, 이 등가성의 원리란 동일성의 원리Identitätsprinzip이기도 하다. ('Identität/identity'란 원래 개인의 '정체성'을 뜻하지만, 철학적으로는, 특히 아도르노 철학에서는 '동일성'으로 번역하여 이해하는 게 좋다.) 이것은 개념 사용에서 잘 나타난다.

주체가 대상을 파악하고자 할 때, 여기에는 개념이 개입한다. 주체는 개념을 통해 대상의 여러 특징 가운데 자기에게 맞는 부분을 추출하고, 그렇지 않은 부분은 배제한다. 그러면서 사물을 인식한다. 그리하여 대상은 그 자체로 파악되기보다는 주체의 개념에 들어맞는 것만 고려되기 때문이다. 이때 대상은 주관적 개념과 등치된다. 즉 '동일화'한다. 여기에 작용하는 것이 주체와 대상, 개념과 사물 사이의 동일화 원리다.

전통적 인식이론이 상정하는 관념적 변증법은 이 동일화 원리 위에 서 있다. 서구 사상의 중심에는 잘 알려져 있듯이 '자기동일성의 환상'이 있다. 그것은, 의식적이든 무의식적이든, 인간 주체가 자기와 다르지 않다는 것, 그래서 그 자신과 친숙하다는 것을 전제한다. 주체는, 그의 의지이든 욕망이든, 자신을 실체화한다. 그는 자기를 잘 알고 있고, 아니 '잘 알고 있다'고 여기고, 그래서 잘 통제하면서 지극히 안정된 상태를 구가한다. 이런 자기실체화에는 어떤 선험적 초월적 규정이 자리한다.

그러나 인간 주체란 그리 선명한 존재가 아니다. 주체란 자기자신과 완벽한 의미에서 일치하기 어렵다. 주체에게는 스스로 알기 어렵고, 동의하기 어려우며, 그래서 친숙하기 어려운 면이 분명 있다. 그저 한두 가지 있는 게 아니라, 어쩌면 너무 많다고 해야 할지도 모른다. 데리다J. Derrida가 말한 '차연différance'개념이나 들뢰즈G. Deleuze의 주체개념은 자아의 이런 절대적 균열 — 환원불가능한 모순과 이 모순으로 인한 의미의 불가피한 유예를 뜻한다. 주체란 자기와 같다고 여기는 것만큼이나 다르게 느끼고 자신을 낯설게 생각한다. 어쩌면 이 낯섦과 이질성은 주체에게 더 근본적일지도 모른다. 주체란 근본적으로 낯설고 끔찍한 존재 — 타인만큼이나 타자적인 존재인 것이다.

이 이질성과 타자성의 관점에서 보면 동일성 사고의 폐단은 금세 드러난다. 흥미로운 사실은, 마치 주체가 개념을 통해 대상을 동질화하듯이, 인간의 사회적 관계 역시 효용이나 가치에 따라 동질화한다는 점이다. 효용과 가치에 따라 사회적 관계를 동질화하는 것이, 앞서 언급하였듯이, 교환원리다. 그리하여 사회경제적 차원에서의 동질화 원리가 '교환원칙'이라면, 인식이론적 차원에서의 동질화 원리가 '개념화' 행위라고 할 수 있다. 교환원칙과 인식적 개념화 행위는, 이 둘이 대상을 하나로 동질화하면서 종합하고자 한다는 점에서, 다르지 않다.

3) 개인성의 말살 — 아우슈비츠

사고의 인식형식은 사회의 교환형식을 되풀이한다. 개념적 동일화 원리나 경제적 교환원칙은 동일한 과정의 두 측면이다. 이 동일성의 원리가 정치적으로 구현된 가장 끔찍한 역사적 사례가 아도르노가 보기에 다름 아닌 아우슈비츠였다.

> 개인은 그에게 남아 있던 가장 궁극적이고 가련한 것까지 빼앗긴다. 수용소에서 사람이 개인이 아니라 본보기로서 죽었다는 사실은 그런 조처에서 벗어난 사람의 죽음에까지 영향을 미치지 않을 수 없다. 대량학살은 절대적 통합이다. 이 통합은 사람들이 동일시되는 곳에서는 어디서나 이뤄지고, 완전한 무가치의 개념에서 벗어나는 경우, 군대에서 말해지듯이, 문자 그대로 말살시킬 때까지 빡질빡질하도록 행해진다. 아우슈비츠는 순수동일성이라는 철학적 명제가 죽음이라는 것을 입증했다.[2]

아우슈비츠 수용소는 잘 알려져 있듯이 '합리적 관리'라는 이름 아래 수백만 명의 학살이 자행된 곳이다. 여기에서 개인을 이루는 고유하고 유일무이한 가치는 존중되지 않는다. 그것은 완벽하고도 체계적으로 말살된다. "개인은 그에게 남아 있던 가장 궁극적이고 가련한 것까지 빼앗

---

2 Theodor W. Adorno, *Negative Dialektik*, in: Gesammelte Schriften, Bd. 6, Frankfurt am Main, 1973, S. 355(테오도르 아도르노, 『부정변증법』, 홍승용 역, 한길사, 1999). 번역은 부분적으로 고쳤다.

긴다. 수용소에서 사람은 개인이 아니라 본보기Exemplar로서 죽었다…."

위 인용문의 의미구조를 이루는 두 대립적 축은 이렇다. 한편에 "개인"과 "가장 궁극적인 것"과 "가장 가련한 것"이 있다면, 다른 한편에는 "본보기"와 "동일시", "절대적 통합"과 "획일화" 그리고 "말살"과 "순수동일성"이 있다. 동일성의 원리는 '통합'과 '획일화'를 전제한다. 동일성이 순수하면 더 순수해질수록, 획일화의 경향은 더 거세지고, 따라서 절대화된다.

그리하여 각 개인의 삶은 '아무래도 상관없는 것'처럼 취급된다. 존중이나 살핌이 아니라 억압과 배제가 동일성의 관철원리가 되는 것이다. 생명에 대한 말살 그리고 이 말살의 결과로서의 죽음은 그렇게 생겨난다. 결국 아우슈비츠의 역사적 대량 학살은 절대화된 동일시의 무자비한 실행에서 초래된다. 그것은 개인의 환원불가능한 고유성을 동일성의 원리 아래 완벽하게 폐기시킨 무자비한 정치적 실천의 사례다. 대량 학살은 절대적 동일시의 구현이고, 최고도의 순수한 통일성을 실현한 것이다.

4) '전체화하는 체계'=문화산업

이렇듯이 동일성 원리 아래 행해지는 개념적 활동은 사회적 상품관계를 재생한다. 대상은 주체적 개념으로 환원되고 이 주체개념과 동일시된다. 그렇다는 것은 주체의 개념에서 벗어나는 것 ― 공약될 수 없는 것들은 배제된다는 뜻이다.

상품산업사회에서 우선 고려되는 것은 물론 '효용'과 '쓸모'다. 이 효용과 쓸모는 이익에 도움이 되기 때문이다. 그렇다면 그 외의 요소들은? 무시되거나 배제되거나 유보된다. 사물의 전체는 온전한 모습으로 이해되는 게 아니라, 주체와 주체의 개념적 조작 아래에서 고려된다. 그리하여 사회의 내재적 모순은 심각하게 인식되는 게 아니라 '매끄럽게 중화된다'. 교환원칙과 동질화 원리는 서로를 지탱하면서 삶의 사물화를 조장한다. 그러면서 이 적대관계는 '철저하게 관리된다.' 문화산업이 바로 이런 일을 한다.

인식이론이든 사회이론이든 교환원리든, 이 모두는, 그것이 대상을 전일적으로 체계화하고 일원적으로 종합화한다는 점에서, 다르지 않다. 종합화-체계화-통일화는, 앞서 언급했듯이, '전체화하는' 일을 한다. 무엇을 전체화하는가? 그것은 거듭 강조하여 '효용' 혹은 '수익' 혹은 '교환'을 전체화한다. 수익과 이윤을 위해 그 밖의 모든 것은 배제된다. 그것은 곧 사물화 과정이기도 하다. 사물화된다는 것은 '탈역사화'된다는 뜻이다. 현실의 구체적 맥락적 성격이 휘발되기 때문이다.

체계적 종합화는 전체성의 원리이면서 사물화의 원리다. 현대 자본주의 사회는 효용과 수익을 전체화하는 사회다. 이 전체성의 원리는 절대적 동일화의 원칙 아래 다른 것은 돌보지 않는다. 동일화 원리를 추동하는 것이 '지배하는 합리성' — 지배적 합리성이다. 기술적 도구적 합리성도 지배적 합리성의 일종이다. 아도르노는 동일화 원리가 작동하지 않는 사회 — 도구적 기술적 합리성의 속박을 벗어난 사회를 희구하였다.

문화산업에서 강조되는 것은 이윤과 수익을 향한 전력투구이고, 이 전력투구 아래 다른 목적이나 가치는 모두 배제된다. '총체적 관리totalisierende Verwaltung'라는 말은 그래서 나온다. 총체적 관리 아래 문화산업은 억압에 대한 비판과 반발마저 제도로 포용해 버린다. 그래서 문화 분야의 많은 것은, 책이든 영화든, 방송이든 신문이든, 하향평준화된다. 즉 상투화되고 피상화되며 저질화된다. 개인마다 절대적으로 다른 것이 취향이건만 오늘날에는 영화 취향마저도 '넷플릭스'로 평준화되고 있지 않은가? 핵심은 개성/개인/개별성의 천편일률화요, 공동화空洞化다. 문화산업은 천편일률화된 껍데기 개성을 치켜세운다.

혁명의 전체주의화 ─ 동일성 원리의 폐해

앞에서 우리는 동일성 개념이 자본주의 사회에서는 등가성이라는 '물질적 교환원리'가 되고, 나치의 대학살에서는 개개인을 하나의 '견본Exemplar'으로 간주하는 육체적 말살 원리로 작동했으며, 문화산업에서는 '모든 것을 평준화하는' 가치의 표준화 체계로 기능했다는 사실을 언급했다. 그것은 또 철학에서는 이질적 요소를 배제하는 가운데 '통일성'이나 '총체성' 혹은 '전체성'을 내세우는 획일적 원리로 이어졌다.

내세워진 통일성 앞에서 모든 것은 일원화되고 신화화되며 절대화된다. 그 외의 것은 허용되지 않기 때문이다. 아도르노의 부정변증법적 사유는 바로 이 신화화된 동일성의 원리를 문제시하는 것이었다. 부정변증법적 사유가 그의 철학적 원리라면, 이 철학적 사유에 기대어 예술이 대상을 표현하는 것은 미학적 방식이다. 예술은 기존에 없거나 누락된 것, 혹은 배제되거나 망각된 것을 지금 여기로 불러내어 형태를 부여하는 작업이다. 그리하여 예술은 비동일적이고 비지배적 영역에의 참여이자 개입이다.

아우슈비츠 수용소가 동일성의 원리 아래 개인성이 말살된 하나의 역사적 사례였다면, 이 아우슈비츠 대학살을 자행한 것은 나치즘의 전체주의 체제였다. 전체주의의 또 다른 한 극단은 1920년대 이후 30여 년 동안 이어진 소련의 스탈린 체제(1924~1953)였다. 흥미로운 사실은 이 악명 높은 체제에서도 동일성의 원리가 전全 사회적으로 광범위하게 작동했다는 점이다. 그러니 동일성의 폐해를 알아보는 데 그만한 반면교사가 없다.

1) 당=조직=국가=스탈린 ─ 동일화 메커니즘

사람과 사람 사이에는 얼마나 많은 일들이 일어나는가? 또 이런 일들 가운데 어떤 것은 사안이나 관심 혹은 이해관계에 따라 쟁점을 달리한다. 제각각으로 다른 그 쟁점에 대한 각자의 입장과 견해는 또 얼마나 같거나 다를 수 있는가? 그때그때 일어나는 사안의 실상은 한 가족의 구성원들 안에서도 결코 간단한 게 아니다. 그렇다면 한 사회에서는? 비할 바 없이 더 복잡하고 더 혼란스러울 것이다.

러시아와 같은, 엄청나게 광대한 영역에 걸친 거대 연합체로서의 국가와 그 정부조직에서는 갈등의 양상이 어떻게 나타날까? 더욱이 사회정치적이고 역사적인 격변기에는 긴장이나 충돌의 정도는 극심하지 않을 수 없다. 잘 알려져 있듯이 1917년 러시아 혁명은 국내적으로 차르의 전제체제에 대한 봉기의 성격을 갖는 것이었지만, 국제적으로 유럽 자본주의 체제에 반기를 드는 투쟁이었다. 그것은 러시아 내의 온갖 가난과 비참에 맞서 노동자와 농민의 권익을 부르짖는 일이면서 부르주아 제국주의의 야만적 구조에 항거하는 일이기도 했다. 대부분의 사회주의 지도자들이 국제주의자로서 전쟁과 살육에 반대하는 '인터내셔널 재건'을 부르짖은 것도 그런 이유에서였다.

땀 흘리며 일하는 노동자가 좀 더 편안하고 자유로우며 더 많은 존엄성을 인정받고 있다고 느끼면서 사는 것이 러시아 혁명의 본래적 대의★義였다. 하지만 이 같은 대의는 여러 가지 현실적 조건 속에서, 그리고 인간의 권력욕과 아둔함 때문에, 또는 현실적 힘의 역학관계에 따라 점차 희석되고 증발되었다. 그 원인이 무엇이었을까?

그 원인은 물론 여러 가지다. 하지만 이 여러 가지 요인도 결국에는 한 가지로 수렴된다고 할 수 있다. 그 한 가지란 아이작 도이처I. Deutscher 의 아래 글이 보여 주듯이 다름 아닌 '동일시'다.

레닌, 트로츠키, 그리고 다른 볼셰비키 지도자들이 소비에트 유권자들에 대한 진정한 책임감으로 나라를 통치할 의도를 갖고 있었다는 것은 의심할 나위가 없다. 그러나 그들의 당만이 소비에트 입헌주의를 진심으로 포용하게 된다는 사실 때문에 그들은 그들의 당 정책과 소비에트 입헌주의를 동일시하고, 그다음에는 그 입헌주의의 원칙을 당의 소망과 욕구로 대체하고, 결국에는 그 원칙을 완전히 포기하게 된다. 이것을 보다 폭넓게 표현하면, 볼셰비키가 혁명의 유일한 당이라는 상황 때문에 그들은 처음에는 혁명과 자신을 동일시하고, 그다음에는 혁명을 그들의 당만의 배타적인 일로 축소시킬 수밖에 없었다. 11년 뒤에 부하린은 소비에트 민주주의의 왜곡과 스탈린의 득세를 야기한 일련의 사태를 고찰하면서, 그런 재난의 원인을 단 하나의 실수, 즉 당과 국가를 동일시한 데로 거슬러 올라가서 찾았다. 상황의 힘은 혁명의 첫 주에 당을 바로 이런 길로 몰고 가기 시작했다.[3]

위 인용문에서 되풀이하여 드러나는 사실은 혁명가의 의도와 그 실제 사이의 간극이다. 레닌과 트로츠키를 포함한 볼셰비키 지도자들 가운데 러시아 유권자에 대한 헌신의 마음을 갖지 않았던 사람은 없었다. 적어도 외양적으로는, 혹은 적어도 처음에는 그랬다고 할 수 있다. 그들은 모두 "진정한 책임감"으로 "나라를 통치할 의도"를 갖고 있었다.

하지만 의도와 실제 사이의 간극은 컸다. 이 간극은 어디로부터 나오는가? 그것은 다름 아닌 "동일시"다. 이 동일시는 일회적인 게 아니라 여러 번에 걸쳐 반복적으로 일어났다. 그런 다음 시간이 지나면서 그 균열은 더 벌어졌고, 더 겹겹이 쌓여 갔다. 처음에 그들은 "그들의 당 정책

3   아이작 도이처, 『무장한 예언자 트로츠키(1879~1921)』, 김종철 역, 시대의창, 2017, 448~449쪽.

과 소비에트 입헌주의를 동일시하고, 그다음에는 입헌주의의 원칙을 당의 소망과 욕구로 대체하고, 결국에는 그 원칙을 완전히 포기하게 된다." "입헌주의 원칙을 당의 소망과 욕구로 대체"하는 일도 원칙을 소망과 욕구로 '동일시'한 것과 다르지 않다.

그리하여 동일시 자체가 이어지면서 하나의 관행慣行이 된다. '관행'이란 정확히 말하여 더 이상 반성되지 않는다는 것, 그래서 '습관이나 버릇처럼 굳어져 간다'는 뜻이다. 이제 지배의 원칙은 설득에 의한 통치가 아니라 탄압에 의한 통제로 바뀐다. "볼셰비키가 혁명의 유일한 당이라는 상황 때문에 그들은 처음에는 혁명과 자신을 동일시하고, 그다음에는 혁명을 그들의 당만의 배타적인 일로 축소시킬 수밖에 없었다."

원래 볼셰비키도 한두 개가 아니라 다양한 분파와 그룹 그리고 사상집단으로 구성되어 있었다. 이렇게 다양한 형태로 하나의 당 안에서, 적어도 외면적으로는 다당제 형태를 갖고 있었다. 그러던 것이 1921년에서 1929년 사이에 단일체로 변질되어 갔다. 그러니까 혁명과 볼셰비키가 처음에 동일시되었다면, 다음에는 볼셰비키와 당이 동일시되었고, 결국 이 당이 한 명의 지도자/스탈린으로 동일시된 것이다. 하나의 분파에 의한 지배가 한 사람의 독재자에 의한 지배로 타락한 것이다. 그러면서 원래의 대의는 사라졌다. 혁명은 자신의 내용을 비우면서 껍데기만 남기게 된 것이다. 악의 뿌리는 바로 여기 ― 개체와 전체의 동일화에 있다.

그리하여 혁명에 성공한 후 이 혁명에 헌신한 사람들은 그 자리에 더 이상 있지 않았다. 수많은 싸움과 전투에서 용감하게 맞섰던 투사들 가운데 생존자는 극소수였다. 더러 행정부에 흡수되기도 했지만, 그보다 훨씬 많은 사람들이 좌천되거나 흩어지거나 배제되었다. 낙담하거나 격분한 목소리가 곳곳에서 터져 나왔다. 11년 뒤 부하린은 "소비에트 민주주의의 왜곡과 스탈린의 득세를 야기한 일련의 사태"에 대한 요인이 단

하나의 사실 — "당과 국가를 동일시한 데" 있다는 사실을 정확하게 지적했다.

트로츠키 같은 혁명가가 권력의 중심부에서 온갖 날조와 모략 아래 점차 변두리로 축출되는 것도 이런 동일시 과정 속에서였다. 그는 스탈린과는 달리 모략과 술수를 쓰지 않았다. 그는 아무리 인기가 없거나 불리한 말이라도 의무라고 확신하면 했다. 그는 지나칠 정도로 정직했고, 이성과 논쟁의 힘을 믿었다. 하지만 대중은 솔직함보다 입에 발린 말을 좋아했다. 결국 트로츠키는 당에서 제명되었고 국외로 추방되었다. 그 후 1940년 그는 스탈린이 보낸 사람에 의해 살해된다.

2) 노동계급이 없는 당 — 권력의 '찬탈'

나에게 러시아 혁명은 그것이 어떻게 성공하게 되었는가라는 과정보다는 성공 이후 어떻게 변질되어 가는가가 더 흥미롭다. 말하자면 혁명의 정신이 어떻게 자신이 내세운 대의와 어긋나면서 좌초되어 가는지, 그렇게 대의를 좌초시킨 권력과 술수와 몽매가 어떻게 작동했는지에 내 마음은 머무른다. 혁명 이후 가난과 절망의 아수라장에서 어떻게 거짓말이 점점 더 커지고 정교해지고 복잡해지면서 억압이 확산되는지, 그래서 새 사회에 대한 비전이 한 줌의 먼지와 재로 변해 버렸는가가 궁금한 것이다.

진실을 둘러싼 얼마나 많은 거짓과 조작, 비난과 명령과 탄압과 투옥과 추방이 자리하는가? 그런데 이 모든 것은 악의 형태로 등장하는 게 아니라, '진실'이나 '대의', '사회주의'나 '혁명'이라는 이름으로, 혹은 '당'이나 '국가'를 내세우면서 등장한다. 끝없는 술수와 배반과 도덕적 타락이 볼셰비키 당 안에서, 다시 말해 정직하고 헌신적이며 용감한 혁명가들로 구성된 당에서 모습을 드러낸다면 이것은 어떻게 설명될 수 있는가? 이들의 '정직성'은 얼마나 정직하고, 그들의 '헌신'은 얼마나 헌신적이며, 그 '용기'는 참으로 용기 있는 것이었던가? 대체 무엇이 진실이고 거짓이며, 무엇이 악이고 선인가? 나의 물음은 바로 여기에 있다.

1900년에서 1920년 사이 러시아는 여러 차례에 걸친 전쟁으로 기간산업은 파괴되었고, 국경은 자주 봉쇄되었다. 그들은 혁명을 하느라 국가생존에 필요한 물질적 기반을 거의 모두 소진해 버렸다. 철도가 파괴되었고 예비 물자도 바닥났다. 더욱이 러시아의 도시들은, 모스크바나 상트페테르부르크를 비롯하여, 서구사회에서처럼 상공업 중심지가 아니었다. 그것은 군사적 행정 단위이거나 요새였다. 따라서 부를 축적하지도 않았고, 분업을 발전시키지도 못했다. 게다가 혹독한 기후와 거대한 공간은 문명의 발전에 장애가 아닐 수 없었다.

예를 들어 1921년을 전후로 모스크바나 상트페테르부르크의 인구는 3분의 1로 줄어들었다. 대부분의 사람들은 하루 한 조각의 빵과 감자 몇 개로 끼니를 때우며 버텨야 했다. 겨울에는 추위 때문에 가구를 뜯어내어 땔감으로 삼아야 난방을 할 수 있었다. 이 극심한 위기 속에서 혁명가들은 경제를 일으켜야 했고 자원을 동원해야 했다. 이른바 '신경제정책'이 실시된 것도 그 무렵이었다.

집권 세력은 한편으로 산업국유화를 진행하면서도 다른 한편으로 경기 진작을 위해 사적 소유와 거래를 허용하기도 했다. 국고를 늘리기 위해 노동자와 농민의 임금을 깎는 경우도 있었다. 노동계급을 위한다면서 세워진 국가가 그 이익을 갈취하다니 반발이 없을 수 없었다. 하지만 정책은 강행되었다. 노동계급의 목소리는 점차 줄어들면서 당 조직이 계급을 대체하게 되었다. 이제 당은 형체가 불분명한 유령 같은 존재가 되었다.

그리하여 혁명 후 몇 년이 지나도록 러시아 국민은 스스로를 추스르고 진정한 대표자들을 내세움으로써 그들을 통해 자기주장을 하는 것을 하지 못했다. 옛 지배계급은 무너졌고, 새 지배계급인 프롤레타리아는 지난날의 모습을 조금밖에 유지하지 못하고 있었다. 당은 흩어진 노동계급을 대변한다고 주장할 수 없었고, 노동자들은 자기들을 대변하고 자기들을 대신해 나라를 통치한다고 주장하는 당을 통제할 수 없었다.

그러면 이때 볼셰비키 당은 누구를 대변했는가? 오직 스스로를 대변했을 뿐이다. 다시 말해 예전에 갖고 있었던 노동계급과의 관계, 프롤레타리아 계급이익의 수호자로 활동하려는 현재의 열망, 향후 적절한 시기에 국가의 운명을 걸머질 능력을 갖춘 새로운 노동계급을 경제재건과정에서 다시 형성해내고자 하는 의도를 대변했을 뿐이다. 그러면서 볼셰비키 당은 사실상 찬탈의 방식으로 얻은 권좌를 지켰다.[4]

위의 글이 보여 주는 것은 한 가지 — 볼셰비키 당과 노동계급 사이의 불일치다. 당은 노동계급을 대변한다고 주장했지만 실제로 그러하지 않았다. 그들은 노동계급을 대변하는 것이 아니라, '대변하고 싶어 했다'.

하지만 그 바람은 이뤄지지 않았다. "그들은 프롤레타리아 계급이익의 수호자로 '활동하려는' 현재의 열망, 향후 적절한 시기에 국가의 운명을 걸머질 능력을 갖춘 새로운 노동계급을 경제재건과정에서 다시 '형성해내고자 하는 의도'를 대변했을 뿐이다."(따옴표 강조는 필자의 것) 그러니까 볼셰비키 당과 그들의 실제 사이에는, 마치 당의 목표와 그 현실 사이가 그러하듯이, 엄청난 간극과 격차가 있었다. 이 차이는 시간이 갈수

---

4   아이작 도이처, 『비무장의 예언자 트로츠키(1921~1929)』, 한지영 역, 시대의창, 2017, 29~30쪽.

록 메워지는 게 아니라 더욱 커졌다.

참으로 착잡한 사실은 노동계급 안에도, 자세히 보면, 많은 혼란과 동요, 움직임과 강조점의 차이가 있다는 점이다. 그 가운데 하나가 기질이나 감정에서의 차이다. 이 개별적이고 특수하며 주관적인 차이는 흔히 생각하듯이 결코 사소한 게 아니다. 이 차이는 '국가'나 '사회' 같은 큰 개념에 대한 진지한 논쟁에서의 견해 차이보다 더 심각할 수도 있다.

이 크고 작은 차이 때문에, 이런 차이의 축적 때문에 발생하는 미세한 균열은 모호하고 복잡하며 비합리적인 측면을 갖는다. 그래서 그때그때의 쟁점에 대하여 객관적 판단을 하기 어렵다. 이를테면 트로츠키주의자들과 스탈린주의자들이 격렬하게 싸울 때, 이 싸움이 드러나는 것은 확연한 '권력투쟁'의 양상을 띠는 게 아니라 애매한 '이념대립'의 모습을 띤다. 그런데 이런 이념대립의 구체적 내용은 상당한 교육을 받은 사람도 따라가기 쉽지 않다. 어떤 사안에 대한 혐의와 그 혐의에 대한 반박 중에서 어느 쪽이 옳은지 명확하게 분간하는 일은 간단한가? 이런 논쟁이 되풀이되고 왜곡과 궤변이 더해지면서 뒤엉키게 되면 누구나 피로를 느낀다. 이 어려운 시기를 틈타 득세하는 기회주의자와 아첨꾼과 출세주의자도 있다!

1921년에 이르러 소비에트 집권당은 대표성을 갖고 있지 않았다. 노동계급은, 적어도 당의 중앙조직에서는, 더 이상 존재하지 않았다. 그리하여 볼셰비키 당은, 아이작 도이처가 정확히 지적한 대로, "사실상 찬탈의 방식으로 얻은 권좌를 지켰다." 혁명의 파국은 이렇게 시작된다. 모든 혁명은 혁명의 성공 이후 곧바로 해체되는 것인가? 러시아 혁명정부 역시, 수많은 혁명의 역사가 보여 주듯이, 비슷하게 변질된 것이다.

3) 생각하기를 멈출 때

러시아 혁명 후 레닌의 후계자로 지목받던 트로츠키가 최고결정기구인 소비에트 정치국에서 배제되고 축출된 것은 1922년에서 1924년 사이였다. 이 무렵 그가 쓴 글 가운데 하나가 「새로운 경로The New Course」였다. 이 글에 대하여 도이처는 썼다.

> 그는 관료주의의 나쁜 점들은 사람들이 '철저하게 생각하기를 그만둘 때, 진부한 어구를 그 뜻이 무엇인지 생각해보지도 않고 우쭐거리며 사용할 때, 관습적인 명령을 그것이 합리적인가 자문해보지도 않고 내릴 때, 모든 새로운 말이나 비평, 발의 그리고 모든 독립의 징조에 겁을 집어먹을 때' 겉으로 드러난다고 했다. 또 '기분을 들뜨게 하는' 거짓말은 관료주의가 일용할 양식이라고 했다.[5]

트로츠키가 지적한 관료주의는 정치국을 비롯한 여러 인민위원회에만 있었던 게 아니다. 그것은 각종 하급부서와 군대 그리고 그 밖의 크고 작은 단체와 모임에서 거짓과 위선, 억압과 불합리한 관행으로 팽배해 있었다.

여기에서 핵심은 무엇일까? 그것은 "철저하게 생각하기를 그만두는" 일이다. 혹은 "진부한 어구를 그 뜻이 무엇인지 생각해보지도 않고 우쭐거리며 사용하"는 일이다. 사고의 부재 — '무사고無思考/thoughtlessness'는 정치학자 한나 아렌트H. Arendt가 『예루살렘의 아이히만』(1963)에서 말한 유명한 어구 — '악의 평범성banality of evils'을 떠올리게 한다. 나치시대 수백만 유대인들의 강제수용소 추방을 관리했던 아이히만A. Eichmann은 전후

5　위의 책, 172쪽.

뉘른베르크 재판에서 '왜 당신은 수많은 유대인 학살에 참여했는가?'라는 물음에 대하여, '나는 아무것도 하지 않았다, 그저 위에서 내려온 명령에 충실히 따랐을 뿐'이라고 답변했고, 이 같은 답변 앞에서 아렌트는 악인이란 그의 심성이 특별히 나빠서가 아니라 '생각하기를 멈출 때 언제든지 그리고 어디에서라도 생겨날 수 있다'고 썼다.

중요한 것은 이때의 생각이 단순히 '생각한다'에 그치는 게 아니라, 까다로워야 하고, 그 수준이 높아야 한다는 사실이다. 사안의 진위를 구분해야 하고, 그 정도를 가늠해야 한다는 뜻이다. 그래서 논쟁이 진행되면서 점점 복잡해지는 사안의 여러 쟁점 가운데 무엇이 뿌리와 줄기이고 무엇이 가지인지 구분해야 하고, 어떤 것이 편파적이고 무엇이 공정한지를 분별해야 하기 때문이다.

원래 트로츠키가 구상했던 노동자 국가에서는 표현과 토론과 비판의 자유가 허용되었다. 그는 진정한 공산주의의 규율이란 실제로 그렇게 되어야 한다고 믿었다. 하지만 1920년대 들어 이 목소리는 제지당했다. 대신 스탈린의 당은 획일적이었고, 오류 없는 것으로 선전되었다. 사람들은 더 이상 묻지 않았고 물을 수도 없었다. '노동계급의 정치적 자결自決'이란 말은 사라진 지 오래였다. 정치국은 당의 도구이길 그치고 그 주인이 되었다. 몇몇 정치국원이 당을 휘둘렀고, 이 정치국원들마저 급기야 스탈린으로 대체되었다. 결국 혁명의 정신으로 세운 국가가 혁명과는 상관없는 1인 독재체제가 된 것이다.

더욱이 정책과 이해관계의 대립도 입장 차이라기보다 개인적 원한관계와 적대감에서 비롯되기도 한다. 정직성이 야비함과 교활함을 이겨 내기 어려운 것은 그런 이유에서다. 레닌은 죽기 전의 유언에서 되풀이하여 경고한 것은 스탈린의 무례함이었다. 노동자의 인격적 특성을 연마하고 태도와 품성을 발전시키는 것은 그들에게 공업 기술을 훈련시키는 것만큼이나 중요하다. 그러나 예술문화적 교양을 갖추었어도 모든 면에서 쓸모없고 자기중심적인 인간도 많지 않은가? 그렇다면 혁명의 책임자들이 약속을 지키지 못한 것은 그들만의 잘못이 아닐지도 모른다. 하지만 그 실패에 대한 책임이 그들에게 없다고 말할 순 없을 것이다.

그래서였던가? 자유를 쟁취하는 것보다 자유를 쟁취하고 난 후의 이 자유를 올바르게 사용하도록 재교육하는 일이 더 어렵다고 말한 사상가도 있다. 타당한 지적이 아닐 수 없다. 대부분의 주장들은 그 모태가 되는 이론의 도덕적 권위를 이용하여 지배집단을 이롭게 하는 대신 반대파를 억누르는 데 동원되지 않는가? 균형 잡힌 판단력과 세심한 분별력이 없다면 사람들은 마치 스탈린 체제 아래서처럼 통제되지 않는 적대세력의 손안에서 놀아나는 장난감에 불과할 수 있다.

사회제도적 측면과 개인의 인격적 측면 사이에서, 또 규율과 민주주의 사이에서 우리는 어떤 균형을 이룰 수 있는가? 그 균형을 잡기란 쉽지 않다. 설령 그 상태에 이르렀다고 해도 균형이 오래 가긴 어렵다. 사람은 정신적으로든 육체적으로든 긴장을 오래 끌지 못하기 때문이다. 그래서 조만간 무너진다. 그렇게 하여 권력에 저항하는 하나의 싸움이 또 하나의 권력을 부르고, 이 권력 속에서 그 역시 부패해 가는 것이다. 그러니까 현실의 난관은 극복되거나 폐지되는 것이 아니라, 이전과는 다른 방식으로 변형된 채 또다시 나타나고, 우리는 이 변형된 난관과 새로 싸워야 한다.

4) 간극과 모순의 직시

이 글을 마무리 짓고 있는 오늘이 공교롭게도 노동자의 날(2024년 5월 1일)이다. 이것은 이 땅에서는 '근로자의 날'로 불린다. 어제 있었던 수업에서 한 학생은 '내일이 근로자의 날인데 휴강하지 않느냐'고 물었다. 자네는 노동자가 아니라 학생인데 별 상관없지 않나? 나는 이렇게 대답했다.

서유럽만 하더라도 매년 5월 1일이 공휴일이고, 이 명칭에서 '가슴을 뛰게 하는 뭔가'를 느끼는 사람도 적지 않다. 인류의 기나긴 수천 년 역사 가운데 일하는 자 — 자기의 몸과 팔다리를 놀려 살아가는 노동자의 권리가 존중받기 시작한 것은 고작 100년이 채 되지 않는다. 한국에서 그런 문제의식은 1970~1980년대를 지나면서 전태일을 비롯한 투사에 의해 비로소 진작되기 시작했다.

그러나 노동하는 일의 엄중한 권리가, 이 땅에서든 그 밖에서든, 완전히 실현되었다고 말하긴 어렵다. 우리는 언제쯤 각자가 행하는 노동의 고귀함과 살아 있는 생명의 존엄함을 누리며 살아갈 수 있을까? 발로 차고 서로 주먹질하는 것이 아니라, 그래서 '왕'이나 '국가'를 위하여 전쟁과 살육을 되풀이하는 게 아니라, 사람과 사람이, 남녀 간이든 노소老少 간이든, 서로가 서로를 존중하는 가운데 자율과 자치自治의 습관 속에서 인간다운 관계를 맺고 살아갈 수 있을까?

하나의 이념Idee/idea은 인간에게, 그가 더 나은 삶을 희구하는 한, 불가피한 것으로 보인다. 하지만 그것은 구호나 슬로건이 되면서 변질되기 시작한다. 그렇게 변질되어 굳어진 것, 그것이 이데올로기다. 하나의 선의는 얼마나 자주 이데올로기로 경직된 채 부패해 가는가? 그러면서 인간을 질식시키고 그 관계를 억압하는가? 러시아 혁명가들은 인민의 대다수가 그들과 같은 포부를 품고 있다고 믿었지만, 이 같은 믿음이 가정에 불과하다는 것을, 그래서 틀릴 수도 있다는 사실을 고려하지 않았다. 사려 깊게 생각했던 사람들은 '인민의 적'이나 '배반자'라는 낙인 아래 축출되었다. 아무리 고귀한 이상理想의 구조물도, 반성되지 않는다면, 언제라도 그것을 세운 사람들의 머리로 무너져 내릴 수 있다.

이 대목에서 내가 거듭 확인하는 것은 꿈과 현실의 격차다. 이 격차는 메워지기도 하지만, 간극 자체는 사라지는 법이 없다. 균열은 언제 어디서나 있다. 백군白軍이 오든 적군赤軍이 오든 러시아 사람들의 삶이 크게 달라지지 않았던 것처럼, 사회주의 붕괴 이후 자본주의 세상이 와도 불평등과 불합리는 여전히 철폐되지 못한 것으로 보인다. 그래서 "나는 혁명보다 단계적 변화를 지지한다"고 스베틀라나 알렉시예비치s. Alexievich, 1948~는 말했던 것일까?

그러므로 우리가 물어야 할 것은 이 간극의 실상이다. 꿈과 현실의 일치뿐만 아니라 ─이 일치는 예외적으로 나타나고, 설령 있다고 해도 잠시 이어질 뿐이므로─, 이 '간극의 형태와 종류 그리고 그 정도'에 우리는 더 주목해야 한다. 인간이 처한 가혹한 딜레마의 상황을 직시하면서 우리는 비로소 우리 자신의 맹목성 ─ 감각과 사고와 관점에서의 맹목성을 줄여 갈 수 있기 때문이다. 딜레마의 직시 속에서 우리는 더 넓고 깊은 세계로 마침내 나아갈 수 있기 때문이다. 이렇게 나아가는 것은 그 자체로 비동일적인 것 혹은 이질적인 것에 개입하는 일이다.

어쩌면 참된 혁명가는 단순히 뒤엎는 사람이 아니라 조율하는 사람 ─ 전복자가 아니라 조정자인지도 모른다. 현실의 간극과 모순에 대해 질의하는 것은 우리를 살아 있게 하는, 그렇게 살아가게 만드는 현존적 삶의 살과 피와 뼈와 숨결이 과연 무엇인가를 묻는 것과 다르지 않다. 언제쯤 우리는 이 어리석은 문명사의 패착으로부터 인류를 해방시킬 수 있을까? 그런 해방의 질서를 아무런 강제나 폭력 없이 건설할 수 있을까? 그래서 인간의 역사가 자기파괴와 상호혐오의 내적 부식과정이 아니라는 사실을 증명할 수 있을까?

이런 바람은 인간의 어리석은 본성을 모르는, 그래서 전혀 터무니없는 열망일지도 모른다. 아니 이 같은 희망을 품는 것 자체가 위험한 발상

일 수도 있다. 대부분의 사람들이 생각할 줄도 모르고, 올바르게 행동할 줄도 모르는 것은 당연한 일일까? 인간이 인간을 아무렇게나 갖고 노는 이 번롱翻弄의 운명을 우리는 피할 수 없는 것인가? 그렇다면 인류의 문명사는 앞으로도 변함없이 웃음거리에 불과하고, 우리의 삶은 상호 멸시와 박해 속에서 거칠고 상스러운 적대관계를 벗어날 수 없을 것인가?

아마도 혁명을 포함하는 모든 대의에의 헌신에는 당사자가 알지 못하거나 안다고 해도 대처하기 힘든 모호하고 불합리한 국면들이 숱하게 잠복되어 있을 것이다. 그 때문에 사안의 전체 그림을 그리면서 냉정하고 신중하게 처신한다고 해도 그런 시도는 좌초할 수 있다. 그리고 그렇게 헌신한 대의란 영구불변의 보편적 가치가 아니라 그 세대가 최고도로 도달할 수 있는, 그러나 다른 세대의 관점에서는, 참으로 유감스럽게도, 별스런 것이 아닐 수도 있는 범위 안에 자리한 목표일 수도 있다. 트로츠키에게서 보듯이 가장 영웅적이고 사심 없는 헌신, 그리고 자기절제의 초연한 태도나 평정심마저 현실에서는 아무런 쓸모없는 것일 수도 있다. 침묵 속에서 운명을 감내하는 비극적 인식조차 인간의 삶에서는 우스꽝스러운 췌사贅辭일 수도 있는 것이다.

하지만 그렇다고 우리가 추구할 일이 없진 않을 것이다. 아무리 절망적이라고 해도 인간은 인간 속에서 인간을 넘어서는 가치에 대한 봉사를 통해 인간 됨의 존재 이유를 증거할 수 있을 것이다. 그것이 사람이 사람으로 사는 까닭이다. 이 글에서 러시아 혁명과 그 후의 좌초과정을 돌아본 것도 그런 맥락에서다.

3. 전후의 독일 현실

1950년대 이후 독일 현실은 극도로 혼란스러웠다. 전후戰後 독일은 경제복구라는 하나의 아래 사회 전체적으로 보수화되었고, 나치즘의 죄과에 대한 개별적 인정이나 집단적 기억은 금기시되었다. 극우 민족주의나 잠재된 반유대주의도 항존했고, 국내외적으로 크고 작은 불안 요인이 상존했다.

1) 전반적 퇴행과 억압

1950년대에는 독일 재무장 논의가 있었다. 강대국 간의 이데올로기적 냉전 대립도 극심했다. 여기에 동유럽 공산국가들의 위협도 있었다. 1959년 크리스마스 무렵에는 나치 문양 담벼락 낙서 사건 때문에 서독 민주주의의 불안정성에 대한 논쟁이 일기도 했다. 민주주의 제도에 대한 독일인의 신뢰는 여전히 약했고, 대다수 국민은 모호한 입장을 취했다. 전후 독일의 이런 전반적 퇴행화와 억압화 경향을 아도르노는 그 나름대로 거스르고자 했다. 그의 사유는 그런 저항적 개입의 표현이다.

역사에 대한 집단망각은, 아도르노가 1950년 독일인이 공적 문제에 대하여 어떤 견해를 지니고 있는지를 조사했을 때, 잘 확인된다. 이 조사는 농민과 난민, 교사와 학자 그리고 이런저런 단체회원 등 다양한 출신을 가진 1800여 명을 대상으로 하였고, 이들을 8~16명씩 묶은 다음 사회적으로 동질적인 121개 그룹으로 나누어 질문하고 답변한 내용을 녹음하여 기록한, 총 6000쪽의 방대한 분량이었다. 이 조사에서 자신이 나치였음을 인정한 사람은 아주 적은 수에 불과했다. 대부분 사람들은 그 일에 대한 언급 자체를 꺼렸다. 이 인터뷰에 참여한 사람의 절반 이상은 히틀러 시대에 행해진 범죄에 대한 공동의 잘못을 철저히 부인했다.[6]

아도르노가 분석하고자 한 것은 바로 이 균열 — 전례 없는 역사적 죄과와 이 죄과에 대한 방어기제 사이의 관계, 이 축출과 억압의 메커니즘이었다. 거의 모든 사람들은 나치 시대 매일 행해진 유대인 차별이나 유대 예배당 방화, 재산 탈취나 강제수용소 추방을 알고 있었다. 하지만 그러한 죄과를 개인적 사안으로 여기지 않았다. 그나마 그 점을 용기 있게 인정한 사람들도 그저 '저 위쪽'이 시켜서 했을 뿐이라고 말했다. 그렇게 권력 앞에서의 개인적 무기력을 내세움으로써 그들은 양심의 가책을 느끼지 않았다. 말하자면 그들은 개인적 무기력을 내세움으로써 자신의 죄과는 거부했던 것이다.

1960년대에 들어와 프랑크푸르트에서 열린 아우슈비츠 전범재판과 이스라엘에서의 아이히만 재판 때문에 과거청산 문제가 다시 긴급한 이슈로 떠올랐다. 이때 사람들은 개별적으로 너무 달랐고, 역사적으로 맹목적이었다. 사회적으로 강제되는 체제의 압박은 더 심했다. 이런 점에서 책임의식의 각성은 개인적으로나 사회적으로 중요했다.

2) 비판의식과 적대적 사회경험

아도르노의 비판의식은 적대적 사회와의 이 같은 경험에 뿌리박고 있다. 그는 사회학적 사고의 출발점을 사회적 모순의 경험에 두었다. 그는 주체의식 — '자의식의 강화'를 비판사회학의 계몽적 과제로 보았다. "이러한 '주체로의 전환'은 아도르노가 비판적 사회학의 구상에서 설정한 실천적 목표였다."[7] 공적 지식인으로서 그는 재앙의 원인들을 제거하기 위해, 이 원인들에 대한 의식을 일깨우기 위해 수많은 강연과 세미나,

---

6   Stefan Müller-Doohm, *Adorno. Eine Biographie*, Frankfurt am Main, 2003, S. 577ff., S. 581.

7   Ebd., S. 586.

라디오 연설과 강의를 했다. 그는 민주주의에 반대하는 파시즘적 경향의 도래보다 '민주주의 안에서의 나치즘 부활'이 더 위험하다고 보았다.

1968년에서 1969년 사이 아도르노가 강연할 때면 수강생들의 수는 1000명에 육박했다. 이런 대규모 강연의 불리한 여건에도 불구하고 그는 전통적 강연형식을 바꿔서 언제라도 필요할 경우 청중들이 질문할 수 있게, 그래서 공개적 토론을 할 수 있도록 조처했다. 그러나 이러한 제안은, 유명한 68년 학생운동과 맞물려, 빈번한 질문으로 인한 강연의 중단으로 이어졌다. 급기야 강연은 몇몇 학생들의 방해로 중단되기도 했다. 이것은 아도르노의 매체영향력을 이용하기 위해서였다. 과격한 학생들의 이런 맹목적 행동주의 앞에서 그는 '좌파 파시스트들의 백치 같은 잔혹성'이라고 경고하기도 했다.[8]

이 무렵 아도르노는 자주 비판에 직면했을 뿐만 아니라, 좌우파를 막론하여 공개적으로 낙인찍히곤 했다. 이 무차별적 공세 앞에서 그는 극단주의자들이란 잊히는 걸 두려워한다고, 수백 명이 모인 곳에서 사람들이 이처럼 나서기를 좋아하는 것은 '공공성의 노예'이기 때문이라고 지적하였다.

1969년 봄 사회조사연구소가 학생들에게 점거되자 아도르노는 경찰을 불렀고, 그의 강의는 또 중단되었다. 이 무렵 그는 『심미적 이론』의 막바지 작업으로 거의 탈진 상태였다. 더욱이 동료 마르쿠제는 학생들의 과격한 행동주의에 대한 개인적 표명을 삼가고 있었다. 그로 인한 낙담과 극심한 피로 속에서 아도르노는 1969년 8월 휴가 중 급작스레 세상을 떠난다. 그의 사후 곧바로 나온 책이 『심미적 이론』과 『성숙성으로의 교육Erziehung zur Mündigkeit』(1970)이었다.

---

8 「에두아르트 그로세(Eduard Grosse)에게 1969년 5월 5일에 보낸 아도르노의 편지」, Frankfurter Adorno Blätter VI, S. 101., in: Stefan Müller-Doohm, *Adorno*. a. a. O., S. 723, 재인용.

4. 책임 있는 주체의 복원

파시즘적 재앙의 정치가 부활할 가능성은 전후 독일의 어디서나 항존했다. 그렇다면 필요한 것은 민주주의 체제이고, 이 민주주의의 자기규정적 개입에는 성숙한 주체가 요구된다. 전체주의 사회에서 절실하게 요구되는 것은 성숙한 주체이고, 이 주체의 책임 있는 행동이다. 자유란 행동을 자기규정적으로 행할 수 있는 능력이고, 이 자유로운 자의식에서 다양성에 대한 존중도 가능하다. 건전한 시민사회라면 이 모든 덕목의 함양이 필수적이다. 이 덕목 가운데 가장 중요한 것은 아마도 '자율적 주체로서의 인간이해'일 것이다.

아도르노의 주체비판적 성찰이 지니는 의미를 여기에서 자세히 다루긴 어렵다. (이 주제는 2장 "예술-주체-교양-자율"에서 상세히 논의될 것이다.) 그의 주체비판은 한두 군데에서 집중적으로 일어나기보다는 사회학적 문화비판적 저작을 포함하여 곳곳에 흩어져 있기 때문이다. 더욱이 그것은 주체-자아-개인성/개인주의를 둘러싼 역사적 논의를 포함하는 복잡한 것이다. 그러나 최대한 줄이면 이렇게 될 것이다.

개인은 시민사회의 해방과정에서 생겨난 역사적 형식으로서 길게는 몽테뉴나 햄릿에까지 이르고, 시대적으로는 초기 이탈리아 르네상스에서 보이기 시작한다. 주체의 자율성뿐만 아니라 그의 내적 요소들도 근대화 과정에서 점차 동질화된다. 주체는 사회의 점증하는 통합 메커니즘 아래 가중되는 순응강제Anpassungszwang 속에서 '영혼적으로 공동화되어 간다'. 개인화와 대조적으로 나타나는 사회화의 이러한 압도는 자아에 대한 무의식의 승리에 상응한다고 말할 수 있을지도 모른다.[9] 압도적

---

9   Ebd., S. 592. 그래서 현대사회에서의 개인성 상실을 슈테판 뮐러-돔은 "주체의 위기-자

사회화의 강제 아래 우리는 '주체의 죽음'을 말할 수도 있다. 현대의 주체는 자기 안의 이질성과 차이를, 적어도 엄격한 의미에서 보면, 상실해 버린 것이다.

이렇듯이 아도르노의 비판적 사회학은 관리되는 사회에서 점증하는 순응강제에 대한 비판이면서 동시에 이 순응강제 아래 개인이 처한 무기력에 대한 비판이다. 그런 점에서 그의 사회비판은 주체비판과 맞물려 있다. 그에게 사회비판과 주체비판은 다르지 않다. 그러면서 그의 사회학은 궁극적으로 주체의 자기상실 혹은 자율성 부재에 대한 비판이다. 그만큼 자율적 주체의 회복에 대한 요구는 개인적으로나 사회적으로 시대의 긴급한 요구였다. 그의 사회학의 궁극 목표가 '올바른' 주체의 강화에 있다면, 이 주체란 자기규정적으로 행동하는 자율적 개인 — 성숙한 시민이다.

자율적 개인이란 스스로 책임지는 자이기에 윤리적이고, 사안의 진위에 대해 열려 있으면서 진리를 찾아가기에 정치적으로도 올바르다고 할 수 있다. 개인의 범주는, 적어도 이 개인이 바르다면, 사회이론의 연소점으로 자리한다. 이것은 새로운 민주시민사회의 규범적 자기이해에 속한다. 이런 논의를 통해 아도르노는 전후 독일의 공론장 형성에 크게 기여한다.

Ⅲ. 심미적 이성의 비판적 잠재력

1. 탈예술화 시대에

오늘날 예술은 근본적으로 '탈예술화'되었다. 탈예술화된 시대에 예

아 없는 자기유지"로 표현한다. 587쪽 참조.

술을 다루는 것은 불편하고, 예술의 가능성에 대한 물음은 비관적일 수밖에 없다. 아도르노 사후에 출간된 『심미적 이론』은, 이 책은 『부정변증법』과 더불어 그의 주저인데, 이 같은 비관적 전망으로 시작된다.

예술과 관련된 어떤 것도 더 이상 자명하지 않다는 것, 예술에서 그리고 전체에 대한 예술의 관계에서 예술의 현존권리Existenzrecht마저 자명하지 않게 되었다는 사실이 자명해졌다(9).

이 서두는 의미심장하다. 예술에 대한 그 어떤 논의도 이제는 더 이상 자명하지 않다는 것이고, 이 불확실함은 예술 자체에서도 그렇고, 사회와 역사에 대한 예술의 관계에서도 그렇다는 것이다.

나아가 예술의 '현존권리'도 자명한 게 아니다. 그러니까 예술도, 예술과 관련된 것도, 그리고 사회역사에 대한 예술의 관계도 모두 자명하지 않다는 것이 자명해진 것이다. (이 역설적이고 이율배반적인 의미구조는 아도르노 글의 미시적 문장구조 안에까지 파고 들어가 있다. 이것은 그의 언어와 사고를 특징짓는 '병렬적' 형식이자 '에세이적 성격'으로서, 그에 대해서는 뒤에 상술하려 한다.)

이제 우리는 예술의 존속을 보증할 수 없다. 그래서 아도르노는 쓴다. "예술이 지배적 전체의 비진리에 의해 감염되는 것은 현재 시대에서 모든 예술의 숙명성이다."(91) 지금 세계에서 예술은 소비상품이거나 오락의 일종에 불과하고, 예술계 전체는 '문화산업'에 의해 관리되고 통합되었으며, 그렇게 된 지 이미 반세기 이상이나 지났다. 대부분의 예술은 휴일의 기획 행사로부터 자유롭지 않다. 예술은 이 같은 속박에서 벗어나려 하지만, 체제의 제약은 더 심해진다. 보편적 사물화 앞에서 예술의 무기력은 불가피해 보인다. 예술이 헛된 위로이자 긍정적 기만이 되는 것은 이런 이유에서일 것이다.

멀리 갈 필요 없다. 미의 개념부터 그러하다. 미와 추는 이제 구분되기 어렵다. 구분된다면 미에는 추의 요소가 상당히 섞여 있다. 예술미와 자연미의 구분이 애매하게 되었다든가, 예술을 더 이상 미 개념과 동일시할 수 없는 것도 그런 이유에서다. 예술을 둘러싼 사회문화적 맥락도 비예술적이고, 예술에 대한 논의도 문화산업의 틀 안에서 규격화된 상투어를 반복하는 것이다.

그리하여 생활세계의 보편적 소외와 보편적 물신주의로의 퇴행은 가속화된다. 이것을 아도르노는 이렇게 표현한다. "프랑스 혁명 이전의 예술가들이 하인이었다면, 이제 그들은 엔터테이너가 된다."(376) 이제 사회는 많은 부분 거짓이 되고, 이 거짓사회에 사는 개인의 욕구도 허위화된다. 한 사회의 이데올로기란 거짓욕구가 만들어 낸 관념체계다. 이제 진정한 충족은 불가능할지도 모른다. 따라서 혁신의 가능성도 고갈되어 버렸다. 그런데 지금은 아도르노가 활동하던 전후 시대도 아니고, 그로부터 다시 50년 이상 지나왔다. 이제 비판이나 성찰이 있을 수 있는가?

여기에 필요한 것이 역설이나 난관, 불협화음이나 모순에 대한 의식일 것이다. 현대인의 사고는, 그의 취미나 기호뿐만 아니라 관점이나 세계관까지, 전적으로 편향되고 주관적으로 왜곡된 것으로 보이기 때문이다. 의미 있는 어떤 일이 오늘날 일어날 수 있다면, 그것은 아마도 이처럼 의미의 편재화된 상실과 그 불가능성에 대한 질문을 통해서일 것이다. 아도르노는 『심미적 이론』에서 쓴다.

오늘날 어떠한 미도, 그것이 대체 아름다운가, 그래서 소송과정이 없는 긍정에 의해 사취된 것이 아닌가라는 질문을 피할 수 없다. … 예술의 이데올로기와 진실은 마치 양과 염소처럼 구분되는 게 아니다(347).

예술이 아마도 완전히 비이데올로기적으로 되는 것은 불가능할 것이다. 경험적 현실에 대한 단순한 안티테제만으로 예술이 비이데올로기적으로 되는 것은 아니다(351).

예술에서 이데올로기와 진실은, 마치 양과 염소처럼, 그래서 선과 악처럼, 뚜렷하게 구분되지 않는다. 그 둘은 섞여 있다. 바로 그 때문에 오늘날 "예술이 아마도 완전히 비이데올로기적으로 되는 것은 불가능할 것이다." "경험적 현실에 대한 단순한 안티테제만으로 예술이 비이데올로기적으로 되는 것은 아니다."

예술에서 허위를 느끼지 않는다면 우리는, 현실에 대해 그러하듯이, 단순한 소비자에 지나지 않을 것이다. 그렇다는 것은 예술이 진실을 요구한다면 이 진실은 자기부정 없이 불가능하다는 뜻이 된다. 따라서 예술의 자기무장은 그 어느 때보다 철저해져야 한다.

'철저하다'는 말은 단순히 자의식의 내용이 그래야 한다는 것뿐만 아니라, 대상에 대한 비판적 관계 역시 다중적이고 순환적이어야 한다는 뜻이다. 즉 비판은 타자를 향하는 것 이상으로 자기자신에게도 향해야 하고, 자기를 향하면서 동시에 타자로 나아가야 한다. 이런 반성적 자의식은 이중적이고 삼중적이어야 한다. 그러면서 실천적 행동으로 수렴되어야 한다. 그렇지 않으면 예술은 총체적 관리사회에 수렴되면서 또 하나의 이데올로기로 전락할 것이기 때문이다.

그리하여 예술의 탈예술화 시대 ─ 모든 것이 관리되어 많은 것이 보편적 기만의 가능성 아래 자리한 오늘날 우리가 먼저 할 수 있고 또 해야만 하는 것이 비판이다. 아도르노는 이것을 '부정성否定性/Negativität'이라고 일컫는다. 이 부정적 비판의 사유는, 아래에서 볼 것이듯이, 그의 사회분석이나 철학 그리고 미학을 관통하는 핵심적 문제의식이다.

2. 부정성

”

정신의 진정한 일은 사물화의 부정이다.

호르크하이머/아도르노, 『계몽의 변증법』

아도르노의 사상을 특징짓는 가장 중요한 개념어는 무엇일까? 나는 그것이 '부정성'이라고 생각한다. 이 부정성의 정신에는 크게 두 가지 — 한편으로 헤겔 철학에 대한 비판적 독해가 있고, 다른 한편으로 마르크스로 대변되는 낙관적 역사 철학에 대한 거부가 있다. 다시 써 보자. 아도르노의 특성은 헤겔과 관련하여 '변증법'의 비판적 독해에서 잘 나타나고, 마르크스와 관련하여 '계급지배'나 '사물화', 혹은 '생산력과 생산관계'에 대한 비판적 재구성에서 잘 나타난다.

아도르노와 헤겔 그리고 마르크스 사이의 문제의식적 차이는 매우 복잡하지만, 간단히 말하면 이렇게 될 것이다. 헤겔과 다르게 아도르노는 긍정적이고 진실한 것에 직접 개입하지 않는다. 그가 옹호하는 것의 윤곽은 부정과 비판 속에서, 말하자면 '무엇이다'가 아니라, '무엇이 아니다'라고 하는 사실의 배경 속에서 드러난다. 말하자면 서구형이상학의 전통에서 지배적이던 총체성 표상에 대한 철저한 거리가 견지되는 것이다.

사실 '총체성 비판'이나 '연속성의 단절' 혹은 '비완결적 변증법'이나 '유토피아/파편의 상관관계' 같은 문제의식에는 키르케고르의 영향이 녹아 있다.[10] 마찬가지로 마르크스와 관련하여 계급사회는 여전히 존속한

---

10 Lore Hühn/Philipp Schwab, Intermittenz und ästhetische Konstruktion: Kierkegaard, in: *Adorno Handbuch*, hrsg. v. Richard Klein/Johann Kreuzer/Stefan Müller-Doohm, Stuttgart, 2011,

다고 말할 수도 있지만, 그 형태는 이전과는 판이하게 급격히 변화하고 있다. 따라서 마르크시즘 역시 비판의 대상이다. 사물화란 아도르노에게 삶의 사물화 이상으로 인간과 주체의 사물화다. 이렇게 보면 급진적 자본화란 상호인간관계의 자본화와 다름없다.

부정성 개념이 아도르노 사유에서 결정적인 만큼 이 개념을 규정지을 수 있는 열쇠어도 많다. 나는 세 개만 제시하고 싶다. 그것은 '이율배반'과 '부정변증법적 사유' 그리고 '심미적 경험 ― 철학과 예술 사이에서'다. 이율배반성이 사회분석에서의 문제의식이라면, 부정변증법적 사유는 그의 철학적 특징이고, 심미적인 것의 비판적 잠재력은 그의 미학에서 결정적이다. 먼저 이율배반에 대해 살펴보자.

1) 이율배반

99

자신의 내면에 상반된 욕구들의 공존을
기꺼이 허락하는 마음가짐이야말로
고결하고 원만한 인품의 원천이다.

살만 루슈디(S. Rushdie), 『무어의 마지막 한숨』(1995)

아도르노의 사유를 구성하는 여러 개념들 가운데 가장 중요한 것은 이율배반Antinomie이지 않나 싶다. 그것은 철학적 미학적 사유의 성격이면서, 무엇보다 사회현실과 역사에 대한 그의 주된 관점이기도 하다.

이율배반은 다른 여러 말들, 이를테면 '모순'이나 '양가성', '이의성二義

S. 330. 아도르노가 1931년 교수자격논문으로 제출한 것은 키르케고르에 대한 것이었고, 이 논문은 2년 후 『키르케고르에 있어 심미적인 것의 구성』으로 출간된다.

性'이나 '역설' 같은 말로도 표현된다. 여기에는 더 넓게 보아 '자기이반'이나 '배리背理, paralogism', '아이러니'나 '불협화음' 같은 개념도 포함된다. 그의 방대한 사상은 곳곳에 흩어져 있는 모순이나 이율배반의 이 같은 자장磁場 안에서 움직인다.

오늘의 사회가 자본주의 상품소비사회라면, 삶의 이율배반은 이런 사회에서 살아가면서 우리가 느끼는 것이고, 그러니만큼 오늘의 사회와 현실을 함축하는 용어다. 현실의 이율배반은 무엇보다 사회정치적 경제적 교환원리를 구현한다. 그러면서 그것은 자본주의 현실을 바라보는 아도르노 자신의 의식이기도 하다. 나아가 이율배반은 예술작품의 성격이다. 예술은 이율배반 속에서 지배질서와 다른 것 — 비동일적인 것das Nichtidentische을 인식하기 때문이다. (아도르노에게 비동질적인 것은 곧 진리를 뜻한다. 그의 철학적 미학적 목표는 한마디로 '비동질적인 것의 구제'다.) 모순의식부터 살펴보자.

ㄱ. 모순의식

이성의 역사가 진보뿐만 아니라 퇴행도 초래했다는 사실은 아도르노의 기본적 역사인식이다. 『계몽의 변증법』은 이성의 이런 모순과 역설에 대한 문제의식의 소산이다.

그런데 이 역설적 현상은, 앞에서 언급했듯이, 현대성 그리고 현대사회의 주된 징후이기도 하다. 지금 사회에서 대상을 바르게 파악하려면 이 대상이 무엇이기도 하면서 동시에 무엇이 아니기도 하다는 것, 그래서 어느 하나이면서 그와 다른 또 하나의 것과 겹쳐 있다는 양가적 사실을 인식해야 한다. 그래서 다시 보고 다르게 검토하는 것은 필수적이다.

모순-길항-배리-역설

예술은 철학과 마찬가지로 이 모순에 표현을 부여하는 행위이다. 예술 혹은 예술작품을 둘러싼 갖가지 변증법적 인식 방법이 필요한 것도 그런 이유에서다. 예술가와 작품의 관계가 그러하고, 작품과 현실의 길항관계나, 조금 더 넓게 예술과 사회의 관계도 그렇다.

이 같은 이율배반은 더 구체적으로 내용과 형식 사이에도 있고, 부분과 전체, 순수한 것과 순수하지 않은 것의 사이에도 있다. 또 예술이 표현할 수 없는 것을 표현한다고 할 때, 예술과 대상 사이에도 모순과 배리는 들어 있다. 이것은 작품을 창작할 때 예술가가 대상과 맺는 관계에서도 나타난다. 예술작품에 있어서 의식과 무의식, 기능성과 무기능성도 그렇다. 나아가 예술작품과 그 영향의 문제, 작품과 수용자의 관계도 다르지 않다. 구체적 예를 몇 개 살펴보자.

가장 간단한 인용문으로, "예술은 오직 판단의 절제에 의해서만 판단한다"고 아도르노가 적거나(188), "예술작품의 목적은 규정되지 않은 것의 규정됨die Bestimmtheit des Unbestimmten"이라고 쓸 때(188), 또는 "예술작품이란 동일성 강제로부터 해방된 자기동일성Sichselbstgleichheit"이라거나(190), "예술은 역설적으로 화해되지 않는 것을 증언하면서도 동시에 경향적으로 화해시켜야만 한다"(251)고 적을 때, 나아가 "예술작품은 그 자체이자 동시에 언제나 그 자체와는 다른 것이다"라고 적을 때(421), 이 모든 문장에는 이율배반적 요소가 들어 있다. 이것이 다음과 같이 명시적으로 강조될 때도 있다. "예술의 역사는 이율배반적이다."(314) 이런 시각에서 보면 예술은 이율배반의 조형화 과정이다.

예술의 이율배반성이 좀 더 복잡하게 나타난 경우는 다음과 같은 예에서다. "모든 예술작품이란 사물세계를 부정하는 사물로서, 그것이 이 사물세계 앞에서 자신을 정당화해야 할 때 선험적으로 무력하지만, 그러한 선험성 때문에 그 정당성을 단순히 거부할 수도 없다"거나(182), "예술은 현실의 속박을 반복하면서도 이 속박을 이미지로서 승화시키면서, 동시에 이 속박으로부터 경향적으로 해방된다"고 쓸 때(196), 혹은 "예술은 자기자신과의 고유한 동일성을 따름으로써 비동일적인 것에 스스로 같아지게 된다"라는 글에도(202) 나타난다.

첫 번째 문장에서 예술은 사물이면서 사물을 부정한다는 점에, 두 번째 문장에서는 현실의 속박을 되풀이하면서도 그로부터 벗어난다는 점에 예술의 이율배반이 있다. 마찬가지로 세 번째 문장에서 그것은 비동일성에 대한 예술의 거부가 자기고유의 동일성에 대한 추구를 통해 이뤄진다는 데 있다.

이렇듯이 아도르노의 문장에는 서로 모순되는 축들이 대위법처럼 놓여 있고, 이렇게 나란히 놓인 채 단어가 이어지고 뒤집히면서 새로운 의미를 생성시킨다. 이 변증법적 전복 운동 속에서 대상의 모순은 해소되는 게 아니라 긴장관계 속에서 유지된다. 그러면서 계속 질문되고, 이 물음을 통해 대상의 전체 윤곽이 그려진다. 이것이 '예술의 자율성'이다. 『심미적 이론』의 처음부터 끝까지 그가 집요하게 견지하는 것이 이 자율성 개념이다. 그에게 예술'개념'보다 중요한 것은 개별적 예술'작품'일 것이고, 이들 작품이 지닌 내재적 역학과 이 역학의 비판력일 것이다. 그가 '주체'보다 '대상'을 우위로 두는 것도 그런 이유에서다. (이것은 뒤에 언급할 것이다.)

예술은 아도르노에 따르면 작품의 내재적 힘으로 나아간다. 예술의 운동은, 흔히 그러하듯이 어떤 유용성이나 전략 같은 목표를 따르지 않는다. 또는 하버마스가 내세우듯이 소통적이거나 대화적 의의를 겨냥하지 않는다. 아도르노가 파악한 심미적 특이성이란 예술의 자율성 속에 있고, 이 자율성은 최대이윤의 목적 합리성을 벗어나 있다. 그리하여 예술의 사회저항적 에너지는 작품의 내적 형식법칙과 그 자율적 역학으로 부터 나온다. 예술의 비판력은 비판적 차이의 자율성으로부터 온다. (사실 예술이나 철학뿐만 아니라 인문학 전체에서 '비판적 차이'의 확보는 가장 중대한 자기존재의 이유일 것이다.)

예술의 자율성, 이 자율성에서 오는 비판적 차이의 힘은, 조금 다른 각도에서, 이를테면 실존적 차원에서 설명할 수도 있다. 생각한다는 것은 극도로 무기력하고 쓸쓸한 일이다. 사고는, 그것이 진정하면 진정할수록, 더욱더 집요하게 불신과 회의와 의심이 동반된다. 진리는 항구적으로 지속되는 성찰적 반성 운동 속에서만 '잠시' 포착될 수 있을 것이다. 동일화하는 개념의 한계는 아마 이런 식으로 극복될 수 있을지도 모른다. 질의하는 반성적 운동은 곧 정신의 자율성을 증거하기 때문이다. 이런 점에서 아도르노의 변증법은 헤겔의 그것과 다르다.

비정형적 차이의 짜임관계

아도르노는 대상과 언어, 사안과 개념 사이에 완전한 통일을 겨냥하지 않는다. 오히려 그는 마치 별자리에서처럼 전체적 짜임관계를 염두에 두는 가운데 사안의 실체에 다가선다. 진리란 절대적이고 명약관화한 것으로 파악할 수 없기 때문이다. 진리란 그 자체로 부서지기 쉽고 위태롭기 때문이다. 아니 진리 이전에 사고 자체가 취약하고 외로운 것이다.

헤겔 철학에서의 변증법은 그 부정적 원칙에도 불구하고 긍정적 순응적 성격으로 옮아간다. 플라톤 이후의 변증법은 대체로 그러하다고 할 수 있다. 아도르노는 헤겔의 이 같은 동일성 절대주의를 거부한다. 그러면서 개념변증법의 자기초월적 잠재력을 더 밀고 가려 한다. 그 점에서 그는 헤겔보다 더욱 헤겔적이라고 할 수 있다. 아도르노와 구별되는 데리다나 폴 드 만의 해체주의적 예술이론의 차이도 바로 이점 ― '모순과 역설의 존재론화'에 있을 것이다. 아도르노는 대상을 거스르면서 동시에 이렇게 대상을 거스르는 자기자신마저 거스르고자 한다. 그의 부정변증법적 문제의식이 개념비판적이고 언어비판적인 것은, 나아가 '방법으로부터 해방된 정신'으로서 '시도로서의 사고'이자 '에세이적 사유'로 불리는 것은 그 때문이다.

아도르노의 부정변증법과 이 방법 아래 전개되는 역설적 문장은 그의 저서 곳곳에, 사회학 연구든, 문학비평이나 음악비평이든, 아니면 철학이나 미학에서든, 광범위하게 퍼져 있다. 그가 옹호한 이른바 비정형 음악musique informelle이라는 것도, 마치 예술에서 자율적 요소가 강조되듯이, 전래적 형식이나 기준에서 벗어나 자유롭게 구성되는 자율적 음악을 지향한 것이다. 그러니만큼 그것은 철학적 부정성의 음악적 표현이라고 할 수 있다. 그가 말러 음악의 특징이 부정성에 있다고 본 것도 같은 맥락에서다. 말러는 친숙한 음악 질료를 사용하지만, 이때의 전통적 의미 내용은 부서져 있기 때문이다.

그리하여 아도르노의 음악적 표현은 부정성의 표현이 된다. 전통의 통합은 아도르노에게 전통의 부정적 지양을 통해 일어난다. 이런 특성은 그의 작곡과 미학과 철학에서 크게 다르지 않다. 이렇듯이 『심미적 이론』의 곳곳에는 개별과 전체, 하나와 다수의 통합, 혹은 개인과 사회 사이의 화해가 근본적으로 불가능하다는 고백이 수없이 반복되어 나타난다. 미학뿐만 아니라 철학을 포함하여 거의 모든 저작에서 지루할 정도로 되풀이된다. 그것은 삶이 이 같은 모순에 가득 찬 것이기 때문일 것이다.

그렇다. 어떤 것의 속성들은, 그것이 인간이든 사물이든, 그에 맞서는 다른 성질을 내포하여 서로 상쇄되지 않고는 동일한 주체 안에 공존할 수 없는 것처럼 보인다. 인간이 그러하고, 인간의 삶이 그러해 보인다. 그렇다면 그가 활동하는 현실은 다른 것인가? 그렇지 않다. 이러니 이 삶을 묘사한 예술작품이나 그에 대한 반성을 담은 철학적 저작이 모순의식으로 찬 것은 당연할지도 모른다. 아도르노의 모순의식은 그의 역사 철학적 문제의식 ― 가장 행복한 날에서조차 모순을 지양하기 어렵다는 통절한 현실인식에서 온다.

ㄴ. 예술 ― 비동일적인 것의 인식

위에서 보았듯이, 개념을 통한 대상의 파악은 기본적으로 동일화하는 활동이다. 그것은 각 개체가 지닌 특수한 성격을 사상捨象하고 외면한다. 이 동질화 원리는 교환법칙에 의해 추동되는 사회적 형식과 이어진다. 아도르노는 대상보다 주체를 우선하고, 대상과 개념 사이의 동일성을 전제하는 전통적 인식이론을 비판한다.

그러나 이것은 개념적 불충분성에 대한 비판으로 그쳐선 안 된다. 그것은 비판 이상이어야 한다. 즉 대상과 개념 사이의 불충분성과 그 균열을 드러내 보여야 한다. 이것은 어떻게 가능한가? 여기에 작동하는 것이 '미메시스mimesis' ― 대상에 대한 모방이다.

예술은 대상을 있는 그대로 모방함으로써 새롭게 느끼고 생각한다. 이것이 생산자로서의 예술가 자신에게 일어나는 과정이라면, 이런 작품 창작을 통해 그는 이 작품의 수용자로 하여금 '새롭게 느끼게 하고 다시 생각하게 만든다'. 이것은 이중의 매개과정이다. 창작에서 일어나는 매개가 경험/대상과 주체/예술가 사이에서 일어난다면, 수용에서의 매개는 예술가와 수용자 사이에 일어난다.

이러한 매개과정에서 새로운 사실이 파악된다. 작가가 추구하는 것이 보다 이성적인 사회라면, 이 사회는 아직 오지 않았고, 그런 점에서 '다른 것'이다. 예술과 철학이 추구하는 것은 이 다른 것의 가능성이다.

다른 것은 개념으로 환원되거나 언어로 포착되기 어렵다. 따라서 비동질적이다. 그리하여 비동일적인 것의 표현과 그 경험은 그 자체로 심미적 경험의 과정이면서 예술의 일이다. 아도르노는 예술의 비동일화 활동을 개념의 동일화 활동에 대립시킨다. 예술은 작품창작에서나 작품수용에서 비동일적으로 작동한다.

예술경험은 무엇보다도 대상에 대한 감각적 경험이다. 그것은 예술주체가, 그가 작품의 생산자/예술가든, 이렇게 창작된 작품의 감상자/독자든, 자기감정을 통해 '느낀다'. 그러면서 이 느낌 속에서, 이것이 작품의 수용과정이라면, 수용자는 작품의 의미가 무엇이고 그 주제가 어떠한지, 작가의 뜻은 어디에 있고 주인공은 무엇을 고민하는지를 '생각한다'. 그래서 이성적 측면이 끼어든다. 심미적 경험에서 작가의 생각은 다시 감상자의 감정을 풍부하게 하고, 이렇게 풍부하게 된 감정은 거꾸로 그의 사고를 깊게 한다. 그리하여 심미적 경험에서 느낌과 생각, 감정과 이성은 상호구성적 영향관계 속에서 의미론적으로 변형되고 확대된다. 이것이 심미적 경험의 변증법적 경로다.

여기에서 확인되는 사실은 심미적 경험의 감각적 지각에 일정한 비판적 요소가 들어 있다는 점이다. 즉 심미적 주체는 예술경험 속에서 주어진 것을 넘어 어떤 다른 상태로 '나아간다'. 이 나아감 혹은 이행은 곧 초월의 움직임이다.

이 움직임은 어디로 나가는가? 그것은 주어진 것을 넘어 다른 것 — 보다 나은 상태를 염원한다. 그런 점에서 그것은 개념적 인식에서의 동질화 활동으로 끝나지 않는다. 그것은 근본적으로 '부정적negativ'이고, '비동일적nichtidentisch'이며, '비개념적nichtbegrifflich'이다. (아도르노에게 부정성과 비동일성 그리고 비개념성은 진리의 다른 이름이다.) 이 비개념적 비동일적 운동 속에서 예술은 기존의 질서를 넘어 더 나은 차원으로 나아간다.

그런 점에서 비동일적인 것에 대한 의식은 곧 해방적 의식이다.

예술의 초월은 지금 여기에서 이곳을 넘어 저곳으로, 그래서 비동일적 타자의 전체로 나아간다. 예술경험의 인식방식은, 그것이 이미 주어진 질서와는 다른 가능성을 열어 준다는 점에서 전혀 '새로운 인식의 형식'이다. 전혀 새로운 인식의 형식 이전에 전혀 '새로운 경험의 방식'이기도 하다. 예술은 개념적 동질화 활동이 아니라 비개념적 이질화 활동인까닭이다. 심미적 경험의 비판적 모티브는 바로 여기에 있다.

예술은 지금 이대로가 아닌 것, 그래서 다르게 될 수 있는 것, 그리하여 달리 될 수도 있을 미지의 가능성을 지향한다. 그것은 지금 그대로의 모습에 자족하거나 그것을 기계적으로 되풀이하는 데 그치는 게 아니라, 그래서 현재의 가시적 현상이 삶의 모든 모습이 되는 게 아니라 다르게 될 수도 있는 어떤 가능성을 추구하고, 이 다른 가능성에 열려 있으며, 이 작은 가능성에 귀 기울이고 주목한다. 이 점에서 예술의 인식은 대상과 개념 사이의 균열을 드러낸다. 그러면서 범주적 인식체계에 깃든 모순을 파헤친다. 예술은 주어진 모든 동일적 차원을 넘어서는 것이다.

그러므로 예술은 동질적인 것의 초월이고, 비동일적인 것의 인식이다. 심미적 진실은 비동일적인 것과 씨름하는 가운데 비로소 획득된다. 언어 역시 표현과 이 표현이 뜻하는 바 사이의 비동일성을 인식할 때만 진실할 수 있다. 결국 사회적 체제비판과 비동일성의 심미적 사유 그리고 철학적 진리 획득은 같이 간다.

ㄷ. 예술과 사회

예술 자체의 의미이건, 예술과 사회, 작품과 현실의 상호관계건, 그것은 선명하게 드러나지 않는다. 이 둘 사이의 소통은 쉽게 이뤄지기보다는 차라리 이뤄지기 어렵다고 보는 게 맞다. 예를 들어 예술작품과 현실의 관계에서 작품은 현실 앞에서 자신을 닫는다. 그러면서도 현실에 관계한다. 이것이 예술의 역설적 구조다.

예술이 그렇듯이 예술작품도 역설성으로 특징지어진다. 우리는 예술작품의 역설성을 내용과 형식, 그리고 내재성과 초월성의 상호관계라는 관점에서 다시 설명할 수 있다. 아도르노에게 예술의 형식이란 내용이 '침전되어' '변형된' 것이다(210). 혹은 예술작품의 내용이란 형식이 '각인된' 것이다. 그 때문에 형식을 단순히 내용과 대립적으로 파악해선 곤란하다. 형식은 내용을 통해 사유되어야 하고, 내용은 형식을 통해 고찰되어야 한다. 이것이 예술의 특수성이고 예술의 변증법이다.

양립불가능한 의미체계

그러므로 예술의 내용과 형식은 복잡다기하게 매개된다. 이 내재적 형식법칙으로부터 예술이 사회역사적 차원으로 나아간다는 점에서 아도르노의 미학은 '사회역사적 내재성Immanenz의 미학'이라고 부를 수 있을지도 모른다. 마찬가지로 예술작품이 지닌 성격을 아도르노는 '내재성'이라고 부른다.

내재성이란 간단히 말해 예술작품의 형식이고 형식내적 법칙성이다. 그런데 형식내적 법칙에는 동질적 요소만이 아니라 이질적 요소도 들어 있다. "예술은 자신의 내재성 속에 그와는 다른 것을 지닌다."(386) 이 내재적 지향 때문에 예술작품은 단순히 '순수한' 것 ― 동질적 차원에 머무르지 않는다. 그것은 사회를 대변할 뿐만 아니라 그에 대한 부정이 된다. 예술작품은 사회적인 것을 내세움으로써 사회적으로 되는 게 아니라, 사회적인 차원과 전혀 무관한 것 ― 사회적인 것에 대립되고 사회적인 것을 부정함으로써 사회적으로 된다.

아도르노는 쓴다. "예술에서 사회적인 것은 사회에 맞서는 예술의 내재적 운동이지 예술의 명시적 입장표명이 아니다."(336) 따라서 순수한 예술이 상정하는 내재성의 환상은 예술의 이질적 계기를 통해 끝없이 폭로되어야 한다. 같은 논리로 예술은 어떤 작용이나 실천 이전에 그 자체의 즉자적 존재로 하여, 즉자적 존재의 형식내적 타자성으로 인해 사회적이다.

그러므로 예술작품은 즉자적 존재이기에 자율적이고, 사회적이기에 작용하고 실천한다. 아도르노가 심미적 현상을 심미적이면서 동시에 '사회적 사실faits sociaux'이라고 말한 것은 이런 뜻에서일 것이다(375). "모든 예술작품은 양립불가능한 것의 체계ein System von Unvereinbarkeit"이고(274), "예술작품의 수준은 본질적으로 이 양립 불가능한 것에 맞서느냐, 아니면 그것을 피하느냐에 달려 있다."(283) 그러니만큼 예술과 사회의 일대일 대응관계나 내용과 형식의 이분법은 지양된다. 예술작품은 오히려 양립 불가능한 것과의 대결 속에서 그 형식적 내용적 깊이를 더한다.

이렇듯이 예술의 사회적 관계는 이중적이고 이율배반적이다. 이런 관계를 지탱하는 것은 예술 혹은 예술가 자체의 비판적이고 성찰적이며 반성적인 의식이다. 그러나 그 이전에 예술은 대상에 미메시스적으로 접근한다. 대상을 개념적 동질화 원리 아래 획일화하는 게 아니라, 대상에 다가가 그 개별적이고 특수한 성격을 드러내면서 이해하고자 한다. 예술은, 그것이 스스로 행해진다는 것, 그래서 폭력이 개재하지 않는다는 점에서, 가장 '덜 소외적인' 것이다(173).

아마도 이런 비폭력적 개입과 반성적 자의식으로 인해 예술의 언어는 개념적 획일화와 단자론적 폐쇄성을 넘어갈 것이다. (주체의 자의식을 강화하는 것은 앞에서 썼듯이 아도르노의 사회이론에서 핵심적이다. 사회적 전체성의 비판이 사회과학에서 결정적이라면 사회집단적 강제를 거스르는 것은 자율적 비판적 주체이기 때문이다.) 예술의 이런 성격은 이율배반과 대결하려는 의지에 이미 들어 있다.

여기에서 예술의 부정성 개념이 나온다. 아도르노에게 '부정적'이라는 단어는 '비판적'이라는 말과 통한다. 이 부정과 비판을 하는 심급이 예술의 정신Geist이다. 기성의 권력이 동일화 원리 아래 자연지배를 목표로 한다면, 예술은 자연지배의 폐해를 돌아보고 지적하고 기억하고 기록한다는 점에서 기성권력에 저항한다.

동일화 원리 아래 움직이는 기존의 질서는 상투적이고 폭력적인 것을 양산한다. 이것이 근대의 자연지배적 이성이고 과학기술적 이성이다. 이에 반해 예술은 비동일화의 원리 아래 사회적 합리성의 폭력성을 철폐시키고자 한다. 이것을 아도르노는 이렇게 표현한다. "예술은 지배하는 것의 지배Beherrschung des Beherrschenden를 통하여 자연지배를 가장 깊은 곳까지 교정한다."(207)

비지배적인 것의 지배

그러므로 예술에는 지배의 상투성에 대한 알레르기가 있다. 이 알레르기는 표현에 나타난다. 지배적인 것은 상투적이고, 이 상투적인 것은 신선하기 어렵다. 신선하지 못한 예술 언어는 이미 죽은 것이다. 예술은 지배적 상투성에 저항하는 비지배의 표현형식이다. 그것은 비동일적인 것에 대한 부정적 관심 속에서 아직 소외되지 않은 것의 편을 들기 때문이다.

예술이 그리는 유토피아는 기존현실에 없는 것을 그리면서도, 이 묘사가 현실에서 오는 한, 이 현실에 예속된다. 거꾸로 말하여 예술은 현실 속의 현상을 그리면서 현상 '그 이상Mehr/more'이 된다. 이 이상 — 현실의 잉여이자 나머지에 비판적 잠재력이 있다. 이 잉여로부터 미래에의 전망도 나온다. 그리하여 예술은 이 잉여를 현실 속에서 묘사한다. 예술적 인식의 특이성이나 능력도 이 잉여로부터 온다. 이 잉여 덕분에 예술은 기존과는 다른, 그래서 이 현실을 넘어 더 크고 넓은 현실로 나아갈 수 있다. 이것을 우리는 '예술의 존재론적 금욕 혹은 절제'라고 말할 수 있을지도 모른다.[11] 예술의 유토피아는 여기에 있다.

그렇다고 해도 예술의 유토피아가 유토피아 자체는 아니다. "예술의 유토피아가 충족된다면 그것은 예술의 무상한 종말이 될 것이다"라고 (55) 아도르노는 썼다. 그렇다는 것은, '화해'가 삶의 유토피아적 상황이라고 해도 예술의 화해 역시 이율배반적 모순 속에 놓여 있음을 뜻한다. 이 이율배반성은, 예술이 사회에 대한 안티테제가 되는 것이 사회 속에서 이뤄진다는 것, 또 지배에의 저항은 지배의 반영을 통해 이뤄진다는 역설적 사실에서, 이미 확인된 바 있다. 예술의 메커니즘이나 작동원리 자체가, 적어도 현대예술에 와서 그것은, 이처럼 양가적이고 이율배반적이다.

그러므로 예술의 인식형식과 사회적 형식은 상호구성적이다. 예술이 추구하는 다른 지각적 가능성은 사회가 앞으로 이뤄야 할 다른 형식 — 더 나은 삶의 형식에 대한 상상적 검토가 된다. 예술이 시도하는 것은 상상적 실험에 불과하지만, 그리고 그 때문에 쓸모없는 것으로 비판받기도 하지만, 또 그런 이유로 미래를 앞당기는 의미 있는 작업이 된다. 이렇듯

---

11 언어는 말해지면서 "지금 여기를 넘어가는 것을 말한다"면서 이것을 "언어의 존재론적 금욕(die ontologische Askese der Sprache)"이라고 아도르노가 쓴 적이 있다(305). 언어의 존재론적 금욕은 예술 혹은 예술작품에 대해서도 말할 수 있을 것 같다. 예술은 무엇을 말하면서도 비유와 암시의 우회로를 통해 말해지는 것 그 이상을 말하기 때문이다. 그는 예술에 언어와 유사한 계기가 있다고 보았고, 그 유사한 계기가 미메시스라고 생각했다. 아마 예술작품도 그렇다고 해야 할 것이다. 예술이나 언어는, 그것이 좋은 것이라면, 지칭하는 그 이상의 잉여를 담고 있어야 한다. 의미의 여운이나 자취 혹은 메아리가 바로 그런 잉여가 될 것이다. 뛰어난 작품에는 이런 의미의 여운 — 의미의 무한한 파장이 잇따른다.

이 오늘날 예술이 처한 이율배반적 상황은 한두 겹으로 끝나는 게 아니라 겹겹으로 구조화되어 있다. 이런 복잡함이 '지금 여기에서 예술이 무엇을 할 것인가'라는 물음에 대한 답변을 어렵게 하면서 또 다른 가능성을 열어 준다.

2) 부정변증법적 사유

> **99**
> 예술은 순수한 본질에
> 서약하게 하는 시도를 경멸한다.
> 아도르노, 『심미적 이론』

예술은 비판과 초월의 동력을 잃을 때 허위의식이 된다. 예술의 탈예술화ent-kunsten 경향도 여기에서 온다. 부정적으로 지양되지 못하면, 그것은 도그마와 다르지 않다. 도그마란 사물화되었다는 뜻이기 때문이다. 사물화된 사고가 진실되기 어렵다. 그래서 거짓이 된다.

ㄱ. "일정한 부정" ─ 거리두기

여기에서 드러나듯이 아도르노의 미학적 사유를 지탱하는 것은 철학적 반성의 비판적 움직임이다. 이 반성적 움직임은 매개에서 나타난다. 즉 예술은 사고처럼 스스로 지양하고자 한다. 이 지양과정이 곧 사유의 매개과정이다. 그러면서 매개된 것도 정지되는 게 아니라 거듭 매개하고자 한다. 매개의 중단은 매개의 배반이기 때문이다.

매개의 지속은 사고의 지속이고 반성의 지속이다.[12] 그래서 사고는

---

12 자기반성적 논리의 지속, 이것을 보여 주는 예술을 아도르노는 '아름답다'고 간주했다.

중단 없는 매개와 지양 속에서 편협하고 저열한 것을 넘어간다. 그래서 좀 더 높은 단계의 객관화 단계로 나아간다. 부정변증법적 사유 — 비동일성적 사유의 핵심은 바로 이 세계가 오로지 매개적으로만 진실하게 사유될 수 있다는 데 있다. 그렇다는 것은 객관성의 완전형식이 있지 않다는 뜻이기도 하다. 정해진 객관화는 경직화인 까닭이다.

따라서 객관성도 하나의 완결된 목표로서가 아니라 잠정적 목표요 과정 속에서의 가치로 간주된다. 비판은 계속된다. 비판은 '비판적으로 계승된다'. 여기에서 드러나듯이, 심미적 매개의 이념은 아도르노 예술론의 핵심이다. 그러므로 반성적 매개의 도정은 곧 진실로의 도정이고, 객관성으로의 도정이다.

사고의 매개과정이 지속되어야 하고, 비판 역시 항구적이어야 한다는 요구는 다른 한편에서 보면 '소외'를 피하기 어렵다는 뜻이기도 하다. 완전성으로의 모든 발걸음은, 그것이 예술작품에서 이뤄지건, 사유에서 이뤄지건, 자기소외sich entfremden로의 움직임이다. 자기소외란, 말 그대로 해석하면, '자기자신sich'으로부터 '떨어져 낯설게 되는ent-fremden' 것이다. 기존의 친숙한 상태로부터 벗어나 더 나은 것으로 옮겨가는 것, 그것이 소외의 과정이다.

사고의 심화과정은 인고忍苦의 즐거운 과정이다. 그것이 인고의 과정인 것은 외로움과 쓸쓸함을 견뎌 내야 하기 때문이고, 그럼에도 즐거운 것은 그런 과정을 통해 기존 상태에서 벗어나 이질적 타자영역으로 들어가기 때문이다. 소외의 견딤 속에서 예술은 전체로서의 모순과 사회

"어떤 작품이 아름답다고 정당하게 말할 수 있는가라는 구체적 심미적 문제에 대한 답은 스스로 자기자신을 성찰하는 논리를 개별사례적으로 철저하게 실행하는 데(in der kasuistischen Durchführung einer solchen sich selbst reflektierenden Logik) 있다."(282)

적 적대관계를 조금씩 넘어설 수 있다. 그리하여 낯섦을 견디는 것은 예술의 진실과 허위를 가늠하는 기준이 된다. 이것이 예술과 사고의 변증법적 길이다. 참된 예술은, 참된 사고가 사고에 저항하듯이, 예술 자체에 저항한다.

그리하여 목표로서 흔히 추구되는 '종합'이나 '통일' 혹은 '완전성'도 아도르노에게는 의문시된다. 종합이나 통일을 선호한 것은 앞서 지적했듯이 관념론적 전통의 오랜 편견이었다. 예를 들어 데카르트적 철학은 —그의 사상 전체를 이렇게 단순화하는 것은 물론 별 의미 없는 일이지만, 그렇다고 해도 요약이 때로는 필요하다면— 일관성이나 직선성, 인과성과 일의성, 완전성 그리고 근원 사고 같은 규칙 등으로 특징지어질 수 있다. 모더니즘 계열의 좋은 예술작품에는, 카프카나 베케트의 문학이 보여 주듯이, 일관되고 일의적이며 완전한 의미에 대한 이런 반발이 있다. 이들에게는 긍정적인 것의 무매개적 표현에 대한 절제가 있다.

매개되지 않으면 아무리 좋은 이상도 거짓이 되고 만다. 비판이 비판되지 않으면 비판일 수 없듯이 종합은 해체되는 가운데 다시 종합되어야 종합된 것을 훼손시키지 않을 수 있기 때문이다. 진실은 진실의 부정 속에서 비로소 진실할 수 있는 것이다. 이때 작동하는 것이 바로 '일정한 부정bestimmte Negation'이다. ('bestimmte'라는 단어에는 '일정한', '특정한'이라는 뜻 외에도 '확고한'이라는 뜻도 있다. '특정한' 것을 지칭하는 데는 '확고한' 의지가 배어 있기 때문이다.)

이 일정한 부정이라는 단어를 아도르노는 되풀이하여 강조한다. 예술은 기존의 질서에 대한 일정한 혹은 확고한 부정 아래 자리한다. 이 부정성으로 하여 예술은 감각적 현상 아래 드러나면서도 이 현상을 부정하면서 그 너머를 지시한다. 이것이 예술작품의 내재적 과정이고 짜임관계 Konstellation이다.[13]

그리하여 예술의 충동은 종합을 지향하는 것만큼이나 종합으로부터 벗어나려 한다. 종합에의 반발은 특히 현대예술의 원리라고 할 수 있다. 이런 의식 때문에 후기자본주의의 사물화 현실에서 예술이 더 무기력해지는 것도 사실이다. 하지만 정신은 부단한 지양 속에서 자신과 대상을 검토하고자 한다.

마치 카프카의 짧은 글 「법 앞에서」에 나오는 시골 남자처럼 실패가 예정되어 있음에도 계속 법 안으로 들어가려고 시도한다. 아마도 『소송』이나 『성』의 주인공이 유죄인 것은 어떤 죄를 지어서가 아니라, 스스로 정당하려는 그런 시도 때문일 것이다. 하지만 부정적 실천 속에서 예술은 현존과는 다른 존재가 된다.

ㄴ. 부정변증법적 움직임

앞서 보았듯이 아도르노의 사고는 근본적으로 변증법적이고, 그의 변증법은 무엇보다 부정적이다. 부정성Negativität이란 삶의 이율배반과 현실의 양가성을 뚫고 나가는 의식의 운동이다. 이 의식은 기존 상태에 만족하지 않기 때문에 이 현존 상태 너머를 지향한다는 점에서 비판적이고 반성적이다. 이 의식은, 그것이 기존 상태에 만족하지 않는다는 것, 그래서 이 현존 상태 너머를 지향한다는 점에서, 비판적이고 반성적이다.

---

13 아도르노의 철학적 사유에서 핵심적인 '짜임관계(Konstellation)' 혹은 '배치구조(Konfiguration)' 개념은 사실 벤야민의 진리이해로부터 온 것이다. 진리가 이념에서 생겨나는 것이라면, 이 이념을 포함하는 것은 현상 자체가 아니라 현상의 의미 있는 상호관계라고 벤야민은 생각했다. 이 관계는 학문적 연역이나 경험적 귀납으로부터 나오는 게 아니라, 개별 사안들 사이의 상호배치관계와 그 짜임새로부터 생겨나기 때문이다. 그러므로 진리는 사물의 짜임새 속에 있고, 이 짜임새에 깃든 의도 없는 존재다. 벤야민이 '진리의 무의도성'을 말한 것은 이런 이유에서다. 벤야민의 이런 진리관을 아도르노는 자기 사상의 주된 요소로 전유(專有)했다.

부정의식-반성의식-비판의식

그러므로 아도르노의 부정의식은 곧 반성의식이고 비판의식이다. 주의할 것은 그렇다고 이 부정이 무조건적이지는 않다는 사실이다. 무엇이든 절대화된다면 신화화되기 때문이다. 절대화된 사유란 사유의 물신화이기 때문이다. 이 물신화된 사유형식이 이데올로기다. 아도르노적 의미에서 비판은 비판의 엄숙주의로 환원되지 않는다. 그렇다고 그것이 수동적 관조 상태에 머무는 것도 아니다. 되풀이하건대 비판은 계속 행해져야 한다. 그 점에서 철저하다.

그렇다고 비판 자체를 금과옥조인 듯이 여기는 것은 물론 아니다. 비판은 사안에 따라, 또 대상의 성격에 따라 수준과 정도를 달리하면서 이뤄져야 한다. 보편규범의 가능성 속에서, 그 규범적 토대를 모색하는 가운데, 비판은 행해진다. 그리하여 사유는 대상을 사유하면서 사유 자체도 사유해야 한다. 다른 사유의 가능성은 사유의 사유로부터 나오기 때문이다.

이 이중의 반성 운동은 물론 변증법에서 나온다. 아도르노의 변증법은 거듭 강조하여 '부정변증법Negativdialektik'이다. 그의 정의를 직접 들어보자. 부정변증법이란 "반反체계Antisystem"로서, "일관된 논리적 수단을 통해 통일성의 원리나 상위개념의 전적인 지배 대신에, 그 통일성의 속박 밖에 있을 어떤 것의 이념으로 대신하고자" 한다.[14] 체계란 총체성의 서술방식이다. 따라서 부정변증법은 체계적 총체성의 사유방식에 반대한다. 그래서 파편적이다. 사회적 전체의 비합리성은 합리적 이론의 종합형식에서가 아니라 파편적 형식 속에서 비로소 파악될 수 있기 때문이다.

앞서 나는 아도르노의 사고가 '에세이적'이라고 지적하였지만, 이 에

---

14 Theodor W. Adorno, *Negative Dialektik*, a. a. O., S. 10.

세이적 성격은 곧 파편성과 이어진다. 아도르노는 죽기 몇 주 전까지도 『심미적 이론』에 매달려 있었고, 이 마지막 저작은 결국 파편적으로 남는다. 그뿐만 아니다. 이 저작에는 형식적 측면에서 보면 전체 장章의 구분도 없고 서술상의 순서도 없다. (출간된 책의 장 구분이나 소제목은 작가 사후에 출간되면서 편집자가 붙인 것이다.)

비유적 표현과 개념적 구성이 아무런 순서 없이 마치 몽타주처럼 나란히 배열된 채 불연속적으로 끝없이 이어질 뿐이다. 이것은 앞과 뒤를 전제하는 전통적 의미의 철학 — '제1철학prima philosophia에 대한 의식적 비판의 표현이다. 이것은 또 베토벤이나 쇤베르크의 음악에서, 그리고 클레나 피카소의 회화에서, 나아가 베케트와 첼란P. Celan의 문학에서 주요 주제가 불연속적이고 파편적으로 전개되는 것과 서로 통한다.[15] 아도르노가 에세이 형식을 선호하는 것도 이 형식이 처음부터 전체를 전제하지 않는다는 것, 그래서 파편을 통해 이 전체에 비강제적으로 접근할 수 있다고 생각했기 때문이다.

그러나 체계 없이 어떻게 사유가 '구속력 있게' 이뤄질 수 있는가? 한편으로 기존의 체계 사고를 문제시하면서도 다른 한편으로 이 반反체계의 비판에 깃들 수 있는 무책임성을 우리는 극복할 수 있는가? 현실에 열려 있고 이 열림 속에서 지속적으로 비판하면서도 이 열림이 '모든 것은 가능하다'는 식의 자의적 유희로 함몰되지 않도록 우리는 사유할 수 있는가? 그래서 이 사유가 어떤 보편규범의 안정된 토대 위에 자리하도록

---

15 Stefan Müller-Doohm, *Adorno*. a. a. O., S. 715. 일목요연한 기승전결이나 목차를 허용하지 않는 이런 에세이적 글쓰기를 아도르노는 "병렬적 서술방식(parataktische Darstellungsweise)"이라고 불렀다. 구문론(Syntax)이 대개 논리적 서술화를 전제하는 반면, 병렬구조(Parataxe)는 구문의 이런 서열화 논리를 지양하려 한다. Theodor W. Adorno, *Ästhetische Theorie*, a. a. O., S. 541. 그의 글쓰기나 사유방식은 철저하게 에세이적이다.

할 수 있는가? 이것은 어려운 문제가 아닐 수 없다.

통일성/절대성/총체성 비판

아도르노의 부정변증법은 절대주의뿐만 아니라 상대주의에도 반대한다. 그렇다고 이 둘 사이에서 어중간한 입장을 취하는 것도 아니다. 부정변증법은 진리의 절대성 혹은 불변성을 신뢰하지도 않고, 그 불멸성에 위로받지도 않는다. 그는 진리가 근본적으로 깨어지기 쉽고, 사유란 반성되지 않으면 거짓된 삶의 복제품이 된다는 것을 잘 안다. 반성되지 않는 사유란 이데올로기에 지나지 않기 때문이다. 이것은 계몽의 정신이 반성적 자의식을 통해 신화와 구분되지만, 그것이 무반성적일 때 신화로 퇴행하는 것과 같은 이치다.

그러므로 부정변증법은 총체성이나 통일성 같은 미리 설정된 상위개념의 전제가 아니라, 이 통일성이 강제하는 속박의 자리 '그 밖에' 자리하는 이념을 지향한다. 따라서 아도르노의 사고는 체계와 반체계 사이를 움직인다. 마찬가지로 그는 전체와 파편 사이에서 사고한다. 그러면서 그것은 어떤 열린 가능성 아래 구속력 있는 인식을 펼치고자 하는 것이다.

아도르노의 이 부정변증법적 사유 앞에서 우리는 이런 사유의 심급, 그 규범적 토대가 무엇인지를 묻지 않을 수 없다. 부정과 비판을 통해 교조적 내용을 줄여 가는 것은 필요하지만, 그것만 계속된다면 어떤 가치나 지향 그리고 목표도 설정할 수 없기 때문이다.

부정변증법적 사유는 그 좋은 의도에도 불구하고 그것이 비판하는 대상과 유사하게 무의미의 혼란으로 전락할 수도 있다. 이를테면 하버마스가 아도르노의 부정주의를 극복하기 위한 하나의 방식으로 '의사소통적 이성개념'을 정초한 것은 이런 이유에서다. 하버마스는 학계에 있는 사람이라면 '한 발을 후기구조주의에 걸치는' 태도를 버려야 한다고, 그래서 '부정에 너무 긍정적이어선' 안 된다고 말한 바 있다. 그에게 비판만큼이나 중요한 것은 상호이해의 규범적 내용을 마련하는 것이었기 때문이다.

그리하여 부정변증법적 경로는 간단하지 않다. 그것은 지극히 어렵고 까다로운 길이다. 그러나 우리는 바로 이 까다로움과 버거움에서 아도르노의 사유가 문화산업의 거짓 위로와 구분된다고 말할 수 있다. 문화산업이 제공하는 오락과 즐거움은 현실의 외면이요 회피이기 때문이다.

문화산업의 해방은 적극적으로 사유하는 것을 방해하고, 그런 점에서 '부정적 사유로부터의 해방'을 도모한다. 그래서 자신이 약속하는 것을 끝없이 기만한다. 사고의 중단, 혹은 더 정확히 말하여 사고의 지속적 쇄신의 방해야말로 문화산업의 가장 중요한 특징이다. 이 부정변증법적 사고의 중지를 아도르노는, 약간 다른 맥락에서이긴 하지만, 하이데거의 철학에서도 나타난다고 본다.

하이데거의 존재론에 대한 비판

알려져 있듯이 하이데거 철학의 출발점은 전통적 형이상학을 부정하는 가운데 확립되었다. 그가 내건 개념은 이른바 '존재Sein'다. 그는 존재의 이름으로 기존의 관념론적 정신 숭배를 비판한다. 그러나 이러한 존재는 신격화된다. 그는 존재에 대한 비판적 반성을 하지 않기 때문이다. 바로 이 점이 "거짓"이고 "억압적"이라고 아도르노는 비판한다.

> 그가 헤겔과는 조금도 다름없이 구제되어야 할 것이 마치 현전하는 것처럼 말할 때, 그것은 거짓이다. 존재철학은, 그것이 존재 속에서 의미를 광고하자마자, 좌초해 버린다. … 하이데거의 존재는 그 적대자인 정신과 거의

구분되지 않으며, 정신보다 덜 억압적이지 않다. 그것은 단지 투명성을 원칙으로 하는 정신보다 덜 투명하며, 그 때문에 지배적 본질에 대하여 어떤 정신철학보다도 비판적 자기성찰의 능력이 누락되어 있다.[16]

존재가 사유하기 어렵기 때문에 절대적일 수 있다. 그러나 그렇다고 그것이 주체나 객체의 피안에 자리하는 것은 아니다. 나아가 존재가 절대적이기 때문에 사유되지 않아야 한다는 것은 더더욱 아니다. 어떠한 존재도 존재자 없이 사유될 수 없고, 어떤 존재자도 매개 없이 사유될 수 없는 까닭이다.

그러므로 의미는 '본질' 안에 있지 않다. 그것은 매개를 통해, 다시 말해 비판과 반성이라는 체를 걸러 비로소 생겨난다. 매개되지 않는다면 진리는 망상에 불과하기 때문이다. 거듭 질의하지 않으면 그 진리는 거짓 객관성이요 사물화된 개념이다. 어떤 것이 처음부터 의미요 진리라고 간주된다면, 그것은 숭배요 신격화다. 하이데거가 보여 주는 것은 존재의 이 같은 신격화 — '존재신앙'이다. 그는 존재개념 안에 깃든 모순이나 비동일성을 견디지 못한다. 그래서 아도르노는 지적한다. "그는 절대적 동일성 속의 비동일성을 마치 가족의 수치처럼 얼버무린다."[17] 이런 점에서 하이데거의 존재 철학은 반지성적 체계강제Systemzwang의 대표적 사례라고 할 수 있다.

이처럼 아도르노의 비판이 지적하는 것은 하이데거 철학의 수사적

---

16 Theodor W. Adorno, *Negative Dialektik*, a. a. O., S. 105.

17 Ebd., S. 111. 존재 자체를 절대화/신격화하는 하이데거의 철학이 "끝없는 반복"으로 이뤄지는 것도 "그의 능변보다는 그와 같은 진퇴양난" — "이름의 자체 동일성 이외에는 아무 것도 얻지 못하는" 난관에 기인한다고 아도르노는 진단한다(121). 하이데거의 철학이 역사 현실의 비참이나 오류 가능성에 냉담한 것은 그런 이유에서다.

94

이데올로기적 성격이다. 하이데거의 근본존재론적 철학은 겉으로는 '더 높고' '형이상학적인' 것을 내세우지만, 그가 강조하는 '본래성Eigentlichkeit'의 의도나 근거가 무엇인지 실존적으로 더 이상 묻기 어렵다. 그래서 '알아듣기 어려운 술어Jargon' 속에서 형이상학적 근원 사고가 생겨나고 있고, 그 때문에 그의 사고는 총체적 관리사회에서의 실질적 의미상실에 대한 무책임한 대용품으로 자리한다.

여기에 대해 뮐러-도옴도 정확하게 지적한다. "그렇게 하이데거는 절대적인 것에 대한 마술적 참여라는 인상을 일깨우기 위해 자기철학의 일반적 개념으로 상투성을 포장한다. 그러나 동시에 인간의 쓸모없음이 본질적 범주로 설명되면서 주체의 개별적 운명은 아무래도 좋은 것으로 나타나고 만다."[18]

정리하자. 하이데거 철학은 실존적 요소의 강조에도 불구하고 그 존재론적 성격 때문에, 이 존재론적 요소가 행하는 '역사의 신화화' 때문에 결국 현실의 개별적 운명을 무시하는 데 이르고 만다. 여기에는 두 가지가 필요하다.

첫째, 모든 그럴듯한 말들은, '본래성'이라는 말을 포함하여, 이데올로기비판적 언어분석의 검증을 거쳐야 한다. 둘째, 하이데거가 보여 주듯이 사고와 언어가 다다를 수 없는 영역에 대한 탐색도, 그 영역이 '더 높은 것'이든, '형이상학적인 것'이든, 있을 수밖에 없다. 실존적 결단이 하이데거의 경우에서처럼 역사적 과오를 일으킬 수 있는 위험도 직시해야만 하지만, 동시에 이 실존적 결단에 깃든 윤리적 계기는 중요하다고 김우창 선생은 지적한 바 있다. 진리는, 신의 전언이 그러하듯이, 율법 속에서 추상적으로 기록된 채 머무는 것이 아니라, 실존적 차원에서 하

---

18   Stefan Müller-Doohm, *Adorno*. a. a. O., S. 657.

나의 구체적 예로 현현해야 한다.

위에서 나는 아도르노에 의지하여 하이데거의 철학을 논평하였지만, 다시 한 걸음 물러나 보면, 하이데거 철학 역시 아도르노의 그것처럼 이렇게 단순화될 수 없을지도 모른다. 하이데거의 나치즘 연루에 대한 비판은 말할 것도 없이 정당하다. 아도르노의 하이데거 비판 또한 그런 맥락 속에 있다. 그러나 간과하지 말아야 할 하나의 사실은 아도르노의 비판에 들어 있는 하이데거 읽기가 누구보다 치밀하게 전개된다는 점일 것이다. 그렇다는 것은 아도르노가 하이데거를 혹독하게 비판했음에도 불구하고 하이데거 철학의 충실한 독해자라는 사실은 변함없다는 뜻이다. 우리는 우리가 읽는 대상이 거장이라면 우선 적극적으로 수용하면서 이해할 필요가 있다.

루소J. J. Rousseau는 어느 책에서, 자기가 학문적으로 진보할 수 있었던 것은 어떤 저자의 책을 읽으면서 그 저자와 논쟁하기보다는 그 생각 모두를 '우선' 받아들이고 따라가고자 했으며, 그것을 가능한 한 명확한 개념으로 정확히 사고하면서 몇 년을 보낸 다음, 그런 생각들이 충분히 쌓여 비교하고 검토하며 선택할 능력이 갖춰졌을 때 그때 비로소 비판하기를 즐겼기 때문이라고 고백한 적이 있다. 일차적으로 중요한 것은 공감을 통한 적극적 수용이고, 둘째는 명확한 개념 속에서의 분명한 이해이며, 셋째는 비교와 검토 그리고 선택이다. 이런 후에 마침내 시작되는 것이 비판이다. 좋은 저작을 읽는 데 권고할 만한 하나의 방법이 아닌가 싶다.

우선은 받아들이고 공감하고, 이것이 쌓인 후 그로부터 차츰 비판적 거리를 유지하면서 이윽고 자기의 기준을 만들어 가는 것이다. 이것은 하이데거 철학에 대한 아도르노의 비판에도 해당하고, 이 아도르노의 입장에 대한 우리의 읽기에도 해당한다.

매개 없이 사유는 실체화되고 신앙화된다. 의미는 자기성찰의 매개를 거쳐야 한다. 철학도 간단히 말하여 자기비판으로서의 변증법적 운동 외에 다른 게 아니다. 아도르노의 부정변증법적 사유가 지향하는 것은 이 비판적 자기성찰이다. 그는 '종합'이나 '총체성'이라는 말을 병적일 정 도로 혐오했다. 이런 어휘들은 이데올로기적 어조를 띠기 때문이다. 그 래서 언제든 강압과 기만의 허위로 변질될 수 있다.

예술의 유토피아와 부정적 사유

흥미로운 사실은 이 같은 철학적 사유의 움직임을 예술 역시 보여 준 다는 점이다. 이때 예술적 사유는 철학적 사유와 서로 만난다. 되풀이하 여 강조하자. 예술적 사유와 철학적 사유는 서로 다른 게 아니다.

> 예술은 이론과 마찬가지로 유토피아를 구체화할 수 없다. … 예술은 말로 표현할 수 없는 것, 즉 유토피아를 오로지 그것의 절대적 부정성을 통해서만 말한다. 새로운 예술에는 혐오스럽고 끔찍한 것의 모든 상흔이 결집된 이미 지가 들어 있다. 새로운 예술은 화해의 가상과의 비화해적 거부를 통해 화 해되지 않는 것의 와중에서 이 화해를 고수한다. 화해의 현실적 가능성이란 … 그 첨예한 지점에서 전체적 파국의 가능성과 일치되어 있다는 것이 한 시 대에 대한 올바른 의식일 것이다(55f).

위 인용문이 말하는 것은 크게 세 가지다.

첫째, 예술은 유토피아를 구체화할 수 없다. 하지만 유토피아를 말한 다면 그것은 오직 "절대적 부정성을 통해서만" 가능하다.

둘째, 예술의 유토피아에는 "혐오스럽고 끔찍한 것의 모든 상흔이 결 집되어" 있다. 현실의 화해 가능성이 "전체적 파국의 가능성과 일치되어 있다"는 것도 같은 이유에서다.

셋째, 예술의 화해는 화해 불가능성 속에서의 화해적 시도다. "새로운 예술은 화해의 가상과의 비화해적 거부를 통해 화해되지 않는 것의 와중에서 이 화해를 고수한다."

여기에서 주목하는 것은 맨 마지막 ― 화해를 방해하는 현실의 비화해적 장애물이다. 이 장애물은 하나 혹은 둘이 아니라 여러 겹으로 놓여 있다. 화해를 위해서는 "화해의 가상"을 "거부"해야 하고, "화해되지 않는 것의 와중에서 화해를 고수"해야 한다. 이율배반적 다층성은 다층적 부정의식을 전제한다. 예술의 역사에 나타나는 주요작품도 부정적 사유의 움직임이다. 이 부정적 사유를 통해 예술은 유행에 의한 타율적 평준화와 문화산업적 조작에 저항한다. 그래서 그것은 앞으로 '나아가고' 위로 '올라간다'. 즉 진보와 초월이 행해지는 것이다.

주의할 점은 예술의 부정성이 예술 자체의 자율성 ― 그 고유한 영역으로부터 나온다는 사실이다. 예술이 사회적인 것은 아도르노에 의하면 생산력과 생산관계의 변증법이 집약되어 있는 산출 방법에 의해서도 아니고, 그 소재의 사회적 유래 때문도 아니다. 그것은 "사회에 대한 예술의 대립적 입장에 의해" 사회적으로 되고, 그래서 예술은 "자율적으로 자신의 입장을 취한다."(335)

이러한 생각은 모순적이다. "예술의 산출 방법"이나 "그 소재의 사회적 유래"도 사회적 요소인 것은 틀림없기 때문이다. 그러면서도 자율성의 사회적 차원에 대한 강조는 곱새길 만해 보인다. 좀 더 자세히 살펴보자.

ㄷ. '간접적/매개적' 관계 ― 정치극 비판

아도르노는 예술의 사회관여나 현실참여 문제에서 매우 신중했다. 그는 인간관계에서도 그랬다. 그에게 접근하는 것이 마치 그 주변에 보호막을 쳐 놓은 것처럼 어려웠다고 엔첸스베르거H. M. Enzensberger는 말한 적이 있다. 그런데 이것은 대부분의 큰 학자에게 있는 특징의 하나가 아닌가 싶다.

내밀하고 비밀스러운 과정

아도르노는 부정변증법적으로 작동하는 사유에서 '매개'와 '부정'을 강조한다.

> 예술작품이 정치적으로 개입하는 것은 의문스럽다. 그것이 이뤄진다고 해도 그 개입은 대체로 주변적이다. 정치적 개입을 추구하면 예술작품은 개념 이하로 떨어지곤 한다. 예술작품의 진정한 사회적 작용은 정신에 대한 관여로서 지극히 간접적höchst mittelbar이다. 그것은 지하적地下的인 과정을 통해in unterirdischen Prozessen 사회의 변화에 기여하는 것으로 예술작품 속에 집약되어 있다(359).

위 인용문에서 '간접적이고' '지하적'이라는 것은 예술의 실천이 그만큼 내밀하고 비밀스럽게 일어난다는 뜻이다. 더 구체적으로는 미메시스나 표현 혹은 형태 같은 내재적 계기를 통해 일어난다는 뜻이 될 것이다.[19]

---

19 예술작품의 사회적 작용이 지닌 간접성은 나아가 예술 언어의 성격에도 해당하고, 예술의 진리에 대한 관계에도 해당할 것이다. 아도르노는 쓴다. "예술은 진실로 나아가지, 직접적으로 진실인 것은 아니다. 그런 점에서 진실은 예술의 내용이다. 예술이 인식으로 되는 것은 진실과의 관계를 통해서다. … 예술은 인식으로서 논증적(diskursiv)이지도 않고, 예술의 진실은 객체의 반영도 아니다."(419) 예술의 진리에 대한 관계뿐만 아니라, 또 예술의 언어뿐만 아니라 인간 언어의 일반이 그렇지 않을까? 언어가 지칭하는 것은, 예술의 언어든 비예술의 언어든, 진실 자체가 아니라 '진실로 간주된 무엇'에 관한 것이고, 이런

아도르노는 예술의 정치적 개입을 그리 신뢰하지 않았다. 문학예술의 직접적 사회투쟁에 대해 특히 그러했다. 예술의 사회정치적 요소는 형식 안에 녹아 들어가야 하기 때문이다. 즉 매개되어야 한다. 현실적 요소를 직접 반박하는 게 아니라, 이렇게 매개된 채로, 그래서 그 형식내재적 법칙에 따름으로써 예술은 사회를 비판한다. 매개되지 않고 사회투쟁에 나설 경우에 예술은 선전물이나 상품으로 전락한다. 그가 참여를 부추기고 참여에 열광하는 사회주의 리얼리즘 작품을 평가절하한 것도 이런 이유에서였다.

예술작품은 단순히 사적 충동의 기록조서도 아니고, 억압된 감정의 발산 수단도 아니다. 아도르노가 시종일관 경계한 것은 지배와 관리와 폭력의 가능성이었다. 그는 교훈극이나 정치극 같은 상투어화된 표현에 동의하지 않았다. 그가 적극적 의미의 '실험'이나 '구성Konstruktion'개념을 중시한 것도 이런 맥락에서다. 그는 구성과 구도Komposition를 구분한다. 구도가 '회화의 구도'에서처럼 정태적 범주로 사용되는 반면에 구성은 질료를 적극적으로 제어하고 결합하고 배치하여 새 의미를 창출해 낸다. 그러니만큼 그것은 역동적 의미를 지닌다. 이 구성은 아마도, 작품의 주체가 대상과 주관, 객체와 내면성 사이의 변증법을 인식하고 그 변증법을 작품 속에서 실현할 때, 주어질 것이다. 그런 점에서 실험과 구성의 과정은 매개의 과정이 아닐 수 없다.

이렇게 구성은 마침내 예술형상화의 객관적 계기로 자리한다. 아도르노가 구성개념을 중시한다는 것은 그만큼 전통적 미학에서 강조되던 '조화' 개념으로부터 벗어났기 때문이고, 심미적 '가상'개념에 저항했기

관련성 아래 지칭된다. 그런 점에서 인간은 진실 자체를 포착하는 게 아니라 '진실을 향하여' 나아갈 뿐이다.

때문이다.

참여론/정치극과의 거리두기

아도르노는 예술의 사회적 기능이란 '기능 없음'에서 온다고 여긴다. 예술의 사회비판적 동력은 단순히 사회와의 소통이 아니라 편재화된 소통형식의 상투화에 대한 저항에서 온다. 이것은 강조될 만해 보인다.

상투성이란 무엇보다 이데올로기의 상투성을 말한다. 모든 주관적 경험은 매개되면서 초주관적인transsubjektiv 차원으로 나아가고, 그래서 즉자적 차원 너머로 객관화되어야 한다. 예술작품의 진실이란 주관의 이 객관화 과정 외에 다른 게 아니다. 그가 사르트르의 참여론이나 브레히트의 정치극으로부터 거리를 둔 것도 이들이 이런 객관화 과정을 거치지 않았다고 판단했기 때문이다. 세계의 폭로보다 이런 폭로의 불가능성을 토로하는 것이 더 현실적일 수도 있다. 의미의 창출보다 그 파괴가 세계의 무의미를 더 정확하게 드러낼 수도 있다.

그러나 이 매개과정은 간단할 수 없다. 거기에는 극도의 긴장이 따른다. 이 긴장 속에서 작가와 작품의 수용자는 감정적으로 흔들리고 사고적으로 낯섦을 겪는다. 이런 경험에서 자아는 소멸될 수도 있고, 반대로 새로 정립될 수도 있다. 이처럼 주관의 객관화 과정은, 작품의 창작에서든 이 작품에 대한 수용에서든, 복잡하고 모호한 흔적을 남긴다. 그래서 어떤 작품은 현실 앞에서 자신을 밀봉하기도 한다. 좋은 작품이라면, 카프카나 베케트 혹은 쇤베르크가 보여 주듯이, 차라리 소통불가능한 것이고, 이 소통불가능성을 소통가능한 것으로 드러내고자 한다고 아도르노는 생각한다. 그는 손쉽게 내뱉어진 '소통'이란 말을 손쉬운 화해나 조화의 언어처럼 불신했다.

오늘의 사회에서 크고 작은 속박은 빈틈없이 짜여 있다. 그렇다면 인간 사이의 완전한 소통이란 전적으로 불가능한 것에 가깝다고 말하는 게 더 정직한 사실 진술일지도 모른다. 아도르노는 적는다. "오늘날 소통이라고 불리는 것은 하나도 예외 없이 속박당한 자들의 침묵을 압도하는 소음일 뿐이다."[20] 압도적 소음을 소통이라고 부르는 사람들을 그는 '정신박약자'로 여겼다. 이 기만적 소통 불능의 현실에서 작품은 모호하고 다의적일 수밖에 없다. 고통 앞에서 예술의 부끄러움을 표현하는 첼란의 시가 침묵으로 치달으면서 비의적이게 되는 것은 당연한 결과인지도 모른다.

그리하여 속박은 사람을 현혹시킨다. 무기력을 통절하게 인지하지 못한다면 어떤 예술 언어도 현실을 바로 표현하기 어렵다. 표현의 있을 수 있는 가능성은 모든 그럴싸한 것 — 휘황찬란하고 번지르르한 것 너머에 그리고 그 아래에 무엇이 있는지 오랫동안 응시해야 한다. 그래서 현실의 수치와 공포와 절망을 견뎌 내지 않으면 안 된다.

자기쇄신과 현실 극복이 어떻게 몇 마디 선전이나 그럴싸한 광고문구로, 혹은 몇 차례의 열광과 분노로 이뤄질 것인가? 아도르노는 예술작품의 영향도 "열변을 토함으로써가 아니라, 기껏해야 거의 확실치 않은 의식변화를 통해서allenfalls in einer kaum dingfest zu machenden Veränderung des Bewußtseins" 이뤄질 뿐이라고 생각했다(360). 예술작품이 반복강제의 이데올로기로부터 자유로운 것은 작품 자체의 내용형식적 철저함과 이 철저함에 수반되는 불가피한 다의성 때문이다.

이처럼 철저한 작품의 구조와 그 복잡한 의미를 알려면 독자에게도 오랜 훈련이 필요하다. 아마도 삶의 리얼리즘은 리얼리즘의 근본적 불가능성에 대한 통절한 인식으로부터 조금씩 실현될지도 모른다. 거꾸로 처음부터 리얼리즘을 내세운다면 그것은 현실을 날조하지 않기 어렵다. 급

---

20 Theodor W. Adorno, *Negative Dialektik*, a. a. O., S. 341.

조된 현실 관념이란 죽은 언어요 이데올로기인 까닭이다. 예술의 비사회적 요소는 그 자체로 사회적 안티테제다.

ㄹ. 생성성-과정성-구성성

그리하여 예술의 동일성/정체성은 오직 타자성과의 만남과 충돌 속에서 조금씩 획득된다. 이것은 오늘날의 시장사회에서 예술가가 시장의 이미지를 작품 속에 지님으로써 사물화에 저항하는 모순된 일에서도 확인된다. 보들레르는 그 좋은 예다.

보들레르의 시는 상품사회의 사물화에 단순히 저항하거나 그것을 모방하지 않았다. 그는 오히려 사물화에 뒤틀리고 왜곡된 것을 표현함으로써 저항한다. "예술작품은 오직 외부현실의 속박에 동화됨으로써만 그 속박에 맞설 수 있다."[21] 이 착잡한 과정에서 예술의 자율성도 확보된다. 심미적 통일은, 그것이 반성되지 않을 때, 폭력으로 변질된다. 이 반성력 덕분에 "예술작품은, 가장 공격적인 예술작품마저도, 비폭력의 편에 선다."(359)

그러므로 예술작품이 사물화되고 이데올로기가 된다면 그것은 반성의 부재 때문일 것이다. (아도르노에게 '죄Schuld'는 무엇보다 반성하지 않는 데서 오고, 이 무반성은 비진리를 양산한다. 그의 죄의식은 반성해야 할 때 반성하지 않는 것, 그래서 거짓이 된 사실에서 생긴다. 철학의 이론적 사유는 이 반성을 겨냥한다.) 예술의 자율성은 이질성 혹은 타자성의 삼투 없이 실패한다. 예술의 자율성이 타자성과의 대결에서 온다고 할 때, 이 대결로부터 비동일적인 것들 ─ 우연적이고 무정형적인 것들도 작품 안으로 포용된다. "예술작품의 진실은 개념과 동일하지 않은 것, 개념적 척도로 우연적

---

[21] Ebd., S. 53.

인 것을 자체의 내재적 필연성에 따라 흡수하는 데 성공했느냐 아니냐에 달려 있다. 예술의 합목적성은 그 비합목적인 것을 필요로 한다."[22]

여기에서 확인하는 것은 동일적인 것과 비동일적인 것이 만나고, 우연적인 것과 필연적인 것이 서로 교차한다는 사실이다. 그렇듯이 합리적인 것과 비합리적인 것이 상호삼투한다. 이 삼투의 방식이 곧 변증법이다. 변증법은 현실의 모순 속에서 이 모순에 맞서 사유한다. 따라서 두 축의 균형은 중요하다. 그러나 더 중요한 것은 비동일적인 것이다.

헤겔 철학에서 매개는 결정적이지만, 이 매개는 동일성 아래 진행되는 것이었다. 그래서 비동일자는 변증법적으로 제거되면서 총체적 동일자가 존재론적 우위를 차지했다. 그 점에서 헤겔 철학은 '동일성 혹은 긍정성의 변증법'이라고 할 수 있다. 그에 반해 아도르노의 사고는 되풀이하건대 '비동일적인 것의 변증법'이라고 할 수 있다. 그의 사유나 미학은 비동일적인 것을 향해 나아가기 때문이다. 그는 쓴다. "절대적 동일성, 존재, 개념이 아니라 비동일적인 것, 존재하는 것 그리고 사실성이 제1원리다."[23]

어떤 동일성도 비동일성 없이는 불가능하다. 이것은 하나의 정체성이 그 자신을 벗어나는 타자와의 교류 속에서 만들어지는 것과 같다. 따라서 비동일성과의 삼투가능성이야말로 자유의 증표다. 아도르노의 사유는 동일성에 대한 비판이고, 그의 부정변증법은 이 비동일적인 것의 진리를 구제하려는 사고의 시도다. 이 대목에서 왜 이런 삼투가 필요한지, 왜 예술은 타자성과 만나야 하는지를, 그래서 타자성과 만나면서 계속 부정해야 하는지를 우리는 묻지 않을 수 없다.

22　Ebd., S. 155.
23　Ebd., S. 140.

예술의 부정성이 강조되는 것은 삶의 어떤 것도 실체주의적으로 자리하는 게 아니라 변화하는 가운데 있다는 사실 때문이다. 순수한 본질이나 실체는 더 이상 없다. 예술적 행동을 어떤 마법적 이미지나 모방 충동 혹은 표현욕구로 환원시킬 수 없는 이유도 같은 맥락에서다. 본질적으로 보이는 요소들이 예술작품에 전혀 없다고 말할 순 없지만, 그것이 본질 자체는 아니다. 대상을 실체주의적으로 보는 것은 자의적 관점에 불과하다. 예술 역시 원래부터 있던 것이 아니라 생성된 것이다. 예술이 그렇고, 예술작품을 구성하는 많은 계기가 그렇다. 예술작품의 과정적 성격도 여기서 나온다(263, 266).

생성적 과정적 성격은 예술의 내재적 동력학이다. 예술작품의 의미는 내용이나 형식 혹은 소재 가운데 한두 요소에서 나올 수 없다. 그것은 전체 맥락 속에서, 벤야민이나 아도르노가 거듭 강조하듯이, '일정한 짜임관계 속에서' 파악되어야 한다. 과정을 인식한다는 것은 짜임관계적 구조 아래에서 인식한다는 뜻이다. 예술작품의 긴장도 이 같은 동력에서 온다.

예술도 예술작품도 덧없다. 예술작품은, 그것이 인간에 의해 만들어진 인공품인 한, 인간처럼 무상하고 하찮으며 불완전하다. 작품의 의미는 고정되고 최종적인 것이 아니라 유동적이고 잠정적이다. 그래서 다차원적으로 매개되면서 항구적 부침浮沈을 겪는다. 주체와 대상, 부분과 전체, 인간과 사회는 크고 작은 힘의 자장磁場 속에서 예술적으로 구성되고, 이 매개된 구성을 통해 예술은 사물화된 의식과 생활세계를 반성한다.

3) 심미적 경험 ─ 철학과 예술 사이

나는 앞에서 예술은 현실의 모순과 이율배반을 보여 준다는 것, 그 때문에 부정성 아래 움직이며, 이렇게 움직이기 위해 언제나 '일정한 부정'

이 자리한다고 나는 적었다.

여기에서 말하는 모순이나 이율배반, 부정이나 부정성 같은 개념은 예술을 지탱하는 근본 원리이자 예술작품의 내적 역학이기도 하다. 예술의 원리는 작품의 형상화 과정에서 좀 더 분명하게 드러난다. '표현'이나 '구성' 혹은 '수수께끼적 성격' 같은 개념들은 이 과정과 관련된다.

ㄱ. 표현 ─ 미메시스적 계기

예술가는 자신의 주관으로 대상을 기억하고 모방하고 묘사한다. 그런 점에서 표현은 기본적으로 주관적 활동이다. 표현에는 감정이 녹아들기 때문이다. 그러면서도 주관성 이외의 것들 ─ 자기 아닌 타자적인 것과 사회집단적인 것도 겹쳐 있다. 주관적인 것들은 표현을 통해 외화外化되고 객관화되는 것이다.

앞서 말한 '자기소외화'란 헤겔 철학에서 이 외화의 객관화 과정이다. 이때 작동하는 것이 미메시스적 계기mimetisches Moment다. (혹은 '미메시스적 능력'이나 '미메시스적 충동'이라는 말을 아도르노는 즐겨 쓴다.) 미메시스는 대상에게 다가가 이 대상에 감정이입을 하고, 이런 감정이입을 통해 모방한다. 그리고 이 같은 모방 속에서 그것은 객관화된다. 따라서 미메시스적 표현에는 억눌리고 배제되며 외면되고 잊힌 것이 들어 있다. 상처가 담기는 것이다. "표현을 통해 예술작품은 사회적 상처로 드러난다. 표현은 예술작품의 자율적 형상의 사회적 효소다."(353)

어떤 예술작품이 진실하다면 그 진실성은 바로 표현의 진실성에서 온다고 할 수 있다. 이 표현의 진실성으로부터 작품의 영향력도 자리한다. 그러므로 예술의 실천성도 표현적 진실성에서 오지 다른 외적 요소에서 오는 게 아니다.

그리하여 표현에는 개별적이고 특수한 것과 이 특수한 것을 에워

싸고 있는 객관적인 것이 같이 녹아 있다. 이 객관적 요소들 가운데 가장 중요한 것이, 마르크시즘적 관점에서 보면, 사회적 생산력과 생산관계다. 여기에 깃든 적대관계 ― 개별과 일반, 주체와 대상 사이의 균열은 미메시스에 의해 지양된다. 예술작품이 주관적 차원을 넘어 객관화되는 것은 이런 구성화 과정을 통해서다. (미학에서 표현화-구성화-형상화Gestaltung-형식화Formung는 크게 보아 동일한 의미론적 항목 속에 있다. 비슷한 뜻을 지닌다는 말이다. 마찬가지로 미메시스는 아도르노에게서 '구성'과 거의 같은 뜻이다.)

이때 미메시스는 이성과 구분되지 않는다. 성공한 예술작품에서 미메시스와 합리성은 분리 불가능하게 '함께' 작동하기 때문이다. 좋은 예술작품은 모방적 모사적 측면과 객관적 이성적 측면이 어우러진 채 하나로 버무려진다. 예술의 미메시스는 거친 질료와 만나 이 질료를 제어하고 형상화하면서 심미적 구성물을 만들어 가고, 이 구성물로부터 작품의 형식법칙이 생겨난다.

그리하여 예술적 형상화 과정에서 작동하는 미메시스적 충동은 그 자체로 이성적 계기를 갖는다. 혹은 이성적 계기와 미메시스적 계기가 서로 만나면서 개념적 논증적 활동에서는 배제되는 요소들이 마침내 표현된다. 예술의 비개념적 활동이 철학의 개념적 논증적 활동과 구분되는 것은 이 대목에서다.

주체가 표현을 통해 객관화된다면 표현에 의한 주체의 객관화 과정은 곧 주체의 해방과정이다. 그러므로 표현활동이란 불명료한 것의 속박으로부터의 해방과정이다. 이것은, 다시 예술작품 안에서 보면, 형상화 과정이 된다. 형상화란 하나의 작품이 작품으로서 '철저하게 만들어진다durchbilden'는 뜻이다.

철저하게 만들어진다는 것은, 앞서 적었듯이, 주관적인 것이 객관화되고 개별적인 것이 일반화된다는 뜻이다. 이것이 곧 매개과정이다. 이 매개과정을 통해 사회적이고 집단적이며 역사적인 요소들이 주관적 경험에 가라앉아 '배어들면서 침전된다sedimentiert/niederschlagen'. 이 점에서 형식이란, 아도르노가 적었듯이, "침전되고 변형된 내용"이고, 내용이란 "형식 속에 녹아 있는" 것에 불과하다(210).

예술의 표현은 곧 매개의 과정이고, 이 매개과정을 통해 주체와 객체의 대립은 지양된다. 표현은 예술의 본질적 계기인 것이다. 그러므로 심미적 경험의 과정에는 매개의 과정이 녹아 있고, 또 그렇게 녹아 들어 있어야 한다. "심미적 경험은 관찰자의 자기부정과 같은 것을 요구하는 것으로서 심미적 대상이 스스로 말하고 침묵하는 것에 귀 기울이고 깨닫는 능력이다."(514)

미학이 철학이어야 한다는 아도르노의 요구는 미학에서 이뤄지는 심미적 경험이 반성되고 사고되어야 한다는 뜻에서일 것이다. 예술작품은 심미적 경험 속에서, 이 경험의 내용을 깊게 사유하는 가운데, 제대로 이해될 수 있다. 그는 미학이 심미적 경험의 반성이라고 여겼다. 이 반성에서 확인하는 것이 아름다움이나 선 혹은 진실 같은 것이다. 그러나 진선미는 현실에서 봉쇄되거나 억눌린다. 그래서 만나기 어렵다. 그러나 예술의 진리는 심미적 주체보다 더 진실할 수 있다. 그것은 어떤 타자 — 개념으로 환원되지 않은 삶의 전체성에 닿아 있기 때문이다.

우리는 심미적 경험 속에서 아무런 폭력 없이 작품의 내용과 형식을 통해 아름다움과 만난다. 우리가 심미적 경험에 열광하는 것은 이 경험에서 진선미를 만나기 때문이고, 그 열광이 고통스러운 것은 이렇게 만나는 예술의 진선미가 오늘의 것이 아니기 때문이다.

ㄴ. 철학적 인식과 예술적 반성

철학이 이론적 사유의 활동이라면 이론적 사유를 추동하는 것은, 앞서 적었듯이, 근본적으로 동일성의 원리다. 그것은 이미 있는 것을 토대로 그와 유사한 것을 끌어들여 개념화한다. 그러면서 그와 다른 것은 배제한다. 철학의 동일화 원리는 학문내재적으로, 그래서 거의 강제적으로 작동한다. 아도르노가 '동일성 강제'라는 개념을 쓰는 것은 이 때문이다.

그런데 동일화의 원칙은 철학의 개념화 활동에 그치지 않는다. 그것은 오늘의 사회가, 특히 문화산업에서 나타나듯이, 주체에게 행해지기도 한다. 사회가 자연지배를 통해 대상을 자기식으로 동일화했다면, 주체는 개념적 인식을 통해 대상을 동질화해 왔다고 할 수 있다. 사회의 동일화 원칙이란 아마 '수익 최대화'가 될 것이고, 주체의 동일화 원칙은 개념을 통한 통일적 인식이 될 것이다.

그러므로 외적 자연에 대한 사회의 지배와 내적 자연에 대한 주체의 지배 사이에는 일정한 구조적 상관성이 자리한다. 사회의 이윤적 자연지배와 주체의 개념적 인식지배는, 이 둘이 비개념적이고 비동질적인 요소를 다 같이 배제한다는 점에서, 서로 다르지 않다. 이런 식으로 문화산업은 경험의 내용을 동질화하고 표준화한다. 이 동질화 혹은 표준화란 저질화와 다르지 않다.

그에 반해 예술은 대상을 철학처럼 개념적으로 파악하면서도, 동시에 철학과는 다르게 이 개념에서 벗어나는 것을 포용하려 한다. 철학이 일반성 혹은 전체성을 우선시한다면, 예술은 개별성 혹은 부분성을 우선시한다. 그러면서 이 개별적 차원으로부터 예술은 일반적 차원으로 나아간다. 예술의 진실은 개별적 일반성 혹은 구체적 보편성의 진실이다.

이때 보편성이 반드시 개별성보다 더 중요하거나 더 영원한 것은 아니다. 보편성이 중요한 것은 개별성을 통해서다. 그래서 아도르노는 『계몽의 변증법』에서 쓴다. "많은 개별적인 것에 공통적이거나 개별적인 것에서 되풀이되는 것은 특수한 것보다 더 안정적이고 더 영원하며 더 깊이 있는 것이 아니다."[24]

이 개별성을 우선시하는 것이 바로 예술이다. 예술은 동질성이 아니라 이질성의 원리에 따라 움직인다. 예술은 자신에 대립되는 것을 그 자체의 동력학으로 포용하고자 한다. 이 점에서 예술의 인식은 철학의 논증적 인식과 다르다. 철학이 개념을 통한 논증화 작업이라면, 예술은 미메시스적이고 표현적이다. '논증적diskursiv'이란 '동일화하는identifizierend'것이고, 따라서 '개념적'이라는 뜻과 이어지는 반면에, '표현적expressiv'이란 '미메시스적'이고 '비개념적'이라는 뜻에 이어진다. 개념적 논증적 철학과는 달리 예술은 주체와 대상을 구분하는 데 멈추지 않는다. 그것은 둘을 구분하면서도 이런 구분의 폐단을 문제시한다.

그리하여 예술은 개념을 문제 삼는 개념적 인식 — 탈개념적 개념화 작업이라고 할 수 있다. 대상의 인식에는 개념이 필요하지만, 예술은 개념에 대한 비판을 포함하기에 탈개념적 개념화 활동이 된다. 심미적 사유는 탈개념적 개념화 작업이다. 이것은 철학의 인식활동을 단편적으로 파악한 것이 될 수도 있다. 철학의 관심 역시, 비록 개념적 논증적으로 이뤄지긴 하지만, 비개념적인 것에 놓여 있다고 할 수도 있기 때문이다. 철학의 관심이 개념적 사고 아래 움직이는 것도 사실이지만, 참된 철학적 사유는 마치 예술적 사유가 그러하듯이 개념을 통해 개념을 넘어서고자 한다.

개념이 개념을 넘어 비개념적인 것에 접근하고, 이 비개념적인 것의

---

24 Max Horkheimer/Theodor W. Adorno, *Dialektik der Aufklärung*, 2. Aufl. Frankfurt am Main, 1985, S. 249.

의미를 밝히는 것이야말로 아도르노가 생각한 '인식의 유토피아'다. "인식의 유토피아는 개념 없는 것을, 이 개념에 동화시킴 없이, 드러내는 것일 것이다."[25] 철학적 비판이 개념적으로 수행되는 데 자족한다면, 비동일적인 것으로의 철학적 길은 차단되어 있을 것이다.

무릇 사유는 사유 자체의 한계를 돌파해야 한다. 그것이 사유의 유토피아적 잠재력이다. 비동일적인 것으로의 이 초월은 어떻게 가능한가? 비동일적인 영역의 다른 경험은 어떻게 가능한가? 그것은 아도르노적 맥락에서 두 가지, 즉 자연과 예술에서 가능한 것처럼 보인다.

우리가 매일 보는 산과 강과 언덕, 거리와 골목과 들녘은 한결같으면서도 한결같지 않다. 어떤 때는 비슷해 보이지만, 어떤 때는 새롭다. 하늘과 구름, 아침 녘의 햇살과 해 질 무렵의 어스름도 다르지 않다. 비동일적 타자성의 변함없는 원천이 있다면 그것은 자연이다. 그래서 벌거벗은 자연의 체험은 매우 중요하다. 자연의 체험뿐만 아니라 다양한 현실 경험의 뉘앙스를 묘사하여 보여 주는 것이 예술이다. 그러니까 자연과 예술은 세계에 대한 '다른 접근'의 통로다.

여기에서 무게중심은 예술에 있다. 예술은 자신의 내재성 속에서 타자성을 지닌다. 자연이 '있는 그대로의 물상적物像的 전체'라고 한다면, 예술은 '인간에 의해 만들어진 전체'다. 그런 점에서 예술은 자연에 대립한다. 그러나 예술은 자연을 있는 그대로 모방하는 게 아니라 자연의 어떤 면을 심미적으로 재현한다. 이 점에서 예술의 대상인식법은 세계 이해의 통상적 방식과 다르다. 말하자면 그것은 교환원칙과 다르고, 동일성 원리로부터도 자유롭다.

그러므로 예술의 인식은 인식이되 철학의 인식과는 달리 '대상'에 국

---

25 Theodor W. Adorno, *Negative Dialektik*, a. a. O., S. 21.

한되지 않는다. 그것은 작품의 전부를 향해 있고, 이 작품이 진실을 향한 것인 한, 진리를 향해 있기도 하다. 예술의 언어는 철학처럼 대상을 정해진 개념 속에 종속시킴으로써 대상에 관여하는 게 아니라, 개념적 종속과 논증적 포섭을 벗어나는 것들 — 비동일적인 것까지 반성하고 포용하고자 한다. 모순이나 균열 혹은 이율배반에 대한 미학적 관심은 그렇게 해서 나온다.

예술의 언어는 비논증적 비개념적 언어다. 이때 예술은 철학과 분리되면서도 분리되지 않는다. 예술이 철학과 분리되는 것은 그것이 철학의 개념적 인식을 버리기 때문이고, 그럼에도 철학과 분리되지 않는 것은 반성력을 통해 개념 너머의 개념 — 비개념적 비동일성의 차원으로 나아가기 때문이다. 예술은 참으로 깊은 의미에서, 말하자면 개념이나 지식이 인간을 버리는 곳에서, 마침내 시작한다. 예술은 셸링이 썼듯이 "학문의 모범으로서, 예술이 있는 곳에 학문도 비로소 생겨나게 된다."[26]

아도르노의 미학적 기획을 특징짓는 중요한 사항의 하나는 바로 이 점 — 예술과 철학이 서로 구분되는 게 아니라, 예술이 철학의 반성적 사유를 육화한다는 사실일 것이다. 이때 예술은 철학과 하나가 된다. 그렇다고 철학이 폄하되는 것은 아니다. 단지 철학은, 적어도 아도르노에게 있어, 말의 깊은 의미에서 예술의 에너지 — 심미적인 것의 반성적 잠재력을 육화한다고 할 수 있다. 이 잠재력 때문에 심미적 사유는 거짓뿐만 아니라 진리에 대해서도 거리를 유지한다. 그래서 드러난 진실에 자족하는 게 아니라 진실의 위계질서와 강압 가능성을 다시 문제시한다. 심미적 사유는 역설과 아포리아에도 깨어 있고자 하는 것이다.

여기에서는 더 이상 철학이 아니라, 또 학문 일반이 아니라, 예술이

26 Max Horkheimer/Theodor W. Adorno, *Dialektik der Aufklärung*, a. a. O., S. 36.

가장 먼저 나온다. 철학마저도 스스로 예술에, 적어도 예술이 개념적 인식을 문제 삼는 한, 자신의 자리를 양보하기 때문이다. 그리하여 예술은 다시 셸링의 말을 빌려 "학문의 모범"으로 자리한다.

그러므로 예술은 개별적이고 구체적이며 특수한 것에서 전체를 드러낸다. 그것은 철학이나 과학처럼 개별적인 것을 일반적 원리 아래 포섭함으로써, 이 일반원리에 맞지 않거나 어긋나는 것은 배제함으로써 진리를 파악하려는 게 아니라, 이 개별적인 것의 고유성에 귀 기울이고 이 고유성을 존중함으로써 개별적이고 구체적이며 특수한 것의 구제에 참여한다. 예술은 대상과 기호, 사물과 언어의 분리를 표현적 충일성 속에서 혹은 형상적 전체성 속에서 지양하려고 한다. 나는 적어도 이 점에서 예술이 다른 어떤 매체보다도 진실한 것에 가까이 다가선다고 생각하고, 예술의 표현방식이 철학적 진리 인식의 방식보다 더 진실하다고 믿는다.

'표현'과 '구성', '매개'와 '미메시스' 그리고 '형식' 개념은 대상과의 이 비개념적 대응방식에서 실제로 적용되는 용어다. 그러니까 표현과 구성과 매개는 자연지배에 대립하는 예술의 원리다. 하지만 더 중요한 사실은 예술의 변함없는 출발이 구체와 개별, 개인과 특수라는 사실에 있다.

ㄷ. 미학의 진리 지향

위에서 나는 철학과 예술의 사유활동을 구분하면서, 예술이 탈개념적 개념화 활동인 데 비해 철학은 개념적 작업이라고 했다. 그러나 이 구분이 철학의 활동이 '열등하다'는 뜻은 물론 아니다. 대상의 인식을 위해 개념적 행위는 절대적으로 중요하다. 또 이것은 불가피한 일이기도 하다. 그렇다면 철학과 예술은 제각각의 방식으로 진리에 참여한다고 해야 한다. 아도르노는 적는다. "철학과 예술은 진리내용에서 수렴된다. 예술작품의 진보적으로 전개되는 진리는 철학적 개념의 진리와 다르지 않

다."(197, 507)

그러므로 철학적 진실과 예술적 진실은 반드시 대립적이라고 볼 수 없다. 아니 철학과 예술은 진리의 지향에서 '같이 간다'. "철학과 예술이 수렴되는 가능성의 조건은 보편성의 계기 속에서다."(197) 철학과 예술은 대상과 교류하고 그에 대응하는 방식이 다를 뿐이다. 예술과 철학이 서로 만나는 것은, 혹은 궁극적으로 하나가 되는 지점은 '보편성'에의 지향 때문일 것이다.

이렇게 겨냥되는 보편적 목표 중 하나는 반계몽주의라고 할 수 있을지도 모른다. 즉 제대로 된 예술과 철학은 철저하게 반계몽주의적이다. 그래서 아도르노는 예술과 철학이 동시에 필요하다고 보았다. "그 때문에 예술은, 예술이 말할 수 없는 것을 말하기 위해 예술을 해석하는 철학을 필요로 한다….."(113) 부정적 사유의 움직임을 통해 예술과 철학은 '사이비 형태'를 문제시하는 가운데 화해의 이념에 기여한다.

그러나 철학과 예술이 모두 필요하다고 보았음에도 아도르노는 이 둘이 구분되는 지점도 잊지 않았다. 앞서 보았듯이 철학이 개념적 논증적 인식에 만족한다면 예술철학은 이 개념적 논증적 인식에서 벗어나는 것을 형상화 속에서 파악하고자 한다. 철학의 관심도, 비록 개념적 논증적으로 이뤄지지만 비개념적인 것에 놓여 있다고 할 수 있다. 그러나 그것은 개념적 사고에 포박되어 있다. 철학적 비판이 개념적으로만 수행된다면 비동일적인 것으로의 길은 차단된다. 이 비동일적인 것으로의 이행이 가능한 것이 곧 예술이다. 적어도 아도르노는 이렇게 생각한 것 같다. 이런 점에서 그는 '예술의 가능성을 철학적으로 탐색한' 학자라고 할 수 있다. 그는 "참된 심미적 경험은 철학이어야 하고, 그렇지 않다면 심미적 경험은 존재하지 않는다"라고 썼다(197).

적어도 이 점에서 보면 미학의 인식은 철학의 논증적 인식보다 우위에 있는 것으로 보인다. 예술의 인식은 인식을 넘어서는 인식인 것이다. 예술은 매개의 형상화 과정을 통해 사실을 묘사하면서 사실을 넘어선다. 사실성과 진실성은 예술작품 안에서 뒤얽혀 있다.

오늘날 예술작품에서 여러 겹의 매개가 이뤄지듯이 예술에 대해서도 사유적 매개denkende Vermittlung가 필요하다. 이 매개에는 영원한 규범이나 가치 혹은 기준이란 더 이상 불가능하다는 것, 불후성에 대한 요구는 부질없다는 인식이 전제되어 있다. 아도르노가 예술적 경험에 인식이 필요하고, 예술의 이해에 철학이 필요하다고 말한 것은, 그래서 미학이 철학과 서로 만나게 되는 것도 그런 이유에서일 것이다.

IV. 예술의 합리성

예술은 일단 합리적이라고 할 수 있다. 모든 예술가는, 그가 시인이든 소설가든, 화가든 음악가든 건축가든 간에, 그 나름의 감수성과 분별력과 세계관을 가지고 대상을 묘사하고 표현하기 때문이다.

그러나 이때의 심미적 합리성이란 정치경제적 합리성도 아니고, 과학기술적 합리성은 더더욱 아니다. 그것은 아도르노적 맥락에서 보면 도구화되거나 효용화되어 있지 않다. 그러면서도 이성적 사유의 어떤 방식을 따른다. 그것은 어떤 방식인가? 예술의 이성은 어떻게 구조화되어 있는가? 심미적 이성의 복잡한 논리는 어떻게 설명될 수 있는가?

예술은 그 조상인 마법적 실천과 거부를 통해 합리성에 참여한다. 합리성의 와중에서 모방이 가능하게 되고, 또 자신의 합리성을 사용하는 것은 관리되는 세상인 합리적 세계의 비합리성에 반응한다. 왜냐하면 자연지배적 수단의 총체인 모든 합리성의 목적은 다시 수단이 되지 못한다는 것, 따라서 비합리적인 것이기 때문이다. 바로 이런 비합리성을 은폐하고 부인하는 것이 자본주의 사회다. 그에 반해 예술은 이중적 의미에서 진실을 대변한다. 즉 예술은 합리성에 매몰된 목적의 이미지를 고수하고, 기존질서의 비합리성과 그 배리를 증거한다는 점에서 그렇다(86).

위 인용문에는 예술의 합리성과 관련하여 세 가지 사실이 드러난다.

첫째, 예술의 합리성은 예술이 원래 자리하던 마법적 제의적 기능으로부터 분리됨으로써 만들어진다.

둘째, 원래 합리성은 인간의 '자연지배'를 위해 동원되었으나 이 자연지배의 현대적 결과인 자본주의 사회는 역설적이게도 비합리적이게 되었다.

셋째, 모방과 묘사와 표현을 통해 예술은 비합리적 세계로서의 자본주의 사회에 저항한다. 그것은 자본주의 사회의 비합리성을 "은폐하고 부인하는" 게 아니라 '드러내기' 때문이다.

그리하여 예술의 진실은 결국 두 가지 점에서 실천된다. 예술은 한편으로 자본주의 사회의 비합리성에 매몰된 근원적 이미지를 상기하면서, 다른 한편으로 이런 상기를 통해 기존질서의 비합리성을 변화시킨다.

1. 아포리아와의 대응방식

위에서 보듯이 예술의 이성은 지배에의 항거에서 온다. 물론 예술의 합리성이 지배체제의 합리성과 결탁할 수도 있다. 그래서 현실의 비합리를 재생산하는 데 기여하기도 한다. 이 경우 예술은 미신이 된다.

예술은 지배체제의 일부로서 신화의 미신적 잔재로 자리하면서 현실의 비합리에 순응한다. 하지만 예술이 이렇게 순응하기만 하는 것은 아니다. 그것은 현실에 저항하기도 한다. 핵심은 이런 순응과 저항 사이에 있다. 이 같은 이율배반에 예술은 어떻게 반응하는가? 모순과 역설의 이율배반은 예술뿐만 아니라 현실의 근본 성격이기도 하다. 그렇다는 것은 예술이 어떻게 이율배반을 다루고, 그와 대결하면서 그 모순을 표현하는가에 따라 예술의 가능성과 수준도 결정된다는 뜻이다.

자신과 현실의 이율배반을 비판하고 성찰할 때, 그래서 그 모순에 적극적으로 개입할 때 예술은 미신이나 신화로부터 벗어난다. 즉 탈마법화한다. 그러니만큼 이율배반에 대한 주체의 자의식은 중요하다. 그래서 아도르노는 '예술의 아포리아aporia'에 대해 다시 논의한다.

문자 그대로의 마법으로 퇴행하느냐, 아니면 사물적 합리성을 미메시스적 충동으로 그리느냐 사이에 예술의 아포리아가 있고, 이 아포리아는 예술의 운동법칙을 말해 준다. 이 아포리아는 없앨 수 없다. 모든 예술작품은 소송Prozess이기도 한데, 이 소송의 깊이는 그런 계기들의 화해불가능성에 의해 묻혀 있다. 소송의 깊이는 화해의 이미지로서 예술이 갖는 이념에 덧붙여 생각될 수 있다. … 예술은 합리성에 벗어남 없이 합리성을 비판하는 합리성이다(87).

위 인용문에는 아도르노의 예술철학을 구성하는 중요한 개념들이 많이 들어 있다. "사물적 합리성", "미메시스적 충동", "아포리아", "소송", "화해", "화해의 불가능성", "합리성", "비판" 등이 그것이다. 정리하면 이렇다.

아포리아aporia/Aporie란 난관이다. 해결불가능한 문제 혹은 현실을 뜻한다. 그래서 난처함과 당혹감을 야기한다. 이런 아포리아가 인간의 삶에서 없을 수 없다. 아니, 자세히 보면 그것은 도처에 자리한다. 예술은 아포리아의 어려움과 그 모순을 자신의 "운동법칙"으로 삼는다. 그래서 그것은 기나긴 "소송" — '길'이요 '과정'으로서의 소송이 된다. 예술은 기성 질서의 불합리성을 비판하는 합리성이기 때문이다. "예술은 합리성에 벗어남 없이 합리성을 비판하는 합리성이다."

이 인용문에도 두 개의 아포리아 — 문장론적/구조적인 아포리아와 의미론적/내포적인 아포리아가 있다. 다시 말하여 예술은 사회의 합리성과 구조적으로 유사한 합리성의 종류이면서 '동시에' 이 사회의 합리성을 내용적으로 비판하는 합리성이다. 이 이중적 비판을 통해 그리고 이런 비판을 거치면서 예술은 시도된다. 만약 이 비판을 제대로 거치지 못한다면 예술은 화해로 나아가는 게 아니라 "마법으로 퇴행"하고 만다. 예술의 체제 순응이나 이데올로기적 오용은 이런 퇴행의 예다. 이 모든 것은 이성이나 비판의 역할을 경원하는 데서 온다.

그러므로 모순에 대한 의식 없이 화해는 없다고 할 수 있다. 화해의 가능한 지평은 오직 모순에 대한 직시 속에서 비로소 마련될 수 있다. 그것이 올바른 예술 의식이다. 예술의 의식은 사회적으로 배제되고 억압되고 잊힌 심층적인 것들을 작품 안으로 불러들이고, 이렇게 끌어들여 형상화하고자 한다.

예술의 이 형상화 과정은 그 자체로 기존현실에 대한 비판적 안티테제다. 이 비판을 내포하기에 예술 의식은 가장 앞서가는, 말하자면 가장 진보적인 의식이라고 할 수 있다. 그리고 바로 그 점에서 가장 덜 소외된 실천 영역이다. 작품의 진리내용이란 진보적 의식의 물질화된 표현이다. 그것은 아도르노의 말을 빌리면 "무의식적 역사서술"이 된다(286).

2. "보다 나은 실천"

개별적 충족은 매우 중요하다. 그러나 그것에만 골몰해 있다면 그것은 밀폐된 자아의 사적 충족 — 유미주의적 쾌락주의에 머물고 만다. 개별에 대한 관심은 지속적으로 지양되고 매개되어야 한다. 승화와 통합의 운동은 이때 나타난다. 그러나 승화와 통합의 과정만 중시된다면 현존재의 근거는 다시 상실된다.

1) 비지배의 실천

그러므로 예술은 주체와 객체 사이, 자아와 세계 사이에서 움직인다. 그것은 지금 여기에서 여기 너머로 나아가야 하고, 이렇게 나아가는 가운데 여기라는 바탕으로 다시 돌아와야 한다. 마찬가지로 개별적인 것은 개별적 차원을 넘어 보편적 차원으로 나아간다.

심미적 전체성에 대한 관심은 공동체 전체의 바른 정립에 대한 관심이다. 이렇게 나아간 것은 다시 원래의 차원으로, 그러나 이전 모습 그대로가 아니라 그와 다른 모습으로 돌아온다. 이렇게 '다르게 하는' 것이 지양의 과정이고, 이렇게 '다르게 되는' 것이 고양과 승화의 경로다. 예술은 바로 이런 지양과 고양과 승화의 변화과정을 증거한다. 이 점에서 우리는 '예술의 실천성'을 확인할 수 있다. "예술은 오늘날까지 지배적 실천보다 더 나은 실천의 대변자일 뿐만 아니라, 기존의 것 안에서 이 기존의 것을 위해 행해지는 무자비한 자기보존의 지배로서의 실천에 대한 비판이기도 하다."(26)

예술은 현실에 대한 관심과 그에 대한 거부 '사이에' 자리한다. 기존질서가 지배를 위한 "자기보존"을 목표로 한다면, 예술은 이 지배질서에 반대하는 실천이다. 현실원리가 자기보존을 위해 오직 지배만을 겨냥한다면, 예술은 현실원리와는 다른 것 — 비非지배 혹은 반反지배의 실천방식이다. 그런 점에서 예술의 실천은 "보다 나은 실천"이라고 할 수 있다. 예술은 실천에 거스르는 반지배의 실천방식이다. 그렇다면 이러한 반대는 어떻게 이뤄지는가?

예술의 실천은, 예술작품이 억눌리고 잊히고 배제되고 무시된 것을 기억하고 기록함으로써, 행해진다. 억눌리고 잊힌 것이란 지금 여기에 없는 것들 — 비존재자들의 이름이다. 이 비존재자는 쉽게 대체될 수 없다. 그래서 교환되기도 어렵다. 그것은 유일무이한 것이기 때문이다.

예술은 이 대체불가능하고 교환불가능한 비존재자를 지금 여기로 불러들여 '이곳에 있게' 한다. 이때 이뤄지는 것이 이름 부르기이고 형식부여이며 형상화 과정이다. 예술의 표현은 형상화 과정 속에서 비존재자를 지금 여기로 불러들여 형식을 부여하면서 존재케 한다. 이 점에 예술작품의 진리내용이 있다. "예술작품은 존재자의 파편들을 통해 비존재자를 매개하고, 이 파편들을 모으면서 나타난다."(129)

그러므로 예술작품은 어떤 원형적인 삶의 이미지가 된다. 이 점에서 예술은 아도르노가 쓰고 있듯이 "무자비한 자기보존의 지배로서의 실천에 대한 비판"이 된다. 그것은 존재하지 않는 것의 표현을 통해 존재하지 않는 것을 마침내 존재케 하면서 한때 희망하고 약속한 것의 목록을 충족시켜 준다. 희망한 것은 실현되어야 하고, 약속된 것은 지켜져야 한다. 이것이 예술작품에서 이뤄지는 타자성으로의 지향이다. 이런 지향을 통해 비동일적인 것은 구제될 수 있다. 따라서 예술은 비존재자의 구제를 위한 표현적 실천이고, 이 실천을 추동하는 자기성찰적 활동이다.

그러나 이 일이 쉽게 성공하기는 어렵다. 아니 매우 드물게 이뤄진다. 그리하여 예술의 약속은 대부분 지켜지지 않은 채 그다음으로, 그래서 미래의 미지적 시간으로 유보된다. 예술의 약속은 확답받기 어렵다.

예술의 시간은 항구적 유예의 시간이다. 예술은 예감에 찬 갈망과 이 갈망의 항구적 유예 속에서 이뤄지는 고독한 표현의 헛된 시도다. 단지 이렇게 유예되는 아득한 시간 속에서 예술은 더 나은 것을 비춰 주는 희미한 암시로, 어떤 가망 없는 희망의 시적 비전으로 잠시 자리한다.

하지만 이런 식으로라도 예술이 현실의 변화에 개입하는 것도 분명해 보인다. 이렇게 다음 시간으로 넘어가면서 예술은 동일성의 도식으로부터 조금씩 늘 벗어난다. 만약 예술이 '행복에의 약속'이라면 이 행복은 조금씩, 아주 조금씩 실현될 뿐이지만, 그다음의 시간으로 유예되면서 비동일성의 자유를 위해 계속 분투한다. 예술의 실천은 이런 식으로 통속적 실천을 거스른다.

2) "객체의 우위"

위에서 적었듯이 예술이 근본적으로 지배를 겨냥하는 것이 아니라 비동일적이고 미메시스적으로 작동하는 것이라면, 그것은 비지배적 실천의 방식이라고 할 수 있다. 예술은 비동일적 비지배적 미메시스 작업이다. 그러나 그럼에도 아도르노가 강조하는 하나의 테제는 주체에 대한 "객체/대상의 우위Vorrang des Objekts"다(384).

예를 들어 칸트의 인식이론에서 우위는 객체가 아니라 주체였다. 그의 관념주의에서 주체와 객체는 분리되고, 이렇게 분리하는 가운데 개별적인 것은 일반적인 것의 원칙 아래 복속된다. 개별적인 것이 일반적인 것 아래 희생되는 것이다. 이렇게 개별적인 것을 희생시키는 것은 관념 주체다. 결국 이상주의적 주체개념은 자연이나 객체를 배제함으로써 ─그렇다는 것은 그만큼 '비변증법적'이라는 말인데─ 스스로 신화와 자연으로 퇴락하고 만다. 그러나 '억압된 것은 회귀한다'.

이에 반해 아도르노는 주체와 객체 사이의 대립을 일반적인 것의 편에 서서 해소시키지 않는다. 그는 이 긴장을 유지하려 애쓴다. 그는 객체의 우위를 상정하는 가운데 대상을, 단순히 칸트 철학이 행하듯이, 개념적으로 분류하는 데 자족하지 않는다. 그럴 경우 개념 밖의 것들은 빠져나가기 때문이다.

여기에서 아도르노 특유의 개념들 — 비개념적이고 비동일적인 술어가 나온다. 그렇다고 그가 개념적 작업을 포기하는 것은 아니다. 그는 개념으로 비개념적인 것을 파악하고자 한다. 그렇듯이 비동일적인 것으로 동일적인 것에 접근하고자 한다. 그가 『부정변증법』에서 되풀이하여 강조한 것은 "개념을 통해 개념을 넘어서려는 노력"이었다.[27] "오직 개념만이 개념이 막는 것을 실현할 수 있다."[28]

객체의 우위에 대한 아도르노의 강조는, 좀 더 넓은 맥락에서 살펴보면, 더 분명해진다. 사물은 인간 앞에서 이해할 수 없는 모호한 전체로 자리한다. 그 전체 가운데 일부는 이해되지만, 이해 안 된 대부분의 것은 모호한 배경으로 남아 있다. 그래서 신비와 비의秘義가 생겨난다.

아도르노가 대상의 우위를 말하는 것은 대상을 지각하고 사고하며 그에 따라 행동할 때 미리 주어진 틀이나 범주 혹은 기대에 따라 규정하는 게 아니라, 자기동일적 강제 논리의 굴레로부터 해방되기 위해서다. 이렇게 해방되어 대상이 지닌 원래의 권리와 모호성 그리고 그 복합성을 고려하기 위함이다. 그만큼 현실에서는 물질적 조건의 눈먼 강제가 심하기 때문이다. 따라서 객체의 우위에 대한 강조는 사회적 삶의 물질적 제약과 그 조건에 대한 유물주의적 관점의 강조로 볼 수 있다.

주체에 대한 객체의 우위라고 할 때, 이 객체는 철학 안에서 '사물'이

---

27 Theodor W. Adorno, *Negative Dialektik*, a. a. O., S. 27.

28 Ebd., S. 62.

되겠지만, 미학 안에서는 '작품'이 된다. 아도르노의 미학은 무엇보다 '작품 자체의 미학'이다. 그에게 예술가 주체나 수용자 독자는 부차적이다. 그가 수용미학을 경시하는 것은, 이것이 반드시 옳은지 따져보아야 하지만, 그런 이유에서다. 그가 작품의 자율성이나 내재적 법칙을 중시하는 것도 같은 이유에서다. (이런 점에서 그의 작품이해는 어느 정도 신비평 new criticism과 닮아 있다. '어느 정도' 닮아 있다는 것은 전적으로 닮지 않았다는 뜻이다. 전적으로 닮지 않은 이유는 아도르노가 작품내재적 비평을 옹호하면서도, 동시에 신비평과는 다르게 작품의 사회역사적 조건을 중시하기 때문이다.)

주체의 입장은 중요하지만 객체보다 주체를 절대화하는 것은 위험하다. 우리가 지금까지 비판해 온 자기동일적 논리는 바로 이 절대화된 주체의 소산이었다. 그것은, 『계몽의 변증법』이 보여 주듯이, 자연과 인간에 대한 광범위한 서구 정복사의 자기파괴적 경로이기도 했다. 20세기의 나치즘은 그런 자기파괴적 재앙의 정치적 비전이었다. 이런 파괴의 역사에서 손상되지 않고 남아 있는 것은, 아도르노의 견해로는, 자연이다. 그래서 자연미는 중요하다.

3) 자취와 흔적, 여운과 메아리

예술이 더 나은 실천형식이라고 해서 그것이 하는 모든 것이 믿을 만한 것은 물론 아니다. 예술은 거듭 말하여 근본적으로 여기 없는 것 — 비존재자의 이미지에 불과하다. 그것은 이미 실현된 것이 아니라 어떤 가능한 것의 암시적 비유이고 선취다.

그러나 이렇게 작품에서 보이는 가능한 것이 그대로 실현되는 것은 아니다. 예술의 약속을 적어도 당장 그리고 직접적으로 보증할 수 있는 것은 아무것도 없다. 이런 점에서 예술은 냉정하게 말해 '거짓'이라고 말할 수도 있다. 이것은 무엇보다 '가상Schein' 개념에서 잘 나타난다. 가상이라는 표현은 미학에서 실체 자체가 아니라 실체가 '그림자처럼 비치는scheinen' 것을 뜻한다. 그래서 거짓이라는 뜻도 갖는다. 중요한 것은 '비친다'는 것의 함의다. 즉 예술의 진실은 직접 나타나는 게 아니라, 어떤 그림자로서 혹은 자취나 흔적, 여운이나 메아리로서 자리한다. (아도르노 미학에서 가상개념 비판은 매우 중요하다.)

자취나 흔적, 여운이나 메아리는 존재하는 것들의 가장자리에 있다. 그런 점에서 그것은 존재하지 않는 것들이고 비동일적인 것들이다. 참된 예술은 여기 있지 않는 것들을 '미리 비추고', 이렇게 비추면서 비동일적인 것을 구제하려고 한다. 예술은, 그것이 여기 없는 것을 비춘다는 점에서 비현실적이지만, 여기 없는 것의 비춤을 통해 오늘의 지평을 넓힌다는 점에서, 현실적이다. 그리하여 예술은 세계의 일부이면서 이 세계와는 다른 것이다. 예술은 비동일적이고 비존재적인 것의 구제에 골몰한다.

이 비동일적이고 비존재적인 것의 상기를 통해 예술은 존재하는 것의 목록을 교정하고, 보편적인 것의 영역을 확장한다. 이 점에서 예술의 보편성은 관리되는 세계의 보편성과는 다르다. 보편적인 것은 존재하는 것에 의해 가려져 있기 때문이다. 그러니만큼 예술의 표현방식은 '간접적'이고 '우회적'이다. (우리는 이것을 3절의 2) "ㄷ. '간접적/매개적' 관계"에서 살펴보았다.) 그 접근방식이나 전달방식도 그렇다.

지금 세계에서 의미는 낯설거나 드물거나 없다고 한다면, 예술은 표현 속에서 의미를 추구한다. 의미의 어려움 혹은 그 위기에 대한 반성 없이 그 어떤 의미도 만들어질 수 없다. 예술의 의미는 의미의 비판과 그 해방에 의해서만 가능할지도 모른다. (이 점에서 미학적 의미와 신학적 의미는 구분된다. 의미의 추구가 신학적 미학적 사안이라면, 미학적 사안은 의미로부터의 해방까지 추구한다고 할 수 있다. 의미 이후의 의미, 혹은 의미 밖의 의미가 드러나는 곳은 자연일 것이다.)

예술은 의미의 부정을 통해 의미를 추구한다. 그래서 예술의 의미는 의미 부재의 의미가 된다. 그러나 예술의 이 의미가 무의미와 같은 것은 아니다. 예술의 언어도 그렇고, 예술에서의 소통이나 영향관계도 그렇다.

예술은 아직 존재하지 않는 것들의 목록을 자취와 흔적으로 보여 주고 여운과 메아리로 들려줌으로써 약속된 것을 지키려 한다. 그래서 아도르노는 쓴다. "그 모든 것에도 불구하고 예술의 거짓이라는 오점은 물론 없애 버릴 수 없다. 예술이 자신의 객관적 약속을 지킬 것이라는 사실을 보증하는 것은 아무것도 없다. 그 때문에 모든 예술이론은 동시에 예술에 대한 비판이어야 한다."(129) 예술은 의미 속에서 의미를 넘어가는 의미화 활동이다. 예술의 의미는 오직 의미비판을 통해서만 획득된다.

3. 심미적 이성="제2의 반성"

인간의 이성이 동일화 원리에 부합되지 않는 것을 배제하고 억압했다면, 진보의 역사는 곧 퇴행의 역사이기도 하다. 이것이 아도르노의 기본적 역사 이해다. 예술의 이성은 이성의 이 같은 동일화/통일화/획일화 역사를 비판한다.

1) 이성비판으로서의 이성

앞서 보았듯이 예술에는 기존 이성과는 다른 이성적 요소가 있다. 예술의 이성을 아도르노는 '심미적 합리성ästhetische Rationalität'이라고 부른다.[29] 심미적 합리성을 우리는 조금 더 간단하게 '심미적 이성'이라고 부

---

29 심미적 합리성 개념은 『심미적 이론』의 특정한 장에서 집중적으로 논의되는 게 아니라,

를 수도 있을 것이다.[30]

    지배적 합리성의 척도로 볼 때, 심미적 태도에서 비합리적으로 간주되는
것은 목적 대신 수단을 겨냥하는 저 이성의 분립적partikular 본질을 고발한다.
예술은 범주적 틀에서 벗어난 객관성과 목적을 상기시켜 준다. 여기에서 예
술은 합리성과 인식적 성격을 갖는다. 심미적 태도는 사물에서 그 이상을
지각하는 능력이다(487f.).

대개의 합리성은, 그것이 기술적 합리성이든 도구적 합리성이든, 지
배하는 이성이고 지배하려는 이성이다. 여기에는 권력이 작동한다. 그
래서 이성이 목적으로 사용되는 게 아니라 수단으로 남용된다. 지배적
이성이 '실용'이라는 이름 아래 겨냥하는 것은 이윤이고 수익이다. 지배
이성은 이윤최대화의 원리 아래 대상을 수단화한다.

    그리하여 지배적 이성의 본질은 '분립적'이다. 대상을 별개의 것으로
취급하기 때문이다. 그러나 예술의 합리성은 지배적 이성을 따르지 않
는다. 그것은, 시대의 지배적 기준에서 보면, "비합리적"으로 비친다. 그
러나 예술의 이성은, 그것이 수단을 겨냥하는 지배이성에 대하여 원래
의 "객관성과 목적으로 상기시킨다"는 점에서, 보다 넓은 이성이라고 할
수 있다. (예술이 통속적 실천보다 '더 나은 실천'이라는 점을 우리는 앞에서 언

곳곳에서 들쑥날쑥 퍼져 있다(58, 90쪽). 이 개념에는 물론 여러 개념들이 얽혀 있다. 이를
테면 '화해'나 '예술작품의 변증법', '부정의 부정', '비판적 계기', '지배 없는 상태' 등이 결부
되어 있다. 이 주된 개념들을 하나로 합쳐 하나의 문장을 만든다면 이렇게 될 것이다. 심
미적 합리성은 부정의 부정이라는 비판을 통해 지배 없는 삶의 화해 상태를 추구한다.

30 나는 아도르노의 심미적 합리성과 김우창의 심미적 이성 사이에 놓인 문제의식적 친화성
과 그 차이를 다룬 바 있다. 문광훈, 『아도르노와 김우창의 예술문화론: 심미적 인문성의
옹호』, 한길사, 2006.

급했다.) 이 점에서 그것은 인식적이기도 하다. 말하자면 심미적 합리성은 이성이면서 이성을 반성하는 이성이다. 그래서 아도르노는 적는다. "합리성을 통하여, 그리고 이 합리성의 길에서 인류는 예술을 통해 합리성이 망각한 것, 합리성에 대한 제2의 반성이 상기시키는 것을 인식한다."(105)

이런 관점에서 보면 합리주의에도 비합리주의에서처럼 문제점이 있다. 필요한 것은 이중적 비판이다. 다시 말하여 비이성의 몽매함에 대한 비판과 아울러 이성의 몽매함에 대한 비판이 요구된다. 이 이중적 비판을 행하는 것이 심미적 합리성이다. "제2의 반성"으로서 그것은 강제된 합리성에 대한 합리적 반성이기 때문이다.

예술의 이성은 인간이 설정한 여느 다른 이성 — 기술적 도구적 지배적 이성과 다르다. 그것은 실용 지향적 이성과는 다르게 대상을 논증적 인식과정에서 분석적으로 굴복시키는 게 아니라, 감정이입과 모방과 표현을 통해 다른 것을 포용하고자 한다. 심미적 이성은 근본적으로 지금 여기에 없는 것들 — 비존재적인 것을 불러들인다. 그것은 또 개념을 벗어나는 것들 — 비동일적인 것을 미리 비추고자 한다.

이렇게 할 수 있는 것은 앞서 보았듯이 '미메시스적 계기' 때문이다. 이 미메시스적 계기에 들어 있는 감정이입적이고 표현적인 요소 덕분이다. 표현적인 것에는 이성적 요소가 이미 겹쳐 있다. 그 점에서 계몽적이다. "종합화하는 이성의 수용과 수정을 통하여 예술작품은 계몽의 변증법을 실행한다."(453) 예술의 이성은 인류가 자연지배의 사회적 과정에서 망각한 것을 상기시킨다. 그래서 계몽의 변증법에 기여한다. 심미적 이성은 이성의 이성이고, 이성에 대한 비판적 이성이다. 그것은 합리성의 사물화된 역사에 대한 교정책이다.

2) 훼손되지 않은 것의 상상적 복원

그러나 다른 한편으로 예술작품도, 그것이 인간이 만든 인공품이라는 점에서, 인간에 의해 '지배된다'고 말할 수 있다. 하지만 이렇게 지배되는 것과는 달리 예술에는 '반성'이 있다. 이 반성 덕분에 예술은 지배되는 것이나 지배하는 것으로부터 거리를 유지할 수 있다. 이 비판적 거리 속에서 그것은 기존의 지배를 반성한다. 그러면서 어떤 진실한 것으로 나아간다. 그런 점에서 예술의 이성비판은 외재적이 아니라 내재적이다.

예술의 비판은 현실의 이성에 직접 맞서는 게 아니라, 작품 자체의 내재적 형식내용에 기대어 저항한다. (우리는 앞에서 예술작품의 내용형식과 관련하여 내재성과 초월성, 예술과 사회의 이율배반적 상호지양관계를 살펴본 적이 있다.) 아도르노는 쓴다. "예술은 자기자신의 형상 속에서 훼손된 타자를 복구하는 가상에 의해 훼손되지 않는 것의 모델이 된다. 심미적 전체란 비진실적 전체의 안티테제다."(429)

예술은 지금과는 다른 것을 상상하고 표현한다. 이 다른 것은 예술의 가상으로 나타난다. 이 가상에는 훼손되지 않는 무엇이 들어 있다. 이 무엇은 무엇일까? 그것은 인간의 손을 타지 않은, 그리고 개념이나 논리 혹은 서열에 의해 분류되기 이전에 자리하는 어떤 순수하고 원형적인 것들이다. 예술은 지배되고 훼손된 것의 상상적 복원을 통해 손상 이전의 이 원형적 이미지를 드러낸다. 이것이 심미적 가상의 상상적 복원이고, 예술의 구체적 보편성이다. 예술의 이성이 지배되지 않은 것의 이름인 한, 그것은 억압된 자연의 편을 든다. 이 점에서 심미적 이성은 제2의 반성이다. 그것은 이성에 의한 반성이자 이런 반성을 반성하는 또 다른 이성이다.

어쩌면 예술의 이성은 계몽적 기획의 20세기적 파국 이후 우리가 선택할 수 있는 가장 설득력 있는 실천의 하나일지도 모른다. 심미적 실천이 '가장 설득력 있는 것의 하나'라는 것은 예술의 방법이 매개적이고 우회적이라는 것, 그래서 비폭력적이라는 뜻에서다. 그럼에도 그 효과는 오래 걸린다. 예술의 방법은 매개적이고 간접적이기 때문이다. 예술은 계몽의 문명사적 실패를 반성하는 자발적 갱신의 자유로운 방식이다.

오늘날의 세계가 사물화된 상품사회라면, 그래서 삶의 많은 것이 이윤과 기술과 수익과 계산 아래 통제되는 것이라면, 이 같은 시장사회에서 비판적 태도를 갖기란 매우 어렵다. 예술은 이 사물화된 시장세계를 돌아본다. 상품현실의 환영幻影을 투시하지 못한다면 많은 것은 기만이다. 지금 삶의 많은 경험은 광고와 선전의 상투어에 싸여 있고, 그러니만큼 가짜이거나 가짜의 가짜이기 때문이다.

그리하여 다시 절실한 것은 예술의 이성과 같은 '겹겹의 반성' — 중첩적 비판이다. 비판을 통해 예술은 어떤 화해 — 화해 불가능한 현실에서의 어떤 화해가능성을 추구한다. 이런 화해 중 하나를 아도르노는 자연이 들려준다고 생각했다. 자연의 사물들은 보편적 동일성의 속박에서 벗어나 있기 때문이다. "자연미는 비동일적인 것의 흔적"이다(114).

이에 비해 헤겔은 자연미를 '미 이전적인vorästhetisch' 것으로 평가절하했다. 그래서 자연은 그의 미학에서 크게 고려되지 않는다. 그에 반해 아도르노에게 자연은 중요하다. 아도르노 미학에서 심미적 경험은 헤겔 미학에서처럼 예술에만 국한되는 게 아니라, 예술을 포함하여, 자연미까지 포괄한다. 어쩌면 현대사회의 오염된 자연을 대신할 수 있는 유일한 것은 예술인지도 모른다. 그래서 나는 이렇게 쓰고 싶다. 예술은 비동일적인 것의 흔적이자 자취요, 원형적 타자성의 여운이자 메아리다.

3) 자연-침묵-수수께끼

자연의 언어는 침묵이다. 자연은 침묵을 드러낸다. 예술이 담고자 하는 것은 자연의 이 침묵이다. 침묵에는 사회의 크고 작은 속박에서 벗어난 것들 — "비동일적인 것의 흔적"이 들어 있다. 그래서 예술의 언어는 자연의 언어처럼 말을 잃는다. 그것은 말을 잃고 침묵으로 다가간다.

이 대목에서는 부정변증법적 사고도 중단된다. 사고의 변증법이 아무리 중요해도, 비판을 통한 현실의 지양이 아무리 필요하다고 해도 자연의 침묵 앞에서 우리 역시 입을 다무는 게 더 좋을지도 모른다. 이 움직임과 멈춤의 변증법은, 마음의 자세로 다시 번역하면, 집중과 사무사思無邪가 될 수 있다. 집중이 집요함 속에서 일관되게 몰두하는 것이라면, 사무사란 이 집중으로부터 벗어나는 상태 — 일을 멈추고 마음을 비우는 일이다. 삶의 바람직한 자세란 정신의 움직임과 그 멈춤, 집중의 의도와 사무사의 무의도 사이 그 어딘가에 자리할 것이다.

그러나 이 둘 가운데 자연 앞에서 더 요구되는 것은 멈춤일 것이다. 의도마저 지워 버린 사무사의 텅 빈 마음이 자연을 대하는 우리의 바람직한 태도일 것이다. 그러므로 종국적으로 필요한 것은 텅 빈 마음으로 자연의 근원적 이미지를 기억하는 일이다. 기억하면서 표현하는 일이다.

아마도 예술은, 그 동력의 뿌리 끝에는 이런 자기 지양에의 의지 — 자기자신마저 없애면서 무로 돌아가려는 의지가 있는 것처럼 보인다. 예술은 궁극적으로 예술도 필요로 하지 않는 삶의 소멸 상태를 소망한다. 그런 점에서 예술이나 예술작품은 "수수께끼적 성격"을 띨 수밖에 없다 (182). 그것은 의미를 드러내면서 감추기 때문이다. 혹은 예술작품에서 '무엇'이라고 하는 것은 '그 무엇이 아니다'라는 뜻도 포함하기 때문이다. 예술작품의 이 애매한 요소들은 한편으로 이해하고자 하면서도 다른 한편으로 이해되지 않은 채로 남아 있다고, 그래서 사물의 본질적 성격으로 자리한다고 아로드노는 생각했다. 오직 그런 식으로 예술철학은 폭력을 행하지 않을 수 있다고 그는 여겼다. 이것은 예술사적 측면에서 고찰해 보면 좀 더 쉽게 이해된다.

원래 예술은 마법적 기능으로부터 시작하여 제의적 기능을 거쳐 이 모든 마법과 제의가 사라지고 난 다음에 생겨났다. 원래적 목적이 상실되고 난 뒤 그것은 어떤 우회로를 거치게 되었는가? 예술의 모호함은 이 기나긴 우회로를 거친 자연스러운 결과가 아닐까? 이 의미의 복합성과 애매성은 형상화를 통해 강화된다.

아도르노는 예술의 제의적 성격을 간과하지 않았지만, 그렇다고 예술의 의미를 선사시대 혹은 고대로 소급하여 구하지 않았다. 시대현실적 요소를 결한 기원의 거론은 미학에서 의미 없는 것이었기 때문이다. 그는 '인간에 의해 만들어진 것'으로서의 이 구성적 성격을 더 중시했다. 그래서 그는 미학론의 중심에 '작품'의 역사를 놓았다. 그러면서도 그는, 앞서 언급했듯이 헤겔이 간과한 자연미를 적극적으로 끌어들였다. 흔히 자연미는 예술미와 대립되는 것으로 간주되지만, 아도르노는 자연미를 예술의 핵심요소로 보았던 것이다.

아도르노는 예술이 자연 자체가 아니라 자연미를 모방한다고 보았고, 여기에서 더 나아가 자연미를 모방해야 한다고 보았다. 예술작품은 경험의 형상화 속에서 작품 그 이상이 된다. 그래서 말해진 것, 모사된 것 그리고 즉자적으로 현상하는 것을 넘어 원형적 이미지를 암시한다. 예술은 비동일적인 것의 암시 속에서 아직 오지 않은 희망을 선취하는 것이다.

4) 자유와 진리의 연대

그런 이유로 아도르노는 예술의 의미가 쉽게 드러나는 작품은 좋은 작품이 아니라고 판단했다. 그는 의미의 모호성과 복합성에 진지함이 들어 있다고 보았기 때문이다. 여기에 예술작품의 수수께끼적 성격이 있다.

이 수수께끼는 파악될 수 없는가? 그렇지 않다. 그것은 '사고적으로 매개되면서' 이해할 수 있다. 이것이 심미적 경험에 자리하는 반성활동이다. 그것은 좀 더 넓게는 미학의 이른바 '정신화' 활동이다. 예술의 진리내용은 오직 반성을 통해 파악될 수 있다. 이렇게 반성하는 의식은, 그것은 스스로 돌아보는 것이기에, 허위적이기 어렵다. 즉 올바르다. 올바른 의식은 작품 안에서 자기를 돌아보고 현실의 모순과 적대관계를 검토하면서 스스로 객관화해 간다.

그러므로 주관의 객관화 과정은 곧 자유의 확대과정이 된다. 인간은 진리를 탐색하는 가운데 자유로 나아갈 수 있다. 이것을 아도르노는 자유와 진리의 '연대성'이라고 부른다. "자유의 잠재력은 예술의 진리내용과 연대적이다."(291) 인간은 예술의 진리 속에서 비로소 자유로울 수 있다. 작품의 진리내용은 자유를 향한 의식의 이런 객관화 과정 속에서 조금씩 만들어진다. 우리가 자유로울 수 있는 곳은 예술의 진리 속일 것이다. 미학은 자유와 진리의 변증법을 반성적으로 체계화한다.

아도르노는 실제로 반성이란 예술 자체로부터 나오는 게 아니라 예술에 대한 사유로부터 나온다고 보았고, 그래서 미학에서 배워야 할 게 이 반성이라고 여겼다. "예술 자체로부터 실행할 수 없는 반성의 능력은 미학에 기대어 형성해야 한다."(507) 철학적 반성활동을 근본적으로 '심미적'이라고 그가 생각했던 것은 이 때문일 것이다. 그의 사유는 단순히 논증적 개념적으로 작동하는 데 그치는 게 아니라, 개념을 비판하는 비개념적 예술활동으로 자리하는 것이다.[31]

그러나 예술작품의 의미가 반성적 노력에도 완전히 고갈되는 것은 아니다. 그것은 점근적으로 이해될 수 있다. 그리하여 예술에서 침묵의 계기는 그 어떤 언어적 시도보다 근원에 가깝다고 할 수 있다. 말은, 적어도 참된 말은 말 자체를 줄여 가야 하고, 이해는 이해의 불가능성을 집요하게 사유해야 한다.

V. 예술의 유토피아

지금까지 살펴보았듯이 아도르노 미학을 지탱하는 주된 문제의식은 '부정성'과 '이율배반', '비동일성'과 '가상', '타자성' 혹은 '매개' 같은 개념들에 거의 다 들어 있다. 그렇다면 그의 사유가 행하는 동일성 비판이나 부정변증법적 사유는 어디로 나아가는가? 비동일성을 사유하는 부정변증법의 궁극적 지향점은 무엇인가? 그것은 간단히 유토피아라고 할 수 있다.

1. "존재하지 않는 것의 상기"

예술은 기존현실과는 다른 현실을 희구한다. 그 점에서 부정적이다. 부정적 사유는 초월적 사유다. 부정이나 비판, 비동일성이나 가상의 개념에 녹아 있는 것이 바로 이 같은 부정적 움직임이다. 부정적 움직임이

---

31 예술을 철학적 범주체계로 해명하기 어렵고, 나아가 해명할 수 없다는 생각은 아도르노 미학의 전제다. 그는 심미적 진술이 전통미학에서와는 달리 인식이론적 입장에서 분리되어야 한다고 여겼다. 그러면서도 그는 미학의 가능성을 철학적으로 사유했다. 그 하나의 결과가 다름 아닌 『심미적 이론』이다. 그의 미학은 예술의 가능성에 대한 철학적 사유의 불가능성과 가능성 사이를 오고 간 성찰의 산물이다.

란, 거듭 말하여 그것이 지금 여기 없는 무엇을 희구한다는 점에서, 유토피아적 열정에 다름 아니다. 그렇다면 부정적 초월의 열정을 다시 요약할 수 없을까?

1) 초월적 계기

예술의 유토피아는 간단히 말해 아직 있지 않은 현실을 갈망한다. '아직 있지 않다'는 것은 '가능성으로 있을' 뿐 지금 여기에는 없다는 뜻이다. 존재하지 않는 것이란 정치경제적 관점에서 보면 생산과 재생산의 메커니즘에서 벗어난 것이고, 따라서 현실원리가 허용하지 않는 것이다.

이 배제나 억압을 적극적으로 수행하는 것은, 아도르노적 맥락에서 보면, 물론 문화산업이다. 예술은 아직 존재하지 않는 것에 대한 상기를 통해 가능성의 현실을 염원한다.

그러나 예술작품이 여기 있다는 것은 있지 않은 것이 있을 수 있다는 사실을 알려 준다. 예술작품의 현실은 가능한 것의 가능성을 증거한다. 예술작품에서 그리움과 관련되는 것은 존재하지 않는 것의 현실이고, 이 현실은 작품에서 기억으로 변한다. 존재하는 것은 기억 속에 존재했던 것으로서, 존재하지 않는 것에 결합된다. 있었던 것은 더 이상 있지 않기 때문이다. 플라톤적 상기Anamnesis 이래 기억 속에 꿈꾸어지는 것은 아직 존재하지 않는 것이고, 아직 존재하지 않는 이것만이 유토피아를 현존재에 팔아넘기지 않고 구체화한다. 존재하지 않는 것에는 가상이 결부된다. 당시에도 그런 것은 존재하지 않았던 것이다. 무의도적 기억이, 베르그송과 프루스트의 테제에 따르면 경험에서 상기시키려고 애쓰는 것은 바로 예술의 이미지적 성격, 즉 예술의 이마고imago다. 이 점에서 이들은 물론 진짜 이상주의자임이 입증된다. 그들은 자신들이 구제해 내려 한 것이 현실 때문이라고 여겼다. 그런데 그것은 현실이라는 대가를 치르면서 예술에만 있다. 그들은 심미적 가상의 특질을 현실로 전이시키면서 심미적 가상의 저주를 벗어나려 한다(200).

위 인용문에는 아도르노 미학에서 핵심적 개념들이 거의 다 들어 있다. 여러 가지로 해석할 수 있지만, 그것은 결국 한 가지 ― '아직 존재하지 않는 것에 대한 상기'로 수렴될 수 있다고 나는 생각한다. 순서대로 살피면 이렇다.

첫째, 예술은 현존하는 것을 묘사하지 않는다. 그것은 여기 있지 않은 것 ― 비존재자를 묘사한다. 그런 점에서 실현된 것이 아니라 가능한 것을 묘사한다. "예술작품의 현실은 가능한 것의 가능성을 증거한다."

둘째, 이때 기억이나 상기는 불가피하다. 그러나 기억 속에 있는 것은 거듭 말하여 여기 현실에는 있지 않다. 예술의 상기는 아직 오지 않는 것을 여기로 불러들이는 일이고, 그 점에서 유토피아적이다.

셋째, 예술의 유토피아적 성격에는, 그것이 지금 여기에 있지 않는 한, 가상이 녹아 있다. "존재하지 않는 것에는 가상이 결부된다." 베르그송이나 프루스트의 무의도적 기억도 이런 가상을 보여 준다. 그것은 있지 않은 유토피아를 지금 여기로 불러들여 실현하려고 한다. 이런 점에서 두 사람은 이상주의자다.

아직 있지 않은 것, 하지만 언젠가는 오게 될 무엇에 대한 유토피아적 열망에는 신학적 요소가 들어 있다. 그 무엇이란 이를테면 일체의 강제나 폭력이 없는 현실이다. 그 점에서 그것은 완전한 화해의 상태라고 할 수 있다. 아도르노 사상이 궁극적으로 지향하는 것은, 비판철학이건 미학이건 사회진단이건 간에, 지배가 아닌 화해일 것이다.[32]

---

32 Max Horkheimer/Theodor W. Adorno, *Dialektik der Aufklärung*, a. a. O., S. 74. "오뒷세우스

화해된 삶에서는 낯선 것과 다른 것 그리고 먼 것이, 마치 지금 여기의 일부인 것처럼 가까이에 남아 있을 것이다. 그것이야말로 삶의 해방이요 인식의 유토피아다. 유토피아적 사유란 근본적으로 차이에 대한 사유다. 그것은 보편성 아래 질식된 특수성에 대한 공감이고, 동일성의 원칙 아래 짓눌린 비동일적인 것의 포용이다. 차이를 무시하는 평등성은 또 다른 방식으로 불평등을 야기하기 때문이다. 그러므로 차이에 대한 공감과 포용 없이 화해는 오지 않는다. 아도르노는 『부정변증법』에서 쓴다. "화해에 대한 희망은 비화해적 사유와 결합한다."[33] 타자성에 대한 사유는 철학의 과제가 아닐 수 없다.

그러나 삶의 화해는 현실에서 쉽게 실현되기 어렵다. 그것은 어쩌면 불가능한 일인지도 모른다. 그래서 예술의 화해는 부정적으로 다뤄진다. 흔히 비판이론이 '부정적 신학negative Theologie'이라고 불리는 것도 그런 이유에서다.

아도르노 미학을 '전도된 신학inverse Theologie'이라고 부르는 학자도 있지만, 철학이든 예술이든, 이 모든 것은 지금 여기의 서술 속에서 그 너머를 지향한다는 점에서 근본적으로 유토피아적이다. 이 유토피아적 신학적 에너지는, 예술의 발생학적 기원 — 자연의 압도적 힘을 모사함으로써 그 위협으로부터 벗어나려고 했던 예술의 기원을 떠올려보면, 더 분명해진다. 여기에서 묘사와 구원, 예술과 신학은 나뉘지지 않는다. 심미적 충동의 근본에는 신학적이고 초월적이며 유토피아적인 갈망이 자리한다.

의 지배를 통한 체념은, 신화와의 싸움으로서, 체념과 지배를 더 이상 필요로 하지 않는 사회를 대변한다. 그러한 사회는 자기자신이나 다른 사람에게 폭력을 행사하는 것이 아니라 화해를 할 수 있는 능력을 지닌 사회일 것이다."

33 Theodor W. Adorno, *Negative Dialektik*, a. a. O., S. 31.

한 가지 주의하자. 이때의 유토피아란, 1990년대 무렵 회자되었듯이, 현실사회주의적 국가유토피아를 뜻하지 않는다. 예술의 유토피아란 더 넓은 의미에서 파악되어야 한다. 말하자면 그것은 지금 현실과는 다른, 그래서 이 현실을 교정할 수 있는 대안적 에너지에 가깝다. 지금 여기의 누락과 결핍을 비판하고 반성함으로써 더 나은 현실을 모색하는 힘이라고나 할까?

앞에서 언급했던 심미적 가상은 그런 반성적 에너지였다. 심미적 가상은 되풀이하건대, 그것이 지금 여기에 없다는 점에서 거짓이지만, 이 거짓 속에서 아직 오지 않은 무엇을 '미리 비춰 주기도vor-schein' 한다는 점에서, 진실되다고 할 수 있다. 말년의 아도르노에게 가장 큰 미학적 과제는 이 '가상을 어떻게 구제할 것인가'라는 문제였다. 그는 이 심미적인 것의 잠재력에서 현대의 상품사회를 비판하면서(이 점에서 현실적이다), 동시에 이 현실을 넘어서고자 했다(이 점에서 현실초월적이다). 이런 점에서 그의 미학은 사회비판이론과 신학 사이에 자리한다.

여기에서 확인하는 사실은 유토피아의 현실적 불가능성일지도 모른다. 그렇다는 것은 인간의 실존적 속성들 — 고통과 연약함, 슬픔과 유한성을 피할 수 없다는 뜻이기도 하다. 사실 아도르노의 유토피아적 구상에는, 그의 많은 생각이 그러하듯이, 벤야민의 알레고리 개념이 들어 있다. 이 알레고리에서는 자연사적으로 굳어 버린 현상과 이 현상이 지닌 수수께끼적 의미가 녹아 있기 때문이다.

알레고리는 자연적 존재와 역사적 존재가 뒤엉킨 채 '하나의 별자리'를 이룬다. 멜랑콜리 — 우울의 감정은 이 와해와 몰락, 잔해와 폐허로부터 나온다. 멜랑콜리는 다름 아닌 신적 의미질서의 와해에 대한 감정이다. 이처럼 그의 유토피아적 구상은 세계의 몰락과 의미상실에 이어져 있다. 그의 이런 생각은 근본적으로 벤야민에게서 유래한다. 아도르노가 카프카 문학에 관심을 가진 것도 그 소재가 불투명한 현실의 폐허로부터 온다고 여겼기 때문이다. 또 그가 베케트와 친교를 나눈 것도 그의 희곡이 불합리한 현실의 지양을 요구하면서도 이 지양이 불가능하다는 것을 인정하였기 때문이다. 현실의 기만으로부터 자유롭기란 지극히 어렵다.

1930년대 초 이후 벤야민은 아도르노에게 정신적으로 가장 가까이 있는 인물이었다. 하지만 이런 알레고리적 정신의 벤야민적 유래에 대해 아도르노는 분명히 밝히지 않았다. 그러나 다른 한편으로 그는 파리에서 극도의 물질적 비참 속에 시달리던 벤야민을 돕기 위해 많은 일을 하기도 했다. 그는 사회조사연구소 소장이던 호르크하이머에게 재정적 도움을 요청했을 뿐만 아니라 잘 알고 지내던 지인들 가운데 몇몇 부자들에게 후원을 부탁하기도 했다.

그러므로 세계의 파편화된 내재성과 신적 초월의 온전성은 결코 둘이 아니다. 낙원이 실현될 수 있다면 그것은 아마도 고통과 슬픔으로부터 올 것이다. 삶에 희망이 있다면 그것은 오직 위로할 길 없는 현재의 상실과 슬픔과 몰락의 배경 속에서만 잠시 가능할지도 모른다. 그렇다면 인간적인 것의 한계를 완전히 제거한다는 것은 거꾸로 비인간적인 것의 영역 ─ 괴물 같은 야만성을 풀어놓게 되는 것이 될 수 있다. 아무리 좋은 것이라고 해도 낙원이 강제된다면 그것은 인간에게 또 다른 지옥일 가능성이 높지 않을까? 아도르노가 현실의 고통이나 파편 그리고 몰락의 이미지에 큰 관심을 가진 것도 그런 이유에서다.

그리하여 낙원에 대한 섣부른 예언보다는 지옥 같은 현실 속에서 낙원적인 것의 무엇을 상기시키며 오늘의 현실을 조금씩 교정해 가는 것이야말로 보다 인간적인 방식일지도 모른다. 바로 이 일을 하는 것이 예술이다.

2) 부서진 행복의 약속

위에서 보았듯이 예술의 유토피아 추구방식은 이율배반적이다. 이것은 오늘날의 대중문화에서 불가피해 보인다. 문화산업은 앞서 보았듯이 모든 것을 동질화하고 평준화한다. 기존의 것에 동화되지 않으면, 질서든 관습이든 가치든, 살아남기 어렵다. 그래서 욕구나 감정마저 시장사회에서는 조작된다. 그리하여 희망이나 행복은 아득한 것으로 보인다. 아도르노는 적는다.

　행복의 약속promesse du bonheur이라는 스탕달의 명언은 예술에서 유토피아를 예시하는 게 무엇인지를 강조함으로써 예술이 현존에 고마워한다는 것을 말해 준다. 그러나 그것은 점점 어려워지는데, 현존재가 자신과 점점 더 같아지기 때문이다. 그래서 예술은 점점 더 현존과 같을 수 없다. 기존에 있는 것에서의 모든 행복은 대용품이고 거짓이기 때문에 예술이 약속에 충실하려면 이 약속을 깨뜨려야 한다(461).

570쪽에 걸친 방대한 『심미적 이론』의 마지막에 들어 있는 「보충편」에서 아도르노가 행복을 말하는 것은 인상적이다. 그는 '행복에의 약속'이라는 저 유명한 스탕달의 명제에 기대어 예술이 '여기 있는 것Dasein'을 찬미한다는 것, 그러나 여기 있는 것이란 단순히 여기 있는 데 그치는 게 아니라 "유토피아를 예시한다"고 적는다.

그러나 이 현존재는 총체적으로 관리되는 세계의 문화산업적 조작 때문에 그저 있는 것과 같아지고 만다고 아도르노는 지적한다. 하지만 예술은 이 현존과 다르다. 예술이 "기존에 있는 것"에서만 행복을 찾는다면 그 행복은 "대용품"이고, 따라서 "거짓되다"고 할 수밖에 없다.

아도르노의 이 같은 논지는 이해되지만, 그렇다고 스탕달의 방식이

틀린 것은 아니지 않나 싶다. 스탕달 역시 유토피아 자체가 아니라 "유토피아를 예시하였고", 유토피아의 이 예시는 그의 소설작품을 통해, 이 작품이 그리는 현실묘사를 통해 이뤄졌기 때문이다. 그러니까 아도르노가 비판한 스탕달은 틀리고 아도르노는 맞는 것이 아니라, 스탕달도 아도르노도 제각각의 방식으로 옳다고 봐야 하지 않을까? 단지 오늘의 현실에서 현존의 자기동질화 작용은 아도르노의 지적대로 더욱 심화된다고 할 수 있다. 예술과 행복은, 그것이 참되기 위해, 지엽적 이해관계를 넘어 보다 열린 목적들을 충족시켜야 한다.

이런 이유에서 예술의 비동질화는 그 어느 때보다 절실하다. 이중적 반성 — 한편으로 행복의 약속을 하면서도 다른 한편으로 이 약속의 손쉬운 상환은 불신하는 반성적 사유 실천이 불가피해 보인다. 그래서 아도르노도 적는다. "예술은 약속에 충실하려면 이 약속을 깨뜨려야 한다."

예술의 약속은 직접 이뤄지지 않는다. 그것은 기존질서에서 당장 실현되는 게 아니라, 이 질서를 비판적으로 바라보아야 하고, 이렇게 바라보며 기다려야 한다. 기다리지 못한다면, 그래서 지금 현존에만 자족한다면 이 자족감은 가짜일 가능성이 높기 때문이다.

예술은, 행복이 그러하듯이, 지금 여기에서 이곳을 넘어 아득한 지평으로 나아간다. 아도르노가 「역사에서의 이성」에 나오는 헤겔의 말 — "그러나 역사는 행복을 위한 발판이 아니다. 행복을 위한 시간들은 역사에서 빈 종이들이다"를 인용하면서, "모든 행복은 오늘날까지 아직 있지 않았던 것을 약속하며, 행복의 직접성에 대한 믿음은 행복이 되어 가는 길을 막을 뿐"이라고[34] 적은 것은 그런 이유에서일 것이다. 통찰이 아닐 수 없다.

---

34 Ebd., S. 346.

여기에는 현실낙관주의 혹은 역사낙관주의에 대한 아도르노의 강력한 비판이 들어 있다. 하지만 그렇다고 행복의 이념이 현실 너머에 있는 것은 아니다. 행복의 이념은, 예술의 약속이 그러하듯이, 지금 여기와 그 너머 사이, 경험과 형이상학 사이에서 그러나 그저 있는 게 아니라 여기 살아 있는 주체의 반성 속에서 매 순간 갱신되고 새롭게 추구된다. 이 항구적 쇄신과 추구 속에서 거짓된 행복에 대한 비판도 이뤄진다. 참으로 행복하려면 행복을 보장하는 안이한 약속의 껍질부터 벗겨 내야 한다. 행복에 대한 객관적 이념이란 이토록 힘겨운 자기비판 속에서나 서술될 수 있다.

이런 쉼 없는 부정과 비판의 활동 속에서도 아도르노의 일상적 삶은 그런대로 행복했던 것으로 보인다. 그는 7~8월이면 한 달 남짓 스위스의 고산지대, 이를테면 엥가딘Engadin이나 발리스Wallis, 아니면 니체의 여름 휴가지로 널리 알려진 실스 마리아Sils Maria로 떠나곤 했다. 이 휴가 동안에도 그는 물론 강연에 대한 생각이나 출간을 앞둔 책의 구상에 골몰했고, 이 구상에 필요한 생각을 메모했다. 그는 피아노 연주를 즐겼고, 책 읽는 것은 말할 것도 없었다. 연극을 보거나 음악 공연장 혹은 그림 전시회를 찾는 것은 그와 그의 아내 그레텔Gretel이 가장 즐겨 하던 일이었다.

게다가 글을 쓰는 것은, 철학 세미나 준비든 사회학 논문이든 문학비평이든, 아도르노에게는 자연스럽고도 자발적인 일이었다. 그는 점차 늘어나는 강연이나 발표 요청 때문에 스트레스를 받기도 했지만, 또 이 스트레스는 음악 감상이나 지인과의 대화로 풀기도 했지만, 반대로 이 글쓰기에서 에너지를 얻기도 했다.

그리하여 노동시간과 여가시간이 아도르노에게 크게 다르지 않았다고 할 수도 있다. 그는 대체로 행복한 시간을 보냈다고 할 수 있는 것이다. 여기에 일반 청중을 대상으로 한 강연에서나, 방송국 출연에서 —그 당시에는 특히 라디오 강연이 많았는데— 그가 받는 강연료는 적지 않았고, 저서 출간에 따른 인세도 꽤 되었기 때문에 경제적 곤란은 거의 없었다. (1969년 무렵 그가 낸 책은 20여 권 이상이 되었다.)

행복이 자기폐쇄적인 쾌락에 머문다면 그것은 진실되기 어렵다. 개인의 행복은 주체적 의식을 넘어서는 보편과의 관련 아래 탐구되어야 하기 때문이다. 우리는 선한 이념의 부정적 지양가능성까지 고려해야 한다. 이런 지양가능성을 고려하지 못하면, 그래서 불변 사항으로 실체화하면 이념은 이데올로기로 타락한다. 이 불변성과 동일성 그리고 총체성을 전제한 것이 헤겔의 역사 철학이자 그의 역사 신화이고 역사 형이상학이었다.

오늘날의 사회에서 주어지는 문화적 내용의 어떤 것도 오염되거나 조작되지 않은 것은 없을 것이다. 진실과 허위의 구분은 어느 때보다 엄밀한 반성 과정을 통해 분명하게 이뤄지지 않으면 안 된다. 문화의 체제 긍정적 기만과 문화산업의 이윤적 관심에 대한 경계 역시 필수적이다. 그런 단련과 경계가 없다면 우리는 언제든 오락을 진지함으로 여기고, 키치를 예술로 간주할 것이다. 그렇게 되면 상품이 만들어 내는 인간의 모습이 인간적 가능성의 전부인 줄 오해하고, 문화산업이 제공하는 현실이 현실의 전체라고 착각할지도 모른다. 필요한 것은 주어진 것에 대한 단순한 인준이 아니라 그에 대한 절차적 비판적 항거다.

2. 자기성찰 — "문화의 실패"로부터

아도르노가 부정성과 비판 그리고 비동일성 개념을 강조하고, 이를 통해 동일화에 대한 부정변증법적 비판을 행한다면, 우리는 이 고민이 지나치게 사변적인 것은 아닌가라고 물을 수 있다. 그것이 기존의 전통을 비판한다고 하면서도 여전히 논증적 방식을 떠나지 않기 때문이다. 이런 점에서 그의 현실 인식을 다시 한번 돌아볼 필요가 있다. 이런 문제 의식의 중심에는 나치 체험이 있다.

앞에서 우리는 동일성 원리가 자본주의 체제에 나타나는 교환원리의 다른 이름이며, 교환이란 인간의 구체적 노동을 추상화하는 데 있다고 지적했다. 그러면서 동일성 원리는 아도르노에게 무엇보다 아우슈비츠의 획일화 원리 — 개인의 유일무이성을 대체 가능한 '하나의 본보기'로 간주하는 절멸의 통합원칙임을 언급했다. 그렇다면 그것은 모든 생명과 몸에 대한 말살의 원칙이다.

이 아우슈비츠에서 아도르노는 '문화의 악취'를 느끼고, '문화의 실패'를 확인한다. 문화에 대한 그의 불신은 이처럼 깊고, 그 질타는 가차 없다.

문화는 구린내가 나기 때문에 그 악취를 역겨워한다. 문화의 궁전은, 브레히트의 뛰어난 구절에서 보이듯이, 개똥으로 지어졌기 때문이다. 그 구절이 쓰인 지 몇년 후 아우슈비츠는 문화의 실패를 반박할 수 없을 정도로 입증했다. 그것이 철학과 예술 그리고 계몽적 과학의 모든 전통 한가운데서 일어날 수 있었다는 사실은 곧 정신이 인간을 감동시켜 변화시킬 수 없었다는 점 그 이상을 말해 준다. 그러한 분야 자체 속에, 그 분야의 자족성에 대한 강력한 요구 속에 비진리가 들어 있다. 아우슈비츠 이후 모든 문화는, 그에 대한 절박한 비판까지도, 쓰레기다. 문화는 자체의 풍경 속에서 아무런 저항 없이 생겨난 것에 따라 복원되었고, 그래서 전적으로 이데올로기가 되었다.[35]

---

35 Ebd., S. 359.

아우슈비츠는, 여러 학자들이 지적했듯이, 분명 '문명의 파국'처럼 보인다. 그것은 인류가 지난 수천 년간 쌓아 온 모든 예술적 철학적 과학적 문화적 업적의 완벽한 실패를 예증한다. 아도르노가 적고 있듯이 "문화에는 구린내가 나고", "문화의 궁전은" "개똥으로 지어져" 있는 것이다.

그러나 그렇다고 문화를 포기할 수 없다. 어떻게 해야 하는가? 우선 필요한 것은, 아도르노의 지적대로, 문화가 인간을 쉽게 "감동시키거나" "변화시킬 수 있다"고 쉽게 믿지 않는 일이다. 또 각 분과활동 자체의 "자족성에 대한 강력한 요구"도 삼갈 수 있어야 한다. 자기비판을 거치지 않은 채 복원된다면 문화란 "전적으로 이데올로기가 되기" 때문이다. "위에서 울려오는 그 어떤 말도, 신학적인 말조차, 아우슈비츠 이후에는, 변하지 않은 채, 어떤 권한도 갖지 못한다."[36] "부정적 변증법이 사유의 자기성찰die Selbstreflexion des Denkens을 요구하려면, 그래서 사고가 진실해지기 위해서는 오늘날 자기자신에 거슬러 사유해야 한다는 것이 내포되어 있다."[37] 자기비판이 결여된다면 문화는 언제라도 야만으로 전락할 수 있다.

그러나 좀 더 냉정하게 보면 제반 학문의 이 같은 몰락은 20세기의 나치즘에서 극단적으로 실현되었지만, 정도 차가 있는 채로 그 이전 역사에서도 없었던 게 아니었다. 어쩌면 역사는, 벤야민의 지적대로, '억압

---

36 Ebd., S. 360.

37 Ebd., S. 358. 앞에서 나는 아도르노의 심미적 합리성과 김우창의 심미적 이성 사이의 문제의식적 친화성에 대해 언급했지만, 부정변증법을 추동하는 근본 에너지가 다름 아닌 이 '사고의 자기성찰'이라는 대목에서도 놀라움을 느낀다. 김우창 역시 이성적 문화란 결국 자기반성적 투쟁의 문화라고 정의하고 있기 때문이다. 김우창, 「우리는 어디에 있으며, 무엇을 할 것인가」(2002), 『대담/인터뷰 2』(김우창 전집 19), 민음사, 2016, 195쪽. 두 사상가가 복잡다기한 사유의 경로를 거치면서 결국 도달한 지점은, 서로 다른 활동 영역과 가치 비중의 차이에도 불구하고, 크게 다르지 않지 않나 싶다.

의 연속사'라고 말하는 게 더 적절할지도 모른다. 아도르노는 벤야민의 많은 창의적 구상을 변주하면서 자기 것으로 삼았지만, 이런 생각 역시 공유했던 것으로 보인다.

> 고전시대의 생생한 야만들 — 노예제와 학살, 인명경시는 아티카적 고전성 이래 예술에 그 흔적을 거의 남기지 않았다. 이것들이 '야만적 문화'에서 얼마나 건드려지지 않은 채 보존되었는가 하는 사실은 명예로운 일이 아니다(241f.).

> 반야만적 사회에서, 완전한 야만으로 나아가는 사회에서 예술의 폐기는 스스로를 야만의 사회적 동반자로 만든다. 그들은 언제나 구체적인 것을 말하지만, 판단은 추상적이고 총합적이다(373).

이런 점에서 예술의 '고상한' 세계가 허위적이라는 사실은 저 탁월했던 고대 그리스 시대에도 예외가 아니었다. "노예제"나 "학살" 그리고 "인명경시" 같은 야만적 요소는 고대 예술작품에 "그 흔적을 거의 남기지 않았"을 뿐만 아니라, 설령 그것이 자각되었다고 해도 기존의 지배적 공식 질서에서는 "건드려지지 않은 채 보존"되었다. 끔찍한 일이 아닐 수 없다.

그렇다면 이 야만적 과거에 대하여 오늘의 현실은 덜 야만적인가? 이런 물음 또한 간단치 않다. 우선 예술이 현실에 정직하게 대한다고, 그래서 현실을 충분하게 반영한다고 말하기 어렵기 때문이다. 그런 점에서 '현실의 야만은 계속된다'고 말할 수 있다.

그러나 다른 한편으로 예술이 제 소임을 충실하게 다한다고 해도 야만은 그치지 않을지도 모른다. 아마 이게 더 정확한 현실진단일 것이다. 그렇다면 현실의 야만은 야만인 채로 계속될 것이다. 야만에 대한 예술의 대응방식이 어떠하건 관계없이 현실과 예술은 서로 작용할 것이고, 삶은 계속될 것이라고 보는 게 정직할 것이다. 그럼에도 사회역사적 계기가 예술작품에 구성적인 것도 사실이다. 예술이 "그 시대에 대한 무의식적 역사서술"이 된다고(272) 아도르노가 쓴 것은 그런 맥락에서다. 현실에서 일어나는 사건들은, 작가가 원하든 원하지 않든, 의식적이면서 동시에 무의식적으로 그 흔적을 남긴다.

이제 필요한 것은 순수한 직접성의 계기를 불신하는 일일지도 모른다. 즉 비판하면서 거리를 두고, 거리를 두면서 공감하는 것이 필요하다. 공감 속에서 비판하고, 비판 속에서 사랑하는 모순된 태도를 견지하는 일, 그래서 내재성과 초월성의 긴장을 현실변화를 위한 생산적 계기로 삼는 것이 문화이해에서도 절실하다. 희망이란 "오직 희망 없는 자를 위해 주어졌다"고 벤야민이 썼던가? 문화의 가능성 역시 문화의 실패를 고민하고 그 파국을 경계하는 절망적인 자에게만 주어질지도 모른다.

3. "어둠에의 참여"

예술의 근원적 이미지는 지금 여기에 없는 것들을 상기한다. 이것이 예술의 유토피아적 성격이다. 예술의 현실 구제는 아직 오지 않고 여전히 있지 않은 것들의 이미지적 상기 속에서 이뤄진다. 이것이 예술의 이마고이고, 심미적 가상의 특성이다. 아도르노의 더 자세한 설명을 들어 보자.

그러나 예술에는 그 유토피아 — 아직 존재하지 않는 것이 어둡게 드리우고 있기 때문에 예술은 그 모든 매개를 관통하면서 가능한 것을 축출하는 현실적인 것에 대항하여 가능한 것의 기억으로, 이를테면 파국적 세계사의 상상적 복원과 같은 것으로, 또 필연성의 속박 때문에 되지도 않고 그 속박 때문에 불확실하기도 한 자유로 남아 있다. 항구적 파국에 대한 긴장 속에서 예술의 부정성은, 어둠에 대한 예술의 참여Methexis am Finsteren는 같이 세워진다(204).

결국 예술은 "아직 존재하지 않는 것"이고, "가능한 것의 기억"이며, "파국적 세계사의 상상적 복원"이다. 그 점에서 그것은 "불확실한" "자유"이기도 하다. 예술은 존재하는 것과 존재하지 않는 것 사이에 있다. 그러나 그저 있는 게 아니라 존재하지 않는 가능성의 상기에 있다.

이 상기 속에서 예술은 파국적 세계사를 고발한다. 그런 점에서 그것은 "파국적 세계사의 상상적 복원"이기도 하다. 이것이 "어둠에 대한 예술의 참여"다. 예술가가 "예술작품의 미메시스적 극과 계몽에 대한 참여라는 변증법" 사이에 자리한다고 할 때(226), 미메시스적 극은 예술작품의 내재적 목표일 것이고, 계몽에의 참여는 외향적 목표가 될 것이다. 그렇다면 '어둠에 대한 예술의 참여'란 예술의 계몽적 차원을 뜻할 것이다. 예술에서 자유가 있다면 이 자유는 기억과 저항, 고발과 복원에서 생겨날 것이다.

지금까지의 스케치에서 우리는 아도르노 미학의 가장 중요한 테제를 적어도 스케치 형태로 다 그렸다고 말해도 좋을 것이다. 이 테제를 다시 쓰면 이렇다. 인간의 세계 역사는 전체적으로 항구적 파국의 역사다. 이 역사에 대해 예술은 지속적인 긴장관계를 이룬다. 지배현실은 역사현실과는 다른 가능성을 억압하기 때문이다. 예술이 상기시키는 것은 바로 이 다른 가능성이다.

예술은 늘 기존과는 다른 현실을 그려 보인다. 그 점에서 예술현실은 "제2의 현실"이다(425). 나아가 그것은 "파국적 세계사의 상상적 복원" 활동이다. 이것은 예술의 부정성 — 부정적 비판적 성찰적 계기 덕분이다.

예술은 부정적 비판적 계기를 통해 "어둠에 대한 참여"로 자리한다. 이것이 예술의 유토피아다. 예술의 유토피아는 유토피아가 아직 오지 않았다는 것, 이 유토피아를 오게 하기 위해 그 도래를 방해하는 것을 직시하고, 그 어둠에 저항하며, 그 파국적 현상을 드러내야 한다.

그러므로 예술의 가능성은 긍정적인 것이라기보다는 부정적이다. 그것은, 다시 아도르노의 개념에 기대면, 동질적인 것이 아니라 이질적인 것이다. 부정적이고 이질적인 것은 기존질서에 대한 안티테제로서 대안 현실적 역할을 한다. 여기에 예술의 진실이 있다.

그리하여 예술의 약속은 손쉬운 긍정의 언사가 아니다. 그 약속에는 이 약속이 그르칠 수도 있다는 불안과 두려움이 들어있기 때문이다. 하지만 이 두려움에도 불구하고 하지 않을 수 없는 결단과 선취의 의지도 예술에는 들어 있다. 예술의 약속은 실패의 예감에도 시도하지 않을 수 없는 더 나은 것으로의 이행욕구다. 그래서 아도르노의 저 유명한 정식은 이렇다. "예술은 부서진 행복의 약속이다."(205)

우리는 예술의 약속이 지켜지지 않으리라는 것을 예감한다. 그러나 이런 예감 속에서도 우리는 예술을 통해 약속된 더 나은 삶을 여전히 꿈꾼다. 그것이 심미적 경험의 불가능한 가능성이다. "심미적 경험은 정신이 세계에 대해 가지지 못하고 자기자신에 대해서도 가지지 못할 무엇에 대한 경험이다. 그것은 경험의 불가능성에 의해 약속된 가능성이다."(204f.) 아마도 삶의 사물화에 대한 비판, 나아가 문명적 억압에 대한 예술의 저항은 이 부정적 정신으로부터 올 것이다. 부정적 비판적 계기가 없다면 예술은 적대적 현실에서 아무런 힘도 발휘하지 못할 것이다.

그러나 이 비판은 거듭 강조하여 직접적으로 이뤄지는 게 아니다. 그것은 간접적으로 이뤄지고, 따라서 매개적이다. 예술의 저항은 자기가 부정하는 것과의 미메시스적 동일화를 통해 이뤄진다.

4. "훼손되지 않은 삶"

예술의 부정적 시도는 성공하기보다는 실패하기 쉽다. 그것은 말을 하면서도 말을 지워야 하는 역설을 견뎌 내야 하기 때문이다. 이 같은 난관 때문에 작품 속 등장인물들은 자주 말을 더듬거나 중얼거린다.

베케트의 연극에 나오는 인물들을 떠올려 보라. 그들은 서로 알아듣지 못하는 말을 하거나 의미 없는 대사를 나열한다. 말과 말은 통하지 못하고, 뱉어진 말은 그 말을 이해하는 상대를 구하지 못한 채 휘발되고 만다. 예술의 언어가 성공한다면 그것은 예외적인 경우다.

그러므로 참된 표현은 자연의 언어처럼 표현되지 않은 것을 전제해야 한다. 그러면서 예술은 아직 있지 않은 것을 지금 여기로 불러들이려한다. 아직 있지 않은 것이란 다른 것들 — 비동일적이어서 소외되지 않은 것, 따라서 생생하고 활기찬 것들이다. 왜 그러한가? 예술은, 아도르노의 말을 빌리면, 근본적으로 "삶의 경직화에 맞서려는 충동"이기 때문이다(500). 굳어 있지 않은 것이란 소외되지 않는 것이고 훼손되지 않은 것이다. 예술은 "미메시스적 자취를 통해 사물화를 제약하고, 주체를 이데올로기로 만드는 훼손된 삶의 한가운데서도 훼손되지 않는 삶의 대리인Statthalter unbeschädigten Lebens"이다(179).

예술은 개인과 사회, 내재성과 초월성, 현실주의와 이상주의 사이에서 움직인다. 그것은 이 두 축을 매개하면서 그 사이를 오고 간다. 이렇게 움직이면서 긴장과 갈등과 모순을 회피하는 것이 아니라 그와 만나 대결하고 충돌하는 가운데 더 나은 상태로 옮아간다. 예술이 말을 하는 것은 세계의 소외되고 손상된 형태를 통해서다. 예술의 부정성은 그 자체로 하나의 실천이지만, 그것은 직접적 실천에 그치지 않고 이 실천에 대한 비판으로 나아간다. 대상을 비판할 뿐만 아니라, 이렇게 비판하는 자기자신에 대해서도 비판한다. 그리하여 비판은 변증법적으로 지속된다.

　여기에서 보듯이 예술은 폭력적이지 않다. 예술의 실천은 강요나 명령이 아니라 묘사와 표현을 통해 이뤄지고, 이 표현된 것에 대한 반성 속에서 행해지기 때문이다. 형상화 과정이란 그 자체로 표현의 반성적 과정이고, 이 반성에 대한 반성이다. 그것은 표현에 대해 반성적으로 사유한다. 예술은 반성의 반성이고, 따라서 메타반성적이다. 예술의 실천은 여하한 실천에 대한 반성적 실천이다. 그래서 그것은 다층적이고 복합적이다. 예술은 비판적 자기의식의 반성적 과정 속에서 현실원리의 속박 너머로 나아간다. 예술이 그렇고, 예술작품이 그렇다. 이것이 예술의 초월성이고 형이상학이다.

　이런 점에서 나는 다시 예술의 유토피아 — 예술의 신학적 유산을 떠올린다. 기존현실과는 다른 현실 — 다른 차원의 지상세계를 지향한다는 점에서 예술은 신학적 모티브를 버릴 수 없을지도 모른다. 그러나 이 다른 현실의 계시를 지금 이 순간에 보고자 한다는 것, 계시의 세속화를 고수한다는 점에서 예술은 여전히 경험적이다. 예술은, 그것이 신학의 내세보다는 오늘의 현존을 중시한다는 점에서, 지상적 삶을 더 찬미한다. 그러면서 이 지상적 삶의 찬미는 다시 의미 너머의 세계로, 초월적 신학적 지평으로 열린다.

　그러므로 예술의 형이상학은 예술 자체의 존속을 위한 심급이다. 예술의 주체가 비판적으로 사유하고 반성적으로 표현한다면, 예술은 스스로의 나약과 감상성을 이겨 낼 수 있다. 우리가 실천과 행복의 간극을 직시하고, 현실과 꿈 사이의 심연을 헤아리는 것도 이 유토피아적 부정성 때문일 것이다.

VI. 심미적 주체의 가능성

"

후기자본주의의 조건에서는

결국 어설픈 교양이 객관적 정신으로 된다.

호르크하이머/아도르노, 『계몽의 변증법』

이제 남은 것은 무엇인가? 아도르노 이후의 미학적 탐구와 그 실천은 어떻게 가능한가? 『심미적 이론』의 끝에서 아도르노는 "심미적 행동", "심미적 행동방식", "지배적 합리성", "미메시스적 행동방식", "미메시스적 능력"과 같은 개념을 거듭 적으면서 오늘날의 미학이 무엇인지, 현대의 미학은 무엇을 해야 하는지 강조한다.

이 모든 것은 어디로 수렴되는 것일까? 여기에 대해서는, 아도르노의 학문적 스펙트럼이 다채로운 만큼, 다각도로 접근할 수 있을 것이다. 이 점에서 나의 결론은 아마 다른 연구자들의 해석과 구분될 것이다. 나는 세 가지 ― 첫째, 사고의 자기성찰적 면모, 둘째, 현실비판의 급진성, 그리고 셋째, 심미적인 것의 윤리적 방식을 말하고 싶다. 이 세 가지가 아도르노의 예술과 철학이 남긴 현재적 유산이라고 나는 생각한다.

첫째, 사고의 자기성찰적 면모 ― 개체적 차원

이것은 개인 혹은 주체에 해당될 것이다. 말하자면 대상비판뿐만 아니라, 이렇게 대상을 비판하는 자기자신마저 비판의 대상으로 삼는 것, 그리하여 모든 비판을 자기자신의 반성으로부터 시작하는 것이다.

서구의 지성사에서 주체의 의미는 잘 알려져 있듯이 계몽시대를 지나면서 본격적 조명을 받았으나 현대의 파국적 역사에서, 나아가 전후의 관리되는 사회 아래 '순응'의 길을 걷는다. 오늘날의 주체는 참된 주체라고 말하기 어렵다. 그 자아는 사라지고, 그 개성은 모조품화되어 있기 때문이다. 그러므로 앞으로 만들어져야 할 새 주체란 간단히 말하여 동일성의 이데올로기적 틀에 갇혀 있지 않는 존재가 될 것이다.

그러나 그 복원은 쉽지 않다. 하지만 이 모든 제약에도 불구하고 아도르노는 '개인의 가능성'에 희망을 둔 것으로 보인다. "동일성에서 얻은 자기자신의 힘으로 동일성의 껍질을 내던져 버린 자만이 비로소 주체가 될 것이다. … 인간은 그 누구의 예외도 없이 아직 그 자신이 전혀 아니다."[38] 바른 주체는 우리 스스로 만들어 가야 한다. 아마도 자발성과 자율성 그리고 책임성은 그런 자기형성의 과정에서 결정적 역할을 할 것이다.

둘째, 현실비판의 급진성 ─ 사회적 차원

이것은 사회를 향한 것이다. 비판의 급진성이란 비판의 철저성과 다르지 않다. 철저한 비판이란 사고를 그 한계까지 '급진적으로 밀고 가는' 비타협적 완고함과 일관성을 뜻한다. 말하자면 마치 데카르트의 방법적 회의처럼 비판하고 비판하며 또 비판하는 것, 나아가 비판 속에서 비판을 넘어가는 일이다. 사고의 있을 수 있는 선입견과 왜곡을, 이 선입견과 왜곡으로 인한 사물화된 삶을 줄여 가는 것은 비판의 이런 지속적 경로 속에서다. 이 경로 속의 형성적 자의식에 의해서다. 여기에 필요한 것이 부정변증법적 사유의 움직임이다.

새로운 사회란 간단히 말하여 이윤최대화의 합리적 강제 밖에 자리한 사회가 될 것이다. 그것은 비동일적인 가능성에 열려 있는 주체들의 공동체가 될 것이다. 그런 주체들로 구성된 사회라면 아마도 억압과 강제가 없을 것이기 때문이다. 새로운 주체가 최대한 간단히 말하여 '해방된 개인'이라면, 새로운 사회란 여하한 차별과 고통이 줄어드는 사회일 것이

---

38 Theodor W. Adorno, *Negative Dialektik*, a. a. O., S. 274.

고, 따라서 삶의 사물화가 더 이상 일어나지 않은 사회가 될 것이다.

이 새 주체로 구성되는 새 사회는 쉽게 실현되기 어려울 것이다. 우리는 개인적으로나 사회적으로, 또 사적으로나 공적으로 수많은 시련을 넘어서야 할 것이고, 크고 작은 갈등을 이겨 내야 할 것이다. 그러나 그일은 물론 어렵다. 아마도 이것까지 예견했던 것일까? 아도르노는 『부정변증법』의 서문에서 이렇게 썼다. "구체적 철학함에 적절히 도달하기 위해 사람은 추상의 얼음황무지Eiswüste der Abstraktion를 지나가야 한다."[39] 끊임없이 기억하고 사유하면서 교환의 대체 가능한 사회를 거스르는 것, 그래서 아우슈비츠의 문화적 문명적 파국이 다시는 되풀이되지 않도록 비판하고 성찰하고 행동하는 것은 아도르노가 남긴 학문적 정언명령이었다.

지금 여기에서, 그 어떤 전제된 통일적 원리나 전일지배의 원칙을 허용하지 않은 채, 우리 자신의 지각과 사고를 부단히 쇄신시키면서, 우리는 구체와 추상의 얼음황무지를 건너며 나 자신과 우리 공동체의 틀을 보다 나은 방향으로 만들어 가야 한다. 어떻게 가능할까? 여기에서 세 번째 항목이 이어진다.

셋째, 심미적인 것의 윤리적 방식

비판을 하되 철저하고 급진적으로 하지만, 이 비판이 여하한 강제가 아니게 하는 것, 그리하여 자발적이고 자율적으로 하는 것은 어떻게 가능한가? 그것은 나의 생각에 '심미적으로', 말하자면 예술과의 경험 속에서 수행될 수 있지 않을까 싶다. 예술의 진리는 내가 주관적으로 느끼는 것이면서 많은 사람들 역시 공감하는 '주관적 일반성'의 유쾌한 경험이기 때문이다.

---

39 Ebd., S. 9.

위의 세 가지를 아도르노의 텍스트 안에서 좀 더 자세히 살펴보자. 그것은 새로운 개인과 사회를 위해 우리가 가져야 할 것과 해야 할 것은 무엇일까라는 질문으로 수렴된다. 이것을 세 가지 — '전율의 능력'과 '생기의 복원' 그리고 '윤리적 실천의 행복한 길'로서의 심미적 방법으로 나눠 살펴보자. 말하자면 전율의 능력을 통해 생기를 복원하고, 부정과 비판 속에서 우리는 더 나은 삶의 상태로 옮아가야 한다. 아마도 그런 반성적 이행의 움직임 속에 삶의 깊은 행복도 자라날 것이다.

1. 새로운 주체와 사회

1) '전율'의 능력

이 글의 앞(1장 3절)에서 나는 이율배반에 대한 자의식이 아도르노의 사고에서 핵심적이며, 이 이율배반은 그의 학문에서뿐만 아니라 오늘날 사회의 중요한 특성의 하나라고 언급했다. 있는 그대로의 대상 인식이 거의 불가능하다는 것을 우리는 이제 잘 안다. 현대적 현상의 거의 모든 것에는 모순과 역설이 자리하기 때문이다. 착잡한 마음은 모순과의 그런 만남에서 온다. 그래서 불편하다.

이 같은 불편함과 당혹스러움을 아도르노는 외면하거나 타기하지 않았다. 오히려 그는 이런 혼란이 비판에서 불가결하다고 보았다. 그는 적는다. "차이와 비판에서 혼란스러워하지 않는 사람은 자신을 정당하게 여겨선 안 된다."[40] 현실의 고통과 정직하게 만나는 게 아니라, 그 고통을 인위적으로 잊게 하고, 불편함 대신 가짜 유흥을 주는 것이 바로 문화산업이었다. 문화산업은 값싼 위로를 통해 저항 의식을 꺾고 현실의 도피

---

40 Ebd., S. 345.

를 장려한다. 이것은 거짓 해방이다. 필요한 것은 부정성으로부터의 도피가 아니라 부정적 사유의 재장전이다.

그러므로 오늘날 철학과 예술의 주된 과제는 '정신의 자기분별력을 어떻게 확보하느냐'에 있다. 혼란스러움과 당혹은 지금의 현실인식에서 불가피하다. 아도르노가 '전율의 능력'을 강조한 것은 그런 이유에서였을 것이다.

> 결국 심미적 태도는, 마치 맨 처음의 심미적 이미지가 소름끼치게 하는 것처럼, 전율하는 능력으로 정의될 수 있을 것이다. 뒤에 주관성이라고 불리는 것은 전율의 눈먼 불안으로부터 해방되는 것이자 동시에 전율 자체의 전개다. 총체적 속박에 대한 반응으로서 주체가 전율하는 것 이외에는 살아있기 어렵다. 그리고 그 반응으로 주체는 속박을 초월한다. 전율 없는 의식은 사물화된 의식이다(489f).

아도르노의 미학적 구상은 이렇게 요약될 수 있다. 한편으로 우리 앞에는 세계의 일그러진 모습이 있다. 이 일그러진 현실에 끊임없이 동화시키는 것이 자본주의 체제의 논리이고, 상품소비사회의 전략이다. 이 전략에 동원되는 것은 도구적 기술적 합리성이다.

여기에 대해 물론 여러 반대의 움직임이 있다. 그 가운데 예술은 대표적이다. 그것은, 이미 살펴보았듯이, 기술지배적 효용위주적 이성에 저항한다. 예술은 지금 현실에서 어떤 다른 현실을 상상하고 꿈꾼다. 이렇게 꿈꾸고 묘사하는 것이 미메시스적 능력이다. 그렇다면 미메시스적 능력은 이성적으로 작동한다고 할 수 있다. 예술의 미메시스는 대상의 묘사 속에서 묘사 이상의 것을 암시하고, 이 암시를 통해 묘사 너머로 넘어간다. 이것이 심미적 행동방식이다. 여기에서 강조될 것은 두 가지다.

첫째, 예술의 현실대응법은 긍정적이고 순응적으로 이뤄지지 않는다. 예술의 초월은 이제 릴케식의 '찬미rühmen'를 통해서가 아니라, '경악'을 통해서 이뤄진다. 단순히 현실을 예찬하고 경탄하는 데 그치는 게 아니라, 그 현실 앞에서 떨면서 소스라치게 놀라고 경악하며 오한을 느끼는 가운데 심미적 사건은 일어난다. 이 감각적 사고적 진동으로부터 지각적 쇄신과 현실변화가 야기된다. 왜 그런가? 현대의 현실은 "부조리하게 이어지는 궁핍, 확대 재생산되는 야만, 그리고 총체적 파국의 상존하는 위협"(362)으로 특징지어지기 때문이다.

둘째, 심미적 경험은 이 같은 충격 아래 일어나기 때문에 주체의 주관성을 단련시키기에 더없이 좋은 기제다. 심미적 경험의 주체는 전율을 직접 겪음으로써 "전율의 눈먼 불안으로부터 해방되는" 법을 배운다. 사회화 과정에서 부과되는 반복강제적 속박으로부터 벗어나게 되는 것이다. 그런 점에서 전율의 능력은 참으로 살아 있고 이 삶을 살아가는 것을 증거하는 능력이 된다. "… 전율하는 것 이외에는 살아 있기 어렵다." 감각적이고 사고적으로 전율할 수 없다면 삶을 살아간다고 말하기 어렵다. "전율 없는 의식은 사물화된 의식이다."

전율 속에서 우리는 진실로 살아갈 수 있다. 그러므로 전율의 능력은 속박 해방의 능력이다. 전율의 감수성 속에서 예술은 삶의 사물화에 반란을 꾀하고, 이 반란으로부터 자신의 진실을 입증한다.

2) 자기복귀와 자기초월 사이

오늘의 현실변화가 갈등이나 균열 없이 이뤄지긴 어렵다. 이것은 아도르노적 시각에 따르자면 이율배반적으로 실행될 수 있다. 이것은 그가 상정하는 예술의 안티테제가 그만큼 추상적이고 안이하지 않다는 것, 고도로 자의식적이고 실천적이라는 사실을 보여 준다. 아도르노 이후의 미학적 실천은 더 철저하지 않으면 안 된다. 이때 실천은 세 단계로 요약할 수 있다.

첫째, 우리는 타자비판을 멈추지 않을 뿐만 아니라(첫째), 이 타자비판이 자기비판을 포함해야 하며(둘째), 타자비판과 자기비판을 동시에 실행해 가야 한다(셋째). 무의도적 사물의 전체와 그 전체 배치관계로 나아가려면 사고는 사고 자체의 한계를 인식해야 한다. 인식과정에 대한 메타적 차원에서의 자기성찰도 있어야 하기 때문이다.

메타적 차원에서의 자기성찰이란 거듭 말하여 사고가 대상을 사고하면서 이렇게 사고하는 자기자신도 사고하고, 나아가 자기를 넘어서야 한다는 뜻이다. 그렇듯이 실천은 자기성찰적 실천이어야 한다. 또 이 자기실천은 다시 메타반성 속에서 지양되어야 한다. 이것이 '자기성찰적 변증법'의 바른 뜻이다.

이 세 가지 사항을 동시에 실행해 가지 않으면 예술에 대한 사고나 예술작품에 대한 기준이 객관적이기 어렵다. 미의식과 미학적 사고 역시 독단적이지 않기 어렵다. 경험현실은 단순히 그에 대한 분노나 불평을 터뜨린다고 해서 개선되지 않기 때문이다. 그런 경우 그 불만은 총체적 관리사회 아래 하나의 상품이나 소비형식으로 통합되어 버린다. 이렇게 통합되어 상품이 된 예술의 이름이 곧 키치다.

기존현실이나 사회적 관습에 대한 안티테제가 추상적이고 안이하다면 사고는 이데올로기로 변질된다. 그렇듯이 우리가 상정하는 예술과 그 작품도 이데올로기가 아니 되기 어렵다. 조악한 선전문구나 교훈조의 직설법 혹은 격앙된 구호가 그렇다.

위의 세 단계 실천이 다다르는 곳은 어디일까? 아도르노 미학은 흔히 '예술'과 '철학' 그리고 '사회'라는 세 축 아래 펼쳐진다고 평가되지만, 나는 여기에 주체라는 네 번째 요소를 추가하고 싶다. 즉 그의 미학적 기획은 '예술'과 '철학', '주체' 그리고 '사회'로 구성된다고 할 수 있다. 이것을 한 문장으로 쓰면 이렇다. 아도르노 미학은 '예술' 혹은 심미적 경험이 어떻게 '철학'의 비판적 사유를 통해 바른 '주체'의 형성에 기여하고, 이 주체형성을 통해 어떻게 더 나은 이성적 '사회'로 나아갈 것인가라는 문제로 수렴되는 것으로 보인다. 그는 썼다.

> 예술은 아직 존재하지 않는 전체사회, 그리고 이 사회의 아직 존재하지 않는 주체를 선취하고자 하고, 그런 점에서 단순히 이데올로기가 아니며, 동시에 예술에는 아직 주체가 있지 않다는 얼룩이 묻어 있다(251).

"예술은 아직 존재하지 않는 전체사회, 그리고 이 사회의 아직 존재하지 않는 주체를 선취하고자 한다"고 아도르노가 쓸 때, 이 '전체사회 Gesamtgesellschaft'란 전체주의적 사회가 아니다. 그것은 '온전한' 혹은 '모두의' 사회라는 뜻에 가깝다.

이 온전한 사회는 아도르노가 보기에 아직 오지 않았다. 그렇듯이 온전한 사회를 이끌어갈 온전한 주체도 형성되지 않았다. 그 주체는 지금 여기에 있지 않다. 오지 않은 주체와 오지 않은 사회를 '미리 보여 준다'는 점에서 예술은 유토피아적이다. 그러나 예술은 유토피아에 머물지 않는다. 그것은 자기초월적인 만큼이나 지금 여기로 돌아온다. 즉 자기복귀적이다. 지금 여기로 돌아와 오늘의 현재에 복무한다.

하지만 이 현재는 고통과 비참에 차 있다. 바람직한 주체나 사회는 실재하지 않기에 예술에는 "얼룩"이 남는다. 예술의 얼룩은 적대적 사회에서 불가피하다. 그러나 분명한 사실은 예술이 아직 오지 않은 주체와 아직 실현되지 않은 사회를 미리 보여 준다는 점이다. 예술은 심미적 경험 속에서 감각과 사고를 쇄신하고, 이 쇄신을 통해 바른 주체의 형성에 기여한다. 건전한 주체의 이 형성은 건전한 사회 — 이성적 사회의 합리적 구성으로 이어진다.

인간의 삶이 얼마나 많은 재앙들로 피폐하고 가련한지 잘 알려져 있다. 인생을 살아가는 내내 불운과 오해와 수고와 질병은 끊이지 않는다. 하지만 이 신산스러운 현실 속에서도 자신을 초월하여 세계를 바라보는 자에게 삶은 아름다운 것들로 가득 차 있다. 우리는 지금 여기에서 이 현실에 복무하면서도 동시에 그 너머로 나아가야 한다. 심미적 경험은 이 초월적 삶에 불가결하다. 그것은 비판사유적으로 작동하기 때문이다. 비판철학이 심미적이어야 한다고 아도르노가 말한 것은 이런 맥락에서일 것이다.

그러므로 심미적 실천에서 주체형성과 사회구성은 하나로 만난다. 이를 위해 그것은 전방위적 자의식을 가지고 지속적 자기비판을 해야 한다. 이 전방위적 자의식과 지속적 비판 속에서 대상비판과 주체비판은 분리되지 않는다. 그렇듯이 내재성과 초월성은 하나다. 그래서 아도르노는 쓴다. 우리는 "자기를 넘어가기 위해 자기자신 속으로 파고 들어가야 한다in sich hineingehen, um über sich hinauszugehen."(386)

현실비판은 자기비판으로 돌아와야 하고, 자기비판은 현실비판과 현실초월로 나아가야 한다. 그렇듯이 우리는 어디 '먼 곳'에서가 아니라 '지금 여기'에서 여기를 넘어설 수 있고(초월적), 이렇게 넘어서면서도 '지금의 현재'에 충실할 수 있다(내재적). 예술은 유토피아와 아포리아 사이에 있다. 예술은 자기초월과 자기복귀 사이에서 움직인다. 우리는 자기비판의 현실비판성을 떠올리면서 내재성의 초월적 길을 갈 수 있는 것이다. 그것이 심미적 방식이다. 예술의 방법은 곧 반성적 삶의 자유로운 길이다.

2. 생기의 복원

예술은 기존질서를 새로운 맥락과 배치관계 아래 드러낸다. 그래서 그 질서는 변화할 수 있는 무엇으로 나타난다. 이 변화의 가능성을 느끼고 생각하는 것은 독자/수용자다. 그러니까 진리는 하이데거가 생각한 것처럼 예술 자체에 있다기보다는 더 정확하게 예술작품에 있으며, 더 나아가 이 작품의 가능성을 생각하는 독자의 적극적 수용에서 비로소 활성화된다고 할 수 있다.

이런 점에서 우리는 아도르노와는 달리 독자의 적극적 역할에 주목해야 한다. (앞서 언급했듯이 아도르노에게 독자의 역할은 작품 자체에 비해 부수적인 것이었다. 그는 수용미학적 의미를 크게 보지 않았다.) 예술과의 능동적 만남에서 독자는 현실의 일부를 새로 사고하고 판단하는 계기를 갖는다.

그리하여 예술은 이해할 수 없는 것을 이해하고자 하고, 소통 불가능한 것을 소통 가능한 무엇으로 변형시키면서 어떤 다른 것 ― 손상되지 않고 지배되지 않는 것을 대변한다. 이것이 예술의 방식이고 심미적 사유의 방식이다. 예술은 이해할 수 없는 것을 이해할 수 있는 것으로 구성하고, 소통할 수 없는 것을 소통할 수 있는 것으로 번역해 냄으로써 사물화된 세계를 이겨 낼 수 있다. 그렇다면 그 목적은 무엇일까?

앞에서 나는 새로운 주체와 사회를 언급했지만, 이보다 더 구체적이고 더 일상적인 목표는 없을까? 주체와 사회의 바른 형성을 하나로 잇는 좀 더 소박한 실천은 무엇일까? 그것은 '삶의 생기를 복원하는 일'이다.

예술의 목표는 무엇보다 돌처럼 굳어 버린 삶과 작별하는 일이다. 즉 경직된 사고 ― 사물화된 의식과의 거리두기다. 사물화된 의식과 그 이데올로기적 현혹성을 타파하는 것이야말로 예술의 부정적 의식이 겨냥하는 궁극적 목표다. 이런 부정적 반성의식은 현실에 없다. 세계에는 반성의식이 존재하지 않는다. 반성은 자기규정적으로 사유하고 자발적으로 행동하는 근대적 인간의 산물이기 때문이다. 이런 근대적 의식은 예술에서 좀 더 적극적으로 활성화된다고 할 수 있다.

예술은 삶의 사물화와 주체의 타율화를 비판하면서 현실의 물신화를 돌아본다. 그러면서 더 나은 현실과 보다 건전한 세계를 꿈꾼다. 어떤 다른 것 ― '저 너머'에 대한 의식은 이렇게 생겨난다. 부정적 비판적 사고는 저 너머의 지평에 대한 열린 의식의 표현이다. 아마도 저 너머의 비사물화된 공간에 모든 인간적인 것들의 가치가 서식할 것이다. 행복과 평화, 무차별과 화해와 비폭력 같은 것이 함께 자리할 것이다.

결국 우리가 예술에서 배우고 심미적 경험에서 익혀야 하는 것도 바로 이것 ― 주어진 삶을 삶답게, 그래서 생생하고 활기 있게 사는 일일 것이다. 그것은 매일을 '늘 같은 상태das Immergleiche'로 반복하지 않겠다는 것이고, 그래서 삶의 타고난 생기生氣를 복원하겠다는 의지이다.

단 한 번뿐인 이 삶에서 타고난 생기를 잃지 않고 사는 것만큼, 타고난 활력을 견지한 채 살려고 애쓰는 일만큼 인간에게 중대한 소임이 있을 것인가? 주체의 개인적 해방이나 삶의 공동체적 화해도 바로 이 나날의 생기로부터 생겨날 것이다. 이것은, 거듭 강조하건대, 아직 오지 않는 사회를 이뤄 가고, 아직 만들어지지 않은 주체를 만들어 가는 데서 시작된다. 새로운 주체와 좀 더 나은 사회에서 인류는 '조금 변해' 있을 것이다. 예술작품이란 "변화된 인류에 대한 이미지"이기 때문이다(358).

3. 윤리적 실천의 행복한 길

사고가 지배로부터 벗어나고 삶이 폭력을 철폐시킬 때 더 인간적인 질서로의 길이 열릴지도 모른다. 하지만 사고는 어떻게 지배에서 벗어날 것이고, 어떻게 삶이 폭력을 철폐할 것인가? 그렇기란 쉽지 않다.

하지만 그럼에도 오늘의 평준화 압박을 견디면서 이 길을 걸어가야 한다는 것은 어떤 당위적 요구처럼 보인다. 그러나 그것은 여전히 버거운 일이다. 현실은 무겁고, 이 현실 속의 발걸음은 더욱 무겁지만, 우리는 좀 더 경쾌하게 시작할 수 없을까? 그래서 삶의 생래적 기쁨을 억누르지 않은 채 윤리적 삶을 살아갈 수 없는가? 나는 행복을 떠올린다.

예술의 관심은 칸트가 적었듯이 '무관심적 관심' ― 일체의 이해관계로부터 자유로운 관심이고 추구라고 할 수 있다. 예술의 관심은 아무것도 바라지 않는 상태에서 무엇인가를 추구한다. 그러나 이렇게 구한 아름다움은 현실에 없는 아름다움이다. 그러나 바로 그런 이유로 현실의 안티테제로 작용하기도 한다.

지금 여기의 현실은 불구의 현실이다. 그 점에서 보이는 현상은 거짓일 수 있다. 사실 현대적 삶의 많은 것은, 욕구와 욕망까지도, 거짓에 가깝다. 아도르노는 이렇게 썼다. "거짓 세계에서 모든 향락ηδονή은 거짓이다. 행복을 위하여 행복은 단념된다. 그리하여 예술에서 욕구는 살아남는다."(26) 그리하여 참된 욕구나 행복은 거짓현실을 부정하고 비판하며 지양함으로써 비로소 충족될 수 있다.

이처럼 예술의 무관심성 ― 사무사의 마음에는 알아차릴 수 없는 향수가 섞여 있다. 이 같은 그리움 없이 무엇을 추구할 수 있는가? 쉽게 단정할 수 없어도, 무엇이라고 확인하기는 힘들어도 예술에는 숨겨진 갈망이 자리한다. 이 갈망은 지금 여기와 저 너머, 나와 세계 사이에 자리한다. 더 나은 삶에 대한 갈망은 현실과 그 너머 사이에 있다. 그렇다는 것은 내재성도 초월성도 확실히 고정될 수 없고, 고정시켜서도 안 된다는 뜻이 된다.

신학의 약속도 거듭되는 물음을 통과해야 비로소 진실할 것이다. 그러면서 신학은 다시 약속한다. 아도르노는 『부정변증법』의 마지막에 이르러 "삶에 초월적인 그 무엇도 약속하지 않는 것은 진정 살아 있는 것으로 경험될 수 없을 것"이라고 적었다.[41] 우리는 약속하고 꿈꾸며 그리워하는 가운데, 그 약속이 이뤄지지 않고, 그 꿈이 실현되지도 않으며 그 그리움이 충족되지 않는다고 해도, 진정으로 사는 것이다.

지금 여기에 뿌리내리지 않은 어떤 초월성도 진정 살아 있는 것이 되기 어렵다. 진실로 살아간다는 것은 지금 여기와 저 너머 사이를 오가는 데서, 이렇게 오가는 긴장 속에서, 이 긴장의 두려움과 떨림을 부담으로 버거워하는 게 아니라, 자신과 현실을 쇄신하는 즐거운 에너지로 삼을 수 있을 때 삶은 비로소 견딜 만해진다. 나는 내재적인 것의 초월 — '초월적 내재성의 가능성'을 떠올린다. 이것이 곧 심미적 방식이기 때문이다.

예술의 심미적 방식은, 예술이 '지금 여기'에 충실한다는 점에서 현존의 내재성을 존중한다. 그러나 지금 여기에 매몰되는 것이 아니라 여기를 '넘어' 저기 저곳으로 나아간다는 점에서 초월적이다. 하지만 예술은 초월을 철학처럼 개념적/논증적으로 파악하지 않는다. 그것은 또 전체라는 이념 아래 개별적인 것의 고유성을 말살하지도 않는다. 오히려 예술은 이 개별성에 다가가 미메시스적으로 그와 닮아 가면서 보편적 지평으로 나아간다.

예술에서의 반성적 운동은, 되풀이하건대, 강제적으로 이뤄지지 않는다. 그것은 근본적으로 자발적이고 자율적이기 때문이다. 예술은, 이미 언급했듯이, 각각의 개별적 존재와 실존적 진실을 존중한다. 예술의 반성은 스스로 행해지는 것이기에 '즐거울' 수 있고, 이 반성 속에서 더

41 Ebd., S. 368.

나은 상태로 이행하기에 '윤리적'일 수 있다. 심미적 반성 속에서 우리는 윤리적 삶의 행복을 구가할 수도 있다. 그러나 여기에는 두려움과 떨림이 수반된다.

긴장의 두려움과 떨림을 받아들인다는 것은 다른 식으로 말하여 자기를 돌아볼 준비가 되어 있다는 뜻이다. 자기성찰의 의지가 없다면 예술은 거짓위로가 되고, 철학은 그 자격을 상실할 것이다. 예술도 철학도 얼마나 자기로부터 시작하되 자기를 넘어 세계를 바라볼 수 있느냐에 대하여 부단히 고민해야 한다. 마찬가지로 문화의 새로운 가능성은 그 역사적 실패와 파국을 되짚어 보면서 비로소 모색될 것이다. 예술에서 우리는 등가교환의 사물화와 문화산업의 긍정이데올로기를 넘어 지배되지 않은 어떤 것 ― 훼손되지 않은 근원적 이미지를 떠올린다.

아마도 자유는 사물화와 동일성의 원리 ― 모든 환산화 메커니즘과 정당화의 강제 너머에 자리할 것이다. 삶의 참된 자유는 이윤과 환산과 도구의 세계 그 너머에 자리할 것이다. 이 자유의 가능성 속에서 우리는 어떤 다른 삶 ― '다른 나'와 '다른 사람', '다른 현실'과 '다른 미래'를 상상하고, 이 상상 속에서 다른 삶의 방식을 선취해 볼 수 있다. 그러한 시도는, 그것이 고통과 차별이 철폐되는 삶을 모색한다는 점에서, 그 자체로 정치적이고 윤리적이며 미학적이다. 심미적 실천은 더 나은 세계와 더 나은 관찰 그리고 더 나은 행동의 가능성을 해명하는 정치윤리적 실천이다. 이것이 심미적인 것의 정치윤리적 잠재력이다. 심미적 방식은 인간이 자기실존을 자발적이고 주체적으로 운용하는 특별한 종류의 길일 수 있다.

이제 마무리하자. 되풀이하건대 오늘의 상품소비사회에서 예술이 할 수 있는 것은 거의 없는 것처럼 보인다. 희망마저 현혹될 수도 있고, 예술의 약속은 이미 상당 부분 깨어졌기 때문이다. 이제는 예술마저 거짓으로부터 자유롭지 않다.

'비동일적인 것의 예술적 구제', '아직 존재하지 않는 것의 심미적 예시'는 가능한가? 만약 할 수 있는 것이 있다면 그것은 이 부서진 약속을 통해 지금과는 다른 세계의 어떤 작은 가능성을 상상하는 데 있을 것이다. 이 다른 현실의 상상능력을 마비시키지 않는데 기여할 수 있다면 예술은 그 소임을 다했다고 할 수 있을지도 모른다. 부정과 비판 없이 진실은 없다. 아마 아직 오지 않은 것은 이미 있는 것의 빛 속에 드러날 것이다. 삶의 유토피아는 지금 여기의 일상에서 부단한 자기반성적 실천을 통해 잠시 그리고 어렴풋하게 약속될 것이다. 예술은 나를 키우고, 다르게 느끼고 생각하게 하며, 전율 속에서 오늘의 삶을 경탄케 한다.

2장

예술
—
주체
—
교양
—
자율

99

꼭두각시 인형들처럼 복종하면서
죽음을 향해 걸어가는 인간들의 행렬보다 더 무서운 것은 없다.

한나 아렌트, 『전체주의의 기원』(1951)

예술의 경험은 어떻게 감성과 사유와 언어와 행동에 영향을 미치는가? 예술은 오늘날의 상품사회에서 극도로 파편화된 개인의 개인성을 회복하고, 주체의 주체다움을 정립하는 데 도움이 될 수 있는가? 이것은 예술과 교양의 문제에 대한 물음이고, 주체와 자기형성의 상호관계에 대한 문제제기다.

이때의 교양은, 오늘날의 현실경험이 그 이전과 판이하게 다른 만큼, 전통적 휴머니즘의 원칙을 그대로 고수하는 게 아니라 전혀 새로운 방식으로 재구성하는 가운데 모색되어야 한다. 이 대목에서 우리는 부득불 새로운 인문주의의 방향을 고민하지 않을 수 없다.

이 일련의 논의는 좁게는 '심미적인 것의 가능성' 혹은 '예술경험의 윤리성'이라는 문제와 이어진다. 그것은 크게 '비판적 예술교육론'의 가능성으로 연결된다. 즉 오늘날의 상업화된 문화현실에서 새 예술교육론과 교양교육론은 어떻게 가능한가? 이러한 논의를 우리는 아도르노 사유에 기대어 성찰해 보고자 한다. 이 성찰에서 출발점은 주체의 문제다.

첫째, 오늘의 주체는 어떻게 자리하는가? 우리의 각 개인성은 어떤 모습으로 있는가?

둘째, 지금의 주체가 왜곡되어 있다면 그것은 어떻게 치유되고 복원될 수 있는가? 주체의 이러한 치유와 강화의 과정이 곧 교육과 교양의 과정이다.

셋째, 결국 앞의 물음은 한 가지 ― 후기자본주의의 상업문화 현실에서 우리는 어떻게 독립적 존재로서 자유롭게 살아갈 수 있는가라는 문제로 수렴된다. 이런 독립과 자유 그리고 자유의 형성에 예술은 어떤 역할을 할 수 있고, 자율적 주체의 인격과 윤리적 태도는 어떻게 이성적 사회의 구성에 이바지할 수 있는가?

이러한 논의에서 출발은 무엇일까? 그것은 말할 것도 없이 나-개인-주체의 현재적 실상에 대한 검토이고, 그 보완을 위한 점검이다.

I. 주체의 형성

"

문화산업은 유적 존재로서의 인간을 악의적으로 실현시켰다.
모든 사람은 모든 다른 사람을 대체할 수 있도록 자리한다.
그는 대체할 수 있는 하나의 본보기다.
개인으로서 그 자신은 절대적으로 대체가능하고, 순수한 무로 있다.

호르크하이머/아도르노, 『계몽의 변증법』

아도르노의 철학적 성찰이나 사회분석에서뿐만 아니라 문학예술적 미학적 구상에서도 주체의 문제는 매우 중요하다. 주체의 문제란 곧 '주체형성'의 문제다.

그러나 아도르노의 주체 문제는, 그의 사상을 구성하는 주요 개념어가 그러하듯이, 일정한 주제 아래 집중적으로 논의되기보다는 그의 저작 전체에 걸쳐 산발적으로 흩어져 있다. 그래서 알아볼 만한 형태와 체계적 절차를 쉽게 확인하기 어렵다. 따라서 제대로 논의하려면 우리는 여러 다양한 책과 논문과 에세이 그리고 강연문 속에 흩어져 있는 생각들을 가능한 한 한자리에 모아 이리 잇고 저리 결합하면서 전체 지도를 그리는 수밖에 없다.

나는 1장 「예술과 이성」이라는 앞의 글에서 그 결론을 '심미적 주체의 가능성'이라는 제목으로 정리하였다. 이 심미적 주체는, 아도르노에게 있어 예술과 이성은 같이 가는 것인 만큼, '이성적으로 구조화되어' 있다. 그에게 심미적인 것은 이성적이고, 이성적인 것은 심미적이기 때문이다. 주체적 차원에서 사고의 자기성찰적 면모가 중요하다면, 사회적 차원에서는 현실비판의 급진성 혹은 철저함이 중요하고, 이 두 가지 차원은 모두 자기초월과 자기복귀 사이에서 움직인다. 이렇게 움직이면서 삶의 생기를 복원시키고, 바로 이 점에서 심미적인 것의 윤리적 방식으로 그의 사고가 수렴된다는 것이 그 글의 결론이었다.

이 2장에서 필자는 오늘날의 후기자본주의 소비사회에서 주체가 어떻게 왜곡되고, 이 왜곡된 주체는 어떻게 예술에 의해 새로 만들어질 수 있는가라는 문제에 집중하고자 한다. 예술이 중요한 것은 문화산업으로 왜곡된 주체가 예술경험에 의해 타율적으로가 아니라 자율적으로 재구성될 수 있기 때문이다. 출발점은 오늘날의 주체가 어떻게 자리하고, 개인/개인성은 어떤 모습인가라는 물음이다.

1. 개인(성)의 왜곡

앞서 언급하였듯이 자본주의적 시장체제가 등가적 교환법칙에 따라 움직이고 이 교환법칙이 수익 최대화의 원리를 추구한다면, 이 원리에서 어긋나는 것은 그 어떤 것이든 배제된다. 자본주의의 원칙이란 간단히 말하여 동일성의 원칙이다. 이른바 '표준화'나 '합리화'라는 말도 이 동질성 혹은 동질화와 다르지 않다. 사물화나 소외라는 폐해는 이처럼 표준화된 동질성/정체성의 사회적 병리 현상을 가리킨다. ('Identität/identity'라는 단어는 '동질성' 외에 '정체성'으로도 번역될 수 있다.)

1) '개인 없는 개인'

그러므로 자본주의적 표준화와 합리화란 곧 수익 극대화를 위한 동질화 작용을 뜻한다. 이 동질화 작용은 '전全사회적으로gesamtgesellschaftlich' 관철된다. 그렇다는 것은 수익극대화를 위한 표준화와 동질화가 정치경제를 포함하는 산업 영역에서만 이뤄지는 게 아니라, 또 과학기술의 영역뿐만 아니라, 지적 정신적 분야를 포함하는 종교와 문화의 영역까지 아우른다는 뜻이다. 그러니만큼 이 사회 속에서 살아가는 인간도 예외일 수 없다.

인간의 개인성 — 그의 감성과 이성, 감각과 사고와 정신도 표준화된다. 표준화된 개인성에서 개인은 없다. 주체는 휘발되거나 청산된다. 아니면 사멸되어 있다고 말할 수 있다. 주체는 이미 죽어 있는 것이다. 문화산업 아래 인간은, 아도르노가 썼듯이, 오직 "모든 다른 사람을 대체할 수 있도록 자리하는", "하나의 견본"으로 존재하고, 그런 점에서 "순수하게 없는 것"과 마찬가지다.[1]

아도르노의 이런 관점은 매우 극단적인 진단이지만, 그런 면이 없는 것은 아니다. 각 개인에게는 각자에게 고유할 수밖에 없는 그만의 세목細目들이 실현되어 있는 게 아니라, 문화산업이 강요하고 표준화의 이데올로기가 주입한 천편일률적 원칙이 구현되기 때문이다.

---

1   Max Horkheimer/Theodor W. Adorno, *Dialektik der Aufklärung*, a. a. O., S. 168.

그리하여 자본주의 상품사회에서 개인은 독자적 개인이 아니라 평준화된 개인 ― '개인성 없는 개인'이다. 그에게는 참된 의미에서의 인성人性/personality이 없다. 인성이란 쉽게 말하여 한 사람을 다른 누구가 아니라 바로 그 사람이 되게 하는 인간적인 가치들 ― 인격이고 개성이라고 할 수 있다. 이런 인격과 개성은 '그만의' 고유한 취향과 기질, 성향과 가치와 습관에서 나온다. 오늘날 개성이 있다면, 그것은 사회적으로 유행되는 흔하디흔한, 그래서 서로가 서로를 베끼고 따라하면서 습득한 개성일 뿐이다. 이런 개성이 참된 개성일 순 없다. 그것은 가짜 개성이고, 따라서 껍데기이자 허깨비다.

　　후기자본주의 사회에서 개인은 마치 파블로프의 개처럼 수동적으로 반작용한다. 그는 '행동'하는 것이 아니라, '반응'한다. 그는 기계적 반응 ― 동물적 기능의 수행 그 이상을 하기 어렵다. 조건반사 외의 것은 마비되어 있기 때문이다. 인격과 개성이 없는 사람에게 자발성이 있을 리 없다. 자발성이 결여되어 있다면 자유로운 행동은 가능한가? 그럴 수 없다. 선택과 결정이 허용되지 않기 때문이다. 그리하여 그는 조건반사의 세계에서 꼭두각시로 살아간다. 그는 삶을 새로 시작하기 어려운 것이다.

　　개성의 파괴는 고유성의 파괴이고, 이 고유성으로부터 자발적 능력이 생겨나는 것이라면, 자발성의 파괴는 새로 시작할 수 있는 능력의 파괴다. '시작'이 아렌트가 적은 대로 '자유'와 동일한 것이라면, 시작할 수 없다는 것은 곧 자유가 없다는 뜻이기도 하다. 문화산업사회의 개인에게 역사의 종말이나 서사의 종말 혹은 의미의 종말처럼 '주체의 종말'을 말하는 것은 그런 이유에서다. 그러나 개인이 완전히 죽었다고 볼 수 없다면 '종말'이라는 말보다는 '왜곡'이라는 용어가 더 적절할 것이다.

　　현대의 인간이 아도르노의 분석대로 "새로운 종류의 야만으로 빠져

들었다"고 한다면, 이 야만은 칸트적 의미의 미성숙이나 자의적 지배에 빠져 있다는 사실만 뜻하지 않는다. 그것은 훨씬 심각한 의미를 지닌다. 그것은 역사적으로 결코 있어 본 적이 없던 부자유와 종속의 상태를 뜻한다. 이 유례없는 부자유 상태는 전체주의 정치체제에서처럼 전방위적으로 작동하는 포괄적 통제에서 온다. 파시즘의 저 끔찍한 지배는, 독일 수용소나 러시아의 포로수용소Gulag, 아니면 2차 세계대전에서의 대학살이 보여 주듯이, 그런 통제의 참상을 잘 증거한다.

이런 역사적 고통 — 문명사적 파국의 원인은 거듭 말하여 '개인에 대한 체제의 통제'다. 그러나 이 표현은 아무래도 미흡해 보인다. 다시 쓰자. 그것은 개인에 대한 체제의 전면적 전방위적 통제다. 인간이라는 개인과 그 개인성이 파괴되고, 주체나 주체성이 왜곡되는 것은 이런 통제의 '관리된' 철저성 때문이다. 이 관리의 효율성에 합리성이 작동하고, 이렇게 작동하는 합리성이 잔혹함을 낳는다.

자본주의 상품경제에서 개인이란 생산자라기보다 소비자에 가깝다. 그는 물론 일하면서 물건을 만들어 낸다는 점에서 생산자다. 하지만 일할 때 갖는 노동의 기쁨은, 오늘날 대부분의 사람들이 그러하듯이, 그리 크지 않다. 그는 일할 때보다 쇼핑할 때 오히려 더 큰 즐거움을 느낀다. 그의 소외는 소비에서보다는 노동에서 더 심각해 보인다. 하지만 소비에서의 그 쾌락도 그 자신의 것은 아니다. 소비적 쾌락 역시 오늘날에는 그 자신의 것이라기보다는 외부로부터 주어진 것이기 때문이다. '외부'란 간단히 말하여 선전과 광고의 전략이고, 유행의 시대적 흐름이다.

현대의 개인은, 다시 이윤의 모티브를 적용시키면, 환산화의 원칙 아래 행동한다. 그에게는 스스로 선택한 가치나 그 자신을 위한 목적이 없다. 만약 목적이 있다면 그것은 최대이윤의 자본원칙이다. 그리하여 수익 원칙 외의 다른 요소는 고려되지 않는다. 그러니 오늘날 개인이 비판이나 성찰에 무능한 것은 당연하다.

자본주의적 교환과정 속에서 개인/소비자는 요구하고 성찰하고 숙고하는 게 아니라, 순응하고 복종하며 긍정하고 감탄한다. 오늘날의 예술 대중을, 그가 관객이든 관람자든 청중이든 그 어떻게 불리든 간에, 자세히 살펴 보라. 문화산업은 인간을 시대적 경향에 길들인다. 오늘날 사회에서 개인의 역할은 철저하게 광고주의 입맛대로 조리되고, 따라서 그는 수동적 순응적 소비자로 축소된다.

2) 자기파괴적 자기보존 — 사이렌 삽화

그런데 개인성의 이 같은 왜곡은, 아도르노와 호르크하이머의 분석에서 흥미로운 것은 바로 이것인데, 역사적으로 새로운 게 아니라, 문명사적으로 이미 있어 왔다. 문명의 메커니즘 안에 파괴와 재앙의 잠재력이 내재하기 때문이다. 그렇게 보면 파시즘의 대학살은 문명사적으로 꾸준히 있어 온 파괴충동의 정치적 버전일 뿐이다. 바로 이런 내용을 담은 것이 호르크하이머와 아도르노의 『계몽의 변증법』이다.

문명의 초기 단계에서 드러나듯이 인간은 스스로 살아가기 위해 자연을 이겨 내야 했다. 그는 자연을 다스리고 그 모습을 일정하게 바꾸면서 자기생명을 보존해 왔다. 이것이 '자연에 대한 인간의 지배'이고 '세계의 합리화'다. 이것은 사고와 이성에 의해 가능하다. 인간은 이성에 의한 자연지배와 세계의 합리화 덕분에 자연의 광포한 힘과 그 강제로부터 조금씩 벗어날 수 있게 되었다.

그러나 자연에 대한 이러한 통제는 외적 물리적 측면에만 해당되는 게 아니었다. 그것은 인간 자신의 내적 내면적 측면에까지 이르게 되었다. 그리하여 '자연에 대한 인간의 지배'는, 아도르노와 호르크하이머가 지적하고 있듯이, '자기와 타인에 대한 인간의 지배'로 전환된다. 여기에서 자연지배는 곧 인간지배이자 사회지배가 된다. 왜곡된 이성 속에서 인간의 자기지배와 사회지배는 서로 만난다. 이것을 잘 보여 주는 것이 그리스 신화에 나오는 오뒷세우스의 이야기다.

오뒷세우스는 오랜 항해 중에 사이렌 요정을 만난다. 이 요정은 아리따운 노래로 섬 옆으로 지나가는 뱃사람을 유혹한다. 그래서 목숨을 빼앗는다. 노래를 듣는 사람은 누구나 그 노래를 듣다가 배가 난파되어 물에 빠져 죽는다. 하지만 오뒷세우스는 고향으로 돌아가야 한다. 그는 여기에서 머물러서도 안 되고, 죽어서도 안 된다. 하지만 그는 노래도 듣고 싶어 한다. 그래서 한 가지 꾀를 생각해 낸다. 그것은 자기가 탄 배의 선원들로 하여금 귀를 막은 채 노를 젓게 하고, 그 자신은 돛대에 몸을 묶게 하여 사이렌의 노래를 듣는 것이었다.

모험의 주인공 오뒷세우스는, 아도르노와 호르크하이머의 해석에 따르면, "시민적 개인성의 원형"으로서[2] 서구의 주체가 나아가는 역사적 자기형성의 사례를 보여 준다. 이 사례는 역설적이고 자기모순적이다. 오뒷세우스는 사이렌의 힘에 굴복되지 않으려고 자기 몸을 돛대에 묶고 그 노래를 듣지만, 그래서 요정의 유혹을 이겨 내고 살아남지만, 그가 그 노래를 즐길 수 있는 것은 사공들이 그를 위해 노를 저어 주었기 때문이다.

3) 예술과 노동의 분리

사이렌 삽화에서 드러나듯이 오뒷세우스는 일하지 않는다. 그는 자기 몫의 노동을 다른 사람에게 떠넘겼기 때문이다. 그 덕분에 그는 사이렌의 노래를 들으면서도 여느 다른 사람과는 달리 그 유혹에 넘어가지

2　Max Horkheimer/Theodor W. Adorno, *Dialektik der Aufklärung*, a. a. O., S. 61.

않고 살아남는다. 바로 이 점에서 안드레아스 헤첼은 부르주아 시민예술의 독특한 성격 — '예술과 노동의 분리'를 본다.

아도르노는 이런 자기극복에서 예술과 노동 사이의 부르주아적 분리에 대한 사전형식Vorform이 있다고 여긴다. 부르주아 시민예술은 향유를 약속하되 실제로 되찾아 주진 않는다. 그 속에 모든 자율적 예술의 가상적 성격이 놓여 있다. 동시에 이 장면이 보여 주는 것은 모든 시민적 뮤즈란 타인의 노동과 체념에 근거하고 있다는 사실이다.[3]

문제는 '향유의 대가'다. 그 무엇을 이루기 위해 인간은 비용을 치러야 한다. 자기보존이든 자기생존이든, 아니면 어떤 즐김이든 향유든, 이 모든 것에는 희생이 따른다. 희생이란 아도르노적 맥락에서는 오뒷세우스가 즐기는 노래의 기쁨이 "타인의 노동과 체념" 위에 자리한다는 사실에 있다. 이것이 18세기 이후 근대예술의 운명이다.

일을 하면 우리는 즐길 수 없다. 음악이든, 예술이든 여가든, 우리는 일하는 가운데 마음껏 휴식하기 어렵다. 노동 속에서 향유는 어렵다. 그리하여 자연은, 자연스럽게 존재해야 할 본래적 삶의 형식은 우리 곁에서 점차 멀어진다. 일 속에서 자연과의 근원적 체험은 불가능하다. 이 점에서 오뒷세우스의 노래 감상은 완전한 의미의 즐김이라고 말하기 어렵다. 그것은 개인적으로 자신의 몸을 돛대에 묶음으로써, 또 사회적으로는 다른 사람의 노동에 의지하여 이뤄지기 때문이다. 그의 향유는 자기 몸을 속박함으로써 실현된다. 몸의 속박은 곧 육체의 충동과 욕구의 억압이다. 근대적 향유란 육체와 욕망과 본성의 억압이라는 대가를 치르면

---

3 Andreas Hetzel, Die Dialektik der Aufklärung, in: *Adorno Handbuch*, a. a. O., S. 394.

서 얻어진다.

여기에서 드러나는 중요한 사실 중 하나는 이 희생의 불가피성이 근대예술에만 해당되는 게 아니라, 사회역사적 삶에서도 광범위하게 확인된다는 점이다. 언제나 동일한 것의 반복은 신화의 서사적 근본원칙이기도 했다. 그리하여 아도르노는 쓴다. "문명의 역사는 희생이 내향화된 역사다. 다른 말로 체념의 역사다."[4] 희생 없는 향유는 없고, 고통 없는 즐김은 불가능한 것이다.

그러나 체념의 불가피성만큼이나 중요한 것은 '희생의 역사를 잊지 않는 일'일 것이다. 이것은 다른 식으로 말하면 자기보존의 역설성을 의식하는 것이고, 좀 더 적극적으로는 모든 생존에 뒤따르는 혹은 전제되는 한계를 기억하자는 뜻이다. 오뒷세우스는 자기생존을 위한 충동 앞에서 타인을 희생시켰다. 그럼으로써 살아남았다. 하지만 이 생존은 일정한 일을 그 부하에게 행사한 결과였다. 그는 지배자의 위치에서 타자를 억압하면서 스스로 자기충동의 노예가 되어 버린 것이다. 이렇게 하여 신화적 힘의 강제로부터 벗어나려는 주체의 노력은 실패한다. 완전한 행복의 경험은 불가능한 것이다.

그렇다면 오늘날의 행복은 어떻게 추구될 수 있는가? 어쩌면 행복에 대한 갈구는 행복의 불가능성에 대한 각성과 분리될 수 없는지도 모른다. 그렇다는 것은 행복만의 갈구는 실패할 수밖에 없다는 뜻이다. 목적론적으로 추구된 발전에의 모든 믿음이 위험하듯이 행복에의 맹목적 추구는 비현실적이다. 따라서 행복은 행복의 좌초 가능성에 대한 예감과 더불어 추구되어야 한다. 그러면서도 그 추구는 지금 여기 개인의 희생을 강요해서는 안 된다. 다른 현실의 가능성은 지금 여기에서 살아가는

---

4   Max Horkheimer/Theodor W. Adorno, *Dialektik der Aufklärung*, a. a. O., S. 73.

나의 행복을 희생시키지 않는 가운데 모색되어야 한다.

서구 문명사에서 인간은 고대 그리스 로마의 신화에서부터 20세기의 현대에 이르기까지 대상을 지배하려는 가운데 이렇게 대상을 지배하는 자기마저 지배하고 왜곡시켰다. 이러한 왜곡은 베이컨F. Bacon 이후 근대의 지식이 권력을 획득하고 확장하는 데서도 확인된다. 그래서 물리적 자연에 대한 인간의 지배는 이렇게 지배하는 인간 자신의 내적 자연/본성에 대한 지배로 귀결되었다.

이런 역설에서 작용하는 것은 이성이고, 더 정확히 말하면 '종속논리적으로subsumtionslogisch' 기능하는 이성이다. 그것은 자신에게 낯설거나 자신과는 다른 것 — '비동일적인 것'을 허용하지 않는다. 그것은 모든 다른 것들을 자기식으로 동일화하고 자기 안으로 수렴한다.

이 다른 것들이란 무엇인가? 이것은 여러 가지로 생각할 수 있다. 그것은 추상적으로는 '예견할 수 없고 통약불가능한 것'이며, 대상적으로는 '자연'이나 '삶' 혹은 '인간'이며, 인간 내부에서는 '감성'이나 '환상', '직관'이나 '상상력' 같은 것들이다. 또 인간의 유형으로 보자면, 그것은 '다르게 생각하는 사람들'이나 체제비판자 혹은 지식인이 될 것이고, 사회계층적으로 보면 여성이나 노인 혹은 아이들이 될 것이다.

2. 낯선 것들의 경험 — 치유방식

동일화하는 이성은 모든 개별적이고 고유하며 특수한 것들을 일반적 법칙 아래 종속시키면서 근대 이후의 사회뿐만 아니라 지식체계마저 재편성한다. 이 재편성의 기준이 이미 썼듯이 이윤적 관심이고 수익최대화의 원리이며 환산화의 원칙이다. 이 원칙은 모든 것을 돈으로 환원시킨다.

이제 만물은 돈이라는 추상적 교환가치로 바뀐다. 이런 식으로 세계는 수량화한다. 계산가능하고 측정가능한 방식으로 통일되는 것이다. 이렇게 일원화된 세계가 다채로울 순 없다. 이 현실은 일정하게 단순화되기 때문이다. 따라서 삶의 원래적 풍요로움과 복합성을 보여 주지 못한다. 어떻게 할 수 있는가?

여기에 대한 아도르노의 진단은 두 가지 방식으로 전개된다. 첫째는 '철학적' 방식이고, 두 번째는 '미학적' 방식이다. 어느 방식이건, 그것이 '낯선 것들의 경험'을 가능케 한다는 점에서 서로 통한다. 개인성 왜곡에 대한 철학적 대응방식은 사유를 통해 전개된다. (아도르노에게 '이성'이 중요하고, 그가 '비판적 이론가'로 자리하는 것도 이런 철학적 토대 때문이다.) 그에게 그 사유란 부정적이다. 그에 반해 개인성 왜곡에 대한 미학적 대응방식은 예술을 통해 전개된다. 예술의 심미적 경험에 기대어 우리는 훼손된 주체를 복원할 수 있기 때문이다. 우선 철학적 방식에 대해 알아보자.

1) 비동일적인 것의 구제

동일화하는 이성이 잘못된 이성이라는 것은 말할 필요도 없다. 그 이성은 현실을 현재 상태 그대로 유지하기 위해 도구화된 것이다. 따라서 동일화 이성은 도구적 이성과 다르지 않다. 이 동일화 이성을 체현하는 사유가 계몽의 변증법이라면, 그 자연과학적 경향이 이른바 실증주의Positivismus다.

콩트A. Comte 이래 비엔나 서클의 카르납R. Carnap에 이르기까지 19세기 말에서 20세기 초에 세계관을 지배하였던 실증주의는 과학에 대한 극단적 믿음 위에 자리했다. 그것은 인간사의 많은 문제들이 자연과학의 방법이나 기술적 혁신으로 해결될 수 있다고 믿었다. 이렇게 단순화된 이성은 실증주의에 와서 정점에 이르렀다. 하지만 그것은 더 넓게 보면 근대 이후의 이성이 걸어온 길이기도 했다.

이 같은 맹신은 계몽의 변증법에서도 확인되는 바다. 하지만 계몽적 이성의 이 길에서 누락된 것은 낯선 것들의 실재reality이고, 다채롭고 풍요로운 실재의 경험이다. 아도르노의 전체 저작은 간단히 말하여 이렇게 배제되고 억눌리며 잊힌 것의 경험을 지향한다고 할 수 있다. 흔히 그의 사유를 '비동일적인 것의 구제'라고 칭하는 것도 이런 이유에서다.

그렇다면 비동일적인 것은 어떻게 구제될 수 있는가? 그것은 아도르노에 따르면 예술에 의해서다. 예술작품은 우리로 하여금 낯선 것들을 경험케 하고, 이 낯선 것의 경험을 통해 주체의 주체다움에, 그래서 개인성의 바른 실현에 기여하는 까닭이다. 이 과정을 더 자세히 살펴보자.

2) 부정적 사유의 저항으로

앞서 적었듯이 문화산업은 소비자의 욕구를 표준화하고 동질화한다. 그것은 소비자가 원하는 것을 제공하는 게 아니라, 수익과 이윤의 원칙에 맞게 상품을 공급한다. 이때 소비자의 욕구는 조작되고 조종된다.

그리하여 문화상품에서 소비자가 즐거워한다는 것은 거짓 즐거움이기 쉽다. 그것은 그 자신의 욕구가 아니었을 뿐만 아니라 사실을 호도하는 까닭이다. 이러한 사실 호도는 현실 미화로 이어진다. 쇼핑의 즐거움이 현실을 잊는 도피처가 되고, 사실을 기만하는 거짓 위로가 된다. 이 같은 거짓 위로의 궁극적 폐해는 저항의 의지를 꺾는 데 있다.

> 만족해한다는 것은 동의한 것을 뜻한다. 그것은 사회적 과정의 전체에 대하여 자신을 밀폐할 때 가능하다. … 만족한다는 것은 언제나 고통을 생각하지 않는 것이고, 고통이 보일 때조차 고통을 잊는 것을 뜻한다. 만족하는 것의 토대에는 무기력이 있다. 만족하는 것은 사실도피다. 그러나 그것은

흔히 얘기하듯이 잘못된 현실로부터의 도피가 아니라, 아직도 남아 있는 저항에 대한 마지막 생각으로부터의 도피다. 오락이 약속하는 해방이란 부정성으로서의 사유로부터의 해방이다.[5]

위에 들어 있는 아도르노의 문제의식은 두 가지다.

첫째, 문화산업적 상황에서 소비자가 갖는 만족감이나 즐거움은 거짓이기 쉽다. 그것은 "사회적 과정의 전체에 대하여 자신을 밀폐할 때 가능"하기 때문이다.

둘째, 이 거짓 즐거움에서 현실의 고통은 은폐된다. 그것은 더 이상 생각되는 게 아니라 잊힌다. 그리하여 문화산업에서의 만족은 "사실상 도피"이고, 이 도피는 "잘못된 현실로부터의 도피가 아니라, 아직도 남아 있는 저항에 대한 마지막 생각으로부터의 도피"가 된다. 그리하여 사람들은 더 이상 저항하지도 않고 생각하지도 않는다.

그렇다면 필요한 것은 무엇인가? 그것은 한마디로 고통에 대한 외면이 아니라 직시다. 우리는 현실로부터 도피할 게 아니라, 그 현실과 정면으로 대결해야 한다. 필요한 것은 문화산업의 유흥이 약속하는 "부정성으로서의 사유로부터의 해방"이 아니라, 오히려 이 부정적 사유negatives Denken로 나아가야 한다. 부정적 사유는 곧 저항이기 때문이다.

저항은 고통에의 공감과 다르지 않다. 이 저항이 없다면 그것은 파시즘 사회다.[6] 그러므로 고통의 직시와 부정적 사유와 현실저항은 아도르노의 문화산업론에서 서로 이어지는 핵심적 사안이 아닐 수 없다.

---

5 Max Horkheimer/Theodor W. Adorno, *Dialektik der Aufklärung*, a. a. O., S. 167.

6 아도르노는 쓰고 있다. "개인의 반항을 질식시킨 다음 이처럼 저항하지 못하는 자를 받아들이는 처분자의 항구적 자비와 통합의 기적이 곧 파시즘이다." Ebd., S. 177.

그러나 나는 부정적 사유의 의미를 문화산업에의 거시적 저항에서 찾기보다는, 물론 이런 면도 있지만, 그보다 더 작고 구체적인 사안에서 찾고 싶다. 더 작고 구체적인 사안이란 '주체 형성'이라는 미시적 차원이다. 말하자면 사이비 개성을 극복하고자 노력하는 것이 사회적 억압에의 항거보다 더 직접적이기 때문이다. 그것은 또 개인적으로 감당하기 쉬운 것이기에 저항의 보다 책임 있는 형태가 된다. 더 넓은 시각에서 보면 진정한 개별화와 진정한 사회화의 길은 결코 분리되지 않는다.

부정적 사유는 아도르노적 의미에서 비동일적으로 실천될 수 있다. 그것은 여하한 동일적 사유에 거스름으로써 실행된다. 주체란 언제든 대체될 수 있는 '견본의 하나'로서가 아니라, 결코 대체될 수 없는 존재다. 이런 대체불가능한 존재로 살아가는 게 바람직한 삶이고, 그런 고유한 존재로 각 개인이 살아가는 것을 그 자체로 존중하는 것이 바른 사회의 모습이다. 문화산업 아래 주어지는 오락과 유흥에 그저 도취하는 게 아니라, 그런 도취 속에 잊혀 가는 고통을 응시하고, 부정적 사유 속에서 기존현실에 대한 저항을 키우는 것이야말로 문화산업론 아래 왜곡된 주체를 재구성하는 일이다.

이 온전한 경험은 어떻게 가능한가? 경험은 무엇보다 개인적으로 일어난다. 물론 집단경험도 중요하지만, 그러나 이 집단을 이루는 것은 각각의 개개인이다. 집단적 경험의 내용도 개별적으로 구성되지 않는가? 이런 이유로 우리는 개인 혹은 주체에 집중해야 한다. 경험의 문제는 말의 근본적인 의미에서 주체구성의 문제다.

3. 주체의 재구성 — 여섯 요소

오늘날 자본주의적 상품사회의 위력은 널리 알려져 있다. 앞서 언급했던 평준화나 사물화 혹은 소외가 그렇다. 문화산업이 보여 주는 자기기만은 그 일부에 불과하다. 이를테면 기존질서의 옹호에서 이뤄지는 수단과 목적의 역전 현상도 그렇다.

주객의 역전은 가치의 역전을 야기한다. 이 뒤바뀜 때문에 문화와 상품, 진지성과 오락, 정치와 광고는 쉽게 구분되지 않는다. 이 무차별적 혼란 속에서 기준은 전체적으로 하향평준화된다. 나의 것과 너의 것, 친숙함과 낯섦, 그리고 개인성과 사회성의 경계도 흐려진다. 그리하여 많은 것이 내가 하는 것 같지만, 사실은 내가 아닌 다른 무엇에 의해 휘둘리고, 광고와 선전의 전략에 짜맞춰진다. 가장 내밀한 충동인 욕망마저도 타율적으로 조작되는 것이다. 아마 상품과 광고의 지배전략에서 벗어날 수 있는 것은 오늘날 아무것도 없을 것이다.

주체가 왜곡되는 자기기만의 이 현실에서 무엇을 할 수 있는가? 개인성의 파괴 앞에서 우리가 할 수 있는 일은 무엇인가? 대표적 사회학자인 겔렌A. Gehlen이나 루만N. Luhmann이 고민했던 주제의 하나도 이 같은 주체의 문제였다. 이것은 사실 푸코M. Foucault가 말년 저작 『주체의 해석학』이 다루던 핵심적 주제이기도 하였다.

이 문제는 학자에 따라 물론 일정한 편차 속에서 해석된다. 하지만 이런 편차에 상관없이 최대한 단순화시켜 말한다면 그 논의는 결국 이렇게 될 것이다. 기능적으로 분화한 오늘날의 복잡다기한 사회에서 주체는 무엇을 할 수 있는가? 주체는 상품소비사회가 요구하는 순응 강제의 현실 앞에서 자발성과 자기규정력을 회복할 수 있는가? 그래서 개인성의 몰락을 넘어 변화의 매체로, 그 주인이자 계기로 자리할 수 있는가? 왜냐하면 주체의 이 자발적 발의로부터 사회의 쇄신 가능성도 생겨나기 때문이다.

여기에 대하여 우리는, 아도르노가 보여 주었듯이, 철학적이고 미학적으로 대응할 수 있다. 우선 철학적으로 대응하면 이렇다. 개별적 주체

안에는 부정성과 반성성이 있다. 인간은 자극-반응의 기계적 도식에 따라 움직이지 않는다. 그는 단순히 수동적 타율적 존재가 아니라, 자기 삶을 변형하여 만들어 가는 적극적 주체적 존재이기 때문이다. 그런 점에서 주체는 사회변화를 위한 거의 유일한 잠재력이다.

그러나 그 전망이 그리 밝다고 말하기 어렵다. 이 잠재력을 개인에게서 끌어내는 과정은 간단하지 않기 때문이다. 아도르노 역시 개인의 결정 가능성 문제에 대해 매우 회의적이었다. 이것은 아마도 아도르노뿐만 아니라 그 나름으로 현실진단을 해 본 모든 사람에게도 비슷하게 나타난다고 해야 할 것이다. 어쩌면 삶의 획기적 변화는 오늘날의 물질주의적 만능사회에서 거의 불가능하다고 말하는 게 솔직한 진단일지도 모른다.

현대적 개인은 말할 것도 없이 이윤의 강제 메커니즘에 노출되어 있다. 개인적인 것은 사회적인 것의 압도적 위력 속에서 겨우 기생한다. 담론이 그렇고, 실천이 그렇다. 사고가 그렇고, 행동이 그렇다. 사회적인 것에 의해 훼손되지 않은 자아란 거의 없다. 그러니 이런 사회로부터 독립된 개인, 그래서 소외되지 않은 인간의 삶이 어떻게 가능할 것인가? 그리하여 개인의 주체적 가능성을 묻는 것은 편재하는 감시와 간섭의 메커니즘 속에서 이 사회라는 기계의 한 톱니바퀴로 기능하는 삶을 검토하면서 그 너머의 가능성을 헤아리는 일이다. 그러니 이 모색의 경로는 얼마나 복잡하고 어려운 것인가? 부정과 저항의 가능성은 그다음에야 생겨날 수 있을 것이다.

한 가지만 말하자. 사회에서 개인이 지닌 저항적 잠재력에 대한 논의는 개인적 차원에 국한된 것이 아니다. 그것은 개인뿐만 아니라 사회를 포함해야 하고, 이 사회 안에서 움직이는 개인의 행동거지와 윤리뿐만 아니라 그 욕망과 충동에 대해서도 언급해야 한다. 그러면서 동시에 사회의 여러 분야 ─ 정치경제적 현실과 그 권력관계 그리고 과학과 형이상학까지 아울러야 한다. 이때 분석의 언어는 언어의 가능성뿐만 아니라 그 불가능성과 무기력을 인정해야 하고, 나아가 침묵과 부재에 대해서도 열려 있지 않으면 안 된다.

생활의 근본적 변화는 '거의 존재하지 않는 가능성'이다. 아직도 그런 가능성이 있을 수 있다면, 그것은 이 개인적인 것의 사소한 가능성을 천착하는 가운데 조금씩 생겨날 것이다. 개인적인 것의 작은 가능성과 관련하여 고려해야 할 사항으로 나는 여섯 가지를 언급하고 싶다. 그것은 자기규정과 개방성, 모순의식, 비강제성, 부정성 그리고 반성성이다. 이 것은 부정적 사유 속에서도 실행되는 것이지만, 무엇보다 예술의 경험에 의해 좀 더 자유롭게 촉진된다고 할 수 있다. 예술에서는 철학에서의 개념적 강제가 없기 때문이다.

오늘날 주체형성의 과제가 낯선 것들의 경험에 있다면, 이 경험은 예술의 경험 속에서 가장 포괄적이고 유연하게 장려되지 않을까 나는 생각한다. 예술의 심미적 경험은 바로 이 여섯 가지 특징을 지니기 때문이다.

① 자기규정

문화산업이 수익극대화의 논리에 따라 대상을 표준화하고 소비자의 감성과 사고를 획일화한다면, 그래서 기존질서를 정당화하는 가운데 현실을 호도한다면, 문제는 이 상투성의 강제 굴레로부터 어떻게 벗어나는가를 고민하는 일이다. 이런 해방의 가능성은 칸트적으로 말하면 '자기규정sich-bestimmen'의 능력으로부터 생겨나기 시작한다.

하나의 주체가 자기를 규정할 수 있다는 것은 스스로 생각한다는 뜻이다. 스스로 생각하는 데는 스스로 생각하는 '자의식' — 자기자신에 대한 의식과 자기다움에 대한 생각이 자리한다. 그러므로 출발은 자기의식이고, 이 자기의식 아래 행하는 자기규정의 능력이다.

자기규정의 능력으로부터 주체적 결정과 선택과 판단이 나온다. 각 개인의 분별력이나 윤리적인 행동도 이 결정과 선택에 얽혀 있다. 이것은 개인의 자기변화에서도 참으로 중요하고 필요한 일이지만, 문화산업으로 인한 개인성 왜곡에서도 절실한 문제가 아닐 수 없다. 인간의 변화 가능성은 되풀이하건대 자기인식과 자기규정에의 주체적 갈망에서 생겨나기 시작한다.

② 개방성

그렇다면 자기인식과 자기규정은 어떻게 이뤄지는가? 그것은 무엇보다 주체가 주어진 현실을 있는 그대로 느끼고 받아들이고 생각할 수 있을 때 작동한다. 그러려면 현실에 '열려 있어야' 하고, 이렇게 열린 느낌과 생각을 받아들일 수 있어야 한다. 이것은 다른 식으로 말하여 감각과 사고의 개방성이다.

감각과 사고가 열려 있다면 우리는 대상을 이런저런 식으로 미화하거나 치장하지 않을 것이다. 사실을 있는 그대로 직시하고 파악하려고 애쓸 것이다. 있는 그대로 느끼고, 있는 그대로 파악하며, 있는 그대로 서술할 것이다. 그렇게 열려 있을 때 그 느낌은 풍성하고, 그 사고는 탄력적일 수 있다. 나아가 이 풍성한 느낌과 탄력적 사고를 전달하는 언어는 정확해야 한다.

사실의 사실적 객관성에 대한 정직한 존중, 이것이 개선을 위한 출발점일 수 있다. 아도르노는 동일화 사고와 이 사고가 전제하는 이원론적 대립 때문에 배제된 것들에 스스로 열려 있고자 했다.

③ 모순의식

이처럼 풍성한 감각과 탄력적 사고가 구비될 때 주체는 현실을 있는 그대로 파악할 수 있게 된다. 이렇게 파악된 현실은 호도된 현실이 아니라 실제 모습이다. 우리의 현실은 보이는 그대로 일목요연한가, 아니면 복잡다단한가?

세상의 많은 것은, 아니 어쩌면 거의 모든 것은 '비일관적으로 구성되어' 있다고 할 수 있다. 주체든 경험이든, 자연이든 문화든, 이 모든 것은 흔히 생각하듯이 그렇게 일관되거나 단일적이지 않다. 조화롭거나 통일적으로 나타나는 것도 아니다. 오히려 현실의 많은 것은 상호모순적이고 이율배반적으로 이뤄져 있다. 그래서 일목요연하지 않다. 일목요연하게 보인다면, 그것은 일목요연하게 '나타나도록 배열된 것'의 인위적 결과일 뿐이다.

신화나 계몽주의는 그와 크게 다른가? 그렇지 않다. 이성의 구조는? 마찬가지다. 아도르노의 철학은 현실의 이처럼 편재하는 이율배반, 이 이율배반에 깃든 아포리아와의 지난한 싸움을 증거한다. 그의 부정성의 사유 혹은 부정변증법적 방법론은 이런 맥락으로부터 생겨난 것이다.

모순의식이란 현실의 모순을 외면하는 것이 아니라 직시하고, 그 모순과 대결하려는 의식이다. 사유의 주체는 모순 가운데 어떤 것은 받아들이지만, 어떤 다른 것은 지양하고자 한다. 그러면서 다른 삶의 가능성으로 나아가고자 한다. 새로운 질서는 이 나아감 속에서 모색된다. 그렇듯이 주체는 현실의 모순과 균열을 의식하는 데서부터 구성되기 시작한다.

그러나 문화산업의 산물들은 이런 모순현실과 정직하게 만나지 않는다. 그것은 현 상태의 질서를 옹호하기 때문이다. 그것은 모순을 직시하는 것이 아니라, 회피하고 외면한다. 나아가 미화하기도 한다. 그리하여 문화산업에서 모순이나 갈등은 이런저런 식으로 중화된다. 아니면 조화된 것으로 위장된 채 나타난다. 상품사회에서의 유흥과 위로가 거짓되는 것은 그런 이유에서다. 이에 반해 예술은, 적어도 참된 예술작품은 현실의 모순과 문제를 있는 그대로 묘사하고자 애쓴다. 이 핍진한 묘사 속에서 그것은 더 나은 현실의 다른 가능성을 모색한다.

④ 비강제성

주체의 구성이 필요하다고 해도 그것이 강제적으로 일어나선 곤란하다. 물론 강제가 필요할 때도 있다. 예를 들어 의무로서 하는 일이 그렇다. 그것은 '하지 않으면 안 되는' 종류의 것이다. 하지만 이것도 필요하다.

인간의 삶에서 강제적인 일이 없을 순 없다. 불가피할 때도 더러 있다. 하지만 강제성은 가능한 한 최소화되는 게 좋다. 주체의 구성에서 강제성이 곤란한 것은 외적 계기가 필요 없어서가 아니라, '내재적으로 동기화되는' 게 더 바람직하다는 뜻에서다.

내재적 동기화란 자발성에서 온다. 이 자발성 때문에 주체의 구성은 외적 명령이나 지시, 혹은 훈계나 교설에 의해서가 아니라 스스로 추동될 수 있다. 예술의 경험이 중요한 것도 그런 이유에서다. 예술의 경험에서는 그 어떤 것도 강요되는 게 아니라, 수용자가 자신의 느낌과 생각 속에서 스스로 동의하거나 반대할 수 있지 않은가?

⑤ 부정성

주체가 스스로 규정하려고 하고, 이 자기규정 가운데 대상에 열려 있으며, 이 개방성 속에서 현실의 모순을 외면하는 게 아니라 직시하고자할 때, 그래서 이 모든 자기규정과 개방성과 모순의식을 강제에 의해서가 아니라 자발적으로 구비할 때, 그는 현실에 순응적이기 어렵다. 그는 현실을 선입견 없이 직시하고 성찰하고 반성한다. 그래서 비판적이고 저항적일 수 있다. 즉 그는 '부정적negativ'인 것이다. 자기규정적 개방성의 인간은 '아니오'라고 말할 수 있는 사람이다.

자기부정적 인간은 되풀이하건대 대상에 대해 비판적일 뿐만 아니라, 이렇게 대상을 비판하는 자기에 대해서도 비판적이다. 자기부정적 인간은 다름 아닌 자기비판적 인간이다. 그는 현실의 모순에 깨어 있을 뿐만 아니라, 자기의 모순에도 외면하지 않는다. 그는 자본주의 통제 메커니즘에 적응하기보다는 그 질서와 거리를 유지하려 애쓰기 때문이다. 그는 총체적 관리사회의 통제 가능성을 의식하면서 사물화된 세계의 단순 부품으로 살아가는 것을 거부한다.

그러므로 부정적 인간은 문화산업의 의도와는 달리 수동적 개인이 아니다. 그는 아무런 생각이나 의지가 없는 인간이 아니라, 그래서 편재하는 모순과 사회적 적대관계 앞에서 기존의 질서를 짜맞추며 살아가는 게 아니라, 자기 나름의 사고방식과 가치기준을 가지고 있다. 이 자기만의 사고와 기준으로 그는 현실에 참여하고, 이 세계를 기존과는 다르게 상상하려고 애쓴다.

부정적 인간에게는 그 나름의 상상력과 표상력, 창조성과 환상이 있다. 그의 개인성은 사이비 개인성pseudo-individuality이 아니다. 나치즘을 가능하게 했던 것도, 그 뿌리를 끝까지 파고들어 가 보면, 바로 이 개개인의 가짜 개인성이었다. 이 같은 개인을 지탱하는 것은 인격이나 정체성이 아니라 꼭두각시다. 이것은 외부의 권력에 의해 주형 된 가짜 인격이고 인성이다. 오늘날의 상품소비사회에서는 이런 꼭두각시 개인성이 넘쳐 난다. 어쩌면 사이비 개인성의 편재성은, 그 특성과 폐해의 차이는 있는 채로, 이전보다 오늘날 더하다고 해야 할지도 모른다.

현대 문화의 전반적 상업화나 최대수익의 원칙을 고려하면, 오늘날 주체를 정립하기 위한 토대는 그 어느 때보다 취약해 보인다. 지금 개인이라고 하는 것은 고유한 인격과 실존적 관심과 양심에 기반한다기보다는 사회적으로 흔히 얘기되는 유행과 풍문과 정보의 혼합물에 가깝다.

그런 주체는 스스로 묻고 찾는 존재가 아니다. 그 주체는 피치노M. Ficino 나 피코 미란돌라G. Mirandola, 혹은 몽테뉴나 데카르트나 루소 같은 자기 추구적 인격이 아니다. 이들은 스스로 묻고 질의하는 가운데 자신의 자아와 가치를 정립하고자 했던 위대한 인물들이었다. 부정적 개인에게는 삶을 스스로 조형하고 구축하려는 자발적 독립 의지가 있다.

⑥ 반성성

이런 바른 의미의 주체는 비판만으로 될 수 있는 게 아니다. 그리고 그 비판도 외부적으로 향하는 것 이상으로 내부로 향해 있다. 비판되어야 할 것은 외부 현실이면서 동시에 내면 현실이기 때문이다.

그리하여 주체는 문제의 많은 경우를, 제대로 된 개인성을 지향한다면, '내면화해야' 한다. 되돌아보는 능력 — 반성력은 이런 내면화 혹은 내향화를 뜻한다. 이것이 참된 반성적 비판력이다. 반성은 주체가 자기를 되비춰 보면서 조금씩 새롭게 행해진다. 그러니까 반성의 진도만큼 주체의 자기형성의 진도도 이뤄진다. 참된 주체는 밖에서 온 힘에 이끌리는 게 아니라, 그래서 단순히 자동인형으로 살아가는 게 아니라, 스스로 결정하고 그 결정에 책임지려 한다. 이것이 칸트적 의미에서 자기규정적 자율의 인간이다.

거듭 강조하건대 주체적 인간은 자기규정적 능력을 지닌 존재다. 우리는 자기규정적일 수 있을 때 비로소 자유로울 수 있고, 이 자유 속에서 이미 자발적이다. 인간의 삶에 가장 깊은 기쁨이 있다면, 그 기쁨은 아마도 자기 삶을 스스로 만들어 가는 행복감 — 자발적 자기형성의 즐거움일 것이다. 나는 그렇게 생각한다. 완전한 자유란 어디 다른 고차원적인데 있는 것이 아니라, 바로 자신의 타고난 개인성을 스스로 펼칠 수 있는 기쁨에 있다.

II. 교양과 부정적 사유

"

평균적인 것을 영웅화하는 것은
싸구려에 대한 숭배에 속한다.

호르크하이머/아도르노, 『계몽의 변증법』

오늘날의 사회에서 개인성이 왜곡되어 있다면, 그래서 현대의 개인
은 '개인 없는 개인'이 되어 버렸다면, 그 치유의 방식은 낯선 것들의 경
험을 통해 이뤄질 수 있다. 아도르노는 철학적 사유를 통해, 철학적 사유
의 부정성을 통해 이 낯선 것들과 만날 수 있다고 말한다.

그런데 주체의 주체다움은 주체의 재구성에서 실현될 수 있다. 이 재
구성 과정은 그 자체로 감각과 사유를 회복하는 과정이다. 그것은 감각
과 사유의 회복을 통해 자신의 온전한 가치를 정립하고 제대로 된 정체
성을 확립하는 과정이다. 그러니만큼 그것은 교육의 형성적 과정이 아닐
수 없다. 교양의 문제가 중요해지는 것은 그런 이유에서다. 그렇다면 오
늘날의 교양은 어떠한가?

현대사회에서의 교양은 대체로 없거나 어중간해 보인다. (우리는 이
것을 5장 「타율성에 대한 저항」의 2절 "교양의 문제"에서 '반半교양Halbbildung'이
나 '무교양Unbildung' 개념과 관련하여 자세히 살펴볼 예정이다.) 인간을 깊이
이해하고 자연을 오래 관조하는 일, 그리고 현실을 냉정하게 분석하고
세계를 드넓게 아는 일이 더 이상 교양이 아니다. 이런 이해와 인식으로
주체적 삶을 사는 것이 교양이 아니라, 시험의 준비와 합격을 위한 기계
적 암기 과정이 오늘날 교양의 전부가 되어 버렸다.

이 취약한 교양 속에서 경험은 온전히 이뤄지기 어렵다. 그것은 이런

저런 식으로 뒤틀린다. 지식의 습득도 다르지 않다. 오늘날 교양훈련은 다양한 종류의 수험서나 자격증을 받는 데 필요한 시험의 몇 가지 목록에 국한된다. 저 무수한 자기계발서 시리즈야말로 현대 교양의 본산일 것이다. 이것은 교양의 타락이고 몰락이다.

교양 몰락의 이 현실 앞에서 교양의 복원을 꿈꾸고 문화의 재정향을 시도하는 것은 착잡한 일이 아닐 수 없다. 착잡한 것은 여러 가지로 뒤엉킨 모순의 중첩성 때문이다. 이 모순이 중첩적이니만큼 그 대응방식도 복합적이고 유연하지 않으면 안 된다.

이제 문화는 최대수익의 운영원리 아래 그와 다른 어떤 가능성을 모색해야 하고, 예술은 외적 간섭의 틀 안에서 있을 수 있는 자율성의 작은 가능성을 추구해야 하며, 교양은 상업화된 문화와 타율적 예술의 강제에도 불구하고 어떤 의미 있는 계기를 수용자에게 제공해야 한다. 그럴 수 있을까?

오늘날의 문화와 예술과 교양의 문제는 편재화된 모순 앞에서 이 모순의 지양가능성을 타진하는 일과 같다. 이것은 아도르노에게서 어떻게 나타나는가? 그는 주체형성과 교양의 관계에 대해 어떻게 생각하고, 교양의 자기형성 과정이 현대사회에서 어떻게 작용한다고 보았는가?

이러한 문제는 그의 저작에서 일목요연하게 거론되진 않지만 되풀이하여 언급된다. 그만큼 중요한 까닭이다. 좀 더 자세히 살펴보자.

1. 교양과 주체 강화

아도르노의 사상이 위치한 사회역사적 지평에서 그 중심은, 앞서 적었듯이, 망명현실과 아우슈비츠 체험이었다. 그는 아우슈비츠를 생각하면서도 동시에 전통적 문화유산을 잊지 않고자 했고, 역사의 야만적 파국 속에서 이뤄진 문화의 오용과 폐해에 주의하고자 했다. 그러면서 남겨진 문화의 잔해로부터 어떤 새 가능성을 읽어 내고자 고민했다.

이러한 문제의식은 아도르노가 벤야민으로부터 물려받은 지적 유산이기도 했다. 그것은 "인간의 인간성 이념이 죽음의 수용소라는 현실 앞에서 구제될 수 있는지를 묻는"[7] 시도였다.

1) 전후의 계몽적 참여

아도르노는 산업화된 문화현실에 대항할 수 있는 하나의 가능성을 '자율적 예술'에서 보았다. 그는 또 비판사회학의 과제를 '주체의 구성'에서 구했다. 왜냐하면 사회학도 그가 보기에는 개인과 집단을 향한 계몽 작업의 일환이 되어야 하기 때문이다.

아도르노의 이런 태도는 의외로 느껴질 수도 있다. 그는 『계몽의 변증법』에서 지난 역사의 모든 계몽이 신화로 전락하였다고, 그래서 계몽은 결국 비非계몽으로 귀결되고 말았다고 가차 없이 비판했기 때문이다. 그러나 이렇게 타락한 계몽은 역사에서 나타나는 여러 계몽적 버전들 가운데 한 면일 것이다. 마찬가지로 계몽을 추동하는 것이 이성이라고 한다면, 흔히 말해지는 도구화된 이성은 이성의 전체가 아니라 왜곡된 이성 — 수익과 이윤만을 고려하는 기계적 이성을 뜻할 것이다. (아도르노가 이성비판을 위해 동원한 도구적 이성 개념이 이성의 다양한 가능성을 형편없이 단순화시켰다는 지적도 있다.)

그러므로 계몽과 이성이 아무리 크고 작은 폐해를 현실에서 야기하였다고 해도 그것의 또 다른 가능성은 지속적으로 탐구되어야 한다. 또 지금의 삶과 사회가 좀 더 나은 수준에서 재구성되어야 한다면, 우선 필

---

7   Theodor W. Adorno, *Negative Dialektik*, a. a. O., S. 359.

요한 것은 계몽과 이성의 정신임이 틀림없다. 다만 어떤 이성이고, 어떤 계몽이냐가 중요할 것이다. 그러므로 필요한 것은 '오늘의 이성을 얼마나 세련되고 유연하며 복합적으로 구성할 것인가'다.

1949년 미국에서 돌아온 후 아도르노는 전후前後 서독의 지적 문화적 재건에 적극적으로 참여하였다. 그는 라디오 방송국에서나 공공장소에서 단골 강연자였다. 그의 역할은 독일의 민주화를 위한 정치적 계몽이었다. 이런 활동은 아우슈비츠의 비참이 다시는 되풀이되지 않아야 한다는, 공적 지식인으로서의 정치윤리적 의무를 실행하는 일이기도 했다. 이런 점에서 계몽에 대한 그의 부정적 관점은 전후에 긍정적으로 바뀌었다고 할 수 있다.

미국의 망명 생활에서 중요한 것이 총체적 관리사회와 이 사회가 양산하는 상업적 대중문화에 대한 비판이었다면, 전후 독일에서 중요했던 것은 서독사회의 민주화와 이 민주화를 위한 계몽적 정치참여였다. 교양에 대한 그의 관심은 이런 정치적 참여의 일부를 이룬다.

2) 교양 – '균열을 견뎌 내기'

교양Bildung 개념은 기본적으로 전통적이고 보수적이다. 그것은 뒤집어엎는 것이 아니라, '보존하고 가꾸며 쌓는' 일이기 때문이다. 아도르노 역시 근본적으로 전통주의자라고 할 수 있다. 언젠가 『디 차이트Die Zeit』의 한 논자는 그를 '진정한 보수주의자'라고 부른 적이 있다. (그런데 서구의 큰 지식인 가운데 내가 보기에 전통주의자가 아닌 사람은 없다. 모두가 예외 없이 그가 자라난 사회가 오랜 시간에 걸쳐 이뤄 놓은 지적 유산을 자기 나름으로 내면화한 사람들이기 때문이다. 카를 마르크스도 물론 그랬다.) 하지만 그의 교양개념은 예리하고 세련되며 확고하다.

아도르노가 '교양의 위기'나 '교양의 몰락'을 말할 때, 이 교양은 "사회화된 반교양sozialisierte Halbbildung"을 말하고, 이 반쯤의 교양이란 정확히 말하여 "소외된 정신이 곳곳에 자리하는 것Allgegenwart des entfremdeten Geistes"을 뜻한다. 그가 보기에 오늘날 "모든 것은 사회화의 그물코에 사로잡혀 있다."[8]

ㄱ. 가짜 교양인의 '편집증'

현대사회가 전적으로 관리되는 사회이고, 이 총체적 관리사회에서 문화가 하나의 상품처럼 기능한다면, 이 상품문화적 관리사회에서 교양이 제대로 기능하지 못하는 것은 당연해 보인다. 교양도 상품사회가 추구하는 최대수익의 원리를 따르기 때문이다. 그리하여 교양은 "사회화의 그물코에 사로잡힌 채" 상품의 물신적物神的 성격을 내면화한다. 반쯤의 교양은 그런 물신화된 배움이 지닌 어설픈 상태를 지칭한다.

이 물신화된 교양현실에서 경험의 내용은 축소되거나 왜곡된다. 우리는 현실을 있는 그대로 경험하기 어렵다. 이것은 주관적으로도 그렇고, 대상적으로도 그렇다. 주관적으로 우리는 우리 자신도 잘 모르고, 이 자신이 살아가는 현실도 제대로 느끼지 못한다. 이 현실을 에워싼 자연환경은 어떤가? 이 주변세계도 그 자체의 충일성과 다양성 속에 생각하기 어렵다. 집안에서든 직장에서든 감성이나 사유는 경제원리에 짓눌려 있고, 문화산업적으로 조작되기 때문이다. 그렇듯이 사물은 사물화된 감각 앞에서 굳은 채 나타난다.

대상의 경직된 성격은 대상을 바라보는 주체의 경직된 성격에 상응한다. 그리하여 경험내용의 전체가 뒤틀린다. 이런 가짜 교양인의 특징으로 아도르노는 '편집증偏執症/paranoia'을 거론한다.

---

8 Theodor W. Adorno, *Theorie der Halbbildung*, a. a. O., S. 93.

편집증은 어설픈 교양인의 징후다. 그에게 모든 말은 광기의 체계가 되고, 그의 경험이 미치지 못하는 것을 정신으로 점령하려는 시도가 된다. 그는 폭력적으로 세계에 의미를 부여하려고 하지만, 이 세계는 그 의미 자체를 무의미한 것으로 만들고, 그런 시도는 동시에 정신과 경험을 더럽힌다. 그는 정신과 경험으로부터 배제되어 있지만, 이 정신과 경험에 그 책임을, 사회가 져야 하는 데도, 뒤집어씌운다. 어설픈 교양은 단순한 무無교양과는 달리 제한된 지식을 진리로 실체화하고, 내면과 외면 사이, 개인적 운명과 사회적 법칙 사이, 그리고 현상과 본질 사이의 참을 수 없을 정도로 고조된 균열을 참지 못한다.[9]

아도르노가 보기에 어설픈 교양인의 첫 번째 징후는 "편집증"이다. 편집증은 과대망상증으로 불리기도 한다. 그는 자신이 알지 못하는 것을 알지 못하는 것으로 두는 게 아니라, "폭력적으로" "점령하려고" 애쓴다. 그러나 그렇게 부여된 의미는, 이 대상이 알 수 없는 것인 한, 무의미해진다. 문제는 이 편집증적 광기로 인해 주체가 "정신과 경험으로부터 배제된다"는 사실이다. 즉 그는 제대로 경험하지 못하고, 제대로 생각하지도 못한다.

어설픈 교양인의 두 번째 징후는 이 편집증적 광기로 인해 그가 "제한된 지식을 진리로 실체화하고", "내면과 외면 사이, 개인적 운명과 사회적 법칙 사이, 그리고 현상과 본질 사이의, 참을 수 없을 정도로 고조된 균열을 참지 못한다"는 데 있다. 그의 지식은 상투적 틀 속에서 작동하는 까닭이다. 그것은 전체와 관련되기보다 낱낱으로 고립된 채 머문다. 그래서 한낱 정보로 전락한다. (정보란 파편화된 지식쪼가리다. 여기에

---

9   Max Horkheimer/Theodor W. Adorno, *Dialektik der Aufklärung*, a. a. O., S. 221.

는 맥락도 없고, 실감도 있기 어렵다. 정보는 길을 찾거나 주소를 물을 때 쓸모 있지만, 개인의 절실한 물음에는 대답하지 못한다. 불치병에 걸려 누워 있을 때, 혹은 실패한 사랑에 낙담할 때 구글이나 네이버에서 검색하는가? 그렇지 않다. 가장 절실하고 소중한 것들은 대답하기 어려운 것이다. 그것은 스스로 그리고 홀로 감당할 수밖에 없다.)

그렇다면 어떻게 편집증적 징후로부터 벗어날 수 있는가? 편집증 징후를 이겨 내기 위해 우리는 우선 "내면과 외면 사이, 개인적 운명과 사회적 법칙 사이, 그리고 현상과 본질 사이의" "고조된 균열을 참아낼" 수 있어야 한다. 사실의 내·외면이든, 진실의 내·외면이든, 겉과 안은 어떻게 이어지면서도 동시에 나뉘는 것인가? 이러한 어긋남은 현상과 본질에서도 다르지 않다. 또 "개인적 운명과 사회적 법칙 사이"에서도 그런 불일치는 나타난다.

대상과 주체, 사물과 언어 사이의 균열을 견뎌 내려면 우리는 지식을 실체화해선 안 된다. 오히려 이 균열을 적극적으로 인정하고 포용하는 가운데 보다 넓은 정신과 경험의 가능성으로 열려야 한다. 이처럼 그 무엇도 실체화하지 않는 것, 그 무엇도 실체화하지 않으면서 그보다 더 넓고 깊은 진실로 나아가는 것은 그 자체로 과대망상적 편집증에서 벗어나는 일이다.

우리의 정신은 더 복합적이어야 하고, 우리의 경험은 더 포괄적이어야 한다. 이것이 어설픈 교양을 벗어나는 실천적 경로다. 이 경로에서 출발은 현실에 편재한 '균열을 견뎌 내는' 것이다. 그렇게 견뎌 내는 내구력이 교양의 힘이다.

ㄴ. "정신의 자기분별력"
그러나 어설픈 교양은, 거듭 말하지만, 쉽게 극복되기 어렵다. 대부분의 사람들은 오늘날, 의식적이든 무의식적이든, 편집증적 징후 아래 집단적인 사안에 열성적으로 매달린다. 그들은 자신의 정체성을 자기 안에서 조금씩 만들어 가는 것이 아니라, 자기 밖에서 그 완성된 형태를 구한다. '자기로부터의 도피'가 일어나는 것이다.

어설픈 교양인들은 끊임없이 자기와 동일시할 수 있는 일을 찾고 집단에 기댄다. 이 일이나 집단에 자신을 투사하면서 내맡긴다. 그래서 그들은 집단과 단체의 이름을 즐겨 끌어들이고, 이 단체에 속함으로써 자신을 확인하려고 애쓴다. 개개인의 이 집단의존이 더 진행되면 그들은 '지도자'에게서 구원을 찾는 전체주의적 인간이 된다. 이 근거 없는 소속감 속에서 그들은 '동호인'끼리의 유대는 강조하면서도 그 밖의 사람들을 배제하거나 박해한다.

그리하여 이들의 경험은 더 빈곤해지고, 이 빈곤한 경험을 반추하는 정신은 휘발한다. 이들이 왜 이렇게 되어 버렸는지, 그렇게 된 사회적 요인은 무엇이고, 그들 개개인에게 무엇이 결여되었는지를 아도르노는 아래 글에서 예리하게 보여 준다.

그러나 인간의 실질적 해방이 동시에 정신의 계몽과 더불어 이뤄지지 않았기 때문에 교양 자체도 병이 든다. 교양 있는 의식이 사회적 현실로 만회되지 않으면 않을수록 그 의식 자체는 점점 더 사물화의 과정에 굴복한다. 문화는 완전히 상품이 되고, 그래서 정보적으로 유통되지만, 그러나 문화를 배우는 사람들의 마음속으로 들어가지 못한다. 사고의 호흡이 짧아져 그것은 고립적 사실의 파악에만 제한된다. 사고의 연관관계는 불편하고 쓸모없는 수고로만 드러난다. 사고 속에 있는 발전의 계기나 사고 속의 모든 생성적이고 집중적인 것은 잊히고, 아무런 매개 없이 눈앞에 나타난 것이나 외연적인 것으로 평준화된다. 오늘날 삶의 질서는 정신의 일관성을 위한 어떤 놀이공간도 자아에 허용하지 않는다. 지식으로 전락한 사유는 중성화되면서 특별한 노동시장에서의 단순 증명서가 되어 버렸고, 개인의 상품가치를 높이기 위한 것으로 묶여 버렸다. 그리하여 편집증을 예방할 수 있는 정신의 자기분별력은 무너져 버렸다. 결국 어설픈 교양은 후기자본주의의 조건 아래 객관적 정신이 되어 버렸다.[10]

위 인용문에는 오늘날 교양에 대한 아도르노의 핵심적 문제의식이 들어 있지 않나 싶다. 그것은 간단히 말하여 '교양의 사물화'다. 사물화된 교양은 '사유의 일관성' ― 전체를 보는 사유의 힘을 잃어버린 데서 생겨난다.

사물화된 교양이란 상품처럼 되어 버린 교양이고, 따라서 어설픈 교양이다. 이 어설픈 교양이야말로 현대의 시대정신이 되었다. 더 꼼꼼히 들여다보자. 지금 교양의 어설픈 특성은 아마 세 가지로 요약될 수 있다.

첫째, 오늘날 교양의 사물화는 문화의 산업화와 상업화에 상응한다. 이것은 좀 더 넓은 관점에서 계몽적 정신의 실패와 이어진다.

둘째, 사유는 전체 맥락이나 연관관계를 잃어버렸고, 따라서 일관성을 유지하지 못한다. 지금 작동하는 사고는 고립된 사실의 파편을 인식하는 데 만족한다. 오늘날의 지식은 파편화되고 원자화되어 있기 때문이다. 모든 사고가 "평준화"되는 것도 같은 맥락에서다.

하지만 전체와 이어지지 못한 인식은 바른 인식이 아니다. 그것은 아도르노적 맥락에서 '사유'가 아니라 '지식'이다. 아도르노는, 그 글을 면밀히 읽어 보면, '정신'과 '지식' 그리고 '정보'를 구분하고 있다. 조각조각 난 채 떠도는 앎이 '정보'라고 한다면, 이 정보를 자기 것으로 만들 때 '지식'이 되고, '정신'은 이 지식을 제어하고 부리는 심급이고, 따라서 마음의

10 Ebd., S. 223.

힘이라고 할 수 있다. 그가 결국 강조하는 것은 정보나 지식이 아니라, 정신의 일관성이다. 일관된 정신에서 분별력도 자라 나오기 때문이다. 교양의 핵심도 이 일관된 정신력의 유지에 있다.

셋째, 모든 것이 평준화된 지금 세상에서는 어설픈 교양이 '객관적 정신'처럼 행세한다. 이것은 그 자체로 오늘날 사유의 천박함과 정신의 부재를 잘 보여 준다.

ㄷ. 양심과 반성력 ── 지배와 폭력을 넘어

그렇다면 무엇을 해야 하는가? 오늘날의 사유가 병들어 있다면, 그래서 산산조각이 나서 파편화되고 천박하여 정신이 부재하게 되었다면, 그 원인의 뿌리에는 '주체의 부재'가 있을 것이다. 아도르노는 되풀이하여 주체의 강화와 회복이 필요함을 역설했다.

이때의 주체란, 그가 「문화산업에 대한 요약」에서 적었듯이, "자율적이고 독립적이며 의식적으로 판단하고 스스로 결정하는 개인"이다.[11] 자율적이고 독립적이며 자의식적인 개인을 추동하는 것은, 다시 아도르노의 말에 기대면, "정신의 자기분별력Selbstbesinnung des Geistes"이다.

정신의 분별력 혹은 분별 있는 정신이란 무엇인가? 그것은, 위에서 인용한 맥락 속에서 다시 쓰면, "사고 속에 있는 발전의 계기나 사고 속의 모든 생성적이고 집중적인 것"을 기억하는 일이다. 혹은 "정신의 일관성을 위한 어떤 놀이공간"을 "허용하는" 일이다. 그렇다는 것은 대상을 파악할 때 대상 자체와 그 테두리 혹은 그 배경을 '동시에' 파악한다는 뜻이다. 그럼으로써 사고 속에 내재한 발전적 생성적 함축적 계기에 주목하는 일이다.

---

11   Theodor W. Adorno, *Résumé über Kulturindustrie*, a. a. O., S. 345.

이러한 태도는 대상을 획일화하거나 동질화하는 게 아니다. 오히려 대상의 현재적 모습과 그 잠재력, 현실과 가능성을 동시에 고려하는 태도다. 그렇게 고려하면서 문화는 '문화를 배우는 사람의 마음속으로 들어온다'. 지식은 지식을 배우는 사람들의 생활 안으로 흡수된다. 이 흡수 속에서 우리는 대상의 진실을 우리 자신의 진실로 만들 수 있다. 이렇게 "타인의 진실한 일을 자기자신의 일로 만드는 능력"에 양심이 있고, 이 양심은 "수용하는 일과 상상하는 힘을 뒤섞음으로써 갖는 반성적 능력 Fähigkeit zur Reflexion als der Durchdringung von Rezeptivität und Einbildungskraft"이라고 아도르노는 썼다.[12]

타인이 진실하다면 그 진실을 수용하지 못할 이유는 없다. 그렇게 수용하는 것, 그것이 곧 양심이다. 다시 쓰자. 양심은 타인의 진실을 나의 진실로 수용하는 데 있다. 그렇듯이 우리는 반성을 통해 좋은 일을 떠올리고 받아들인다. 이 상상과 수용의 반성적 종합이 양심이다. 이것은 어쩌면 자기의 처지에 미루어 남의 처지를 헤아리는 동양적 원칙인 '역지사지易地思之'나 '혈구지도絜矩之道' 혹은 '추기급인推己及人'의 자세와 이어질지도 모른다. 사물화된 교양이나 문화의 상품화, 그리고 관리되는 소외사회를 이겨 낼 수 있는 것도 이런 역지사지의 반성적 능력에서 올 것이다.

이 글의 맥락에서 중요한 것은 위의 원칙들이 미래의 교양 문제를 생각할 때도 어떤 의미 있는 참조 틀이 될 수 있다는 사실이다. 즉 대상에서 발전과 생성과 집중의 계기를 발견해 내는 것, 그래서 대상뿐만 아니라 그 테두리와 배경을 고려하는 것, 그리하여 사고의 연관관계를 살피고 일관성을 유지하는 것은 이미 주체의 어떤 윤리성과 그 양심을 증거한다. 이 양심을 끌고 가는 것이 정신의 분별력이다. 아마도 이런 사고의

---

12 Max Horkheimer/Theodor W. Adorno, *Dialektik der Aufklärung*, a. a. O., S. 224.

양심 — 양심으로서의 반성력을 통해 우리는 여하한 폭력을 철폐하면서 삶의 화해적 상태로 나아갈 수 있을지도 모른다.

각 개인이 반성적 양심 속에서 규율과 통제 속에 포박된 표준화된 자아로서가 아니라 자기 나름의 형상을 자각하는 개인이 될 때, 인류는 더 이상 불행의 제물이 되지 않을 것이라고 아도르노는 생각했다. 지배와 폭력으로부터 해방을 도모하는 이 길은 앞으로 교양이 나아가야 할 하나의 방향이지 않은가 나는 생각한다.

개별적이고 특수한 것을 피상적인 것으로 취급하는 게 아니라, 그래서 상투화된 경험과 인식에 자족하는 게 아니라, 그 차이와 미묘함을 지각해 내는 것, 그래서 세목에 대한 충실 속에서 전체로 열리는 것, 그러나 무엇보다 외양과 실재, 개별적인 것과 일반적인 것 사이의 균열을 응시하고 그 심연을 견디는 것이야말로 미래의 교양이 가야 할 길이다. 그러기 위해 우선 해야 할 것은 '생각하는 일의 버거움'을 기꺼이 수락하는 것이다. 책임의 즐거운 수락이야말로 교양 형성의 첫걸음이다.

2. 새로운 인문주의의 방향

99

> 대량살상, 소수민족에 대한 공격, 대규모 고문, 또 다른 종류의 압제,
> 많은 경우에 전보다 더 잔인한 압제 등이 혁명이 가져온 결과였다.
> 인간이 자유를 사랑하는 존재라고 생각하려면
> 거의 모든 역사가 실수였다고 봐야 할 것이다.
>
> 존 그레이(J. Gray), 『동물들의 침묵』(2013)

지금까지 적었듯이 기존의 교양개념은 비판적으로 재구성되어야 한

다. 그것은 인류문화의 한 값진 유산으로 인간사회에 기여해 왔지만, 그럼에도 거기에는, 20세기 정치적 파국이 보여 주듯이, 적잖은 왜곡도 있었다. 이 대목에서 우리는 교양의 야만성을 다시 반성하고, 이 반성 속에서 교육 교양의 재설정을 시도해 보려 한다.

1) 교양의 야만성

앞서 보았듯이 전인적 인간 이상의 실현은 어렵다. 교양은 대체로 무시되거나 추구된다고 해도 편향되기 쉽다. 그리하여 교양 있는 사람들은, 혹은 더 정확히 말하여 '교양이 있다고 말해지는' 사람들의 적지 않은 수는 반교양적이거나 비교양적으로 나타난다. 수백 수천 명을 죽인 어떤 나치주의자는 음악애호가이기도 했다. 영화 『지옥의 묵시록』에서 헬리콥터에 탄 군인들이 바그너의 「발퀴레」를 크게 틀어 놓은 채, 도망가는 베트남 양민을 기관총으로 쏘아 대던 장면을 나는 기억한다.

자기혐오의 감정 없이 현실을 살아가긴 어렵다. 인간혐오의 느낌 없이 역사를 마주하기도 힘들다. 문화적 자산의 훌륭한 가치는 그 자체로 훌륭한 게 결코 아니다. 반성되지 않으면 그 어떤 예술의 객관적 내용도 거짓으로 변질될 수 있다. 교양은 자유와 평등을 약속하지만, 그렇다고 그 약속이 곧 실현되는 건 아니다. 약속의 목록은 오직 비판과 부정과 성찰 속에서 비로소 믿을 만해지는 까닭이다. 자기를 절대화하는 가치는 스스로 악마화하기 때문이다.

그리하여 교양의 핵심은 다시 강조하건대 내면과 외면, 개인과 사회, 현상과 본질 사이의 균열을 직시하는 데 있다. 그 균열을 견디고, 이렇게 견디는 가운데 균열의 어떤 다른 변용적 가능성을 모색하는 데 있다. 그 경로는 일목요연하지 않다. 차라리 그것은 불연속적이고, 그래서 이율배반적으로 보인다.

2) '부정적' 교육 — 상호존중의 부정변증법

아도르노는 교양의 위기와 몰락이라는 주제에 큰 관심을 갖고 있었다. 그의 교양론이 잘 드러나는 글인 「반¾교양의 이론Theorie der Halb-bildung」은 1959년 14차 독일 사회학자대회에서 제출되었다. 그는 대학 수업을 할 때도 제약 없는 사고의 가능성을 보여 주고자 했고, 수업이나 세미나는 그런 가능성을 실천하는 기회였다. 이런 현실 참여를 통해 그는 지배와 권력의 이데올로기뿐만 아니라, 민족주의와 국가주의 그리고 인종차별주의 같은 이념적 편견을 이겨 내려고 했다.

ㄱ. 자기규정의 정치적 책임

아도르노는 전통적 교양이해가 인간의 야만화에 기여했다고 보았다. 그래서 그는, 「독일 대학의 민주화에 대하여」가 보여 주듯이, 대학에서의 권위적 구조와 서열화 체계의 철폐를 주장했다. 학문적 인간의 공적 과제는 전문지식이나 직업지식 혹은 자기경력의 축적에 골몰하는 있지 않기 때문이다.

아도르노는 학문적 영역 안에서는 자유로운 인간 유형이 전개되어야 하고, 이런 인간형이란 '자기 스스로를 규정하는sich selbst zu bestimmen' 데 있다고 보았다. 자기규정적 능력이란 잘 알려져 있듯이 칸트적 계몽인간의 핵심 자질이다. 이 계몽작업이 개인에게 향할 경우 자기의식이나 자아의 강화로 수렴된다. 과거를 부정하고 역사를 외면할 때 주체는 기존 세계와 동일시된다. 이런 개인에게 자율성이 자리하긴 어렵다.

그러므로 주체의 자율성 상실과 역사 망각 그리고 사회적 순응 강제는 일정한 평행관계를 이룬다. 바로 이런 이유로 아도르노는 대중의 탈정치화를 막고 민주주의의 참여적 요소를 강화해야 한다고 보았다. 바이마르 공화국 시대에 민주주의가 희생된 것은 지식인들이 지닌 정치혐오감 때문이었다.[13] 그는 이렇게 썼다. "나는 민주주의 '안에서의' 나치즘의 부활이 민주주의에 '반대하는' 파시즘 경향의 부활보다 훨씬 위협적이라고 생각한다."[14] 되새겨 봐야 할 통찰이 아닐 수 없다.

우리가 경계해야 하는 것은 언제나 밖의 위협이기 전에 안으로부터의 붕괴이고 그 가능성이다. 민주주의에 반대하는 파시즘의 경향보다 더 무서운 것은, 아도르노가 지적한 대로, 민주주의 안에서의 전체주의적 가능성이다. 그러나 이 진술은 정치현실에 대한 비판적 진단이지 교양교육의 구체적 사례는 아니다. 자기규정은 계몽의 필요 사항이면서 교양의 사안이다. 하지만 그것은 어떻게 실행될 수 있는가? 바로 이 대목에서 나는 다시 예술로, 예술경험의 심미적 차원으로 돌아가고자 한다.

교양 형성의 구체적 실행 방법은 예술작품과의 다양한 경험에서 나온다고 할 수 있다. 아도르노는 이런 예를 음악교육에서 보았다. 하지만 음악에 관한 그의 글은, 그의 다른 글이 그러하듯이, 여러 책과 논문에 흩어져 있다.

음악교육은, 아우슈비츠 이후의 모든 교육이 그러하듯이, '부정적否定的'이어야 한다고 그는 믿었다. 그의 맥락에서 부정적이란 물론 비판적이라는 뜻이다. 또 음악교육은 그에게 예술교육을 대표한다고 할 수 있으므로 우리는 예술교육 전체가 부정적이고 비판적이어야 한다고 이해할

---

13 그러나 참여만으로 민주주의는 잘 실현될 수 있을까? 또 민주주의만으로 정치의 인간화가 이뤄질까? 오히려 우리가 물어야 할 것은 단순한 참여가 아니라, 어떤 참여인가이고, 이 참여의 성격과 방법과 절차가 무엇이어야 하는지가 아닐까? 마찬가지로 민주주의 체제의 제도적 법률적 정당적 합리성뿐만 아니라, 이 제도적 합리성을 구성하는 개별 구성원의 인성과 인격과 태도도 고민해야 하지 않을까? 이렇게 우리는 더 구체적이고 더 세밀하게 계속 물어보아야 한다.

14 Theodor W. Adorno, Was bedeutet: Aufarbeitung der Vergangenheit, in: ders., *Kulturkritik und Gesellschaft II*. a. a. O. S. 555f.

수 있다. 이 관점에는 이미 보았듯이 경제질서와 상품소비사회에 대한 회의적 관점이 전제되어 있다.

ㄴ. 계몽주의적 미신의 재검토

교양수업의 대략적 방향은 이해와 경험의 과정을 열어 두는 데 있다. 그래서 진실의 내용을 직접 규정하기보다 진실의 방향을 탐색하는 데 있다. 나아가 이 탐색에서 있을 수 있는 장점을 나열하는 데 그치는 게 아니라 그 오류의 가능성을 의식하고, 역사적 사실을 논의하면서도 그 이데올로기적 오용 가능성도 비판해야 한다. 이 관점에서 인문주의의 방향을 고찰하면 어떻게 될까? 이것은 세 가지로 말해질 수 있다.

첫째, 계몽적 가치에 대한 문제 제기가 필요하다. 이것은 인간 본성에 대한 믿음으로부터 거리 두기가 필요하다는 뜻에서다. 이를테면 계몽주의에서 주장하듯이, '자기의식'이나 '주체성', '자유의지'와 '이성'에 대해서도, 그것이 그 자체로 자명한 것이 아닌 한, 계속 질의해야 한다. 이런 덕목들은 인간만의 것이 아니기 때문이다. 의식이 있다고 한다면 인간은 늘 그 자신과 대상을 의식하는가? 아니다. 인간은 매 순간 자신이 갖는 느낌과 생각과 행동을 의식한다기보다 그저 기계적으로 할 때가 많다. 그는 대개 자기행동의 동기와 의도를 잘 알지 못한다. 또 자유와 이성이 있다고 해도 그가 언제나 자유롭고 이성적인 것은 아니다.

둘째, 이성과 발전에 대한 유보가 필요하다. 이성에 대한 믿음은 이성에 의한 역사의 인위적 구성과 그 발전에 대한 생각으로 이어진다. 역사 진보에 대한 확신도 그렇다. 그러나 이 확신이 '현실적으로 옳다'거나 '역사적으로 검증되었다'고 결코 말할 수 없다. 과학이나 기술에 대한 믿음도 다르지 않다.

셋째, 자기정직성의 유지가 필요하다. 이성에 대한 믿음, 그리고 이성에 의한 역사 발전에 대한 믿음은 결국 유토피아 이념과 이어진다. 인간의 미래를 유토피아적으로 설계하는 것은 엄청난 폭력과 죽음을 야기해 왔다는 사실을 우리는 여러 역사적 사례에서 익히 알고 있다. 인간은 스스로 윤리적이기 이전에 자기존재의 실상에 더 정직해야 한다. 아니 자기정직성이야말로 윤리성의 첫걸음이다. 아니 자기정직성은 인간 윤리의 전부일 수 있다.

발전 혹은 진보에 대한 믿음은, 그것이 사회경제적인 것이든 정치이념적인 것이든, 아니면 개인의 행동방식에 대한 것이든, 그 위험의 가능성과 더불어 견지되어야 한다. 그것은 좋은 의도에 따르기 마련인 나쁜 결과를 경계하기 위해서다. '지구의 미래' 혹은 '새로운 인류의 꿈'을 말하는 사람들 가운데 전쟁과 살육을 저지를 준비가 되어 있는 사람들이 많기 때문이다. 의미를 향한 추구가 얼마나 많은 희생과 폭력을 야기해 왔는가?

우리는 그럴듯한 말들의 이데올로기적 오용가능성을 늘 두눈 뜨고 주시해야 한다. "문화산업은 승화시키는 것이 아니라 억압한다"고 아도르노는 썼다.[15] 그렇다는 것은 미래적 삶의 문화적 설계에서 억압이 아니라 승화의 방식을 고민해야 한다는 뜻일 것이다. 교양의 가능성에 대한 논의도 그렇다. 나는 '교양의 변증법'이라는 단어를 떠올린다.

예술의 역사 ─ 회화의 역사나 그림과 음악의 감상도 다르지 않다. 좀 더 바람직한 수용의 자세는 어떠해야 하는가? 성숙한 독자나 성숙한 관객 혹은 성숙한 청중의 모습은 아마도 이 같은 고민 속에서 그려질 수 있을 것이다. 아도르노가 고민한 비판적 음악교육학의 방향도 이러했다. 그러나 그 구체적 내용은 일목요연하지 않다. 예술의 언어를 안다는

15 Max Horkheimer/Theodor W. Adorno, *Dialektik der Aufklärung*, a. a. O., S. 162.

것은, 그 언어가 시의 언어든, 음악의 선율이나 그림의 색채든, 이 같은 물음 속에서 이뤄질 것이다.

●━━━━ 보론 2 ━━━━●
인간학적 자기형성 ─ 훔볼트의 교양개념

전통적 인문주의의 관점에서 보면 교양이념의 핵심 가치에는 정신의 자유와 독립적 삶, 자발성과 자기결정 등의 개념이 자리한다. 그러나 무엇보다 중요한 것은 어떤 전인성 ─ 전인적 인격성에 대한 믿음이고 그 추구라고 할 수 있다.

전인적 인격성이란 성격의 온전함 혹은 완전함이라면, 진선미는 그런 완전한 인격이 발현된 가치다. 혹은 그러한 인격이 구현된 모습이다. 이때 예술의 역할은 중요하다. 그 이유는 예술이 개인의 자유와 독립, 자발성과 자기결정을 장려하기 때문이다. 이런 맥락에서 전통적 의미의 교양교육 개념이 다시 한번 검토될 필요가 있어 보인다. 빌헬름 폰 훔볼트 Wilhelm von Humboldt, 1767~1835의 교양교육에 대한 이해를 잠시 돌아보자.

'교양Bildung 혹은 형성'에 대한 괴테의 생각이 펼쳐지는 『빌헬름 마이스터의 수업시대』에는 흥미로운 사항들이 많이 들어 있다. 그 가운데 하나는 주인공 빌헬름이 자기를 교육하려는 이유다. 그것은 그가 '귀족'이 아니라 '시민Bürger'이기 때문이라는 언급이 나온다.

1800년경 독일의 경우, 빌헬름은 이렇게 말하는데, 개인적이고 보편적인 교양의 길이 귀족에게만 가능했다. 이들에게는 재산과 신분이 보장되었기 때문이다. 이것은 아마 유럽의 여느 지역에도 비슷했을 것이다. 그에 반해 사회적 신분이나 지위 그리고 재산이 없는 시민은 자기 길을 스스로 개척해야 하고, '자기자신의 길을 가야만' 한다. 이런 자기교육의 계기를 빌헬름은 연극활동에서 얻는다. 그가 셰익스피어의 작품을 읽는 것은 이런 실존적 전환에서 결정적 역할을 한다.[16]

이때 삶의 변화는 낭만주의에서처럼 주관의 과잉 속에서 일어나지 않는다. 그렇다고 교회나 종교적 개심을 통해 일어나는 것도 아니다. 나아가 그것은, 계몽주의자들에게 그러하듯이, 과학이나 이성을 통해서 매개되는 것도 아니다. 그것은 예술작품과의 만남에서 일어난다. 예술은 현실을 새로운 모습 속에서 보여 주기 때문이다. 예술을 통한 자기형성이라는 괴테의 이런 생각은 빌헬름 폰 훔볼트에게도 이어진다. 그는 이 교양개념을 교육적 차원에서 더 본격적으로 정식화했다.

1) 인간적인 것의 완성

빌헬름 폰 훔볼트는 잘 알려져 있듯이 저명한 정치가에 교육자였고, 언어학자이자 철학자이기도 하였다. 그는 34세 때 로마 교황령 주재 프로이센 공사로 재직했고, 로마에서 일할 때도 예술이나 문학의 열렬한 후원자이기도 했다. 그는 1809년 본국으로 돌아와 교육장관을 역임하였다. 그 후 그는 오스트리아 주재 프로이센 대사로 일하기도 했다. 그는 동생인 자연과학자 알렉산더Alexander von Humboldt, 1769~1859와 함께 베를린 훔볼트 대학을 세우기도 했다. 그는 보편적 사상가였고, 그 이전에 보편적 교양인이었다.

훔볼트가 보기에 인간에게는 대상으로서의 세계가 마주 서 있다. 이

---

16 문광훈, 「교양과 수신 ─ 괴테와 퇴계의 자기교육적 성찰」, 네이버 열린연단 '문화의 안과 밖' 강연시리즈, 2016. 11. 5. http://openlectures.naver.com/contents?contentsId=110014&rid =2908&lectureType=ethics

대상은 세계일 수도 있고, 현실일 수도 있으며, 자연일 수도 있다. 이 대상은 일목요연하지 않다. 그것은 다양한 방식으로 혼란스럽게 존재한다. 따라서 인간은 대상세계의 이 혼란을 일정한 방식으로 제어하지 않으면 제대로 살기 어렵다. 질서 없이는 혼란의 소용돌이 속에 빠져 아무런 방향감각 없이 헤맬 것이기 때문이다.

따라서 대상은 제어되어야 한다. 이 제어에 인간이 행하는 인식활동과 표현 행위 그리고 문화적 업적이 관계된다. 그 가운데 언어는 결정적이다. 인간은 대상 제어의 언어적 활동 속에서 자기를 규정하고 교육하며 형성해 간다.

대상을 일정하게 이해하고 파악하는 것이 세계 제어의 소극적 방식이라면, 그 적극적 방식은 표현하고 인식하는 일이다. 인간은 자신의 힘과 자발성으로 혼란스러운 세계에 일정한 형식을 부여한다. 그렇다는 것은 대상을 객관화한다는 것이고, 이 객관화된 형식은 그에게 알아볼 만한, 그래서 그가 이해하고 인식할 만한 내용으로 전환된다. 문화란 이렇게 인간이 그 나름의 방식으로 만들어 낸 납득할 만한 의미체계의 총괄적 이름이다. 그러니만큼 그것은 자연에 대립된다.

이 객관화의 목표를 훔볼트는 '인간성Menschlichkeit의 완성'으로 보았다. 인간성이란 인간의 인간됨Menschsein이나 인간다움Menschenwüdigkeit 혹은 인간적인 것das Menschliche을 뜻한다고 할 수 있다. 이 인간적인 것을 이루는 대표적 요소는 감정과 사고, 정서와 이성, 그리고 감수성과 상상력 같은 것이다. 이런 요소는 인간이 세계와 만날 때, 그래서 이 세계의 대상들과 교류할 때 작동한다. 교양과 교육의 목표는 살아 움직여 대는 이 인간적인 것의 생생한 힘들을 최대치로 펼쳐 내는 데 있다.

이렇게 써 놓고 보면 그 모든 게 얼핏 무난하게 보이기도 한다. 하지만 지나치게 순응적인, 그리하여 '좋은 게 좋다'는 식의 무책임한 언변처럼 볼 수도 있다. 어떻게 된 것인가? 실제로 이런 뉘앙스를 담은 문장은 훔볼트의 저작 어디서나 발견된다.

훔볼트는 「인류의 정신에 대하여」(1797)에서 인간은 행동할 때 어떤 대상을 파악하거나 몇 가지 규칙을 따르는 데 만족하지 않는다는 것, 그런 행동에는 "어떤 궁극적 목표ein letztes Ziel" ─ "일차적이고 절대적 척도einen ersten und absoluten Massstab"가 있고, 그래서 이 척도를 찾고자 애쓴다고 전제한다. 그런 목표 중의 하나는 "내적 본성innere Natur"이고, "더 높은 완전성höhere Vollkommenheit"이며, "온전한 인간종의 고귀화die Veredlung des ganzen Menschengeschlechts"라고 언급된다. 혹은 "완전한 인류라는 최상이자 최고의 개념den besten und höchsten Begriff vollendeter Menschheit"이나, "더 일반화된 궁극목적allgemeinere Endzweck", 혹은 "힘들의 고양과 인성의 고귀화die Erhöhung seiner Kräfte und die Veredlung seiner Persönlichkeit" 같은 표현도 있다.[17]

이런 생각에 대하여 우리는 그냥 넘어갈 수도 있다. 하지만 하나하나 꼼꼼히 따져 볼 수도 있다. 예를 들어 훔볼트가 인간의 내면적 가치를 말할 때 그 가치는 인간에게 어떻게 '내적'으로 되고, 궁극목적을 말할 때 이 '궁극'은 어떻게 자리하는가? 그가 힘의 고양과 인성의 고귀화를 말할 때, 힘은 어떻게 '고양'되고, 인성은 어떻게 고귀화될 수 있는가? 과연 인간에게 인간 개개인의 고유성을 외면한 채 인간 개개인이 하나로 뭉뚱그려 불릴 수 있는가? 인류mankind라는 명칭은, 그것이 인간 개개인이 집합적으로 언급될 수 있을 만큼, 일원적이지 않다고 지적하는 정치철학자도 있다.

---

17 Wilhelm von Humboldt, *Über den Geist der Menschheit*, in: ders., *Schriften zur Anthropologie und Geschichte*, Werke in 5 Bde., Bd. 1, hrsg. v. Andreas Flitner/Klaus Giel, 4 Aufl. Darmstadt, 1980, S. 506ff; ders. *Theorie der Bildung des Menschen*, in: ders., *Schriften zur Anthropologie und Geschichte*, a. a. O., S. 234, 238.

그러나 이런 지적이 아니어도 "완전한"이나 "고귀화", "최고나 최상의 개념" 혹은 "일반적인 궁극목적" 같은 표현들은 너무 듬성하고 허술한 표현이다. 거기에는 인간과 현실과 삶의 실재reality를 구성하는 균열과 모순이 배제되거나 그 불연속성이 무시되어 있기 때문이다.

그리하여 온전하고 완전한 것을 상정하는 이런 표현들은 훔볼트의 인간이해와 진리 인식이 '실체주의적'이라는 사실을 보여 준다. 그것이 인간 본성의 이해나 진리인식이, 그리고 무엇보다 현실이해의 방식이 지나치게 관념주의적이라는 혐의를 남기는 것은 그런 이유에서다. 다음 구절을 읽어 보자.

> 우리 현존의 마지막 과제는 우리의 인성에 깃든 인간성 개념에, 우리 삶의 시간 동안뿐만 아니라 그 시간을 넘어, 우리가 뒤에 남기는 생생한 활동이 흔적을 통하여, 가능한 한 위대한 내용을 마련하는 데 있다. 이런 과제는 오직 우리의 자아를 세계와 연결시켜 가장 보편적이고 가장 활발하며 가장 자유로운 상호작용이 이뤄지도록 함으로써만 해결될 수 있다. 이것만이 인간 인식의 모든 가지를 가공하는 일을 판단하는 고유한 척도이기도 하다. 왜냐하면 이 길만이 모든 길에서 마지막 목표에 이르기까지 올바른 발전에 도달할 수 있는 바른 것일 수 있기 때문이고, 오직 여기에서, 그렇지 않을 경우 영원히 죽어 있어 쓸모없게 될 것을 소생시키고 열매 맺게 할 비밀이 찾아질 것이기 때문이다.[18]

위 인용문에서 핵심은 "우리 현존의 마지막 과제는 우리의 인성에 깃든 인간성 개념에" "가능한 한 위대한 내용을 마련하는 데 있다"는 지적

---

[18] Wilhelm von Humboldt, *Theorie der Bildung des Menschen*, a. a. O., S. 235f.

이다. 이 일을 위해 필요한 것은 "오직 우리의 자아를 세계와 연결시켜 가장 보편적이고 가장 활발하며 가장 자유로운 상호작용이 이루어지도록" 하는 것이다.

인간성의 개념에 위대한 내용을 부여하는 것이나, 자아와 세계가 "가장 보편적이고 가장 활발하고 가장 자유롭게 상호작용하도록" 만드는 것은 멋진 일이다. 그러나 그것은 어떻게 이뤄지는 것인가? 그런 위대한 내용의 부여나 자아와 세계의 상호작용은 어떻게 가능한가?

여기에 대한 답변이 훔볼트의 저작에 없다고 말할 순 없다. 그러나 그것은 더 이상 세부적으로 서술되어 있지 않다. 그것은 일상의 경험과 밀착되어 구체적으로 서술되기보다는 추상적 개념어들 ─ '조화'나 '전체', '균형'이나 '인간성' 혹은 '완전성'이라는 수사 속에 녹아 있다. 그러니까 완전한 인간성의 지난한 과제는 인간이 위대하고 품위 있는 내용을 갖도록 노력한다는, 어쩌면 안이하다고 할 수 있는 언급 속에서 해소되고 만다. 훔볼트를 포함하여 칸트와 헤겔 이래 1800년대 사상을 '이상주의적이고 관념주의적'이라고 비판하는 것은 이런 이유에서일 것이다.

훔볼트가 강조하는 '활동'이나 '힘'이라는 개념도 다르지 않다. 정확히 말하자면 '활동들'이고 '힘들'이다. 이 힘들은 자연Natur 혹은 본성의 힘들이고, 이 힘에는 이성과 상상력 그리고 직관 같은 것이 들어 있다.

훔볼트는 인간이 다양한 활동을 통해 자기본성의 여러 힘을 강화하고 고양한다고 보았다. 자기의 가치와 본질은 이런 고양으로부터 만들어진다. 그가 강조한 인간성의 개선Verbesserung이나 고귀화Veredlung란 가치와 본질의 이 같은 형성과정이다. 그러므로 가치와 본질의 형성과정은 곧 교양과정이기도 하다. 하지만 이런 설명에는 논리적으로 누락된 부분이 많다.

이런 관념적 서술에도 불구하고 훔볼트의 논지가 수긍될 수 없는 것은 아니다. 나아가 그 서술이 듬성하다고 해도 핵심을 포착한 대목도 있다. 그는 교육론에서뿐만 아니라 국가론에서도 인간이 "자유롭고 독립적인 존재로서 오직 자기 속에서 스스로 펼쳐지는 것"이 중요하다고 강조했고,[19] 그래서 "인간의 참된 목적"이란 "그의 힘을 최상으로 그리고 가장 균형되게 형성하여 전체적인 것이 되도록 하는 것die höchste und proportionirlichste Bildung seiner Kräfte zu einem Ganzen"이며, 이 형성을 위해 필요한 첫 번째 조건이 "자유"라고 썼다.[20]

홈볼트의 이런 생각은 오늘날의 관점에서 보아도 현재적 타당성을 지녔다고 여겨진다. 그것은 인간 이해에 있어서나 교양교육론에서뿐만 아니라, 나아가 국가설계에 있어서도 핵심적 사안이다. 국가를 움직이는 것도 그 구성원으로서의 인간이고, 각 개인이기 때문이다.

국가는 국민 한 사람 한 사람이 타고난 고유성 속에서, 그러나 이 고유성에 만족하는 것이 아니라 이 고유성을 더 나은 상태가 되도록, 그래서 스스로 쇄신해 가도록 하는 데 있고, 결국 그 자신의 자유로운 삶을 누리도록 장려하는 데 있다. 이 점에서 국가의 교육정책과 개인의 삶의 목표는 서로 만난다. 자유롭고 독립적인 한 인간으로 성장한다는 것은 그가 인간성의 형식에 어떤 형식을 부여할 수 있는가에 달려 있는 것이다.

그리하여 홈볼트는 인간 본성의 여러 힘을 강조하고, 그 힘의 지속적 계발을 통해 자아와 세계가 상호작용해야 하며, 이 상호작용 속에서 가치와 본질을 강화해 감으로써 인간이 좁은 한계를 넘어 보편적인 목표로 나아가길 희구했다. 그런 개선의 노력이 없다면 인간은, 홈볼트가 적고

---

19 Wilhelm von Humboldt, *Über den Geist der Menschheit*, a. a. O., S. 515.

20 Wilhelm von Humboldt, *Ideen zu einem Versuch, die Gränzen der Wirksamkeit des Staats zu bestimmen*(1792), in: ders., *Schriften zur Anthropologie und Geschichte*, a. a. O., S. 64.

있듯이, 아마 "시들 때가 되어도 자신과 똑같은 생물의 싹을 남길 줄 아는 식물의 현존보다 더 덧없는" 것이 될 것이다.[21]

2) "받아들이고" "짓고" "자기 것으로 만드는"

그렇다면 훔볼트가 파악한 인간의 목표는 무엇인가? 이것은 31세에 쓴 「괴테의 헤르만과 도로테아」(1798)라는 글에 일부 나타나 있다. 괴테의 서사시 『헤르만과 도로테아』(1797)가 출간되고 나서 1년 뒤에 나온 그의 글은 일종의 서평이라고 할 수 있지만, 그보다는 괴테의 작품에 기댄 훔볼트 자신의 예술미학론이라고 해야 할 것 같다.

> 인간을 둘러싼 세계와 그의 내적 자아가 인간에게 제공하는 소재의 전체 덩어리를 그의 모든 예민한 도구를 가지고 자기 안으로 받아들여, 자기활동의 모든 힘을 다해 다르게 형상화하고 전취함으로써, 그 자신의 자아와 세계가 가장 일반적이고 활발하며 가장 일치하는 상호작용에 이를 수 있도록 하는 것.[22]

여기에는 몇 가지 점검할 사항이 있다.

첫째, 훔볼트에게 자기형성이란 곧 자기규정이고, 이 자기규정은 자기실현의 한 방법이다.

둘째, 이 자기형성의 방법은 앞서 적었듯이 예술과 관계한다.

셋째, 자기형성의 방법은 세 단계로 일어난다. 즉 전체 소재를 "자기

---

21 Wilhelm von Humboldt, *Theorie der Bildung des Menschen*, a. a. O., S. 236.

22 Wilhelm von Humboldt, *Über Goethes Hermann und Dorothea(1789)*, in: ders., *Schriften zur Altertumskunde und Ästhetik Die Vasken*, Werke in 5 Bde., hrsg. v. Andreas Flitner/Klaus Giel, Bd. 2, 4 Aufl. Darmstadt, 1986, S. 127f.

안으로 받아들이고sich aufzunehmen" "다르게 형상화하며umzugestalten", 나아가 "전취함sich anzueignen"으로써 "자아와 자연을 가장 일반적이고 활발하며 가장 일치하는 상호작용에 이를 수 있도록 하는sein Ich mit der Natur in die allgemeinste, regste und übereinstimmendste Wechselwirkung zu bringen" 데 있다.

그러므로 자기를 만들어 간다는 것 — 자기교육의 과정은 대상을 받아들이지만, 기존과 동일한 방식이 아니라 다른 방식으로 짓는다는 것을 뜻한다. 그래서 결국 자기 것으로 만들면서 자아와 대상이 하나가 되는 일이다. 이런 식으로 인간은 정신적 힘으로 자기에게 주어진 본성nature의 감각적 부분을 확장시켜 간다.

이 확장과정에는 감각뿐만 아니라 정신이 관여한다. 이 감각과 정신의 영역은 언어를 통해 표현된다. 이 모든 자극은 세계에서 온다. 세계는 자극의 온전한 소재 — 인간을 둘러싼 환경의 전체다. 그러므로 세계는 이 세계와 마주한 인간의 감각과 사고와 언어에 영향을 준다. 그는 이 같은 영향을 그 나름의 질서로 변형시키면서 자기의 자산으로 삼는다.

인간과 세계 혹은 인간과 자연 사이에 일어나는 이 상호관계는 그 자체로 하나의 '자유로운 놀이'이다. (자유로운 놀이개념에는 실러의 영향이 들어 있지 않나 싶다. 훔볼트는 예나 대학 시절부터 여덟 살 많은 실러를 알게 되었고, 이후 이들의 우정은 평생 이어졌다.) 이 놀이는 인간의 능력과 자연의 대상, 상상력과 물리적 세계 사이에서 일어난다. 그것은 인간의 능력을 북돋고 진작하는 의미 있는 사건이다. 상호작용의 놀이가 능력 진작의 중대한 계기가 되는 것이다.

그런데 대상을 자기식으로 받아들이고 형상화하고 전취하는 데서 교양의 의미를 찾는 이러한 시도는 훔볼트보다 약 50년 뒤 인물인 영국의 문화비평가 매슈 아널드Matthew Arnold, 1822~1888에게서도, 물론 사회역사적 배경이나 강조점의 차이는 있는 채, 되풀이된다. 아널드의 교양이념도, 그것이 거대한 변화과정에 있던 빅토리아 시대의 사회역사적 산물이니만큼, 그 시대의 노동운동이나 노동자의 선거권 그리고 공교육의 개선 문제 등과 결부되어 있었다. 그것은 훔볼트의 경우보다 더 구체적이고 현실적이다.

> 교양은 열등한 계급의 수준으로 내려가 가르치려 하지 않고, 자신의 이런저런 파당을 위해 기성의 판단과 구호로 그들을 얻으려고 애쓰지도 않는다. 교양은 계급을 없애려 하고, 모든 사람이 다정함과 빛의 분위기 속에서 살도록 애쓴다. 그래서 교양이 그러하듯이 이념을 자유롭게 사용하여 그 이념으로부터 자양분을 얻지만, 그러나 그것에 묶이지 않도록 한다.[23]

매슈 아널드는 개혁에 동조하면서도 전통적 가치의 진실성을 믿었다. "교양은 열등한 계급의 수준으로 내려가 가르치려 하지 않"아야 한다고 여겼기 때문이다. 그렇다고 그가 기성의 계급제도를 옹호했던 것은 아니다. 그는 분명 쓰고 있다. "교양은 계급을 없애려 하고, 모든 사람이 다정함과 빛의 분위기 속에서in an atmosphere of sweetness and light 살도록 애쓴다."

아널드는 안정된 질서와 안전의 가치를 중히 여겼다. 그는 여러 사람들이 마음대로 행진하고 야유하면서 공공의 안전을 위협하고 기물을 부수는 것을 '무질서'라고 비판했다. 바로 이런 이유로 레이먼드 윌리엄스R. Williams 같은 비평가는 그와 거리를 두었다.

아널드는 사회의 질서를 유지하는 가운데 전통적 유산을 적극로 계승하고자 애썼다. 교양적 유산은 지배계급의 이데올로기가 아니기 때문

---

23 Matthew Arnold, *Culture and Anarchy*, Oxford: Oxford University Press, 2006, p. 52(매슈 아널드, 『교양과 무질서』, 윤지관 역, 한길사, 2016 참조).

이다. 그러면서도 계급과 파당과 편견을 넘어 "다정함과 빛의 분위기 속에서" "살고자" 갈구했다. 이런저런 파당을 일삼으면서 "기성의 판단과 구호로" 대중에 아첨하는 것을 그가 경계했던 것은 그런 이유에서다. 그는 전통적 이념을 자유롭게 수용하여 그 자양분을 얻지만, 그 이념에 포박되길 원치 않았다.

위 인용문에 드러나듯이 아널드는 계급의 구분을 좋게 보지 않았다. 그는 "우리는 하나의 사람이 되어야 한다we should be one people"고 썼다. 그런 점에서 그는 귀족계급의 입장을 대변했던 토머스 칼라일T. Carlyle보다는 개혁적이었던 존 스튜어트 밀J. S. Mill에 가까워 보인다. 아널드는 이렇게 썼다. "각 계급에는 그들이 가진 최상의 자아best self에 대한 호기심을 가진 사람들이 상당수 태어난다."[24] 그러니까 어떤 계급에 속하느냐보다는 "최상의 자아에 대한 호기심"을 갖고 살아가는 게 훨씬 더 중요하다.

만약 보이는 보이지 않는 계급의 완전한 철폐가 항구적으로 불가능한 것이라면 계급철폐의 주장보다 더 근본적인 것은, 어떤 계급에 속하든, 더 나은 삶의 상태를 지향하면서 즐겁게 살아가는 일일 것이다. 이런 일에서 자기형성의 과업 — 교양이란 매우 중요하다. 교양이란 무엇보다 각자에게 주어진 최상의 자아를 추구하는 일이다. 그리고 그것은 인간적 완성을 향해 나아가는 일이기도 하다.

교양은 아널드가 썼듯이 "열등한 계급의 수준으로 내려가 가르치려 하지 않고", 오히려 "완성에 대한 사심 없는 추구with its disinterested pursuit of perfection"이며, 그래서 "최상의 것을 포착하고 그것을 퍼뜨리기 위해 사물을 있는 그대로 보기 위해 노력한다."[25] 이런 생각에는 홈볼트적인 교양

24　Ibid., p. 80.
25　Ibid., p. 61.

이념이 겹쳐 있는 것처럼 느껴진다. 인간성의 조화로움과 발전에 대한 생각이 그렇고, 그런 완성에 대한 추구와 사랑이 그러하며, 이 완성을 향해 '나아간다'는 진행적 성격의 강조가 그러하다. 또 이렇게 추구할 때의 의식적 자발성과 균형 잡힌 지성을 이들이 중시한다는 점에서도 이들은 서로 통한다.

이처럼 훔볼트와 아널드는 인간성의 완성에 대한 추구나 이런 추구의 진행적 성격, 그리고 의식의 자발성과 바른 성격을 가르치는 것이 최고의 교육이라고 믿었다. 자신의 고유성 속에서 스스로 자라나는 것, 그리고 그렇게 자라나도록 노력하는 것은 아마 교육자라면 누구나 강조하는 덕성이라고 할 수 있다. 여기에는 교양을 통해 인간의 과오를 줄이고 현실의 비참을 줄이려는 도덕적 정열이 담겨 있다. 그러면서도 두 사람 사이에는 50여 년의 시간 차가 있는 만큼, 아널드의 글이 좀 더 명징하고, 따라서 덜 관념적이라는 느낌을 준다.

한 가지만 더 언급하자. 위에서 언급한 인간적인 것의 가치란 일단 긍정적으로 파악된 것이다. 그러니만큼 그 인간이해는 단순화된 것이라고 할 수 있다. 왜 인간적인 것의 목록이 반드시 긍정적이어야 하는가는 분명치 않기 때문이다. 인간중심주의에 대한 근대 이후의 되풀이된 비판에서 흔히 보듯이 인간의 이름으로 행해지는 것 가운데 나쁜 것도 많기 때문이다.

하지만 그렇다고 최상의 자아를 위한 교양적 노력이 쓸모없는 것은 아닐 것이다. 그 노력은 특정 사람들에게만 있거나 특정한 계급에만 일어나는 게 아니다. 또 그 노력은 사회적 정의를 위해서나 도덕적 의무여서가 아니라, 그렇게 노력하는 자기자신에게 즐거운 일이기에 하는 것이다. 완성을 향해 나아간다는 현재적 느낌만큼 생생하고 보람 있는 일이 삶에 달리 있는가? 흥미로운 사실은 완성에의 이 형성적 노력을 좀 더 의식적으로, 그래서 본격적으로 장려하는 것이 바로 예술이라는 점이다. 어떻게 장려하는가?

3) 예술경험 — 이론과 실천의 통합

예술의 경험은 단순히 이론적 사안도 아니고, 그렇다고 감성적 사안에 그치는 것도 아니다. 또 실천적인 일에 한정되는 것도 아니다. 예술의 경험에서 느낌과 생각, 감성과 이성은 서로 만나기 때문이다.

이렇게 만나면서 느낌과 생각은 언어를 통해 좀 더 명료한 형식을 얻는다. 이것이 형식화 과정이다. 예술가는 이런 형식에 좀 더 진중한 의미를 담는다. 그래서 흔히 '형상화Gestaltung'라고 말한다. 형식화든 형상화든 모두, 이 둘이 '표현'이라는 점에서는, 일치한다. 결국 형식화와 형상화 그리고 표현화는 상통한다. 어떤 원칙이나 가치의 기준은 이처럼 언어화된 틀 속에서 비로소 자기의 표현을 얻는다. 그 표현 속에서 더 높은 객관화와 명징성의 수준을 획득하는 것이다. 개인적 규칙이나 사회적 규범도 이런 언어화된 의미의 체계를 지칭한다. 행동은 이런 원칙과 기준 아래 행해진다.

예술의 경험은 이 모든 과정 — 감각과 사고와 언어와 행동의 과정을 하나로 이어준다. 예술의 경험이 이론적 이성이나 실천적 이성을 넘어 경험하는 주체로서의 인간을 전全인격적 온전함의 수준으로 고양하는 것은 이런 경로를 통해서다. 이 전인격적 온전함을 훔볼트는 '완전성'이라고 표현했고, 이 완전성의 고양에 예술이 작용한다고 보았다. 예술은 이상적 이념의 세계를 드러내는 까닭이다.

그러나 훔볼트의 이런 예술이해는 거듭 말하여 고답적으로 비칠 수 있다. 또 그가 강조하는 '완전성'이라는 단어는 오늘날의 관점에서 보면 답답할 뿐만 아니라 비현실적으로 여겨지기도 한다. 아도르노는 인격의 통일성이란 셰익스피어의 햄릿 이래 거짓임이 드러났다고 쓴 바 있다. 훔볼트의 예술이해가 전통적 자율주의적 예술관에 근거해 있고, 이 자율주의적 예술관에서는 조화와 통일성, 총체성이나 형식성이 중시되었다. 그리하여 조화를 깨거나 전체적 통일성에 어긋나는 요소들 — 우발적이거나 단편적이거나 충격적이거나 파편적인 요소들은 모두 제거되었다. (이런 부정적 요소들은 사실 모든 현대적인 것의 병적 징후이기도 하다.)

훔볼트는 예술작품에서 독자가 인간성의 이념과 하나가 되는 체험을 하고, 이 일체적 체험을 통해 이상적 이념을 육화하길 바랐다. 그가 말한 교육의 과정이란 이런 이념의 육화과정과 다르지 않다. 그리하여 예술작품은 그에 의하면 인간의 드러나거나 드러나지 않은 능력의 모두를 진작시킨다. 이때의 능력이란 감성이나 이성, 감각이나 논리를 뜻하고, 넓게는 상상력과 표현력까지 아우른다. 예술작품은 이 모든 능력을 북돋고 장려하며 펼치는 데 관여한다. 그렇다는 것은 어떤 행동을 직접 야기하기보다는 자유로운 자기활동을 하도록 중개한다는 뜻에 가깝다. 그러니만큼 독자에 대한 예술의 작용은 매개적이다.

예술의 언어는 근본적으로 간접적이다. ('심미적 형성' 개념은 '예술의 형성'보다 좀 더 넓은 뜻을 갖는다. 예술의 형성이 작품만 대상으로 하는 반면 심미적 형성의 대상은 예술 외에 자연을 포함하기 때문이다. 이에 비해 교육은 보다 일반적인 표현이 될 것이다.) 이런 식으로 훔볼트에게 교양이나 교육 그리고 심미적 형성 개념은 밀접하게 이어져 있고, 서로 비슷한 뜻을 갖는다.

Ⅲ. 예술의 윤리

이제 아도르노의 주체론과 교양론으로부터도 한 걸음 물러나자. 그의 문화산업론과 주체형성론으로부터도 벗어나자.

아도르노의 이론에는, 문화산업론이건 예술론이건, 아니면 주체형성론이나 교양론이건, 기존에 시도된 정치역사적 기획들에 대한 엄청난 피로가 묻어 있다. 그 피로는 개인적이면서 동시에 사회적이고, 실존적이면서 이념적이다. 그것은 흔히 지적되듯이 '문명의 파국 이후 어떻게 학문과 철학과 예술이 기존의 참담한 실패를 딛고 다시 자신의 존재를 정당화할 수 있는가'라는 근본적 물음에 대한 절망적 답변의 모색이다. 내가 새로운 인문적 가치를 말하는 것은 그런 맥락에서다.

1. 비상브레이크 — 휴머니즘 비판

> 99
> 우리가 문명이라고 부르는 것은
> 인간이 스스로 속이는
> 긴 노력 가운데 이룩된 것일지도 모른다.
>
> 로맹 가리(R. Gary), 『하늘의 뿌리』(1956)

지금 여기에 살면서 우리가 현실에 충실하게 되는 것은, 또 충실해야 하는 것은 자명하다. 이 충실 속에서 현실도 제어될 수 있기 때문이다. 삶이 시대지배적인 요소들로 채워지고 유행에만 휩쓸린다면, 그것은 얼마나 가련한가? 인간이 인간 이상이어야 하듯이 우리의 삶도 현실 이상이어야 한다. 그래서 거칠고 비루하며 상스럽고 통속적인 것을 때로는 초월할 수도 있어야 한다. 인간의 존엄은 비루함을 넘어서려는 이 초월적 시도로부터 나오기 때문이다.

그러나 이것은 지금까지 그래 왔듯이 인간적인 것의 가치를 강조한다고 해서 저절로 구현되는 게 아니다. 그런 점에서 전통적 휴머니즘 개념을 비판적으로 고찰할 필요가 있다. 그것은 인간적인 것의 가치란 '태어나면서부터 주어진 것'이라고 가정하기 때문이다.

인간적인 것의 가치는 그렇게 고정된 게 아니다. '가능성'이라는 표현을 쓰는 것도 그런 이유에서다. 인간적인 것의 가능성이 처음부터 주어진 것이라면, 그래서 이미 확정되어 더 이상 변화될 수 없는 것이라면 교육이 왜 필요할 것인가? 그것은 인간 존재에 대한 협소한 이해가 아닐 수 없다. 인간적인 것이 스스로 정의 내린 것 외의 것을 배제하는 것이라면, 그 가치란 인간을 둘러싼 그 밖의 존재에게 쓸모없을 것이다. 우리는 인간적인 것의 가치를 신뢰하면서도 그 자명성을 의문시할 필요가 있다. 여기에는, 리오타르J. F. Lyotard가 지적하였듯이, 비인간적인 것das Inhumane의 개념이 필요하다.

인간은 살과 뼈와 근육과 피로 구성되지만 죽은 후에는 무無로 돌아간다. 마치 태어나기 전의 모습처럼 그는 죽은 후에 '아무것도 아닌 것'이 되는 것이다. 그렇다는 것은 인간의 한 생애라는 것도 '무와 무 사이에 끼인 잠시의 삽화'에 불과하다는 사실을 알려 준다. 우리는 우리 자신의 삶이 잠시의 해프닝이고, 입김 같은 순간의 사건이라는 점을 인정해야 한다. 그리하여 우리에게는 인간적인 것과 이 인간적인 것이 반성하는 비인간적인 것이 모두 필요하다. '반성적으로 인간적인 것das reflektierte Humane'만이 참으로 인간적인 것이다.

이 대목에서 잠시 멈춰 보자. 잠시 멈추는 것은, 벤야민의 의미에서, 삶에 '브레이크를 거는' 일이었다. 그의 독특한 착상 가운데 하나는 혁명을 '비상브레이크'의 역할과 관련지은 것이었다. 오늘날의 디지털 가속도 사회에서 필요한 것 가운데 하나가 바로 이 비상브레이크라면, 이 브레이크 역할을 하는 것이 예술이 될지도 모른다.[26] 예술은 근본적으로 반성적 관조적 비판활동이고, 이 반성과 관조를 위해서는 멈춰야 하기 때문이다.

예술에 대한 믿음은 지성사적 맥락에서 길게는 르네상스 휴머니즘으로부터 시작되고, 좀 더 본격적으로는 독일낭만주의의 자율성 미학으로부터 생겨난다. 하지만 예술은 다른 한편으로 이 휴머니즘도 비판한다. 현대예술의 문제의식은 특히 그렇다. 심미적 경험은 반성 속에서 쇄신의 가능성을 탐색한다. 그런 점에서 윤리적이라고 말할 수 있다. 더 자세히 살펴보자.

2. 심미적인 것의 가능성

앞에서 우리는 현대의 문화가 얼마나 상업화되었고, 이렇게 상업화된 문화시대에 사회는 얼마나 총체적으로 관리되며, 이 관리사회 속의 인간이 얼마나 왜곡되었는지, 이처럼 비틀린 삶에서 어떤 다른 현실은 가능

---

26 이와 관련하여 크리스토프 튀르케 같은 학자는 오늘날의 현실을 '주의결핍문화(Aufmerk-samkeitsdefizitkultur)'라고 부른다. Christoph Türcke, Kritische Theorie zwischen Ästhetik und Theologie, in: *Das Versprechen der Kunst. Aktuelle Zugänge zu Adornos Ästhetischer Theorie*, hrsg. v. Marcus Quent/Eckardt Lindner, Wien/Berlin, 2014, S. 240. 이 대목에서 나는 아도르노의 미학과 비판이론 그리고 신학을 거쳐 온 한 독일학자의 고민이 아시아적 전통에서의 어떤 고민들, 이를테면 경(敬)이나 계신공구(戒愼恐懼) 혹은 학문사변행(學問思辨行) 같은 정신과 이어질 수도 있음을 본다. 이런 생각들은 생명 일반에 대한 존중의 마음(biophilia) 같은, 좀 더 보편적인 맥락에서 다뤄지는 주제들과도 이어질 것이다. 이것은 서구/비서구의 이분법을 벗어나 전 지구적 관점에서 논의되어야 할 인류가치의 재구성 문제와 관련하여 중대해 보인다.

한지, 만약 가능하다면 그것은 어떤 계기 속에서 시도될 수 있는지를 살펴보았다. 주체의 형성과 교양이라는 주제는 바로 이런 물음에 대한 아도르노의 답변이었고, 이것은 '비판적 예술교육론'이라고 불릴 만하다.

이런 논의는 결국 한 가지 — '심미적인 것의 가능성'이라는 문제로 수렴될 수 있지 않을까 나는 생각한다. 그것은 '왜 예술교육이 중요한가?', 혹은 '왜 심미적 형성이 중요한가?'라는 물음이기도 하다. 예술의 경험에서는 주체의 의미심장한 변형이 이루어지기 때문이다.

주체의 변형가능성에 사회의 변화가능성이 상응한다면, 다시 말해 개인의 인성적 변화와 사회의 제도적 변화가 따로 있는 게 아니라 서로 영향을 끼치면서 함께 가는 것이라면, 심미적 경험의 문제는 곧 인성형성적이고(교양교육적 차원) 사회정치적이기도(공적 차원) 하다. 나아가 이 모든 개인적이고 사회적이며 정치적이고 윤리적인 차원은 서로 합쳐진 채 한 사회의 문화를 구성한다.

1) 예술 — 야만과 이성 사이

99

예술은 순수한 본질에
서약하게 하는 시도를 경멸한다.

아도르노, 『심미적 이론』

어떤 이념도 모순 없이 진실되기 어렵다. 그런 만큼 자기주장도, 이것이 진실하다고 자임한다 해도, 때로는 스스로 철회할 용기를 가져야 한다. 말하자면 좋은 실천 자체의 기만 가능성까지 우리는 예상할 수 있어야 한다.

어쩌면 시대와의 불화는 오늘날 불가피하다고 말해야 할지도 모른다. 사회는 더욱 복잡해지고, 이 복잡한 현실에서 각 영역의 요구는 더 높아짐에 따라 각 개인이 선택할 수 있는 여지는 상대적으로 더 좁아지는 까닭이다. 그러니 각자의 이해는 온갖 오해와 불이해의 기나긴 경로를 지나가야 한다. 마찬가지로 진리는 비판의 부단한 매개과정을 거쳐야 한다. 이 힘겨운 과정을 지나가지 못한다면 진보와 발전 그리고 성숙은 당대 현실을 휩쓰는 온갖 상투어 가운데 하나가 될 것이다.

상투적 사고가 관리되는 규율세계에 예속되는 것은 불가피하다. 그러니 이런 예속을 피하려면, 그래서 지배되고 손상되지 않으려면 비판 역시 불가피하다. 이러한 문제의식은 '아도르노적으로 역동화시킬' 필요가 있다. 아도르노적으로 역동화시킨다는 것은 무슨 뜻인가? 그것은 우리의 '사고를 부정변증법적으로 작동시킨다'는 뜻이다. 혹은 사고의 부정적 계기를 활성화해야 한다는 뜻이다.

우리는 현실에 편재하는 모순 속에서 이 모순을 직면하고 이 모순과 대결하는 가운데 자기를 부단히 쇄신시켜 가야 한다. 부정적 사유의 이같은 역동화는 문화산업의 이중성에도 해당된다. 문화산업이 소비자에게 만족감을 건네준다면 이 만족감을 통해 그것이 기존의 권력관계를 은폐하는 까닭이다. 그래서 변함없는 지배에 기여한다.

이에 대하여 아도르노의 부정변증법은 언제나 동일한 것의 되풀이 ─ 저 지루하고 상투적이며 질식할 듯한 반복지체를 문제시한다. 예술은 이 부정적 사유의 반성적 비판을 내면화한 활동이다. 예술의 경험도, 그것이 제대로 기능한다면, 부정변증법적으로 움직인다. 이 움직임 속에서 예술은 삶의 넓이와 깊이를 모색한다. 이런 점에서 그것은 현실에 대한 묘사이고 표현이면서 동시에 하나의 태도이기도 하다. 바로 이 심미적 태도가 중요하다. 이것은 아래 인용문에서도 확인할 수 있다.

급히 떠나가는 것, 그리하여 머물지 않는 것을 객관화하는 예술의 충동은 아마 예술의 역사를 관통해 오는지도 모른다.

예술작품은 더 이상 교환에 의해 손상되지 않은 사물, 품위 잃은 인간의 거짓욕구와 이윤에 의해 망가뜨려지지 않은 것의 대리인이다. … 해방된 사회는 유용성이라는 목적-수단의 합리성을 넘어 있을 것이다.

오직 정신이 가장 진보적 형태로 살아남아 계속 작동할 때만 사회적 전체의 완전한 지배에 거스르는 저항이 가능할 것이다. 인류가 무엇을 청산해야할지 진보적 정신이 알려주지 않는다면 인류는 사회의 이성적 조직을 방해할 야만에 빠져들 것이다.[27]

아도르노 미학과 관련하여 우리가 추구할 목표는, 위 인용문에서 추출해 보면, 뚜렷해 보인다. 그것은 다섯 가지로 요약될 수 있다.

첫째, 예술은 덧없이 사라지는 것을 기록한다.

둘째, '이윤'이나 '교환'에 휘둘리지 않는 것, 그래서 "품위 잃은 인간의 거짓욕구" 속에서 살아가는 게 아니라, "유용성이라는 목적-수단의 합리성"을 넘어 손상되지 않은 참된 무엇을 추구하며 우리는 살아가야 한다. 이 진실의 추구야말로 자유의 실천이기 때문이다.

셋째, 이런 점에서 예술의 부정적 반성적 계기는 체화될 필요가 있다. 그것이 한 사회에서 "진보적 정신der fortschreitende Geist"이 떠맡은 일이다. 이 진보적 정신이 없다면 "사회적 전체의 완전한 지배에 거스르는 저항"은 어렵고, "사회의 이성적 조직"도 불가능하다.

넷째, 그러므로 예술은 총체적으로 지배되는 사회에서 지배되지 않는 정신 — 부정적이고 반성적이며 성찰적인 능력을 길러 준다. 그것은

27 Theodor W. Adorno, *Ästhetische Theorie*, a. a. O., S. 326, 337f., 348.

현실의 야만을 거스르는 진보정신의 배양기다. 이런 점에서 예술은 폐기될 수 없다. 예술이 폐기될 때 인간은 야만으로 나가는 사회의 동반자가 된다.

그러므로 야만이냐 이성이냐의 양자택일 앞에서 야만을 피하고자 한다면, 그래서 이성적 사회로 나아가려면 예술은 불가피하다. 예술은 곧 이성의 길이기 때문이다. 아도르노에게 예술은 곧 이성과 동의어다. 예술의 포기는 야만의 긍정이기 때문이다.

예술은 훼손되지 않는 삶의 가능성을 상상하고 표현하며 복원시킴으로써 훼손되지 않는 것의 원형적 모델 — 어떤 본래적 질서의 투영이 된다. 이 본래적 질서의 투영 속에서 그것은 이윤의 합리주의에 맞선다. 예술의 합리성은 되풀이하건대 도구적 기술적 합리성과는 다른 합리성이기 때문이다. 심미적 이성은 실천이되 이 실천의 기만까지 반성하는 실천이고, 이 실천 속에서 다시 삶의 본래적 생기를 복원하려고 한다.

우리가 얼마나 진실할 수 있는가는 사물화와 이윤관심 그리고 거짓 욕구에 얼마나 부정변증법적으로 저항하는가에 달려 있다. 이 저항의 한 방식은 '예술적으로' 가능하다. 예술은 지배를 부정하는 반反지배 혹은 비非지배의 반성적 이성이기 때문이다. 이것이 심미적인 것의 잠재력이다. 부정변증법적 저항 속에서 우리는 기존현실과 단절하면서 삶의 본래적 생기를 누릴 수 있다.

남은 길은 결국 예술과 이성의 길 — 심미적 이성의 길인지도 모른다. 심미적 이성은, 그것이 철학적 사유에 의해 추동된다는 점에서 '이성적'이고, 이 이성이 개념적 논증이 아니라 구체적 경험과의 접촉 속에서, 이 경험을 형상화한 예술작품 속에서 이뤄진다는 점에서 '심미적'이다. 우리는 예술을 통해 삶을 사유하고, 예술의 이 이성적 성찰 속에서 훼손되지 않은 현실의 인간적 가능성을 다시 모색할 수 있다.

2) 심미적 태도의 윤리성

99

전설 같은 더 나은 미래에서조차 예술은
축적된 공포에 대한 기억을 거부해선 안 될 것이다.

아도르노, 『심미적 이론』

앞의 1장에서 나는 주체의 재구성 방식으로 여섯 가지 요소들 ─ 자기규정과 개방성, 모순의식과 비강제성, 부정성 그리고 반성성을 언급했다. 이것은 어떻게 마련될 수 있는가? 이에 대한 대답이 물론 여러 가지일 수 있다.

이에 대한 아도르노의 대응방식은 직접적이지 않다. 일목요연한 답변이 있는 것도 아니다. 차라리 현대사회의 변화가능성에 대한 그의 전망은 암울하고 비관적이었다. 그러나 다른 한편으로 이런 문제에 그가 글로 천착했다는 사실 자체가 그런 변화에 대한 희망의 끈을 놓지 않았다는 뜻도 된다. 좀 더 나은 미래, 좀 더 나은 현실의 가능성이 없다면 왜 쓸 것인가?

모든 쓰인 것은 그 자체로 사회적 참여이자 저항의 표현이다. 나의 논의는 아도르노의 이런저런 책과 논평을 읽으면서 내 식으로 정리한 것에 불과하다. 주체구성의 방식에도 물론 여러 가지가 있겠지만, 나는 그것이 심미적으로 가능하지 않을까 생각한다.

우리는 추상적이거나 개괄적으로가 아니라 구체적으로 사고해야 한다. 그렇다는 것은 삶의 세부에 주목해야 한다는 뜻이다. 이 생활의 세목들 ─ 그 주변의 사연을 묘사할 뿐만 아니라 그 권리를 옹호하는 것이 바로 예술이다. 예술은 관리되는 세계에서 억압받는 것의 권리 편에 선다. 그리하여 덧없는 것을 상기하고, 이 상기 속에서 우리는 오늘날의 물신화 ― 자본주의 상품사회의 보편적 사물화를 벗어날 수 있다.

여기에서 드러나듯이 도덕에 대한 예술의 관계란 올바른 명제를 공표하거나 설교하는 데 있지 않다(이것은 도덕 교과서나 윤리학의 일이다). 또 도덕적 영향력과 내용을 개념적으로 논의하는 데 있지도 않다(이것은 철학의 일이다). 그것은 억눌리고 잊히고 배제된 것의 기억과 기록과 표현을 통해, 또 그렇게 표현된 작품에 대한 독자의 수용 속에서 이뤄진다. 이 수용에서 거칠고 조야하며 무례한 것은 검토된다. 이것이 반성의 과정이다.

우리는 예술에 기대어 자기 삶에 대하여, 또 우리 사는 사회에 대하여 성찰적 관계를 갖는다. 이 성찰 속에서 대상은 기존의 형태대로 받아들여지는 게 아니라, 수용자가 세운 기준과 책임 아래 재평가받는다. 이때 작용하는 것이 심미적 판단이다.

예술이 아도르노가 말한 대로 훼손되지 않은 것의 생생한 복원을 지향한다면, 예술의 이 약속을 통해 우리는 현실의 통속성과 천박성 그 너머의 세계로 나아갈 수 있다. 그런 점에서 예술의 호소는 일정한 태도를 보여 준다. 어떤 태도인가? 그것은 좀 더 나은 세계를 지향한다. 그런 점에서 윤리적이다. 예술은 야만과 이성 사이에서 어떤 윤리적인 길을 모색한다. 그렇다면 이 윤리적 요소는 어떤 계기에서 나타나는가?

나는 이것이 세 가지 점에서 가능하다고 생각한다. 첫째, 예술의 경험에서 주체는 '비동일적으로 구성되기' 때문이고, 둘째, 예술이 가진 '내재적 성찰의 비강제적 계기' 때문이며, 셋째, 이 비강제적 계기 속에서 현실을 부단히 검토하고 반성하는 가운데 '좀 더 나은 삶으로 옮아가기' 때문이다. 그러니까 이런 논의는 앞서 언급한 주체구성의 여섯 가지 재구성 방식을 다시 심미적 경험의 차원에서 서술한 것이다.

이런 식으로 예술의 주체는 인간적 비인간적 전체 지평으로 나아간다. 그리고 바로 이 점에서 예술은 윤리적일 수 있다.

ㄱ. 비동일적 주체구성

심미적 경험의 대상은 크게 보아 자연과 예술이지만, 주된 대상은 아무래도 예술과 예술작품이라고 할 수 있다. 자연이 세상에 널려 있는 데 반하여, 그리고 이렇게 널려 있기 때문에 느슨하게 여겨지는 데 반하여, 예술작품은 시집이나 소설집, 아니면 화집이나 악보 혹은 CD 등의 압축된 형태로 담겨 있다. 그러니만큼 그 속에 담긴 내용은, 삶에 대해서건 인간에 대해서건, 정선되어 있다. 바로 이 압축성 혹은 밀도 때문에 수용자에 대한 영향력에서도 효과적일 수 있다.

심미적 경험이 중요한 것은 그 경험 속에서 주체와 객체 사이에 독특한 상호작용이 일어나기 때문이다. 이 상호작용은 일종의 변증법처럼 펼쳐진다. 왜 상호작용이 '독특하고', 왜 '변증법적'인가?

심미적 경험의 대상을 예술작품으로 한정시켜 보자. 나/수용자는 작품 속에서 새 인물과 사건과 현실을 만난다. 그리고 이 대상을 이런저런식으로 경험한다. 그런데 이때의 경험내용은 기존과는 '다른' 무엇이다. 즉 동일적인 것이 아니라 비동일적이다. 예술의 경험은 근본적으로 비동일적인 것과의 낯선 경험이다. 우리는 예술작품을 통해 지금까지는 없던 것을 '생애 처음으로' 경험한다. 이 낯선 경험의 내용이 물론 무덤덤하게 느껴질 수도 있다.

하지만 좋은 작품의 경우 그것은 어떤 파문을 일으킨다. 그리고 이때의 파문이 감동일 수도 있다. 이 경우 그 경험은 주체의 감각과 사고를 쇄신시키기도 한다. 이런 감각과 사고의 내용을 언어로 표현하면 좀 더 분명해진다. 그리하여 우리의 사고는 표현 속에서 좀 더 높은 단계의 명징성의 단계 ― 더 높은 객관성의 수준으로 옮아간다.

이렇게 옮아가는 과정은 곧 감성과 사고와 언어가 정제되고 순화되어 가는 과정이다. 이 정제화과정 속에서 감각은 더 섬세해지고, 사고는 더 정밀해진다. 이것은 되풀이하여 강조하건대 심성의 억압과정이 아니라 승화과정이다. 예술의 경험은 문화산업에서 흔히 나타나듯이 삶의 표준화/사물화/상업화/획일화를 초래하는 게 아니라 그 다채로움을 야기한다. 그러니만큼 그것은 고양의 과정이다. 이처럼 심미적 경험은 현실을 호도하는 게 아니라, 지금까지와는 다르게 경험케 한다.

그리하여 심미적 과정 속에서 영혼과 육체는 좀 더 높은 수준으로, 그래서 좀 더 나은 방향으로 옮아갈 수 있다. 그 방향이란 보편성이 될 것이다. 이 보편성의 영역에 진선미도 자리한다. 경험의 이 같은 승화야말로 말의 참된 의미에서 주체의 자유로운 변형과정이다. 심미적 과정의 정제과정은 곧 영육의 정련화 과정Verfeinerungsprozess이 아닐 수 없다.

하지만 이 과정이 처음부터 정해져 있거나 일목요연한 것은 아니다. 또 그것이 외부로부터 강제된 것도 아니다. 그것은 모순과 난관과 역설을 관통하면서 현실의 이런저런 이면을 돌아보게 한다. 그러면서 주체는 자기를 교정해 간다. 이러한 교정과 변화는 이미 있는 것의 상투적 되풀이가 아니라, 전혀 새롭고 낯선 경험과의 해후 속에서 힘겹게 이뤄진다.

이 복잡다단한 경험 속에서 주체는 자신의 영육을 조금씩 변형시켜 간다. 이 자기변형의 과정은 곧 진선미의 교육과정이고, 보편적 가치로의 도야과정이다. 그리하여 심미적인 것의 잠재력은 비동일적으로 재구성되는 것이다.

ㄴ. 내재적 성찰의 비강제적 계기

오늘날의 계몽이 단순히 역사적 계몽의 도구적 이성이 아니라 성찰적 이성이어야 한다면 이성의 교정은 내재적으로 이뤄져야 한다. 즉 외부로 향하기 전에 자기부터 실천적이어야 한다. 성찰적 계몽의 내재적 교정도 물론 여러 관점에서 접근할 수 있다. 그러나 그것은, 나의 판단으로는, 예술에서 가장 탁월하게 실행될 수 있지 않나 싶다.

배제된 것들의 복원은 아마도 예술에서 가장 권고할 만한 방식으로 실현될 수 있을지도 모른다. 그것은 더 구체적으로 예술의 경험에서 가능하다고 할 수 있다. 예술의 창작이 예술가 본인에게만 한정되어 있는 반면, 예술의 경험은 더 많은 수용자 사이에서 좀 더 광범위하게 그리고 열린 형태로 이뤄지기 때문이다. 나아가 그 복원은 예술을 포함하는, 그래서 예술을 일부로 하는 더 넓은 개념으로서의 '심미적인 것'에서 가능하다. 예술이 작품만을 대상으로 한다면, 심미적인 것은 예술작품 외에 자연의 모든 사물을 대상으로 하기 때문이다.

앞서 보았듯이 문화산업적 산물에 저항할 수 있는 하나의 원천은 아도르노에 따르면 예술의 자율성 — 자율적 예술의 힘에서 온다. 예술은 사물화된 현실에서 이 현실에 한편으로 제약되면서도 다른 한편으로 그 자율적 성격으로 인해 이 현실과 거리를 둘 수 있다. 예술의 이러한 자율적 부정성은 작품을 경험하는 개인에게도, 이 개인이 의식하건 의식하지 않건, 전해진다. 예를 들어 소설을 생각해 보자.

소설에서 묘사되는 인물과 스토리를 읽으며 독자는 작품 속의 사건을 생각하면서, 이렇게 생각하고 있는 자신의 현실도 돌아본다. 그러면서 자기 삶을 이런저런 식으로 꾸려 간다. 이렇게 꾸려 가는 것이 어떤 경우, 작품에서의 인상적인 장면이나 사건이나 작가의 통찰과 만나면서, 보다 적극적으로 행해질 수도 있다. 감동을 받는다면 작품의 파급력은 더 클 것이다. 이때의 변화는 수용적 주체의 태도가 적극적이면 적극적일수록 더 크게 나타날 것이다. 등장인물의 고통에 대한 독자의 인식이나 공감 혹은 연민의 능력도 이때 작용한다.

독자의 이 같은 예술경험에는 내재적 비강제적 계기가 들어 있다. 독자가 느끼는 것은 어떤 타인이나 집단이나 사회 속에서가 아니라 그 자신의 마음 안에서 일어난다. 그러니만큼 그것은 '내재적'이다. 이 내재적 느낌은 외부로부터 강제된 것이 아니라, 그 자신이 원하여 일어난 것이다. 그런 점에서 '자발적'이다. 느끼거나 생각하는 심미적 경험의 그 모든 순간에도 억지나 강요, 명령이나 지시는 결코 개입하지 않는다. 예술경험은 근본적으로 내재적이고 비강제적으로 이뤄진다. 심미적 경험이 '독특하다'고 하는 것은 바로 이런 이유에서다.

이 내재적 비강제적 자발적 계기 속에서 독자는 작품을 경험하는 가운데 자기자신과 자신의 삶 그리고 현실과 세계를 다시 돌아본다. 그런 점에서 그것은 실존적이고 성찰적이다. 자아의 변화는 주체의 이 반성적 검토로부터 생겨날 수 있다. 마르크시즘 문예이론은 사회의 근본 틀을 강조하는 가운데 그 틀 안에서 움직이는 개인의 이 같은 실존적 차원을 등한시한다.

예술의 경험이든 자연의 경험이든, 모든 심미적 경험은 수용자 주체의 몸이 갖는 느낌에 의해 일어나고(1차), 이 느낌은 사고로 이어지며(2차), 이렇게 사고된 것은 언어로 표현된다(3차). 한 사람의 가치기준이란, 그것이 감각과 사고를 결정화結晶化한 언어의 형태를 띨 때, 더 견고해진다. 행동의 실천적 가능성은 그다음에 온다. 그러니까 생활의 변화는, 심미적 경험이 보여 주듯이, 느낌에서 생각이 이어지고, 이 생각에 표현이 잇따르며, 이렇게 만들어진 표현들이 행동을 위한 가치기준으로 자리할 때, 마침내 생겨난다.

이 크고 작은 변화는 마치 고리처럼 서로 연결되어 있다. 이 고리에서의 변화는 점진적으로 일어난다. 심미적 경험의 점진적 변화는 주체가 대상의 어떤 점을 본받고 따르는 가운데 — 그 점에서 '미메시스적'이다 ― 일어난다. 예술가가 현실을 묘사할 때 일어나는 모방이 일차적 미메시스라면, 이렇게 만들어진 예술가의 작품을 독자가 읽고 느끼면서 생각하는 가운데 본받고 배우는 것은 이차적 미메시스라고 할 수 있다. 예술에서 일어나는 경험은, 예술 창작에서든 예술 수용에서든, 이처럼 비강제적이고 자발적이다.

계몽의 신화화 이후 주어진 과제가 '총체적 관리사회와 이 사회의 동일화하는 사고에 우리가 어떻게 저항할 것인가', 그래서 '순응적 개인의 타율적 상태를 어떻게 고쳐갈 수 있는가'에 있다고 한다면, 심미적 경험의 자발적 계기는 오늘의 왜곡된 경험을 복원하는 데 기여할 수 있을 것이다. 예술은 삶을 실재적 다양성과 복합성 속에서 있는 그대로의 모습으로 느끼고 생각하게 하기 때문이다. 심미적 주체는 느낌과 사고의 이다른 경험을 삶의 변형적 에너지로 전환시킬 수 있다.

그리하여 심미적 경험은 현대의 개인이 문화산업의 생각 없는 소비자로부터 탈신화적 계몽의 비판적 주체로 변해가는 데 어떤 역할을 할 수도 있다. 예술은 비강제적 자기변용 속에서 성찰적 계몽을 그 나름의 방식으로 수행해 가는 것이다. 이것이 심미적인 것의 잠재력이다.

ㄷ. 자기변형의 상승적 방식

주체가 심미적 경험을 통해 더 나은 삶을 모색하고 그런 상태로 옮아간다는 것은 그가 그만큼 '윤리적'이라는 뜻이다. 그가 옮아가는 방향은 더 높은 곳이기 때문이다. '더 높은 곳'이란 되풀이하건대 좀 더 진실하고 선하며 아름다운 데다. 따라서 그것은 진선미가 자리하는 공간이라고 할 수 있다.

진선미에서 완전한 모델을 상정하기란 간단치 않다. 하지만 이것을 단순화하여 올바름의 보다 낮은 단계로부터 더 높은 단계로 옮아가는 경우로 볼 수 있다. 이런 옮아감을 우리는 '상승적 이행'이라고 규정할 수 있다. 이런 이행에서 주체는 좀 더 나아가기 때문이다. 나아가면서 그것은 더 높은 곳을 향해 있기 때문이다.

이런 상승적 이행을 통해 심미적 경험은 지극히 개인적이면서도 사회적이고, 사회역사적이면서도 실존적으로 전개된다. 여러 차원이 뒤엉키면서 정반합적으로 상호 충돌하는 가운데 좀 더 나은 상태로 지양-고양-승화되기 때문이다. 심미적 경험의 '변증법'을 말할 수 있는 것은 이런 이유에서다. 그러므로 심미적 주체가 자기를 갱신해 가는 것은 윤리적 상승의 실천과정이다.

문화산업에 대한 대항은 먼저 사회제도적이고 정치적으로 이뤄져야 함은 말할 나위도 없다. 그러나 나의 글에서 초점은 개인적 대응의 좀 더 작고 미묘하며 사소한 어떤 가능성들이었다. 문화산업의 메커니즘이 강탈하는 것이 바로 이 개인적 경험의 미묘한 능력이기 때문이다. 그런 점에서 윤리적 이행에서 시작은 주체의 자기인식이고 자기규정이다. 그것은 내가 나를 어떻게 생각하고 규정하는가의 문제다.

이 개인적 능력 속에서 주체는 현실과 그 나름으로 만나고, 세계를 그 자신의 방식으로 경험하고 해석하며 전취한다. 오늘날의 상품사회에서 우리가 잃어버린 것은 바로 이 능력 ─ 강제되지 않은 그 나름의 자기이해와 현실 전취의 내밀한 능력이다.

이 능력은, 다시 칸트에게 기대어 말하자면, '자기자신의 이성을 사용하는' 데서 생겨나기 시작한다. 이것은, 되풀이하여 강조하건대, '심미적으로 구성되어야' 한다. 다시 말하여 예술경험 속에서 차근차근 습득되어야 한다. '차근차근 습득된다'는 것은 느낌에서 생각으로 이어지고, 이 생각은 언어로 표현되며, 이 표현을 통해 행동의 가능성이 검토된다는 뜻에서다. 자유로운 문화나 성숙한 사회의 가능성은 심미적 경험의 비강제적 형성가능성에서 온다.

　이 심미적 태도를 우리는 앞서 언급했던 '움직임과 멈춤의 변증법'으로 다시 풀어쓸 수도 있다. 즉 관련 사안에 대하여 한편으로 부정변증법적으로 대응하면서도, 다른 한편으로 이런 대응을 멈추기도 해야 한다. 반성적 거리는 이 중단에서 생겨난다. 그렇듯이 대상에의 집중과 거리두기는 부정변증법적 대응에 필요하다.

　그리하여 우리는 현실에 한편으로 집중하면서도 다른 한편으로 사무사의 빈 마음으로 대하는 것, 그래서 훼손되기 이전의 근원적 이미지를 떠올리면서 타자의 전체성으로 나아갈 수 있다. 타자성에 대한 기억을 통해 오늘의 삶을 교정하는 것은 그런 전진에서 이뤄질 것이다. 이 지속적 교정을 통해 닿아야 할 곳은 아마 화해와 평화의 지평일 것이다. 이곳을 향해 우리는 노력과 기다림 속에서 전력투구해야 한다. 한편으로 노력하면서 다른 한편으로 인내 속에서 기다리고, 한편으로 기다리면서 다른 한편으로 또다시 노력해야 한다. 아도르노가 『계몽의 변증법』 끝에 이르러 강조한 것도 '헌신'이나 '성찰', '화해'와 '기다림'이라는 가치였다.

　다른 현실을 향한 예술의 추구는 좀 더 나은 사회를 바라는 사람에게 하나의 바른 태도가 될 만해 보인다. 삶은 저열하고 비루하지만 우리는 이 비천하고 통속적인 현실을 넘어서야 한다. 변증법적 반성이 필요한 것도 이런 이유에서다.

ㄹ. 더 넓은 세계의 다른 가능성

　우리는 반성적 비판의 변증법을 통해 여하한 물신화-사물화-획일화-표준화를 넘어설 수 있을까? 사물화에 대한 예술의 저항은 관념적으로 이데올로기적 차원을 넘어서는 일이고, 행동적으로 억압적 타율성을 벗어나는 일이며, 생활적으로 키치적 통속성을 극복하는 일이다.

예술의 유토피아가 단순히 메시아적 구원이나 초월적 내세를 약속하는 데 있지 않다면, 그래서 지금 여기에서 오늘을 비판하는 가운데 더 나은 가능성을 모색하는 것이라면, 우리는 심미적인 것의 내재적 비강제적 계기에 기댈 수 있다. 이 계기에 배인 자기변형의 윤리적 방법으로 현실을 쇄신해 갈 수 있는 것이다. 그러므로 심미적 태도는 곧 현실에 대한 대응방식의 하나이면서 삶의 권고할 만한 자세가 된다. 그것은 문명과 야만 사이에서 더 나은 삶을 향한 이성적 가능성을 모색하기 때문이다. 그런 점에서 심미적 판단의 훈련은 곧 비판의 윤리성 훈련이다.

아도르노 이후 예술과 문화에서의 과제를 우리는 심미적 경험에서, 심미적 경험에서 이뤄지는 비동일적인 것과의 만남에서 적극적으로 활성화할 수 있다. 그 과제란, 다시 요약하건대, '교양의 변증법'이고, '심미적 경험의 부정변증법'이다. 교양의 변증법이 교양의 현대적 타락 이후 그 재생가능성을 타진하는 것이라면, 심미적 경험의 부정변증법은 예술경험에 기대어 주체를 만들면서 부정변증법적으로 현실에 대응하는 것, 그리하여 차이에 대한 감각을 익히고 그 차이를 존중하는 데로 나아간다.

이 대목에서 나는 아도르노에게 부정변증법적 에너지를 배우는 것만큼이나 이 부정으로부터 거리를 유지하고 싶다. 부정과 비판이 나쁘다거나 틀렸기 때문이 아니라, 그것만으로 불충분하기 때문이다. 그가 강조하는 부정과 비판만으로는 오늘의 복잡다단한 갈등과 중첩적 모순이 해결되기보다 증폭될 수도 있기 때문이다. 우리의 관점은 더 세심하고, 복합적이며, 유연해야 한다.

그리하여 우리는 좀 더 넓은 세계로 나아가야 하고, 이 넓은 세계의 다른 가능성을 염두에 두어야 한다. 이 다른 가능성의 드넓은 관계망을 염두에 둘 때 우리는 굳이 의식하지 않아도 심정적으로 더 너그러울 수 있고, 의식적으로 덜 편견에 찰 수 있지 않은가? 바로 이 지점에서 퇴계 선생이 말한 성誠이나 경敬의 태도 — 성심성의로 대상을 대하고, 존중과 존경의 마음으로 사람을 대하는 일이 필요할지도 모른다. 아니면 생명에의 외경심Ehrfurcht도 필요할 것이다. 김우창 선생이 언급한 '자기반성적 문화'도 이와 관련되어 있다.

그러나 이 자기반성적 이성의 문화로 나아가기 위해서라도 지금의 우리에게는 아도르노의 부정변증법적 사유가 필요불가결해 보인다. 반성적 성찰문화가 저절로 실현될 순 없다. 그것은 사회구성원 모두가 오랜 시간에 걸쳐 자신을 단련해 가야 하고, 사회전체적으로도 제도나 공적 광장이 더 투명하고 공정하게 구성되는 것을 전제한다. 그런 점에서 현실에 대한 엄정한 검토는 불가피하고, 이 검토에 부정과 비판은 절대적으로 필요하다. 우리는 이것을 '비판적 형성론' 혹은 '부정변증법적 예술교육론'이라고 부를 수 있을까?

IV. 자율적 삶으로 — 결론

"

질이 떨어질수록 칭찬의 정도는 커진다. …
현실을 지옥으로 묘사하는 것은 물론 수상쩍지 않다.
그러나 그런 현실을 깨부수고 나오자는 것은 상투적 권유다.

호르크하이머/아도르노, 『계몽의 변증법』(1947)

문화가 단순히 인간활동의 그저 그런 산물이 아니라 의미 있는 산물이라면, 이 의미란 아마 현상status quo을 넘어가는 데 있을 것이다. 현재 상태를 넘어간다는 것은 삶의 경직된 질서에 저항하고, 그 질서에 이의를 제기한다는 뜻이다.

그렇다면 이 문화의 주요활동으로서 예술이나 철학 그리고 교양이 행하는 역할도 그와 비슷할 것이다. 즉 예술이 자율적 구조 속에서 사회에 대항하는 것은 철학이 비판적 성찰로 타율성에 대한 저항하는 것과 크게 다르지 않다. 나아가 예술과 철학의 이 성찰적 비판활동은 곧 교양의 내용이기도 하다. 교양은 감정과 의식을 물신화하는 문화산업적 영향력에 맞서 자기의 주체성을 자율적이고 책임 있게 조직해 가는 일이기 때문이다.

결국 주체의 형성과 이성의 활동, 예술과 철학의 기능과 교양교육의 과정, 그리고 문화의 방향은 서로 긴밀하게 이어져 있다. 그 모두는 각자의 고유성 속에서 서로 구분되면서도 동시에 구분되기 어려울 만큼 서로 얽혀 있는 것이다.

다시 강조하자. 예술과 철학, 교양의 의미와 목표 그리고 문화의 과제는 아도르노적 맥락에서 서로 만난다. 그 접점의 이름은 무엇일까? 이 다른 영역들 사이의 공통점은 어디에 있는가? 그것은 사물화된 의식과의 거리두기이고, 이 거리두기의 목표는 자율적 개인의 자유라고 말할 수 있다.

1. 동일화 사고를 넘어

근대 자본주의 사회가 동일성의 원리 아래 움직인다면 예술은 기존 범주에 없는 그 무엇 ― 환원될 수 없고 환산시키기 어려운 목록들을 발굴해 내고, 이 이름 없는 것들에게 이름을 지어줌으로써 자기 안으로 끌어들인다. 그러나 이러한 포용은, 정치적 기획에서 일어나듯이, 대상을 '지배'하기 위해서가 아니다. 그것은 대상을 '이해'하고 받아들이기 위해서다.

예술의 표현은 낯선 대상을 끌어들여 그것을 억누르고 그에게 명령하기 위해서가 아니라, 그 낯섦을 이해하고 그 이질성을 인정하며 그와 어울리기 위해 시도된다. 이것이 심미적인 것의 화해 지향이다.

그리하여 예술작품에는 교환불가능한 타자성의 원형적 이미지가 어려 있다. 이 이미지야말로 진실의 조각들이고 진리의 파편이다. 이 파편은 그러나 지금 여기에 없거나 잘 보이지 않는다. 그것은 비존재자의 모습이기 때문이다. 이 비존재자를 예술작품은 기억과 형상과 표현 속에서 오늘의 지금 여기로 불러들인다. 예술이 사물화 때문에 '훼손되어 버린 삶의 훼손되지 않은 대리인'이 되는 것은 이런 맥락 속에서다.

심미적인 것의 가능성은 이 다른 것과의 관계 속에서 존재하고, 이 다른 지평 속에서 자신의 정당성을 구한다. 이렇게 구하려는 노력 ─ 이미 '구한 것'이 아니라 '구하려고 부단히 애쓰는 것'에 예술의 진정성이 있다. 그리하여 예술의 운동법칙은 존재보다 생성에 더 가까이 자리한다. 그것은 이미 있는 것을 상정하는 게 아니라 만들어 가는 데 의미를 두는 것이다. 이것은 계몽주의 사상의 핵심으로 '존재'보다 '생성'을 우선시한 에른스트 카시러E. Cassirer의 관점과도 통한다고 할 수 있다.

예술의 진실은 생성의 진실이다. 예술은, 그것이 생성하고자 애쓰고, 이 생성을 향해 나가고자 한다는 데서 진실하다. 예술의 진실은 진실 자체가 아니라 진실하고자 하는 점근법적 고투苦鬪에 있는 것이다. 이 형성적 노력 속에서 예술은 존재하지 않는 것들 ─ 비존재적이고 타자적이며 이질적인 것의 영역으로 나아간다.

그러나 예술의 이 진실한 노력마저 거짓일 수 있는 것이 오늘날의 세계다. 현대사회의 삶은 이미 언급하였듯이 사물화되어 있고, 그 문화는 상업화되어 있기 때문이다. 오늘의 삶을 끌고 가는 것은 수익최대화의 원리이기 때문이다. 여기에서는 거짓도 거짓이고, 참도 거짓일 수 있다. 그렇듯이 예술이나 문화도 자기기만의 혐의를 지우기 어렵다.

거짓된 세계에서 선의마저 거짓될 수 있는 것이라면 우리는 이 세계에서 거짓되지 않기 위해 계속 묻지 않으면 안 된다. 심미적인 것의 가능성은 바로 이 물음에서 출발한다. 참된 물음은 다름 아닌 자기자신으로부터 시작한다. 그것은 지금 여기에 살아 있는 나의 느낌으로부터, 이 느낌이 가진 사고와 그 판단으로부터 시작되기 때문이다. 그런 점에서 예술의 방법은 근본적으로 개별적이고 비강제적이며 자발적이고 비폭력적이며 화해적이다.

예술은 다른 누구가 아니라 나 자신의 느낌과 체험에서 시작하기에 '개별적'이고, 그 누구도 작품 감상을 강요하지 않기에 '비강제적'이며, 그러면서도 감상자 자신의 느낌과 생각을 북돋기에 '자발적'이고, 개인의 이 공감을 보다 넓은 연대적 지평 속에서 드러내 보이기에 '화해적'이다. 예술은 대상과 비지배적으로 만나고, 이 대상을 비동일적으로 이해한다. 이 같은 이유로 예술의 각성과정은 느리고 우회적이다. 그 때문에 오래 걸리기도 한다. 또 그런 각성의 내용이 모호하여 사이비로 오해받을 때도 있다. 그러나 반드시 그런 것만 있는 것은 아니다.

그 어떤 것도 명령하거나 강제하지 않으면서도 자기 스스로 그리고 타자와 더불어 부단히 개선해 가고자 한다면, 이것이 어떻게 예술의 자율성 없이 가능할까? 더 이상 폭력을 행사하는 것이 아니라 비폭력 속에서, 미움과 증오를 부추기는 게 아니라 이해와 화해 속에서 어울리며 살아가고, 그러나 이 상호이해 속에서도 삶의 현재에 안주하는 게 아니라 그 현존적 상태를 부단히 쇄신시키고자 할 때, 어떻게 심미적인 것의 자

2. 고요와 화해와 평화 ─ 절제와 유보 속에서

"아우슈비츠 이후에 시를 쓴다는 것은 야만적이다"라는[28] 아도르노의
유명한 테제는 이제 널리 회자되는 상투적 문장이 되어 버렸지만, 역사
적 문명의 파국 앞에서 그가 보인 입장은 아직도 그 타당성을 상실하지
않은 것으로 보인다. 그것은 이중적이다. 그의 말에는 시와 예술과 철학
이 이제 더 이상 할 수 있는 게 없다는 도저한 탄식이 들어 있다. 그러면
서도 그 탄식은 다른 한편으로 여전히 '언어'로 표현되어 있다. 아무것도
표현할 수 없다는 고통이 언어로 정식화되어 있는 것이다.

1950~1960년대를 지나면서 독일사회는 경제적 풍요를 구가하게 되
었지만, 이 물질적 번영과 풍요에도 불구하고 정신과 문화는 여전히 빈
곤했다. 그것은 후기자본주의 체제 아래 광범위하게 실현된 문화의 상업
화와 사물화 때문이었다. 따라서 상업화된 대중문화에 대한 비판은 필요
불가결했다. 그리고 이 비판은 새로운 정신과 문화의 재생을 위한 것이
었다. 그리하여 아우슈비츠 이후 시의 불가능성에 대한 고백은 학문과
사유와 지식의 근본적 자가당착에 대한 환멸이자 그 무기력의 인정이면
서도 동시에 새로운 정신문화의 재생을 위한 절박한 촉구이기도 했다.

아도르노의 미학적 목표는 한마디로 이윤 강제의 사물화된 생활세계
를 벗어나는 삶의 공동체로 나아가는 일이고, 이 목표를 위해 비판과 부
정을 멈추지 않는 일이다. 그런 중심에는 부정변증법적 사유가 자리한
다. 부정변증법적 사유란 두 가지의 운동 ─ 대상에 대한 비판과 이 대상

---

28 Theodor W. Adorno, *Kulturkritik und Gesellschaft I*, a. a. O., S. 30.

을 비판하는 자기에 대한 비판의 이중운동으로 구체화된다.

호르크하이머는 아도르노에 대한 추도사에서, 아도르노가 이론을 행위에 성찰적으로 적용하기보다는 증거로 내세우는 집단을 거부했다고 적은 바 있지만, 아도르노의 비판적 사회학이 지향했던 궁극적 목표는 주체의 책임 있는 행동이었다. 이런 행동에 필요한 것이 다름 아닌 '주체의 자율성과 자기규정성의 강화'였다. 그는 공적 지식인으로서의 학문활동을 통해 사회정치적 현실인식을 견지하고자 했다.

아도르노는 말년에 이르러, 그때는 1960년대였는데, 교양의 붕괴와 야만적 무질서의 진전을 염려했다. 그러면서도 저 방대한『심미적 이론』의 마지막에서 그가 되풀이하여 염원한 것은 "화해와 평화 그리고 고요 Ruhe"였다.[29] 아마도 그 반대편에는 폭력과 억압, 강제와 사물화의 소란이 자리할 것이다. 고요는 화해와 평화를 촉진하는 매개체가 될 것이고, 이성적 비판문화는 예술의 이런 활동을 보장하는 공적 조건이 될 것이다.

하지만 아도르노가 고요나 화해나 평화를 강조했다고 해서 유토피아적 낙원 상태를 그저 낙관했던 것은 아니다. 그는 조용한 평화의 이 화해로운 삶이 쉽게 오리라고 믿지 않았다. 그는 이렇게 썼다. "유목민이나 곡예사처럼 모든 사람이 찾고자 했던 평화나 고향 그리고 자유를 표현했던 사람들에게 고향에 대한 권리는 거부되었다. 사람은 자신이 두려워하는 것을 겪는다. 마지막 휴식마저 그 어떤 휴식도 아니다."[30]

영원한 평화나 고향 그리고 자유는 이제 이 세상에는 없다. 어쩌면 인간이라는 종의 현실에는, 그것이 어떤 사회이고 어떤 공동체이든, 그런 낙원적이고 전원시적인 술어가 어울리지 않을지도 모른다. 설령 있다

---

29 Theodor W. Adorno, *Ästhetische Theorie*, a. a. O. S. 374.

30 Max Horkheimer/Theodor W. Adorno, *Dialektik der Aufklärung*, a. a. O., S. 208.

고 해도 그것이 공짜로 주어지는 것은 결코 아니다. 지금 여기에 있는 것을 존중하지만, 그렇다고 실현되어야 할 모든 것이 우리 눈앞에 실현되었다고 찬양하지는 말자. 삶의 화해는 필요하지만, 그렇다고 화해되지 못한 상황을 화해된 것처럼 치부하지도 말자.

진보와 발전의 움직임을 '성숙'이라고 불러보자. 예술에는 이 성숙을 향한 반성적 안간힘이 있다. 이 안간힘은 현실의 고통과 곤궁에 대한 자의식으로부터 온다. 그러나 이런 자의식에서도 거짓은 자라날 수 있다. 그것은 실천의 기만이다. 선의는 언제든 악행으로 타락할 수 있다. 그리하여 비판은 계속되어야 한다.

이렇게 계속되는 비판에도 물론 위험은 있다. 비판이 계속되어야 한다는 것은, 우리가 견지하는 생각과 사상마저 아무리 옳은 것이라고 해도 이 비판의 주체이면서 동시에 그 대상이 되어야 한다는 뜻이고, 그러니만큼 계속되는 비판 속에서 크고 작은 오해와 있을 수 있는 검증의 의무를 감당해야 한다는 뜻이다.

3. 새로운 주체와 사회

그러므로 섣부른 비관주의는 안이한 낙관주의만큼이나 위험하다. 그러나 그렇다고 의미나 진리의 가능성을 부정해서도 곤란하다. 여기에는 주저와 망설임이 있고, 유보와 자기제한도 자리한다. 어떤 의미는 의미의 부정과 제한 속에서만, 이 같은 제한의 자기절제적 의식 속에서만 가능할 것이기 때문이다.

이것을 좀 더 넓은 맥락에서, 말하자면 제한 없는 욕구 충족이라는 유토피아적 계기에서 보면 어떻게 되는가? 화해와 유토피아란 오직 제약과 절제 속에서 가능하리라는 것이다. 그것은 어떤 면에서 일정한 부정과 억압을 전제한다는 뜻도 된다. 말하자면 어떤 것에 대한 갈구와 그 실현은, 이 어떤 것에 거스르는 요소를 자기 안에 포함할 때, 비로소 잠시 진실할 수 있는 것이다. 무엇은 이 무엇이 아닌 것을 수용하고 포함할 때 비로소 무엇 너머의 어떤 다른 것으로 변해갈 수 있기 때문이다.

그리하여 유토피아의 기획은, 마치 계몽이 신화로의 추락을 예상해야 하듯이, 지옥으로의 추락을 각오해야 한다. 더 비관적으로 보면, 사회적 삶의 전체는 그 모든 갈망과 노력과 시도에도 불구하고 근본적으로 그런 시도 이전의 상태를 영구적으로 반복하는 것인지도 모른다.[31] 참으로 안타까운 일이지만 아마도 그렇다고 해야 할 것 같다. 그리고 그렇다고 말하는 것이 인간 현실에 대한 정직한 자기진술일 것이다.

그러므로 현실은 언제나 나쁜 것으로 자리하고, 모자라고 부족하며 모순투성이에 결함 많은 것으로 남을지도 모른다. '나쁜 현재', 이것이 지금 이 순간에 대한 정확한 역사 철학적 명칭인지도 모른다. 이것을 벤야민은 '근원사적 반복'이라고 칭했다. 그렇다면 유토피아적 기획의 문제는 '근원사적 반복의 이 같은 굴레로부터 우리가 어떻게 벗어날 수 있는가'가 된다. 그것은 다른 식으로 말하여 '새로운 주체와 사회의 가능성에 대한 탐구'이기도 하다.

현실이 유례없는 난관 앞에 서 있다면 이 난관 앞에서 다시 출발점은 이성이고, 이성이어야 한다. 변함없는 근거는 이성의 가능성이다. 그러나 이 이성은, 이미 여러 차례 검토했듯이, 기계적 도구적 수량적 이성이 아니라 반성된 이성이고, 이 이성에 대한 비판적 이성이다. 이 새로운 이성의 가능성을 우리는 예술에서, 심미적 경험과 더불어, 그리고 심미적

---

31 그래서 아도르노는 적었다. "사회는 그 적대관계에도 불구하고 유지되는 것이 아니라, 적대관계에 의해 생명을 지속한다." Ebd., S. 314.

인 것의 반성적 부정적 비판적 잠재력 속에서 보았다. 우리가 경계해야 할 것은 사고와 분별력의 마비다. 우리는 지금 현실에 충실하면서도 이 현실 너머에 있는 것 — 이 현실의 뒤와 위와 그 아래 있는 것을 살펴보아야 한다.

이 부정적 비판의 이행 속에서 우리는 마침내 아도르노가 경계했던 여러 개념들 — 온갖 사물화와 지배, 맹목성과 이데올로기, 억압과 폭력, 동일성의 사고와 획일화에 대하여 저항할 수 있을 것이다. 사유의 자기 쇄신적 지양 속에서 삶의 바른 가능성도 열리고, 이 바른 삶의 영위 아래 바른 사회의 가능성도 열릴 수 있을지도 모른다. 이처럼 더 나은 현실은 경험적 현존에 대한 비판 속에서 조금씩 변화할 것이다. 그렇다면 우리는 이렇게 말할 수 있다. 신학의 붕괴 이후 신탁과 같은 전언을 간직하는 것이 예술인가?

예술은 그 근본적 부정성과 총체적 파국 앞의 두려움에도 불구하고 더 나은 현실에의 열망을 포기할 수 없다. 이 열망이 우리를 전율케 하고, 이 전율 속에서 나는 두려움과 설렘을 느낀다. 이것이 곧 예술의 유토피아다. 이것이 곧 예술의 덧없지만 막강한 잠재력이다.

하지만 아도르노의 이런 미학적 구상이 그 자체로 지금 여기에 들어맞을 수 없다. 그도 『심미적 이론』에서 이렇게 적었다. "한 미학자가 다른 미학자로부터 문제를 그대로 물려받아서 평화롭게 계속해 나간다는 학문적 환상은 포기해야 한다."(525) 그의 문제의식은 오늘의 한국 현실에 맞게 재구성되어야 한다.

4. '책임 있는 교양'이 가능한가?

교양몰락의 현실에서 교양의 문제를 다시 생각할 때 가장 중요한 것은 어떻게 교양을 '구속력 있게verbindlich' 만들 것인가라는 물음이다. 그것은 다른 식으로 말하면 책임 있는 교양의 재구성에 관한 것이다. 우리는 부족한 자신을 다독이고 격려하며 교육함으로써 어떻게 좀 더 나은 인간이 될 수 있는가? 교양은 어떻게 책임 있게 구성될 수 있는가? 이것은 복잡한 문제가 아닐 수 없다.

그런데 이 복잡한 문제의 핵심은, 우리가 고전적 저술에 기댈 때, 의외로 간단하게 추출될 수도 있다. 실러의 『인간의 심미적 교육론』은 이런 문제를 다룬 고전적 저작 가운데 가장 대표적인 사례다.

단순한 물리적 삶에서도 인간을 형식에 종속시키고, 미의 왕국이 언제나 풍부할 수 있는 한, 그를 심미적으로 만드는 것은 문화의 가장 중요한 과제에 속한다. 물리적 상태에서가 아니라 오직 심미적 상태로부터 도덕적 상태가 펼쳐질 수 있기 때문이다. 인간이 모든 개별적 경우에 자신의 판단과 의지를 종種의 판단이 되도록 만드는 능력을 가진다면, 그래서 모든 제한된 현존으로부터 무한한 현존으로 나아가고, 모든 의존적 상태로부터 독립과 자유의 길로 도약할 수 있기 위해 그가 어떤 순간에도 단순한 개인이 안 되도록, 그래서 그저 자연법칙에 봉사하지 않도록 해야 한다. 그가 자연의 목적이라는 좁은 틀에서 벗어나 이성의 목적으로 고양될 수 있는 능력이 있고, 또 그렇게 될 수 있다면 그는 이미 '자연의 목적 안에서도' 이성적 목적을 위해 연마할 것임에 틀림없다. 그래서 자신의 물리적 규정을 정신의 어떤 자유를 가진 채로, 말하자면 아름다움의 법칙에 따라 실행해야만 한다.[32]

---

32 Friedirich Schiller, *Über die ästhetische Erziehung des Menschen in einer Reihe von Briefen,* in: Werke in 3 Bde., Bd. 2, hrsg. v. Herbert G. Göpfert, München, 1966, S. 501f. 강조는 실러.

위 글에는 실러 미학의 핵심적 문제의식이 잘 요약되어 있다. 그것은 얼핏 보면 복잡하게 여겨지기도 한다. 하지만 그리 복잡한 게 아니다. 핵심은 세 가지다.

첫째, "문화의 가장 중요한 과제"는 "인간을" "형식에 종속시키는 것", 그래서 "미학적으로 만드는" 데 있다는 것이다. (이때 "형식"이란 '형식적'이거나 '허례적인'이라는 뜻이 아니라, '형식화Formung'나 '질서화' 혹은 '형상화 Gestaltung'라고 할 때처럼 긍정적인 뜻을 갖는다. 예술은 한마디로 혼돈에 질서를 부여하는 행위 — 형식화요 형상화 행위이기 때문이다.) 이 형상화를 통해 인간은 단순 "물리적 상태로부터" "심미적 상태"로 나아가고, 이 "심미적 상태로부터 도덕적 상태가 전개될 수 있다".

둘째, 이 도덕적 상태에서 인간은 개별적 상태에서 벗어나 "자신의 판단과 의지를 종種의 판단으로 만드는 능력을 지니게 된다". 여기에서 "종의 판단Urteil der Gattung"이란 '종적 보편적 차원으로 열린 판단'이라는 뜻일 것이다. 말하자면 인간은 심미적 형상화를 통해 주관적 차원을 벗어나 보편적 차원에 이르고, 이 차원에서 그는 이미 도덕적이다.

셋째, 그리하여 심미적 주체는 "모든 제약적 현존으로부터 벗어나 무한한 현존으로 나아가는 길", 말하자면 "모든 의존적 상태로부터 독립성과 자유로의 도약을 할 수 있게" 된다. 그러니까 예술적 주체의 목표는 "독립성과 자유"다. 각 개인이 개별적 상태에서 벗어나 종적 상태에 이르고, 주관적 차원을 넘어 보편적 차원으로 옮아가는 것도 스스로 독립되고 자유롭기 위해서가 아닌가?

넷째, 이 독립되고 자유로운 상태에서 인간은 더 이상 "자연목적"에 종속되는 게 아니다. 그는 "이성목적으로 고양되기sich zu Vernunftzwecken zu erheben" 때문이다. "이성목적으로 고양된다"는 것은 실러적 의미에서 "정신의 자유를 가지고" 사는 것이고, "아름다움의 법칙에 따라 행하는" 것을 뜻한다. 이런 정신의 자유를 가지고 사는 보편적 인간, 그것이 곧 심미적 인간이다.

위의 네 사항을 다시 정리해 보자. 심미적 상태와 도덕의 상태는 서로 관련되어 있고(첫째), 이 심미적 도덕성 아래 개인은 보편적 주체로 고양되며(둘째), 이 단계에서 그는 이미 독립성과 자유를 구가한다(셋째). 이때 작용하는 것은 더 이상 물리적 자연법칙이 아니다. 그것은 이성의 원리다. 이 이성 속에서 자유로운 정신과 미의 법칙은 만난다(넷째). 그리하여 문화의 과제란 바로 정신의 독립과 자유 그리고 그 아름다움을 지향하는 데 있다. 이런 삶이야말로 보편적 지평으로 열려 있기 때문이다. 미와 문화의 궁극적 목표는 자립성이자 자유이다.

이 글의 맥락에서 중요한 것은 문화의 과제가 "독립성과 자유"라는 상태이고, 이것은 심미적 상태의 도덕성에서 가능하리라는 실러의 생각이다. 이 문화적 지향에서, 다시 한번 강조할 것은 바로 이것인데, 중심적 역할을 하는 것은 예술이다. 예술은 지금 여기에서 여기를 넘어 또 다른 현실 — 또 다른 질서의 지평으로 나아가기 때문이다. 이것이 예술의 타자성이다. 예술은 근본적으로 동일성의 원리가 아니라 이질성의 원리에 따라 움직이고, 따라서 타자지향적이기 때문이다.

5. 배반과 좌절을 넘어

이제 글을 끝맺자. 현실의 야만과 파국 앞에서 전율의 감수성을 잃지 않는 것, 삶의 사물화에 저항하면서도 실천의 기만에 주의하는 일이 심미적 태도다. 그런 점에서 이런 저항과 주의는, 적어도 미학에 관한 한, 우리의 목표라고 할 수 있다.

그러나 오늘날 저항은 쉽지 않다. 아마 삶의 갈등은 여전히 되풀이되고, 파국의 위협은 앞으로도 상존할 것이다. 그러나 그것이 지금까지와 마찬가지로 반복되어선 안 될 것이다. 그러므로 무엇이든 행해져야 한다. 현실은 부단히 쇄신되어야 한다. 미혹되지 않는 것, 현실원리에 굴하지 않는 것, 그래서 이데올로기적 대리인이 되지 않기 위해 이윤 동기와 반복강제로부터 벗어나기 위한 노력은 중단될 수 없다.

이 훼손되지 않는 삶의 여운과 메아리를 탐색하는 일은 그 자체로 현실의 광채를 유지하는 일이라고 할 수 있다. 순정한 무엇은 그 자체로 희망의 증표이기 때문이다. 그러나 거듭 주의하건대, 이 희망마저 현혹될 수 있는 것이 인간의 현실이다. 고통에 대한 기억 없이 그 어떤 평화도 마련되지 않을 것이다. 예술은 사유에 기대 더 치밀해지고, 사유는 예술에 기대 더 풍요로워져야 한다. 예술과 이성은 함께 가야 한다.

그렇듯이 미학의 길과 철학의 길은 서로 만난다. 또 그렇게 둘은 만나야 한다. 삶은 예술과 사유에 기대어 새로운 의미의 지평으로 옮겨갈 수 있다. 그리고 이 과정은 곧 주체의 영육을 연마하는 수련의 과정이다. 그러므로 예술과 사유와 교양은 깊은 의미에서 서로 얽힌 채 상호작용하는 것이다.

오늘날의 상업문화에서 예술도 예외가 될 수 없다. 예술도 문화처럼 상품의 하나로 생산되고 소비되기 때문이다. 예술이 전방위적으로 탈예술화되는 것이다. 하지만 편재화된 탈예술화 경향에도 불구하고 모든 예술에 자율성이 사라지는 것은 아니다. 어떤 예술, 적어도 일부의 예술작품에서 자율성이 살아 있을 것이다. 부정적 계기는 이 자율성에서 자라난다.

이 자율적 부정적 계기에 힘입어 예술은 아직 표준화되지 않은 것 — 수익이데올로기에 오염되지 않은 거친 존재의 본래성을 소환할 수 있다. 이 거친 존재를 불러들이는 것, 그것이 예술의 타자성이다. 이 타자적 경험 속에서 주체는 이미 있어 왔던 것의 되풀이가 아니라 어떤 새롭고 신선한 것과 조우한다.

거친 타자성과의 조우는 주체의 감성과 상상력을 풍성하게 한다. 그는 자신의 감성을 사고 속에서 좀 더 논리적으로 만들고, 이렇게 논리화된 사고내용을 언어로 표현함으로써 어지러운 현실에 질서를 부여한다. 외적 대상에의 이런 질서 부여는 주체 자신의 내적 규정 — 자기규정 없이 불가능하다. 거꾸로 외적 질서의 부여는 다시 자기형성의 내적 계기로 이어진다. 나아가 이 모든 자기형성이 지금까지와는 다르게 좀 더 높은 수준에서 이루어진다면, 그것은 윤리적이라고 할 수 있다. 예술의 경험 속에서 주체는 자기자아를 윤리적으로 재구성한다.

그러므로 예술과 교양은 사유의 반성활동 속에서 매개된다. 매개된 반성은 예술의 경험 속에서 낯선 것들의 세계를 개시한다. 낯선 것들과의 경험을 통해 주체는 관리되는 사회의 이데올로기에 자족하는 게 아니라, 이데올로기 너머의 가능성 — 타자적 가능성의 전체 지평으로 나아갈 수 있다. 이 타자적 가능성의 세계에서 지배와 권력의 관계는 더 이상 작동하지 않을 것이다. 여기에서 우리는 이런저런 말과 편견과 잘못된 교육에 의해 감염된 온갖 질병들 — 민족주의와 국가주의 혹은 인종차별주의의 왜곡들로부터 거리를 유지할 수 있을 것이다.

예술의 경험은 오늘날의 사물화된 세계에서, 또 수익최대화의 이 상품문화사회에서 어떤 주체형성적이고 사회변화적인 항체가 될 수도 있다. 이 어지러운 세상에서 심미적 경험은 생명의 독립과 자유를 연습하는 하나의 책임 있는 자율적 활동이다. 우리는 계급과 국가와 인종과 종파를 넘어, 또 정치와 당파와 이데올로기를 넘어 더 넓은 인간성의 가치 아래 다시 만날 수도 있다. 그것은 레이먼드 윌리엄스가 말한 것과는 또 다른 의미에서 '기나긴 혁명The Long Revolution'이 될지도 모른다.

아마 아직 오지 않은 것은, 새로운 자유와 균형감각과 삶의 기쁨은 이미 있는 것의 빛 속에서 드러날 것이다. 삶의 유토피아는 지금 여기의 일상에서 자기성찰적 예술실천을 통해 잠시 그리고 어렴풋하게 약속될 것이다.

3장

예술의 타자성

예술에서 진실한 것은
존재하지 않는 어떤 것이다.

아도르노, 『심미적 이론』

아도르노의 『심미적 이론』의 구조는 극도로 복잡하다. 관련되는 핵심 개념이 20~30개에 이르고, 고대 선사시대로부터 현대에 이르기까지 전개된 다양한 미학적 논의를 포괄하고 있다. 그 가운데 칸트 미학이나 헤겔 미학과의 비판적 대결은 핵심적이다. 더욱이 그것은 문학과 미술, 연극과 음악 그리고 건축(유겐트양식Jugendstil) 같은 다양한 예술 장르를 아우르고 있고, 그런 논의의 중심에는 무엇보다 주체와 대상, 예술과 사회, 예술과 철학의 상호관계에 대한 밀도 높은 논평이 있다.

아도르노의 이 다양한 논평은 양가적이고 이율배반적으로 펼쳐진다. 그러니 그의 미학이 내포하는 현재적 중요성을 한두 가지 개념으로 요약한다는 것은 거의 불가능할 뿐만 아니라 별 의미도 없을 것이다.

I. 시작하면서

그러나 이 어려움에도 불구하고 아도르노의 미학적 문제의식은 여러 가지 점에서, 무엇보다 그의 예술론이 '아우슈비츠'라는 역사의 고통과 문명사적 파국에 대한 처절한 반성을 담고 있다는 점에서, 오늘의 언어로 재정식화하고 싶은 충동을 갖게 한다. 이와 관련하여 필자는 여러 편

의 글을 쓴 적이 있다.[1]

　이 글에서 시도하는 것은 아도르노의 미학적 문제의식을 무엇보다 '타자성das Andere/the Other'이라는 관점 아래 이해하는 것이다. 이 타자성 개념도, 그의 글에서 주요 개념어가 대개 그러하듯이, 일목요연한 체계 아래 순서대로 정리되어 있는 게 결코 아니다. 그것은 여러 다른 개념들과 깊게 얽혀 있고, 여러 저작과 글에서 뿔뿔이 흩어져 있다. 타자성과 관련된 대표적 개념이 '미메시스'나 '매개' 혹은 '비/동일성'이나 '가상'이다. 그리고 미학 외적 차원에서 보면 그의 미학은 문학비평이나 음악평론뿐만 아니라 사회철학이나 도덕철학 그리고 교양교육론과 이어져 있고, 넓게는 글쓰기론/에세이론과 이어져 있다.

　필자가 이 글에서 하려는 것은 아도르노의 미학을 구성하는 몇몇 주요 개념을 타자성이라는 관점에서 재배열하여 그의 미학적 문제의식이 무엇인지, 그 현실적 타당성은 어디에 있는지를 생각해 보려 한다. 이 일을 설득력 있게 할 수 있다면 우리는 문학이나 음악, 미술이나 연극 혹은 건축 등을 포함하는 예술 일반의 미래적 방향에 대해서도, 심각한 방향상실에 빠져듦 없이, 그런대로 납득할 만한 관점을 견지할 수 있을 것이다.

II. 타자적 개방성

　앞서 적었듯이 아도르노의 타자성 개념에 포함될 만한, 혹은 그와 관련시킬 만한 열쇠어는 많다. 필자는 그 가운데서도 '개별성'과 '동일성'

1　문광훈, 『아도르노와 김우창의 예술문화론 ― 심미적 인문성의 옹호』, 한길사, 2006; 『스스로 생각하기의 전통 ― 계몽주의 사상과 그 비판』, 에피파니, 2018 참조.

그리고 '가상' 개념에 집중하고자 한다. 다시 말하여 미메시스를 통해서 '개별적인 것을 옹호'하고(1절), 이 옹호를 통해 '동일화 강제에 거스르며'(2절), 이 저항 속에서 비동일성을 지향하는 것이 '심미적 가상'의 개념이다(3절).

개별적인 것의 옹호든, 동일화 강제에 대한 거부든, 아니면 심미적 가상의 지향이든, 이 모든 것은 심미적인 것이 어떤 다른 것에 열려 있고, 또 열려 있어야 한다는 것들 뜻한다. 그것이 '타자적 개방성'이다. 이 타자적 개방성 속에서 예술은 단순히 '조화'를 도모하는 게 아니라, 파열과 간극, 모순과 이율배반을 관통해 지나간다. 그러면서 삶의 불확실성과 만나고, 이 만남을 통해 좀 더 믿을 만한 세계의 화해가능성을 타진하는 것이다.

1. 개별적인 것의 옹호

예술이 간단히 '개별적인 것/진실의 옹호'라면, 이 옹호는 대상에 대한 모방/미메시스mimesis를 통해 이뤄진다. 예술은 이처럼 대상을 모방하면서 '반성'한다. 이렇게 반성하는 하나의 심급이 예술작품이다. 따라서 작품은 사회를 반성하는 하나의 '자율적' 질서요 의미의 체계다.

1) 미메시스와 형식

위에서 나는 예술이 비동일성의 인식이며, 그 때문에 예술의 심미적 경험은 부정적이고 비판적이라고 썼다. 이것은 구체적 차원에서, 말하자면 미메시스 개념과 관련하여, 더 자세히 살펴볼 필요가 있다.

예술은 흔히 말하듯이 '모방'의 활동이라고 일단 말할 수 있다. 일반적 인식활동이 개념적 논증적 활동에서 드러나듯이 동일성의 원리에 따라 대상을 배열하고 파악한다면, 이 동일성 원리에 대항하는 것이 미메시스라고 할 수 있다. 미메시스는 대상을 주체의 동일성 원리로 환원시키는 게 아니라, 그것을 모방하고 묘사함으로써 그것에 '다가가려고 하기' 때문이다. 감정이입은 이런 친화적 접근에서 일어난다. 이런 점에서 미메시스는 다가감과 유사성, 감각성과 친화성 사이에서 움직인다.

미메시스의 능력이란 근본적으로 다르게 존재하는 것들에 대한 공감능력이다. 혹은 비개념적 공감능력을 통한 대상이해의 한 방식이다. 이렇게 다가가 대상을 마치 자기의 것인 양 이해하고 인식하는 미메시스적 행위는 부정否定을 통해 이뤄진다. 그런 점에서 부정은 심미적 이해와 인식에 잘 어울린다. 여기에서 나오는 것이 예술'형식'이다.

따라서 심미적 형식에는 비동일적인 어떤 것 — 개념적으로 포착되지 않은 무엇이 '잠시' 마치 불꽃이나 번갯불처럼 드러난다. (이 순간성 — 잠시 번쩍이는aufblitzen 것은 진리 인식의 순간성이라는 벤야민적 구상을 이어받은 것이고, '시적 진실의 순간'으로서의 조이스적 에피파니 개념과도 이어져 있다.) 미메시스가 대상에 다가가면서 그것을 '닮아 가는' 것이라면, 형식은 이렇게 파악한 대상의 내용을 일정한 형태로 만들어 냄으로써 기존의 인식내용을 거스른다. 그래서 미메시스가 유사성의 원리라면, 형식은 부정성의 원리가 된다.

그러므로 심미적 경험은 미메시스와 인식, 감각과 사유, 유사성과 부정성, 혹은 동일성과 이질성 사이의 변증법적 상호작용을 통해 펼쳐진다. 예술의 형식에 구태의연하게 되풀이되는 타성이나 인습이 아니라 새롭게 깨우친 내용이 들어가는 것도 그런 이유에서다. 이 새로운 내용에는 대상의 비동일적 일부 — 신선한 진실의 한 조각이 들어 있다.

미메시스를 이렇게 이해하면 여기에는 상당히 현대적인 문제의식이 들어 있다고 할 수 있다. 이 현대성은, 이 말의 개념사적 경로를 보면, 좀 더 분명하게 드러난다. 예를 들어 플라톤에게 미메시스는 대상의 단순한 모사였다. 그것은 이데아의 불완전한 베낌이고 근사치에 지나지 않기 때문에 그리 높게 평가되지 않았다. 하지만 아도르노에게 와서 그것은 훨씬 역동적으로 자리한다.

아도르노 역시 미메시스 개념을 집중적으로 서술하기보다는 여러 군데에서 파편적으로 서술하였다. 하지만 그것은 이전보다 훨씬 포괄적으로 이해된다. 이 자리에서 아도르노의 미메시스 개념을 상세히 논할 수는 없지만, 그것은 간단히 말하여 모방적 모사적 기능뿐만 아니라 이성적 인식적 요소도 동시에 내포한다.

그리하여 아도르노적 의미에서 미메시스는 대상을 모방함으로써 대상에 다가가 이 대상을 '이해'하고, 이 이해를 통해 그때까지 알려지지 않은 것을 '인식'한다. 이 점에서 미메시스적 인식은 개념적 논증적 인식의 교정책 ─ 그 미비를 보완할 수 있다. 미메시스적 경험의 성찰에는 개념적 인식과 비동일성을 매개하는 반성적 움직임이 있기 때문이다.

그러므로 예술작품의 수용자는 심미적 경험에서 새로운 인식과 만난다고 할 수 있다. 예술은 이런 식으로 주체와 대상 그리고 사회를 기존과는 다른 방식으로 매개한다. 심미적 경험은 미메시스와 형식, 유사성과 부정성의 변증법적 얽힘을 통해 기존과는 전혀 다른 내용을 드러내 보인다. 그것은 아직 알려지지 않은 것의 드러냄, 불가능한 것의 가능화 작업이기 때문이다. 따라서 미메시스적 접근과 모방은 대상인식의 새 방식이 아닐 수 없다.

여기에서 드러나는 것은 감각적 지각활동도 비판의 일부라는 사실이다. 예술의 경험에는 이미 주어진 것을 넘어 다른 무엇을 향한 움직임 ─ 이행의 움직임이 있기 때문이다. 이 이행의 움직임 속에서 지각의 새로운 구성조건이 열린다.

그러므로 사회에 대한 예술의 비판은 내용적으로 이뤄지는 게 아니라, 물론 그런 것도 있지만, 그 이전에 묘사의 일정한 '형식 속에 이미 침전되어' 있다. 이러한 형식은 작가의 정신작용에서 온다(아도르노는 이 정신의 작용을 '정신화Vergeistigung'라고 불렀다). 그렇다는 것은 형식이, 적어도 그의 미학적 맥락에서는, 내용 혹은 의미와 그리 구분되지 않는다는 것이고, 나아가 오히려 구분되기 어려울 정도로 뒤섞여 있다는 뜻이기도 하다.

그리하여 자율적 예술작품의 형식원리는 예술의 내재적 의미를 구성한다. 이 심미적 형식에는 이성적 요소가 들어 있다. 이런 이유로 미메시스는 개념적 사고에 대한 비판이 될 수 있다. 다시 말하여 심미적 경험은 '어떤 다른 식의 사회비판'인 것이다. 이것은, 아도르노에게 왜 예술의 심미적 인식에 철학적 비판의식이 포함되는가를, 그럼으로써 예술이 철학을 넘어 감성과 이성을 통합하는 사회비판적 역할을 수행하는가를 보여준다는 점에서, 매우 중요하다. (예술과 철학의 관계, 또 예술의 심미적 인식이 갖는 비판적 잠재력에 대한 논의는 아도르노에게서뿐만 아니라, 현대미학 일반에서 핵심적 사항이다. 그러니만큼 이것은 따로 더 자세히 언급될 필요가 있다.)

2) 매개를 통한 반성

그러므로 심미적 경험에서는, 이 경험이 예술에 대한 것이건, 자연에 대한 것이든, 그 어떤 것도 그 자체로 이해될 수도 없고, 그렇게 이해되어서도 안 된다. 심미적 경험은 근본적으로 매개의 움직임이자 운동이기 때문이다. 이때 매개란 무엇보다 '사고적으로 매개된다'는 뜻이다. 무엇이 매개되는가? 그것은 감각적으로 느낀 것들이다. 감각적으로 느낀 것들은 예술의 형상 속에서 사고적으로 매개된다는 것이다. 따라서 심미적 매개의 과정은 곧 반성의 과정이다.

심미적 반성은 자기를 수긍하고 동시에 부정하면서 상대의 편으로 넘어간다. 이를테면 그것은 처지를 바꾸어 생각하는 것 ― 역지사지易地思之와 비슷하다고 말할 수 있다. 주체와 객체, 개인과 사회, 부분과 전체의 지양은 이런 반성적 매개과정을 통해 일어난다. 반성도 강제적으로 일어난다면 폭력이 될 수 있다. 그것은 주입이나 명령이지 즐거움은 아니기 때문이다. 심미적 반성은 주체가 스스로 선택하고 행한다는 점에서 자발적인 것이고, 따라서 즐거운 일이다.

그러므로 심미적 경험의 과정이란 '어떻게 주관적이고 개별적이며 특수한 것이 객관적이고 일반적이며 보편적인 것으로 지양되는가'의 과정이다. 그런 점에서 그것은 주관적인 것의 객관화 과정이기도 하다. 심미적 주체는 반성적 매개를 통해 평상시에 경험할 수 없는 것을 경험하고, 현실에서는 이해할 수 없는 것을 이해하게 된다. 그리하여 심미적 경험의 과정은 경험과 이해의 자기확장 과정이고 자기초월 과정이다.

이러한 지양이 없다면 어떻게 되는가? 그것은 감각의 변화나 의미의 갱신이 일어나기 어렵다. 그것은 정체停滯된다는 것이고, 그러니만큼 감각의 퇴화나 의미의 퇴행이 일어난다. 정체되는 것은 썩는다. 퇴화하고 퇴행하는 의미는 참된 의미이기 어렵다. 그것은 의미의 거부요 거짓의미다. 프로파간다 예술이나 사회주의 리얼리즘의 예술작품이 그런 퇴행적 사례다. 이런 작품들은 처음부터 정해진 주제를 지닌 채, 혹은 외부로부터 주입된 강령에 따라 제작되기 때문이다. 그래서 매개적 반성을 통한 인식의 변화가 일어나기 어렵다. 그에 반해 올바른 심미적 경험은 현실적 경험을 교정해 준다.

앞서 적었듯이 심미적 경험의 주관성은 객체적으로 매개된다. 매개되지 않으면 '심미적' 특질이 되기 어렵다. 아도르노 미학이 칸트 미학이나 헤겔 미학과 어떤 점에서 구분되고 어떤 점에서 그 전통을 계승한 것인지 간단히 말할 수 없다. 그러나 아도르노 미학은 단순화하여 사회역사적 틀 안에서 움직이는 가운데 예술의 자율성을 옹호하면서 그 매개과정을 극단적으로 밀고 간다고 말할 수 있다. 여기에서 보듯이 매개는 예술작품을 만들어 가는 구성적 차원에서의 매개이면서, 이 작품을 생각하는 사유적 차원에서의 매개이기도 하다. 이 점에서 예술에는 사유가 필요하다. 예술의 역학을 제대로 인식하기 위해서는 이론과 철학이 둘 다 필요한 것이다. 미학과 철학은, 이미 여러 차례 언급했듯이, '같이 가야' 한다.

아도르노는 이러한 문제의식을 가진 것으로 보인다. 그가 예술의 역사를, 적어도 근대의 그것을 '이율배반의 역사'라고 했을 때, 이것은 철학의 역사와 크게 다르지 않다.[2] 그의 『심미적 이론』은 이런 예술의 사유 — '미학의 철학'이자 '철학의 미학'의 좋은 예라고 말할 수 있다. 그는 예술작품을 제대로 경험하기 위해서는 사유가 필요하다고 보았다. 좀 더 자세히 살펴보자.

3) 하나의 사례 — 안티고네의 경우

하나의 예를 들어 보자.

소포클레스의 비극 『안티고네』에서 주인공은 안티고네라는 개인이다. 그녀가 움직이는 시공간은 2500여 년 전 고대 그리스의 도시국가다. 그녀는 오빠의 장례를 치르지 말라는 크레온왕의 명령에 복종하지 않는다. 그러나 이런 거부 때문에 그녀는 쫓겨난다. 그녀에게는 국가 혹은 집단의 윤리보다 혈족으로서의 오빠에 대한 예가 더 중요했기 때문이다.

---

2 Theodor W. Adorno, *Ästhetische Theorie*, a. a. O., S. 330.

하지만 다른 한편으로 국가를 배신하고, 자기 군대를 끌고 와 조국을 침공한 안티고네의 오빠에게도 잘못이 없는 게 아니다. 그런 점에서 크레온의 명령도 정당하다. 그리하여 상충하는 이 두 힘에는 제각각의 방식으로 정당성이 있다. 비극은 이처럼 '부분적으로 타당한' 두 정당성 사이에서 일어난다. 헤겔의 비극해석은 이런 점을 잘 보여 준다.[3]

'자기의 길을 가겠다'는 안티고네의 결단에는 어떤 인륜적인 것이 있다. 이 인륜적인 것das Sittliche은 법적 진실을 넘어서는 도덕적 존재론적 진실이다. 이 진실은 칸트식으로 말하면 '보편적으로 만족할 만하다'. 따라서 오늘날의 현대인도 거부할 수 없는 면을 담고 있다. 그녀의 개인적 실존적 진실은 이 진실이 지닌 일반적 호소력으로 인하여 우리 모두의 보편적 진실일 수 있다.

그리하여 예술의 진실은 논증적 철학적 인식과는 달리 개체적 진실을 억누르는 게 아니라 이 개체적인 것을 기반으로 마침내 일반적이고 보편적으로 확대된다. 이렇듯이 예술작품의 객관성에는 여느 다른 객관성과 '다른 특수성'에 대한 주의가 있다. 이 특수성의 핵심은 예술의 객관성이 개인 혹은 개별적인 요소에 의해 매개된다는 데 있다.

그러므로 예술의 원초적 정당성은 개별-세부-주체-개인에 대한 존중에 있다. 이런 식으로 예술은 개별적인 것의 자립과 독립성을 옹호한다. 예술이 외적으로 주어진 강령들 — 미리 프로그램된 것들에 맞서는 것은 구체성에 대한 이 같은 본능적 존중 때문이다. 그러나 개별적인 것에 대한 존중 속에서도 예술은 이미 적었듯이 객관적이고 일반적으로 매개된다. 매개되지 못한 보편성은 '나쁜 보편성'이기 때문이다.

개체는 매개를 통해 자신의 단자적 파편성과 폐쇄성을 넘어선다. 특

---

3 문광훈, 『비극과 심미적 형성』, 에피파니, 2018, 78쪽 이하 참조

수하고 개별적인 그 어떤 것도 보편화되지 않는다면 정당할 수 없다. 이것을 아도르노는 이렇게 압축적으로 정식화한다. "예술작품의 가상적 성격이 보여 주는 것은 … 그것이 주관적 매개의 전체성 속에서 사물화의 보편적 현혹연관에 참여한다는 사실이다."[4]

4) 예술 — 자율적 사회적 현상

예술적 생산력은 말할 것도 없이 사회경제적 생산관계의 일부로서 여타의 생산관계와 더불어 움직인다. 예술작품을 만드는 일은 사회적 노동의 산물이기도 하다. 예술적 노동은 사회적 노동의 일부다. 따라서 예술작품에 생산력과 생산관계의 대립적 성격이 끼어드는 것도 당연하다. 예술작품은, 이 작품의 구조가 사회를 반영하는가 혹은 하지 않는가라는 질문과 관계없이, 이미 사회 속에서 움직이고, 이 사회와 깊은 관련성 속에 존속하는 것이다.

이런 이유로 오늘날의 예술작품이 상품의 형식을 띠지 않기란 불가능하다. 현대자본주의하의 모든 것은, 아도르노식으로 말하여, '보편적으로 매개되기' 때문이다. 즉 오늘날의 산물 중에서 자본주의적 요소를 띠지 않는 것은 없다. 예술 또한 예외는 아니다. 그리하여 이데올로기적 조작을 거치지 않은 소통은 현대의 시장사회에서 거의 불가능하다고 할 수 있다.

자본주의하의 소통은 '평준화된 소통'이라고 할 수 있다. 그런 점에서 어느 정도는 이미 사물화되어 있다. 이렇게 사물화된 형식의 한 표본이 상품이다. 현대사회에서 모든 것은 상품이거나 상품적인 무엇이다. 예술 또한 사물화의 이 같은 운명을 피하기 어렵다.

---

4   A. a. O., S. 252.

그러나 동시에 예술은 이 평균화된 소통에 맞선다. 이 맞섬의 힘은 어디에서 오는가? 그것은 예술의 부정적 계기로부터 온다. 다시 말해 예술은 사물화/상품화/물신화에 저항한다. 이 저항은 예술의 사회적 관계에서도 나타난다. 예술작품은 한편으로 사회적으로 영향을 받으면서도 다른 한편으로 이질적인 것을 지향한다. 그것이 곧 예술의 타자성이다. 그리하여 예술의 사회성이란 작품에 깃든 크고 작은 사회적 요소 이전에 작품 자체의 성격으로부터 오는 것이다.

작품 자체의 이런 성격을 아도르노는 '내재성Immanenz'이라고 불렀다. 내재성이란 간단히 말해 예술작품의 형식이고 형식내적 법칙성이다. "예술은 자신의 내재성 속에 그와는 다른 것을 지닌다."[5] 타자성에의 이 내재적 지향 때문에 예술은 사회를 대변하면서 동시에 그에 대한 부정이 된다. 그리하여 예술작품은 사회적인 것을 내세움으로써 사회적으로 되는 게 아니라, 이 사회적인 차원과 전혀 무관한 것 ― 사회적인 것에 대립되고 사회적인 것을 부정함으로써 사회적으로 된다. 아도르노는 쓴다. "예술에서 사회적인 것은 사회에 맞서는 예술의 내재적 운동이지 예술의 명시적 입장표명이 아니다."[6]

아도르노 미학에서 내재성 개념은 중요하다. 그는 『심미적 이론』에서 시종일관 예술의 이런 내재성을 되풀이하여 강조한다. 예술에는 예술 자체의 운동법칙이 있다는 것이고, 예술의 고유 개념에는 이 개념을 지양하는 요소도 있다는 것이다. 예술은 말의 가장 깊은 의미에서 자기비판적이고 자기반성적이기 때문이다. 예술의 생명력도 바로 이 자기거리의 의식 ― 예술이 자신에 대해 갖는 비판적 거리로부터 온다. 이 반성적 거

---

5 A. a. O., S. 386.
6 A. a. O., S. 336.

리 덕분에 예술은 사회의 산물이면서도 이 사회에 비판적일 수 있다.

그러나 이 거리감 때문에 반대로 현실이 증발되는 것은 아니다. 예술작품에는 현실의 적대관계가 질적으로 변주된 채 여전히 용해되어 있는 까닭이다. 이것은 내용이나 형식에 대한 개념에서도 확인할 수 있다. 즉 예술의 형식이란 내용이 '침전되어' 변형된 것이다. 혹은 예술작품의 내용이란 형식이 '각인된' 것이다.[7]

그러므로 형식을 단순히 내용과 대립적으로 파악해선 안 된다. 그럴 경우 형식개념은 예술의 개별적 계기로서 고립된 채 자리한다. 따라서 형식은 '내용을 통해서' 사유되어야 하고, 내용은 '형식을 통해서' 고찰되어야 한다. 이것이 예술의 특수성이고 예술의 변증법이다. 이처럼 예술의 내용과 형식은 복잡다기하게 매개된다. 이 내재적 형식법칙으로부터 예술이 사회역사적 차원으로 나아간다는 점에서 아도르노의 미학은 '사회역사적 내재성의 미학'이라고 부를 수 있을지도 모른다.

그러나 아도르노의 내재성 개념에 대해서 우리는 다시 한번 유보적으로 고찰하는 것이 필요하다. 그에게 내재성 개념은, 그의 다른 주요개념이 그러하듯이, 내재성 개념으로 머무는 게 아니기 때문이다. 내재성이 내재성으로만 머문다면 그것은 환상에 지나지 않을 것이다. 내재성은 내재성을 에워싼 외재성으로 나아가고, 이 외재성에서 다시 초월성으로 이어진다.

아도르노의 미학에서 중요한 것은 어떻게 내재성과 초월성, 일관성과 비일관성이 서로 이어지면서 그 경계를 무너뜨리는가에 있다. 따라서 순수예술이 상정하는 내재성의 환상은 예술의 이질적 타자적 계기를 통해 끝없이 폭로되어야 한다. 같은 논리로 예술은 어떤 작용이나 실천 이

---

7   A. a. O., S. 210.

전에 그 자체의 즉자적 존재로 인해 사회적이다. 예술작품은 즉자적 존재이기에 자율적이고, 사회적이기에 작용하고 실천한다. 아도르노가 심미적 현상을 심미적이면서 동시에 '사회적 사실faits sociaux'이라고 부른 것은 이런 뜻에서일 것이다.[8] 이것이 예술의 이중성격이다.

예술의 현실관여가 직접적 개입 이전에 그 자체로 작용하고 실천한다는 것은 예술작품의 즉자적 존재로 이미 현실참여가 이뤄진다는 뜻이다. 그런 만큼 예술의 실천이 내재적으로 작동하는 것이다. 이 내재적 성격은 처음부터 정해진 기능 없이 예술작품의 형식법칙 혹은 그 내적 메커니즘으로부터 온다.

여기에서 '무기능적인 것의 기능'이 나온다. "그러나 완전히 기능적인 세계에서 예술의 기능은 무기능성이다. 예술이 직접 관여할 수 있다든가, 관여하도록 유도할 수 있다는 것은 순전한 미신이다. 예술의 도구화는 도구화에 대한 예술의 이의제기를 방해한다. 예술이 자신의 내재성을 존중하는 곳에서만 예술은 실천적 이성을 비이성에 대하여 입증할 수 있다."[9]

그러므로 예술에 어떤 기능이 있다면 그것은 사회적으로 편재하는 통속적 기능성에 대한 저항이다. 이 저항의 계기에서 예술은 기능적이다. 그러나 다시 한번 더 주의하자. 예술의 기능은, 그것이 사회의 여느 다른 기능을 거스른다는 점에서, 무기능적이다. 예술의 기능성은 무기능성의 기능성이다. 이런 이유에서 예술에 처음부터 정해진 원칙이나 밖으로부터의 규율이 부과된다면 그것은 예술을 도구화할 뿐이다. 검열이나 평가의 기준으로서의 참여원칙은 지배이데올로기와 다르지 않다.

---

8   A. a. O., S. 375.
9   A. a. O., S. 475.

2. '동일화 강제'에 거슬러

예술이 개별적인 것을 옹호한다면 그것은 다른 식으로 말하여 전체성을 거부한다는 것이고, 이 전체성을 전제하는 동일화 원리를 거부한다는 뜻이다. 그러니 동일성 개념으로 예술의 성격을 다시 살펴보자. 인간의 경험현실을 지배하는 것은 자기보존의 원리다. 인간이든 사물이든, 그것은 과거로부터 이미 있어 왔던 그대로의 방식으로 현재에도 있으려한다. 그런 점에서 많은 것은 동질적으로 존재한다.

이 동일성 원리가 좀 더 적극적으로 적용되는 것은 개념과 인식의 행위에서일 것이다. 사람은 대상을 일정한 틀과 체계 속에서 이해한다. 사람은 개념으로 대상을 일정한 틀 아래 분류하고, 이 분류에 속하는 것은 포함하고 속하지 않는 것은 제외하면서 살아간다. 그러면서 대상의 복잡함을 어느 정도 단순화시킨다. 몇 개의 선택된 개념으로 환원시키는 것이다. 개별적 계기의 특수성이나 고유성은 이런 식으로 무시된다. 대상이 가졌던 원래의 충일성은 개념화 혹은 체계화 속에서 휘발되고 마는 것이다.

1) 전체성에 대한 거부

그렇다면 동일화 원리 아래 상정된 종합이란 한 순간의 종합이고, 그전체란 잠시의 전체일 뿐이다. 그렇다는 것은 진리가 마치 종합이나 전체처럼 순간적으로만 나타난다는 뜻이 된다. 종합의 순간성은 곧 진리의 순간성 그리고 심미적 인식의 순간성이기도 하다. 게다가 종합이나 전체는 현실에서 실제로 실현되는 게 아니라 개념에 의해 '구성된' 것이다.

그리하여 대상의 종합은, 만약 있다면, 개념에 포착된 종합과는 별개로 자리한다. 사람이 상정하는 '의미'도 그렇고, '완전성'도 그렇다고 할 것이다. '조화'나 '전체성'의 이념도 다르지 않다. 그러므로 쉽게 말해진 조화는 관리되는 세계에서의 인위적 구성이나 조작에 가깝다. 마찰 없는 동일성은 이데올로기일 가능성이 높다. 동일화 원리 아래 이뤄지는 부분에 대한 전체의 절대화 — 전체성의 맹신은 전통미학의 가장 뚜렷한 과오 중 하나였다.

이런 고전주의적 예술 이상은 앞서 적었듯이 근대에 들어와 의문시된다. 마치 '완전한 사회'라는 이상이 믿기 어렵듯이 완전한 예술작품의 이상 역시 믿기 어려워진 것이다. 완전하고 항구적인 조화는 완전한 종합이나 완전한 사회처럼 현실에는 없을 것이다. 그렇다는 것은 거꾸로 말하여 부분적이고 파편적이며 비동일적인 것으로의 움직임은 근본적으로 '근대적' 경향이라는 사실을 알려준다.

비동일적인 것으로의 움직임은 다르게 말하여 개방적인 것으로의 점진적 이행이다. 동일화의 폐쇄 원리에 저항하는 것이 현대적 흐름이다. 아도르노가 '파편적' 서술을 즐겨 하는 것도, 파편적 글쓰기 방식으로서의 '에세이' 형식을 중시한 것도 이런 맥락에서다.

2) "병렬적 서술방식" — 비체계적 체계화

사실 『심미적 이론』은 이런 파편적 비종합화의 서술방식을 잘 구현한다. 여기에는 칸트나 헤겔의 저작에서 보이는 압도적인 기승전결의 체계나 질식할 듯한 목차가 없다. 또 장章의 단계적 구분도 없다. 있는 것이라고는 한두 쪽에 한 번씩 나오는 행 구분뿐이다. 현재의 책에 적혀 있는 소제목들은 아도르노 자신이 한 게 아니라, 저자 사후에 편집자가 덧붙인 것이다.

이처럼 아도르노의 문장은 가끔 행 구분만 된 채 끊임없이 이어진다. 이러한 "병렬적 서술방식parataktische Darstellungsweise"은 그의 말을 빌리면

"사물을 주관적 사전事前 형식화Präformierung라는 폭력을 통해 사물을 왜곡하는 게 아니라, 사물의 말 없음과 비동일적인 것을 말하게 하기 위한 것"이다.[10]

이 병렬적 서술구조에서 중요한 것은 미리 정해진 전제나 그 결과가 아니다. 중요한 것은 각 부분이고, 이 부분들이 이루는 전체의 복합체다. 무엇보다 중요한 것은 이런 복합체가 보여 주는 배치구조Konstellation/Konfiguration이고 맥락이다. 그러므로 병렬적 문장구조는 서열화된 사고 일체에 반발하는 문제의식의 표현이다. 그것은 대상을 가치의 주종主從 관계나 개념의 서열관계 아래 구분 짓는 게 아니라 서로 동등하게 위치 짓는다. 그래서 그의 문장에서는 독일어에 흔히 있는 주문장과 부문장의 위치가 자주 뒤바뀌어 있다.

문장의 구조가 곧 사유의 구조라면 문장과 사유의 반서열적 구조는 '총체성'의 미명 아래 개별적인 것을 하나의 개념으로 환원시키는 헤겔의 방식과는 완전히 다르다. 말하자면 헤겔은 개별적이고 특수한 것을 억압하고 배제한 반면, 아도르노는 개별적이고 파편적인 것에 대한 주의를 통해 낱낱의 것들을 드러내고 구제하려 한다. 그러나 이렇게 모인 파편적인 것들이 그 자체로 총체성을 실현하는 것은 아니다. 재구성된 낱낱의 파편들은 총체적인 것의 윤곽 혹은 그 그림자를 암시할 뿐이다. 그러므로 총체적인 것은, 오늘날 가능하다면, 이런 파편적 형식으로 가늠될 수 있을 것이다.

에세이라는 장르는 이런 파편화된 총체성을 구현하려는 비체계적 체계의 한 서술형식이다. '비체계적'이라는 것은 개념이나 순서의 상하 구분 없이, 말하자면 제각각 동등한 조건 아래 불규칙적으로 흩어져 있다

---

10   A. a. O., S. 541.

는 뜻에서다. 그럼에도 '체계적'이라는 것은 이 파편화된 분산 속에서도 하나로 귀결될 수 있는 목표나 지향점이 없는 것은 아니기 때문이다. 에세이가 비체계적 체계화의 표현방식이라면 그것은 그 자체로 정형화된 사고를 거스르는 사고의 표현법이라고 할 수 있다. 여기에는 여하한 손쉬운 결론과 판단을 넘어서서 더 높은 진위眞僞의 판별에 대한 욕구가 숨어 있기 때문이다.

아도르노의 이런 '에세이적 사유의 미학'을 두고 루트 존더레거는 이렇게 적는다. "사유에 저항하는 아도르노 사유의 바탕에는, 그 사유가 판단과 결론을 계속하여 다시 지양함으로써, 진리와 거짓에 대한 구분에의 굽힐 줄 모르는 욕구가 놓여 있다. 그의 사유는, 비록 진리가 그때 결과로서보다는 '방해요소'로서 역할함에도 불구하고, 깊은 의미에서 진리정향적이다."[11] 설득력 있는 지적이 아닐 수 없다.

아도르노의 사유는 근본적으로 부정변증법적 사유이고, 이 사유는 항구적 비판의 대항운동Gegenbewegung 속에 있다. 하지만 그럼에도 그 바탕에는 진리에 대한 비타협적 지향도 있다. 이 점은 오늘날의 척도 없는 현실에서, 무엇보다도 포스트모던적 현대사회의 무원칙주의 아래에서 특별히 강조될 만하지 않은가 나는 생각한다. 그의 심미적 기획은 그 자체로 종합화나 전체화, 동일화 혹은 총체화에 대한 저항의 표현이다. 『심미적 이론』은 동일화 사고에 의해 억압된 비동일적이고 비개념적이며 반복불가능한 것들의 복원을 위한 예술철학적 시도인 것이다.

---

[11] Ruth Sonderegger, Essay und System, in: *Adorno Handbuch*, hrsg. v. Richard Klein/Johann Kreuzer/Stefan Müller-Doohm, Stuttgart, 2011, S. 429f.

3) 비동일적인 것의 포용

대상과의 동일화는 개념에 의해 이뤄지고, 이 개념적 동일화는 학문에서 불가피하다. 대상의 인식은 개념적 규정과 그 절차를 통해 이뤄지기 때문이다. 그런 점에서 그것은 강제적이다. 예술은, 그것이 기존의 동일화 원리에 저항한다는 점에서, 비동일성의 원리에 가깝다. 참된 형식은 기존의 것과는 구별되는 것, 그래서 동일하지 않다는 차이적 요소로 구성된다.

그러므로 예술은 개념적 동일화의 강제체계에 대한 비판이다. 이것은 예술의 이름 부여 — 명명화 과정에서 잘 나타난다. 예술은 기존에 없거나 간과된 대상에 이름을 부여하고, 잊히거나 배제된 일과 사건을 묘사함으로써 그것을 이전과는 다르게 이해하려 한다. 이것은 마치 이름 없는 풀꽃이 그저 여느 다른 풀꽃으로 있다가 '장미'라는 기호를 얻은 다음 사람들 사이에 장미로 불리는 것과 같은 이치라고 할 수 있다.

이런 '차이' 덕분에 장미는 기존의 무리 — 기존의 무의미 영역으로부터 벗어나 제 자리를 얻는다. 이것을 아도르노는 이렇게 쓴다. "심미적 동일성은 현실의 동일화 강제Identitätszwang가 억압하는 비동일적인 것 Nichtidentischen의 편에 서야 한다."[12] 이때 심미적 동일성에서 동일성Identität 은 정체성正體性으로 해석되어도 좋을 것이다. 그것은 부정적 의미보다는 긍정적 의미를 띤다. 예술을 예술이게 만드는 것은 동일화 강제에의 저항을 통한 비동일적인 것의 구제에 있기 때문이다.

예술의 동일성과 비동일성 문제는 작품이 생산되고 유포될 때 관련되는 여러 사항들, 이를테면 예술가와 작품의 관계, 그리고 예술작품과 수용자 사이의 관계에서도 확인할 수 있다. 예술작품은 작가가 만든 것

12　Theodor W. Adorno, *Ästhetische Theorie*, a. a. O., S. 14.

이고, 그러니만큼 그것은 그와 동일시될 수 있다. 하지만 그렇게 동일한 것 이상으로 작품은 동일하지 않기도 하다. 작가와 작품의 동일시는 이 작품을 작가가 지닌 의식/무의식의 단순주관적 표현으로 파악하는 경우다. 그러나 작품에는 작가 자신이 담겨 있듯이 작가의 외적 사항 — 다른 사람과의 관계나 사회역사적 차원도 물론 담겨 있다. 그래서 아도르노는 쓴다. "예술은 오직 타자와의 관계 속에서 존재하고, 타자와 이뤄지는 과정이다."[13]

이 타자적이고 이질적인 것은, 적어도 예술이 추구하는 지향점으로서의 그것은 아도르노적 맥락에서 사물화되지 않은 것이다. 그것은 문화산업이 내세우는 '효용'이나 '수익' 혹은 '교환'의 원리에 따르지 않기 때문이다. 그래서 훼손되지 않은 것이다. 아도르노는 쓴다. "지배적 효용의 한가운데서 예술은 실제로 어떤 다른 것, 즉 사회의 생산과정과 재생산과정의 이런저런 움직임으로부터 벗어난 것, 그래서 현실원리에 종속되지 않는 것으로서의 유토피아 같은 것을 지니고 있다."[14]

그러므로 비동일적인 것의 심미적 범주는 개념적 활동의 분류작업이나 이 분류작업에서 이뤄지는 추상화에 대한 교정책이 될 수 있다. 예술의 타자성이란 사회적 생산-재생산관계에서 벗어난 것이고, 그래서 현실원리에 배제된 것이기 때문이다. 이 대목에서 우리는 다시 '예술의 유토피아'를 말할 수 있을지도 모른다.

예술의 유토피아란 소극적으로 말하면 동일화 강제에서 벗어난 것이고, 적극적으로 말하면 비동일적인 것의 편에 선다는 뜻이다. 더 간단히 말하면 어떻게 될까? 예술은 근본적으로 '다른 것'에 열려 있고, 이 다른

---

13 A. a. O., S. 12.
14 A. a. O., S. 461.

3장 예술의 타자성   275

것으로 나아간다. 예술의 유토피아란 가장 간단히 말하여 낯선 것을 배제하지 않는다. 아도르노는 『부정변증법』에서 이렇게 쓴다. "낯선 것이 더 이상 추방되지 않는다면 소외도 더 이상 없을 것이다."[15]

결국 예술의 유토피아란 타자성을 옹호하는 것이고, 그래서 낯선 것을 추방하지 않는 상태이다. 거기에서 소외는 지양될 것이기 때문이다. 예술의 이 타자적 지향은 아마 철학의 지향과도 크게 다르지 않을 것이다. 즉 예술과 철학은 어떤 낯선 것 — 이질적이고 타자적인 것의 포용에 적극적이다. 이렇게 낯선 것을 외면하거나 억압하는 게 아니라, 이해하고 포용할 수 있다면 삶의 소외는 현격히 줄어들 것이다. 바로 이런 상태 — 낯선 것의 포용이야말로 예술의 유토피아이자 철학의 유토피아이고, 나아가 삶의 유토피아가 될 것이다. 이 낯설고 이질적이며 타자적인 것의 원형은 아마 자연이 될 것이다.

자연의 타자성은 아름다운 모든 것이 그러하듯이 그 자체로 의미 있는 것이겠지만, 아도르노에게 그것은 더 중요했던 것으로 보인다. 자연의 구제는 그에게 예술의 주요한 목표이기도 했다. 자연은 보편적 동일성의 속박 아래 있지 않은 것의 가장 좋은 예를 보여 준다고 그는 생각했기 때문이다. 자연은 "아직 존재하지 않는 것, 그리하여 가능한 것의 암호"였다. "자연에서의 아름다움은 지배적 원리나 산만한 분열과는 다른 무엇이어서 그와 유사한 것은 화해된 것이다."[16] 이런 점에서 아도르노의 자연미 이해는 헤겔의 그것과 구분된다. 아도르노는 헤겔이 자연미를 비미적인 것으로, 그래서 '산문적인'으로 파악하였다고 비판했다.

그러나 자연은 그에 의하면 현대사회의 보편적 강제 — 모든 것을 동

---

15 Theodor W. Adorno, *Negative Dialektik*, a. a. O., S. 174.

16 Theodor W. Adorno, *Ästhetische Theorie*, a. a. O., S. 115.

일화하고 평준화하는 것에 대한 안티테제가 된다. 자연의 언어는 침묵 속에서 지금 있지 않은, 그러나 앞으로 있을 수도 있는 다른 어떤 것을 암시하는 까닭이다. 이때 자연은 심미적인 것의 중심이 된다. 자연미는 모든 아름다움의 원형인 것이다. 아름다움을 '무관심한 만족'으로 파악한 칸트 예술이론의 업적은 바로 여기에 있다. 그의 판단력 비판은 예술의 이질성, 이 이질성의 독자성에 대한 사심 없는 존중이다. 이 대목에서 우리는 예술작품을 예술가의 소망의 실현으로 보는 프로이트적 예술이론을 떠난다.

그러나 작품을 예술가의 소망의 표현이라는 프로이트의 입장에도 일리가 없는 것은 아니다. 마찬가지로 예술을 사심 없는 목적 — 무목적적 목적의 표현으로 본 칸트의 입장도, 그것이 예술 자체의 자율성에 주목한다는 점에서, 중요한 것이지 않을 수 없다. 그러면서 여기에 자연을 오늘날의 그 많은 환경 훼손에도 불구하고 삶의 원형적 이미지로 파악한 아도르노의 관점도 여전히 공감할 만한 것으로 여겨진다.

그러므로 미래의 예술론은 헤겔과 칸트, 프로이트와 아도르노와 더불어, 그러면서 동시에 그 너머로 나 있다. 예술은 인간 소망의 근원적 표현이면서 이 표현으로부터도 벗어난 무목적적인 것이다. 그러면서 이 무목적성의 근원 이미지는 여전히 자연에 있다. 우리가 자연을 여전히 다시 읽고 다시 체험해야 하는 것은 그런 이유에서다.

3. '가상'개념 비판

심미적 동일성이 비동일성과 관계한다고 할 때 이 비동일성은 다소 범박하게 '타자성'으로 번역할 수 있다. 예술의 심미적 동일성이 오직 비동일성의 편에 선다는 것은 타자성에 선다는 뜻과 같다. 이렇게 예술이

서는 것, 예술을 서게 하는 것이 곧 정신이다.

1) 가상의 두 측면

예술의 정신은 감각적 현상에서 먼저 드러난다. 그러나 이 현상을 예술이 완전히 승인하는 것은 아니다. 예술의 정신은 오히려 감각적 현상의 부정 속에 자리한다. 그것은 현상과의 일치 속에서도 경험적 현실 너머의 무엇을 지시하는 까닭이다.

여기에는 앞서 언급했듯이 예술이 지닌 이율배반적 성격이 있다. 이 이율배반적 성격은 현대에 와서 일상적 삶의 충격과 파편성에 의해 더욱 강화된다. 그리하여 그것은 현대예술의 주된 특성이면서 사실은 미학적 문제의식의 근본 특성이기도 하다. 예술의 이런 이율배반성은 가상假象, Schein 개념에서 잘 드러난다.

가상개념은 넓게 보아 철학에서 진정한 것으로 간주되는 '존재'나 '본질' 혹은 '조화'나 '순수 정신'에서 나타난다고 할 수 있다. 그것은 좀 더 직접적으로 예술작품을 둘러싸고 있는 비의적이고 환각적인 요소들을 뜻한다. 그것은 아우라를 비롯하여 허구적 환영적 요소를 지칭한다. 이 요소들은 표현주의의 역사적 경험에서 보듯이 비현실적이고 사물화된 것으로 폭로되고 말았다. 현대적 삶의 시대경험 전체가 사실 그런 환상의 폭로과정이기도 하다. 그런 점에서 근대화 경로란 한마디로 탈환상화/탈환각화 과정Desillusionierungsprozess이다. 이것은 막스 베버M. Weber가 근대의 역사과정을 탈주술화 과정Entzauberungsprozess으로 지칭한 것과 맥락을 같이 한다.

이제 존재의 이념형은 더 이상 자리하기 어렵다. 그렇듯이 그 자체로 존재하는 본질이나 순수정신 혹은 조화는 있기 힘들다. 그것을 전제하면 언제든지 실체주의적이라고 비판받을 수 있기 때문이다. 이런 점에서 가상개념의 허구성에 대한 지적은 정당해 보인다.

그러나 다른 한편으로 가상개념이 완전히 거짓이라고 말하기도 어렵다. 거기에는 모호하고 불확실한 요소도 들어 있고, 진실이나 본질은 바로 이 모호함을 포함하기 때문이다. 사실 삶의 현상 가운데, 그것이 인간이든 현실이든 혹은 자연이든, 그런 모호함에서 전적으로 자유로운 것은 거의 없다고 할 수 있다. 그러는 한 가상개념은 완전히 비현실적이지만은 않다. 오히려 가상은 정신과 예술의 한 본질일 수도 있다.

2) 심미적 가상의 구제

그러므로 예술은 적극적으로 표현하면 '정신의 가상'이라고 할 수 있다. 더 정확하게 말하여 참된 예술은 가상이면서 가상이 아니다. 예술에서 어떤 것은 어떤 것이면서 동시에 그와 전혀 다른 것이기 때문이다.

이 '그와 전혀 다른 것'에서 가상은 더 이상 가상이 아니다. 그리하여 예술은 경험이면서 경험 이상의 것 ― 가상인 것이다. 그래서 아도르노는 쓴다. "예술은, 그것이 무의미의 한가운데에서 의미에 대한 암시로부터 벗어날 수 없다는 점에서 결국 가상이다." "예술은 가상 없는 것의 가상Schein des Scheinlosen으로서 진리를 지닌다."[17]

예술의 가상은, 그것이 현상하는 것이면서도 이 현상적 경험과 변별

---

[17] A. a. O., S. 231, S. 199. 심미적 가상이 가상이면서도 가상을 넘어서 있다는 것은 허구적이면서도 현실적일 수 있고, 사실이면서도 진실을 포함할 수 있다는 뜻이다. 그것은 다른 식으로 말하여 드러난 것이면서 숨은 것을 포함한다는 뜻이고, 현상하는 것이면서 본질적이기도 하다는 뜻이며, 구체적이면서도 보편적이라는 뜻이다. 그리하여 심미적 가상의 진실 ― 예술의 진실은 '가상 없는 것의 가상', 혹은 '가상 속에서의 가상 초월', 혹은 '현상적 본질' 혹은 '구체적 보편성'이 될 것이다. 아마도 그런 이유로 "미학은 구체적 보편성을 겨냥한다"고 아도르노가 썼을 것이다(A. a. O., S. 393). 하지만 예술의 보편성이 시대의 지배적 보편성과 같은 것은 아니다.

성을 이룬다는 점에서, 매우 중요하다. 예술이 현실을 비판할 수 있는 것은 가상이 지닌 이 변별적 차이에서 오기 때문이다. 예술의 가상에는 기존질서에는 없는 것 ─ 부재하는 것들의 흔적이 있다. 이 차이는 현상 속에서 현상의 표피에 머무는 게 아니라 그 본질에 속한다. 그래서 현상을 파괴하고 전복시킬 수 있다. 이것이 곧 심미적 가상의 이율배반성이다.

그러므로 예술의 가상은 반쯤 참되고 반쯤 거짓이다. 그러나 바로 이 애매한 성격으로 인해 심미적 통일성은 언제든 무너질 수 있고, 본질은 비본질로 변질될 수도 있다. 예술의 진실은 언제나 거짓의 그림자로 자리한다. 여기로부터 예술가의 비애도 나올 것이다. 예술가는 작품을 창출하면서 이 작품에 대항한다. 이렇듯이 예술과 그 산물은 자기모순적이고 역설적이다. 예술은 개념이면서 개념 이상이다.

대상의 파악을 위해 개념은 필요하다. 하지만 대상의 전체와 그 충일성을 이해하기 위해 우리는 개념을 버려야 한다. 마찬가지로 우리가 아는 대상 역시, 그것이 현실이건 인간이건 삶이건 간에, 무엇이면서 무엇이 아니기도 하다. 그리하여 어느 한쪽으로 확정된 예술이해는, 어느 한쪽으로의 현실이해나 인간이해가 그러하듯이, 더 이상 참되기 어렵다. 적어도 오랜 기간에 걸쳐 진실되기 어렵다. 그렇게 끝난다면 그것은 매개되지 않은 것이고, 따라서 사물화에 무기력할 것이기 때문이다. 사물화된 인식이란 이데올로기와 다르지 않다.

사실 예술의 탁월성은 가상의 이 같은 차별성 ─ 경험저항적 성격 속에 깃든 부정성에서 온다. 이 부정성 덕분에 예술은 삶의 사물화에 맞설 수 있다. 가상의 부정적 비판적 계기 덕분에 예술은 기존의 지배질서를 거스를 수 있다. 그러나 이 비판보다 더 중요한 것은 아마 자유일지도 모른다. 가상을 통한 기존질서의 비판은 중요하지만, 이 비판은 비판 자체를 위해 있는 게 아니다. 비판은 자기자신의 비판도 넘어서야 한다. 왜

비판을 하는가? 그것은 비판하기 위해서가 아니라 자유로워지기 위해서일 것이다. 비판하는 것은 삶을 보다 넓고 높은 다른 가능성 아래 두기 위해서다.

그러므로 비판은 자유로 나아가야 한다. 심미적 가상이 결국 지향하는 것도 인간적 삶의 자유로운 가능성이다. 이런 이유로 심미적 가상을 지키는 것도 자유를 지키고, 자유의 가능성을 탐색하는 일로 이어진다. 아도르노가 "가상의 구제" 혹은 "가상을 통한 구제"를 "미학의 핵심"이라고 여긴 이유도 이 때문일 것이다.[18]

III. 불협화음의 진실 — '거짓 조화'를 넘어

> 99
> 모순과 비동일성에 대한 기억 없이
> 조화는 심미적으로 부적절하게 될 것이다.
> 아도르노, 『심미적 이론』

지금까지 우리는 아도르노의 미학적 문제의식을 '타자성'의 관점 아래 세 가지 측면에서 논의해 왔다. 그 세 측면이란 첫째, 개별적인 것을 옹호하는 미메시스의 매개이고, 둘째, 전체성의 거부 속에서 비동일적인 것을 포용하는 일이며, 셋째, 이 모두는 '심미적 가상'의 개념으로 수렴되는 것이었다.

심미적 가상이 결국 타자성을 지향한다면, 이 타자성 지향은 여하한

---

18   A. a. O., S. 164.

동일성 강제에 저항하면서 개별적인 것을 옹호하는 데 있다. 그리고 이 개별적인 것의 옹호에 심미적 진실이 있다. 그렇다면 이 심미적 진실은 결국 어디로 나아가는가? 그것은 아마도 삶의 손쉬운 타협이나 조화를 거부하면서도 그 조화의 좁은 가능성을 부단히 탐색하는 것, 그러면서 삶의 불확실성을 조금씩 줄여 가는 일이 되지 않을까 한다.

1. "반反조화적 제스처"

앞서 언급했듯이 가상개념에 '존재'나 '본질' 혹은 '조화'나 '순수정신'이 들어 있고, 이런 것들이 역사적 경험에서 과장되어 부적절한 것으로 드러났다면, 이제 필요한 것은 그런 고답적 개념과의 결별이다. 적어도 존재나 본질 혹은 정신이라는 개념은 이제 더 이상 실체주의적으로 파악될 수 없다. 조화 개념은 특히 그렇다. 아도르노는 쓴다.

> 심미적 조화는 결코 실현되지 않으며, 단지 광택제거나 균형일 뿐이다. 예술에서 정당하게 조화적이라고 칭할 수 있는 것의 내부에는 절망적인 것과 서로 모순되는 것이 살아 있다. … 예술작품이 조화나 현상하는 본질 같은 이념 속으로 깊이 빠져들면 들수록, 그것은 더욱더 만족할 수 없다. 미켈란 젤로나 만년의 렘브란트, 그리고 후기의 베토벤이 보여 준 반조화적 제스처를 주관적으로 고통스러운 전개가 아니라 조화개념의 동력학 자체로부터, 그래서 결국 그 미흡함으로부터 도출한다고 해도 너무 다른 것을 역사 철학적으로 무리하게 일반화한다고 할 수 없다. 불협화음은 조화에 대한 진실이다. 엄밀하게 본다면 조화는 그 자체의 기준에 비춰 얻기 힘든 것으로 드러난다. 조화에 대한 절실한 요구는, 그 획득 불가능성이 본질의 일부로서 나타날 때만, 비로소 충족된다.[19]

예술의 조화는 물론 현실의 조화를 암시한다. 아도르노는 이런 조화가 현실에서 더 이상 이루어질 수 있으리라고 여기지 않는다. 오히려 그 반대다. 예술에서의 조화는 절망과 모순을 관통하지 않으면 불가능하다. "심미적 조화는 결코 실현되지 않으며, 단지 광택제이거나 균형일 뿐이다. 예술에서 정당하게 조화적이라고 칭할 수 있는 것의 내부에는 절망적인 것과 서로 모순되는 것이 살아 있다."

이것은 여러 탁월한 예술가들, 이를테면 미켈란젤로와 렘브란트 그리고 후기의 베토벤이 증거하는 바이기도 하다. 이들은 모두 아도르노가 말한 바 ─ "반조화적 제스처"를 보여 주었기 때문이다. 이 반조화적 제스처는 "조화의 동력학 자체로부터", 더 정확하게 말해 이 조화개념이 지닌 "미흡함"으로부터 나오기 때문이다. 그러니까 삶의 조화는 조화 자체가 아니라, 이 조화를 방해하고 훼손하는 것들과의 착잡한 관계로부터만 생겨나는 것이다.

이런 이유로 좋은 작품에서는 삶의 모순이나 현실의 적대관계가 은폐되지 않는다. 그 갈등이 매끈하게 타결되지도 않고, 없는 듯이 얼버무려지거나 억지로 조정되지도 않는다. 예술작품은 오히려 갈등과 모순과 적대관계를 있는 그대로 드러낸다. 그렇게 드러난 작품 속의 모순이 현실의 모순 그대로인 것은 물론 아니다. 이렇게 드러난 내용은 형식화/형상화/구성화를 통해 변용되기 때문이다. 그런 점에서 예술의 형상화는 개념적 강제나 기계적 환원의 결과가 아니라 '폭력 없는 통합화'라고 할 것이다.

이 같은 형상화를 통해 예술은 현실의 적대관계를 넘어 어떤 화해의 가능성을 암시한다. 그러나 이 화해는 다시 한번 더 강조하여 현실에서

---

19 A. a. O., S. 167f.

는 실현되기 어렵다. 그것은 어쩌면 가능하기보다는 불가능하다고 말해야 할지도 모른다. 만약 가능하다면 화해는 예술에서 상상적이거나 허구적으로나 가능할 것이다.

그러므로 예술의 화해는 가상으로 자리한다. 그것은 만들어진 것이고 꾸며진 것이며 형상화된 것이다. 그렇다는 것은 예술에서의 화해가 현실의 실제적 모습이 아니라 어떤 갈망과 염원으로서 자리하고, 하나의 상상된 현실로서 나타난다는 뜻이 된다. 삶의 화해는 현실의 불평등이 완전히 철폐될 때 비로소 가능할지도 모른다. 하지만 그것은 아득한 일이다.

예술은 화해의 현실적 불가능성 속에서 그 드문 지양적 가능성으로서의 화해를 탐색한다. 그러므로 조화의 현실적 가능성은 그 사실적 불가능성의 전제 없이 불가능하다. 이런 이유로 아도르노는 쓴다. "불협화음은 조화에 대한 진실이다. 엄밀하게 본다면 조화는 그 자체의 기준에 비춰 얻기 힘든 것으로 드러난다. 조화에 대한 절실한 요구는, 그런 획득 불가능성이 본질의 일부로서 나타날 때만, 비로소 충족된다." 만약 조화가 하나의 극과 다른 극 사이의 어중간한 중간이라면 그것은 자기기만이다.

그리하여 예술의 조화는 기본적으로 불안정하다. 그것은 부단한 매개과정 속에서 잠시 그리고 예외적으로 도달되기 때문이다. 삶의 조화는 언제나 부조화를 전제해야 하고, 가능성은 늘 불가능성을 전제해야 한다. 그렇듯이 본질은 거짓 없이 어렵고, 희망은 절망을 수반한다. 예술의 지향은 아도르노의 말을 빌려 "순간적이고 깨어지기 쉬운 균형" 속에 있는 것이다.[20]

---

20 아도르노는 이렇게 쓴다. "예술의 순수한 개념은 단번에 확보된 어떤 영역의 규모가 아니

2. "긴장의 조정"

예술의 균형은 아도르노가 썼듯이 의미론적으로 '평형'개념과 비슷할지도 모른다. "평형Homöostase 개념은 예술작품의 전체성에서 비로소 만들어지는 긴장의 조정으로서, 예술작품이 가시적으로 자립하는 순간과 관련될 것이다."[21]

예술작품에 균형이 있다면 그것은 위태로운 것이다. 그래서 이 위태로움은 "긴장의 조정" 아래 있다. 긴장이 조정된다는 것은 긴장이 없어진다는 뜻이 아니다. 긴장은 항존한다. 이렇게 항존하는 긴장이 지양되는 것은 예술작품이 스스로 자립하는 순간이다. 그러나 이 순간이 지나가면 균형은 다시 무너진다.

그러므로 예술작품의 조화는 긴장의 조정 아래 잠시 찾아올 뿐이다. 그렇듯이 삶의 균형은, 마치 평형 상태가 언젠가 혹은 순식간에 무너지듯이, 오래 가지 않는다. 균형이든 평형이든, 이 모든 것은 깨어지기 쉽고 위태롭다. 삶이 그렇고, 이 삶을 묘사하는 예술이 그렇다. 심미적 대상은, 예술작품을 포함하여, 일시적이고 일회적이며 단일하다. 따라서 예술(작품)에 대한 이론도 위태롭고 난처한 것이지 않을 수 없다.

그러므로 대상에 대한 일반화는 이 대상을 그르치기 쉽다. 따라서 심미적 이론도 그 자체로 위태로운 시도이지 않을 수 없다. 아도르노가 생애의 말년까지 예술비평이나 논문은 썼지만, 체계화된 형태로서의 '미학'을 쓰지 않은 것은 그런 이유에서일 것이다(『심미적 이론』의 체계는 앞서

라, 순간적이고 깨어지기 쉬운 균형 속에서 그때그때 비로소 만들어진다…."(A. a. O., S. 17.) 이 "순간적이고 깨어지기 쉬운 균형"은 예술의 순수개념에만 해당되는 게 아니라 예술의 내재적 법칙이기도 하고, 나아가 예술 자체의 지향점으로 보인다.

21 A. a. O., S. 435.

썼듯이 그의 사후의 편집과정에서 만들어진 것이다).

이 깨어지기 쉬운 균형은, 그 뿌리까지 캐 들어가 보면, 주체와 객체 사이에 존재하는 취약한 균형에서 올 것이다. 이 취약한 성격 때문에 예술가는 언제든 실패할 수도 있고, 그의 작품 역시 늘 무산될 수도 있다. 예술의 진실은 혹독하여 때로는 그 근원마저 부정하기도 한다. "예술의 폐기에 대한 생각도, 이 생각이 예술의 진실에의 요구를 존중하고 있으므로, 그 명예를 드러낸다."[22]

아도르노가 『심미적 이론』에서 사용하는 거의 모든 개념이 모호하고 일시적이며 난처하고, 그래서 때로는 위태로운 것이라면, 그것은 조심스럽게 다뤄질 필요가 있다. 그 개념들은 그 자체로 좋거나 옳지 않기 때문이다. "좋거나 옳은 것은", 루트 존더레거가 정확히 썼듯이, "개념의 숨겨진 잠재력과 이데올로기적 나락을 탐구하는 일이다. 그래서 개념을 적절하게 성찰한다는 것은 개념을 힘의 장場으로서, 말하자면 투쟁의 무대로서 전개하는 것이고, 이 싸움에 개입하는 것을 뜻한다."[23]

사유하다 혹은 성찰한다는 것은 개념들이 자리한 힘의 장 속으로 들어가 그 각질을 벗겨 내는 일이다. 수많은 해석과 관점에 의해 오용되고 오염된 대상의 본래적 형태를 복원하는 일이다. 개념은 그 자체로 좋거나 선한 것이 아니라, 그 개념이 놓인 '힘의 장에 우리가 어떻게 개입하느냐에 따라', 다시 말하여 우리가 어떻게 그 개념을 사용하느냐에 따라 달라지기 때문이다. 그러니 이렇게 개입하기 전에 먼저 해야 할 것은 "개념의 숨겨진 잠재력과 이데올로기적 나락을 탐구"하는 일이다.

---

22 A. a O., S. 50.

23 Ruth Sonderegger, Ästhetische Theorie, in: *Adorno Handbuch*, hrsg. v. Richard Klein/Johann Kreuzer/Stefan Müller-Doohm, Stuttgart, 2011, S. 418.

아마 심미적 현상은 철학에서와는 다른 이론적 성찰형식을 요청할 것이다. 예술의 현실 긍정은, 그 긍정의 손쉬운 해결에 유보적일 때, 참일 수 있을 것이다. 그렇듯이 예술의 균형은, 예술이 어렵사리 도달한 균형을 스스로 부정할 수 있을 때만, 잠시 실현될 것이다. 왜냐하면 예술이 다루는 삶의 조화란 반조화적 몸짓과 물음 속에서만 이뤄질 것이 때문이다. 이것이 예술작품의 내재적 역학이다.

여기에서 '부정적'이고 '반조화적'이라는 것은 논쟁적이고 소송적이며 저항적이라는 뜻으로 번역될 수 있다. 이 부정적 반조화적 요인을 통해 예술은 현실의 정태학靜態學에 도전한다. 적대적 계기들 간의 갈등은 이 도전을 통해 잠시 조정될 수 있다. 이런 식으로 예술의 주체는 잠재적인 것을 현실적인 것으로 옮겨 놓음으로써 진실에 약간 기여한다. 진실은 있는 것이 아니라 생성되는 것이고, 주어진 것이 아니라 구성하는 것이며, 무엇보다 언제나 다시 창출하는 것이다.

예술의 조화에 대한 이 같은 불신은 거듭 강조될 필요가 있다. 예술의 조화가 삶이나 현실의 조화와 이어진 것이라면, 예술의 부조화에 대한 아도르노의 의식은 현실에서의 부조화에 대한 주의나 그 감수성과 다르지 않다. 그는 삶에서 안이하고 손쉬운 조화를 그 어떤 형태로도 믿지 않는다. 현실을 규정하는 것은 조화가 아니라 차라리 부조화일 것이기 때문이다. 설령 조화가 상정된다고 해도 예술의 조화는 그 자체로 자족하는 데 있다기보다는 문제제기적 성격을 띤다고 봐야 한다. 그래서 차이는 단순히 제거되기보다 지양되고, 지양되기보다 이월되고 유예된다.

조화는, 이 조화가 도달할 수 없다는 사실이 본질의 일부로 나타날 때, 비로소 얻어질 수 있을지도 모른다. 아도르노의 예술관뿐만 아니라 현실인식 그리고 인간이해는 조화의 이 근본적 도달불가능성 — 불협화음과 모순, 불충분과 결핍과 마찰을 관통해 나아가면서 조금씩 얻어진다.

3. 불확실성과의 대결방식

그러나 이러한 사실은 비단 아도르노에게만 한정되는 게 아니다. 그것은 차라리 현대의 철학자와 사상가 사이에서 공유되는 일반적인 문제의식으로 봐야 할 것이다. 현대사회는 근본적으로 불협화음과 불안정의 세계이고, 이 부정적인 것들에 대한 더 첨예화된 의식으로 추동되기 때문이다.

불협화음이나 유동성은 이를테면 최근에 세상을 떠난 사회학자 바우만Z. Bauman의 주된 학문적 주제의 하나이기도 했다. 그는, 그의 주저 『유동적 근대성Liquid Modernity』이 보여 주듯이, '물처럼 유동적이고 불확실한 현대의 복합성 앞에서 우리가 어떤 윤리적 결단을 통해 인간적인 삶을 살아갈 것인가'라는 문제에 골몰했다. 현대적 불협화음에 대한 의식은 바우만 식으로 표현하면 유동적 불확실성에 대한 의식일 것이고, 아도르노식으로 표현하면 비동일성에 대한 의식으로 번역될 수 있다. 아도르노가 부정성이나 안티테제를 강조한 것은 현대사회의 이런 모순 앞에서 이런 모순에도 불구하고 예술이 갖는 진실에의 요구 때문일 것이다.

이 모든 것은 현대성의 역설적 이율배반적 징후에 대한 그 나름의 대응 방식이 아닐 수 없다. 자족하는 진실은 진실을 무반성적으로 되풀이하기에 진실이기 어렵다. 물신주의 — 모든 긍정이데올로기의 무반성적 수용은 이렇게 생겨난다. 마찬가지로 의미는 의미의 부정이기도 하다. 완성된 객관성은 거짓이기 때문이다. 의미의 부정과 이 부정의 정신이 추구하는 비동일성, 그리고 이 비동일성으로부터 유지되는 비판적 거리감 속에서 예술은 다시 계몽에 참여한다. 이것은 의도적으로도 그렇고, 무의도적/무의식적으로도 그렇다.

예술에는 타자성에 대한 무의식적 무의도적 지향이 있다. 예술작품에서 작가의 의도가 전혀 없을 수 없지만, 의도가 부각될 경우 그 내용은 손상된다. ('예술의 무의도성'에 대한 아도르노의 구상은 벤야민의 비평론과 예술철학에서 나오는 '진리의 무의도성'에서 이어받은 것이다.) 예술이 현실참여적인 것은 타자성에 대한 의식적 무의식적 지향 때문이다. 이 타자성 때문에 예술은 기존사회에 대한 사회적 안티테제가 될 수 있고, 기존현실에 대한 대안적 구상일 수 있다. 예술이 단순히 정치적 슬로건이나 구호 없이도, 그리하여 붉은 띠를 이마에 맨 채 거리로 나서 외치지 않고도 현실에 참여할 수 있는 것도 이런 이유에서다.

그렇다고 예술의 역량이 무의식적 차원으로 환원되는 것은 아니다. 무의식이나 무의도는 예술적 생산과정에 관여하는 수많은 요소들 가운데 하나일 뿐이다. 예술을 구성하는 모든 요소는 이런저런 형식법칙에 의해 매개되면서 작품 안으로 조금씩 이입되고 침전되기 때문이다.

그리하여 예술의 참여성은 심미적 비동일성의 역학 — 기존현실과의 안티테제적 역학으로부터 온다. 예술의 진실은 이 같은 상호교차, 이 교차의 움직임 그리고 이 움직임 속의 진전에 있다. 이것이 현대예술의 변증법이다. 삶의 화음은 오직 불협화음을 통해 이뤄지고, 그 균형은 불균형의 긴장에 찬 조정 속에서 잠시 가능하다. 긴장과 불협화음이 없다면 삶의 평화는 기만에 불과하다. 아도르노 미학에서 강조되는 가상비판도 이 착잡한 맥락 아래 있다.

4장

문화산업과 문화비판

─오늘의 상품소비사회에서

99

하지만 이런 묘사를 통해 다른 사람의 방법이 쓸모없다거나
아무런 유효한 결과를 보여 주지 않는다고 비판할 의도는 없습니다.
저는 단지 가능한 또 하나의 방법을 제안하려 했을 뿐입니다.

미셸 푸코, 「비판이란 무엇인가?」(1978)

99

나는 나를 만족시키는 그 어떤 답변도 찾지 못한 채
곧 내 삶을 마칠 것이다.
인문학의 중심에 자리한 근본적 비인간성을 설명해 주는 어떤 것도 없다.
(인문학이란 얼마나 건방진 표현인가?) …
인문학이 우리를 비인간적으로 만들 수 있다는 것은 가능한가?

조지 슈타이너(G. Steiner), 『기나긴 토요일』(2014)

이 글에서 필자가 다룰 주제는 '문화산업과 문화'다. 문화산업 Kulturin-
dustrie이라는 용어가 간단히 말해 오늘날의 자본주의 사회에서 나타나는
상업화된 문화 일반을 지칭한다면, 문화는 이렇게 상업적으로 오염되기
전의 어떤 본래적 모습 ─ 순정한 의미의 문화를 암시한다고 할 것이다.

이 본래적 문화의 핵심에는, 적어도 전통적 휴머니즘적 관점에서 보
면, 예술과 교양의 문제가 자리한다. 예술이 그런 휴머니즘을 구현한다
면, 교양은 그렇게 구현된 휴머니즘 정신을 익히고 습득하는 일이기 때
문이다. 그리하여 문화에 대한 비판적 논의는 예술이나 교양의 문제를
자연스럽게 포함하고, 이때의 교양이 개개인의 인격과 인성을 북돋고 돌
보는 일과 관계되는 한 주체형성의 교육적 사안이 된다. 그리하여 문화
의 문제는 원하든 원치 않든 예술과 교양 그리고 주체형성이라는 주제를

포괄적으로 다루지 않으면 안 된다. (주체의 형성이라는 주제를 나는 2장과 5장에서 자세히 다룬다.)

문화론은 예술론과 이어져야 하고, 이 예술론은 주체의 자기형성론으로 연결된다. 그런 점에서 주체의 형성론은 교양론이면서 동시에 교육론이다. 그런 이유로 문화론이, 흔히 그러하듯이 문화의 성격과 유형에 대한 추상적이고 일반적인 담론의 차원에 그친다면, 그래서 그 토대로서의 예술론과 주체론, 그리고 좀 더 나아가 그 실천영역으로서의 교양론과 교육론으로 이어지지 않는다면, 그것은 엉성하고 허술한 논의가 될 것이다.

문화론이 포괄하는 이 모든 주제는 하나하나가 다 흥미롭다. 필자의 문화산업론은 이 같은 전체지평을 염두에 두고 시작되었다. 그런 이유에서인지 논의가 진행되면서 글은 점점 늘어났고, 주제도 점차 확장되었다. 그래서 그것은 제한된 시간 안에 모두 다룰 수 없을 만큼 복잡한 것이 되어 버렸다. 필자는 이 글에서의 논의 주제를 문화산업과 문화비판으로 제한하고자 한다.

I. 논의 절차

말할 것도 없이 문화라는 개념은 역사적 경과 속에서 의미론적 변화를 거듭해 왔다. 그렇듯이 문화산업이라는 개념 역시, 그것이 상업화된 시장경제로서의 자본주의 체제 아래 작동하는 만큼, 그 특징을 한두 가지로 요약하기 어렵다. 문화산업에 대항하는 본래적 의미의 문화의 의미나 문화의 핵심으로서의 예술의 가능성 그리고 예술경험의 자기 연마에서 이뤄지는 교양적 형성의 과정에 대한 논의도 간단하지 않다. 필자가 이 글에서 다루고자 하는 논의의 초점은 최대한 줄이면 네 가지다.

첫째, 문화산업이 있게 된 오늘날의 성격 — 자본주의 사회의 사물화된 삶이 무엇인지 먼저 살펴보아야 한다. 이것을 나는 두 개의 열쇠어 — '관리'와 '조직'이라는 개념을 중심으로 논의할 것이다(2절).

둘째, 문화산업이란 무엇인가? 이것은 아도르노와 호르크하이머의 분석에 기대어 오늘날 문화가 처해 있는 복잡다기하고 이율배반적인 상황을 스케치하는 일이다(3절).

셋째, 문화산업이 간단히 '상업화된 문화'를 뜻한다면 이 상업문화에 대항하는 것은 아도르노에 따르면 예술의 자율성, 즉 자율적 예술의 가능성이다. 예술의 이 잠재력은 상품화된 문화현실에서 어떤 역할을 할 수 있는가? 이때 작동하는 것이 예술의 부정적 계기다. 이 부정적 계기는 다른 식으로 말하여 반성적 성찰적 계기다(4절).

넷째, 새 문화의 가능성은 어디에서 확보될 수 있는가? 이런 물음을 제기하는 것이 바로 문화비판의 과제다. 그렇다면 문화비판의 내용과 방법 그리고 그 방향은 어떻게 그려질 수 있는가? 여기에 대해 아도르노는 '정신의 부정주의否定主義'를 통한 '내재적 비판적' 문화의 가능성을 거론한다. 그것은 한편으로 지금 문화의 타락을 인정하고 그 오용을 직시하면서도, 다른 한편으로 그 지양가능성까지 고려하는 것이다. 그러니만큼 그것은 문화의 변증법을 고려하는 일이다. 타락한 현대문화에 대한 저항적 에너지는 결국 문화비판의 변증법적 인식까지 포함하는 예술의 비판적 성찰력으로부터 온다. 이 성찰력은 주체의 형성적 가능성이라는 교양의 문제로 이어진다(5절).

이 네 사항을 다시 한 가지로 모으면 어떻게 될까? 그것이 결론이다. 즉 후기자본주의의 상업문화적 현실에서 '우리는 어떻게 자율적이고 독립적 존재로서 자유롭게 살아갈 수 있는가?' 이 자율과 독립 그리고 자유의 개인적 형성에 예술과 문화는 어떻게 기여하는가? 나아가 이성적 사회의 구성에 그것은 어떤 역할을 할 수 있는가? 이런 물음에 대하여 필자는 '비판적 존재론'의 이름으로 마무리짓고자 한다(6절).

II. 사물화된 현실에서

오늘날 문화에 대해 말하는 것은 여러 가지 점에서 착잡한 일이다. 우리가 사는 현대라는 생활세계가 지극히 복잡하고 가변적이기 때문이다. 이 복잡한 삶의 세계에서 문화란 사회역사적으로 조건 지어지는 것이니만큼 문화와 현실의 상호작용도 다층적으로 일어나고, 이 현실에서 영위되는 각 개인의 삶도 각양각색이다. 문화산업이라는 개념도 이런 복잡다기한 착잡함을 공유한다.

문화산업이라는 개념을 제대로 파악하기 위해서는, 이 개념이 아도르노와 호르크하이머를 포함하는 독일 프랑크푸르트학파의 이론적 고안물인 한, 이 이론가들의 현실인식이나 역사이해 그리고 그 방법론에 대한 이해가, 적어도 대략적으로라도, 전제되어야 한다. 여기에 문화산업 개념과 깊게 관련된 다른 중요한 개념들, 이를테면 '사물화'나 '관리사회', '부정성否定性', '자본주의적 환산화', '부정변증법', '미메시스적 계기', '객체의 우위', '비동일성', '심미적 합리성' 등에 대한 일정한 이해도 필요하다.[1] 그러면서 이 모든 논의는 새로운 문화의 가능성이라는 문제, 다시

---

[1] 여기에 대해서는 문광훈, 「예술과 이성 ─ 아도르노와 비판전통」, 네이버 열린연단 '문화의 안과 밖' 강연시리즈, 2017. 5. 6. http://openlectures.naver.com/contents?contentsId=132093&rid=2933&lectureType=paradigm 참조.

말하여 '오늘날의 상업화된 문화현실에서 어떻게 문화가 이전과는 다르게 재구성될 수 있을 것인가'라는 물음으로 수렴되어야 할 것이다. 차근차근 검토해 보자.

1. 12년의 망명 생활

문화산업이 무엇인가를 논의하기 전에 아도르노의 현실인식을 먼저 살펴볼 필요가 있다. 이런 현실인식의 바탕에는 현실과 이론, 사회와 개념구성의 관계가 놓여 있다. 이론은 어떻게 만들어지는가?

한 시대의 이론은 말할 것도 없이 사회역사적으로 조건 지어진다. 이론은 그것이 자리한 사회정치적 제반 여건 속에서 만들어지고, 역사적 시간이 경과하고 사회의 상태가 변함에 따라 스스로 변화한다. 이때 이론과 사회적 상태 그리고 역사의 시간은 일정하게 상호작용하면서 자리한다. 그리하여 이론에는 어떠한 종류의 것이든 사회진단과 현실분석 그리고 역사의 조건과 씨름한 이론가의 이념적 실존적 가치관적 고민이 자연스럽게 침윤된다. 아도르노의 경우도 마찬가지다.

아도르노의 이론은 말할 것도 없이 그 자신의 체험과 이 체험 속에서 이뤄진 실존적 고민, 그리고 이 고민 아래 행한 사회진단과 현실분석의 역사적 산물이다. 그렇다는 것은 그의 이론이, 사회학적 연구건, 철학적 논의건, 아니면 문학예술이나 미학에 관한 서술이건 상관없이, 사회와 현실에 대한 일정한 이해를 내포한다는 뜻이다. 그의 언어가 아무리 추상적이고 그 논의가 아무리 복잡하게 보여도 그의 글은 시대현실의 사회역사적 조건에 반응한 구체적 실존의 생생한 산물이 아닐 수 없다. 이것을, 언어 쪽에서 보면, 이렇게 말할 수 있다. 이론과 현실은 언어 속에서 만난다. 가장 추상적인 것과 가장 구체적인 것은 언어의 표현에서 하나가 된다.

아도르노의 삶을 규정한 가장 큰 사회역사적 사건은 망명 경험과 아우슈비츠라고 해야 할 것이다. 1933년 히틀러가 집권하게 되었을 때 그는 29세였다. 그는 1931년 프랑크푸르트 대학에서 교수자격논문을 제출한 후 이 대학에서 강의를 시작하였지만, 2년 후 강의자격을 박탈당한다. 가택수색을 당한 것도 이 무렵이다.

아도르노는 1934년 강의 자리를 얻기 위해 영국 옥스퍼드 대학에 수소문한다. 그러나 이 일은 녹록지 않았다. 그는 결국 이 대학원에 학생으로 등록한다. 그러면서 독일을 자주 오고 간다. 그는 1937년 화학자인 그레텔G. Karplus과 결혼한다. 그는 절반의 유대인으로 낙인찍혔지만, 그의 많은 유대인 친구들 가운데 하나인 벤야민이나 크라카우어S. Kracauer와는 달리 히틀러 집권 후에도 독일을 바로 떠나지 않는다. 대신 나치독재가 끝나기를 희망하면서 그는 독일에 머물렀던 것이다.

아도르노가 미국으로 건너간 것은 1938년이었다. 이 망명 생활은 1949년까지 이어진다. 11년 동안의 망명 기간에 그는 여러 가지 일을 한다. 저 유명한 사회조사연구소에서 연구원 자격을 얻어 호르크하이머와 같이 일하기도 하고, 사회학자 라자스펠드P. Lazarsfeld가 이끄는 프린스턴의 라디오연구프로젝트에 관여하기도 한다. 그가 경험적 사회조사방법론을 배우는 것도 이 무렵이었다.

아도르노보다 여덟 살 많았던 호르크하이머는 방적공장의 주인이었던 아버지의 뜻에 따라 이 공장을 운영하기 위해 처음부터 상인교육을 받았다. 가족의 생활방식도 유대정교正敎를 지킬 정도로 엄격하진 않았지만 보수적이었다. 그러나 폴록F. Pollock을 만난 후, 그리고 그와의 평생에 걸친 교제를 통해 호르크하이머의 사회철학적 관심은 점차 심화되어 간다. 그는 공장노동자의 비참한 현실을 보면서 불우계층의 고통에 공감

했고, 자신이 속한 상류계층 사람들이 이 같은 현실을 옹호하고 있다는 사실을 부끄럽게 여겼다. 그는 경제적 약탈과 전쟁(1차 세계대전)에 항의하는 글을 20~30대 무렵 연이어 썼다.

호르크하이머를 포함하여 상류 부르주아 출신의 좌파지식인들이 쓴 글에는 사회비판과 도덕적 양심의 가책, 현실분석과 자기실현에의 노력이 어지럽게 얽혀 있다. 이것은 크게 보아 벤야민이나 아도르노도 다르지 않았다.

아도르노는 1924년 후설의 현상학으로 박사학위를 받았다. 그 후 알반 베르크A. Berg로부터 작곡을 배우며 음악비평에 몰두한다. 그러다가 철학으로 교수자격논문을 썼다. 하지만 이 논문은 지도교수였던 코넬리우스H. Cornelius로부터 거부당한다. 그러다가 1931년 저명한 신학자인 틸리히P. Tillich 교수에게 그 논문을 다시 제출하여 통과한다. 이때 제2 심사자가 바로 호르크하이머였다. 호르크하이머는 1930년 프랑크푸르트 대학의 사회철학 교수로 임명되었고, 그 이듬해 사회조사연구소의 소장직을 맡게 되었다.

호르크하이머와 아도르노의 교류는 이 무렵부터 본격화된다. 사회조사연구소는 노동운동의 역사와 이론을 연구할 목적으로 1922년에 세워졌다. 호르크하이머는 이 연구소 설립에 어머니의 유산과 아버지의 기부금을 보탰다. 그 외에 프랑크푸르트에서 활동하던 좌파지식인이나 사회민주주의자들이 이 연구소 창립에 관여했다.

아도르노는 한편으로 재즈뿐만 아니라 현대와 고전의 음악가들 — 알반 베르크나 베토벤 아니면 바그너R. Wagner에 대한 글을 쓰면서도 다른 한편으로 반유대주의 문화정책에 대해 글을 썼다. 그의 논의는 호르크하이머와의 교류를 통해 좀 더 분명한 현실적 토대를 얻는다. 호르크하이머의 철학적 성찰은 경험적 사회조사와 병행되었기 때문이다.

아도르노는 사회경제적 부정의를 어떻게 비판적으로 분석할지, 사고와 행동의 사물화를 어떻게 이성적으로 극복할 것인지 고민했다. 여기에는 1938년 미국 망명 이후 그가 익힌 경험주의적 방법론이 큰 역할을 했다. 그가 유물론적 미학원칙에 대해 벤야민과 논쟁하는 것도, 그 후 벤야민이 스페인 국경인 포트 부Port Bou에서 자살한 것을 알게 된 것도 이 무렵이었다. 1940년 벤야민의 죽음은 아도르노 부부에게 큰 충격을 준다. 그들은 나치 군화발 아래 짓밟히던 유럽대륙에서 그를 구출하여 미국으로 도피시키려고 애썼기 때문이다.

벤야민의 죽음이나 그 직전의 독소불가침조약(1939)을 겪으면서 프랑크푸르트학파의 이론가들은, 여기에도 물론 여러 편차가 있지만, 정치적 낙관주의와 역사적 유토피아에 대한 믿음을 버리게 된다. 정치적 대안으로서의 사회주의를 거부하거나 프롤레타리아라는 주체를 포기한 것도 비슷한 맥락에서다. 아도르노 역시 스탈린의 독재정치를 거부했다. 이것은 블로흐E. Bloch가 모스크바 재판의 정당성을 변함없이 옹호하던 것과 현격하게 대조된다. 그러나 스탈린 독재에 대한 이런 비판에도 자본주의 비판 틀로서의 마르크스 사상은 견지된다.

저 유명한『계몽의 변증법』은 잘 알려져 있듯이 아도르노와 호르크하이머의 공동작업에서 출간된 것이다. 이것은 1944년에 저술되어 1947년에 출간되었다. 1948년 아도르노의『새 음악의 철학Philosophie der neuen Musik』과『한 줌의 도덕Minima Moralia』이 나온다. 그가 이사 간 집 옆에는 토마스 만T. Mann이 살았다. 이 작가가 음악가를 주인공으로 한 소설『파우스트 박사』를 집필할 때 아도르노는 많은 조언을 한 것으로 알려져 있다.

2. '아우슈비츠'라는 파국

12년간의 망명이라는 현실적 조건에서 핵심은 아마 2차 세계대전과 유대인 대학살의 참상일 것이다. 유대인 학살은 아우슈비츠로 대변되는 포로수용소의 이름이 잘 상징한다. 나치의 대학살은 전대미문의 사건이었다. 그래서 간단히 서술하거나 표현하기 어려운, 아니 표현 자체가 불가능할 만큼 참혹하고 잔인했다. 고통의 규모 또한 엄청났다.

아우슈비츠만큼 학문과 지성과 문화의 무기력을 절박하게 느끼게 한 사건은 아마도 20세기의 역사에서 드물 것이다. 이 대학살의 고통 앞에서는 어떤 말이나 논리 혹은 이성도 쓸모없는 것처럼 보였다. 나치 대학살이 흔히 '인류문명의 파국'으로 불린 것도 그런 이유에서다.

어떤 대상이나 사건을 파악하려면 우리는 서술하고 묘사해야 한다. 이렇게 서술한 것을 우리는 해석하고 이해하면서 일정하게 '분류'한다. 대상에 대한 개념적 규정과 성찰의 방법을 쓰는 것은 해석과 이해와 분류라는 이 일련의 절차적 과정을 통해서다. 현상 뒤에 숨어 있던 대상의 본질은 이 분류과정에서 조금씩 드러난다. 이렇게 드러난 본질이 인식의 내용이고, 이 인식내용은 사실과 개념 사이의 일정한 일치를 전제한다. 하나의 이론은 사실과 개념의 일치 없이 어렵다.

그런데 아우슈비츠의 경우에서처럼 그 고통을 제대로 파악하기 어렵다면, 그래서 충분하고도 적절하게 서술할 수 없다면 우리는 무엇을 할 수 있는가? 경험을 전달하는 언어와 논리, 사고와 이성이 믿기 어려운 것으로 여겨질 때 우리가 할 수 있는 것은 무엇인가? 고통의 심도가 언어의 내용과 논리의 구조를 이미 초과한다면 우리는 어떻게 해야 하는가?

2차 세계대전의 참상은 많은 지식인들에게 문명의 파국이요 이성의 종말을 뜻했다. 600만 유대인 학살은 그런 문명사적 재앙의 총결산이었다. 그리하여 대부분의 사람들, 특히 지식인들은 헤어나기 어려울 만큼 극심한 좌절과 절망을 겪는다. 아도르노 역시 이 세계대전 후에는 제대로 된 삶이 더 이상 어렵다는 것, 그래서 문화 자체가 불가능할 것이라고 예단했다. 그의 유명한 말 ─ "아우슈비츠 이후에 시를 쓴다는 것은 야만적이다"는 문장은 바로 이 도저한 절망으로부터 나온 것이었다.[2]

게다가 아도르노가 활동한 1930~1960년대의 서구사회는 기능적으로 다양하게 분화되었다. 삶의 거의 모든 관계는 합리와 효용의 이름 아래 재조직되어 가던 시절이었다. 서구 자본주의 국가는 사회 전체의 구조적 차원에서부터 개별적 세부사안에 이르기까지 수익 최대화의 이윤관심에 의해 추동되었다. 이런 수익관심이 제도 안에서 기술관료적으로 조직되었다면 그 목표는 기존질서의 정당화였다.

더 자세히 살펴보자. 자본주의적 이익관심에는 무엇보다 '기술'이 들어 있다. 자본주의는 기술의 이름으로 이익을 극대화하면서 사회적 관계를 정당화한다. 자본주의를 '사회정치적 지배의 기술관료적 정당화'라고 지칭하는 것은 이런 뜻에서다. 여기에서 핵심은 기술의 절대화다.

기술은 원래 인간을 위하여 동원된 수단에 불과했다. 하지만 이 수단은 점차 변질되면서 목적화한다. 그리하여 마침내 수단과 목적의 역할은 뒤바뀐다. 수단과 목적의 교체를 통한 기술의 자기목적화란 자기의 절대화이고 신화화다. 기술의 이 신화화 앞에서 사회의 실질적 지배관계와 권력관계는 은폐된다. 기술의 합리화란 곧 지배의 합리화다. 이렇게 하여 상실되는 것은 인간의 삶이다. 기술은 원래 품위 있는 삶을 추구했지만, 인간의 이 삶은 은폐되면서 기술 자체가 물신화物神化하기 때문이다.

---

2   Theodor W. Adorno, Kulturkritik und Gesellschaft, in: ders., *Kulturkritik und Gesellschaft II*, Gesammelte Schriften, Bd. 10 · 2, Frankfurt am Main, 1977, S. 30.

물신화된 기술은 인간의 존재를 망실시키면서 이 망실된 존재로부터 다시 생겨난다.

사회 전체가 합리적으로 조직되었다고 말해지지만, 실제로 사회는 합리성의 이름 아래 체제의 비합리성을 강제한다. 기술은 자기소외적 사회의 강제형식에 불과하기 때문이다. 그리하여 사회의 전체구조는 근본적으로 비합리적으로 재편성된다. 이 비합리적 사회구조 앞에서 개인은 무기력하게 대응한다. 개인은 개인적인 것의 기질과 소양과 성향을 잃는다. 대신 사회로부터 주어진 하나의 기능만 허용된다. 따라서 그의 삶은 수동적이고 타율적이게 된다. 즉 비주체적으로 변질된다. 그는 사회라는 체계의 부속물이기 때문이다. 사회체계는 거의 기계장치처럼 작동하고, 인간은 이 거대장치에서 한 부품일 뿐이다. 주체의 사멸화나 인간의 비인간화는 여기에서 생겨난다.

사멸되어 버린 개인은 마르크스가 지적하듯이 단순히 무산자 노동계급만 해당하는 게 아니다. 그것은 사회의 변두리에 사는 사람들 — 이름 없는 불우계층이나 피억압자 다수를 포함한다. 나아가 그 양상도 시기나 질투, 싸움과 공격 등 여러 형태로 일어난다. 이것은 '자본주의 체제가 프롤레타리아를 양산한다'는 마르크스적 인식을 보여 주기보다, 더 정확하게는 불합리한 체제가 강요하는 인간과 주체의 왜곡을 증거한다고 할 수 있다. 탈인간화나 비인간화는 그렇게 왜곡된 여러 형식들 중 한 사례일 뿐이다. 아도르노가 마르크스적 의미의 진보적 계급의식보다는 자본주의적 수익원리와 이 원리가 강제하는 비인간화를 더 중시한 것은 이런 이유에서다.

그러므로 자본주의 체제에서 소외된 인간상은 노동자에게만 국한되는 게 아니라 사회적 구성원 모두에게, 그가 노동자든 자본가든, 일반인이든 지식인이든 그 누구든, 예외 없이 해당된다고 할 것이다. 누가 어떤 직종에서 무슨 일을 하건 그들은 수익원리가 강제하는 이데올로기에 시달린다. (이데올로기Ideologie란 원래 '이념Idee에 대한 학문-gie/gy'을 뜻한다. 학문이 '일정한 논리적 체계system'라고 한다면 이 체계가 굳어질 때 그것은 현실로부터 멀어진다. 그래서 '허위의식'이 된다. 이데올로기가 허위의식이라는 뜻을 지니는 것은 이런 이유에서다.) 그래서 상처와 균열이 생긴다.

이런 점에서 아도르노의 현실분석은 계급대립적 차원을 넘어선다. 사회전체의 구조적 적대관계나 순응의 메커니즘은 이런 맥락에서 논의될 수 있다. 아도르노의 문화산업론도 이런 문제의식의 자장磁場 안에서 움직인다.

3. '총체적' 관리사회

'철저하게 관리되는durchverwaltet' 혹은 '총체적으로 관리되는total verwaltet' 사회는 아도르노 문화산업론에서 핵심적 개념이다. 이때 관리의 절대적 기준은 '수익계기Profitmotiv'다.

수익 최대화의 원리는 관리사회의 유일무이한 기준이다. 따라서 철저하게 관리된다거나 총체적으로 관리된다라는 말은, 수익 최대화의 원리 외에 어떤 다른 원칙도 고려하지 않은 채 재화의 생산과 유통과 공급과 소비의 모든 차원에서 대상을 관리한다는 뜻이다. 이런 사회를 아도르노는 "급진적으로 사회화된 사회die radikal vergesellschaftete Gesellschaft"라고 부른다.[3] 수익계기는 이제 단순 원리가 아니라, 하나의 이데올로기에 가

---

3 Theodor W. Adorno, Kultur und Verwaltung, in: ders., *Soziologische Schriften I*, Gesammelte Schriften, Bd. 8, Frankfurt am Main, 1972, S. 133. 아도르노의 맥락에서 '사회화된 (vergesellschaftet)'이라는 말의 의미는 매우 부정적이다. 그는 현대사회에 나타나는 교양의 몰락도 지나치게 '사회화된(sozialisiert)' 데 있다고 본다(Theodor W. Adorno, Theorie

304

깝다.

수익최대화의 이데올로기 아래 우선시되는 것은 소비자가 아니라 생산자의 처지이고, 각 개인이 아니라 공급자의 이해관계다. 이 상호관계에서 사회구성원의 개별성이나 고유성, 능동성이나 자유의 여지는 그리 중요하지 않다. 각 개인은 하나의 '사례' 혹은 '기호' 혹은 '단위'로만 취급되기 때문이다. 아우슈비츠 수용소에서 죽어 가던 개인도 하나의 '본보기'에 불과했다.

시장에서 능동성이 중요하다면 그 능동성은 생산자나 공급자 혹은 자본가의 것이고, 이런 생산자의 이윤을 위한 것이다. 따라서 이윤 외의 동기는 철저하게 무시되고 배제된다. 강제수용소에서의 학살방식이 총살에서 가스로 바뀐 것도, 친위대 사령관 하인리히 힘러H. Himmler의 결론에 따르면, 총살은 '너무 많은 시간과 총알을 낭비하는 반면 가스는 보다 깔끔하고 효율적이어서'였다.

이 총체적 관리사회의 면모를 필자는 두 가지 측면에서 좀 더 상세히 살펴보고자 한다. 첫째는 관리의 측면에서이고, 둘째는 조직의 측면에서다. 관리개념은 물론 조직개념과 연결되어 있다. 문화산업은 이 총체적 관리 아래 각 개인을 조직하면서 작동한다.

1) 관리

'관리Verwaltung'란 무엇인가? 그것은 가장 간단하게는 집을 관리하거나, 좀 더 본격적으로는 행정적 업무를 지휘하고 통치하고 주재하는 것

---

der Halbbildung, in: ders., *Soziologische Schriften I*, a. a. O., S. 93). 여기에서 vergesellschaftet는, Gesellschaft가 들어간 데서 알 수 있듯이, '모임이나 단체가 된'이라는 뜻에 가깝고, sozialisiert는 그야말로 '사회화되는'이라는 뜻이겠지만, 크게 보아 서로 비슷하다고 할 것이다.

을 뜻한다. 그렇다면 이것은 사회나 문화와는 어떻게 관계하는가?

ㄱ. 문화와 관리

문화는 '관리' 없이 존재하기 어렵다. 문화가 있기 위해서는 '모으고' '재고', '나누고', '배열하며', '계획하고' '조직해야' 한다. 한마디로 관리가 요구된다. 말하자면 그것은 문화적 생산에 필요한 물질적 재화와 조건을 다스린다. 그러나 문화적인 것이란 크게 보면 생활의 이 긴급한 필요로 부터 한 발치 벗어난 것이기도 하다. 이 점에서 문화의 활동은 관리나 조직 자체와는 거리를 둔다.

그러므로 문화는 관리가 추구하는 기술적 전략적 고려를 벗어나 이런 고려에 의해 물들지 않은 좀 더 깨끗하고 고상한 무엇이다. 여기에서, 바로 이 점이 중요한데, 문화의 '자율성'과 '독자성', 그리고 '해방'의 개념이 나온다. 실제적 삶의 과정으로부터의 해방은 역사적으로 부르주아 시민계층의 발흥이나 계몽주의의 등장과 시기적으로 거의 일치한다.

그러나 문화의 해방적 실천적 성격은 시간이 지남에 따라, 또 현대의 대중사회로 들어서면서 점차 상실된다. 그래서 문화는 원래의 비판적 동력을 상실해 간다. 문화가 무엇보다 기업경영의 일부로 종속되어 버리기 때문이다. 문화적 의식의 전반적 평준화는 이렇게 일어난다. 이것을 아도르노는 '문화적인 것의 중성화'라고 부른다. 이것이 현대문화가 처한 역설적 상황이다.

문화와 관리의 이 같은 병합에도 문화에는 관리사회의 논리에 대한 반발이 완전히 사라지는 게 아니다. 오늘날 문화에는 문화적 충동의 상당 부분이 이미 경제적 규정의 일부로 포섭되었음에도 이 타율성에 저항하는 좀 더 자율적이고 비판적이며 반反정립적인 움직임이 있다. 문화가 현실에 아무런 마찰 없이 잘 적응하면 할수록 정신은 그만큼 비판적 기능을 상실하지만, 정신은 다른 한편으로 더 깨끗하고 더 높은 지평으로 열려 있고자 한다. 문화정신이 추구하는 것이 바로 자율성이고 자발성이기 때문이다.

이 자율성이 좀 더 나가면 우리는 '비판'을 추가할 수 있다. 사고의 원리가 자율성이고, 이 자율적 사고로 움직이는 정신의 내용이 비판이기 때문이다. 결국 문화적인 것의 주된 목록에는 자율성과 자발성, 비판과 사고와 정신이 자리한다.

ㄴ. "관리합리성"

관리한다는 것은 무엇보다 '조직의 관리'를 뜻한다. 조직은 일정한 목적 — 앞서 적었듯이, 수익최대화의 목적을 추구한다. 관리되는 조직은 관련되는 여러 그룹의 이해관계를 두루 추구하는 게 아니라, 수익 최대화의 목적 외에 다른 이해관계는 묵살하고 외면한다. 이것이 "관리합리성"이다.

단순한 지배형식으로서 관리가 갖는 내재적 확장성 경향과 자명성 경향은 더 오래된 단어의미인 [단순한] 관리장치가 [총체적으로] 관리되는 세계로의 관리장치로 옮아가는 것을 설명하기 어렵다. 그것은 이전에는 관리되지 않았던 세계로의 진입이다. 그 이유는 교환관계가 점증적으로 독점화되면서 삶의 전반으로 확장되는 것에 있을 것이다. 사고가 모든 대상을 비교가능하다고 보고, 그 대상을 일정한 규칙 아래 포함하게 되는 한, 등가적으로 사고하는 것은 그 자체로 관리합리성에 원칙적으로 유사한 합리성을 생산한다. 그리하여 모든 개별적 영역 안에서처럼 대상 사이의 질적 차이는 무시되고, 그럼으로써 관리에 대한 저항은 약화된다.[4]

위 인용문도 복잡하다. 그러나 그 요지는 '관리되는 사회'에서의 '관리합리성Verwaltungsrationalität'이 갖는 새로움이다. 관리합리성의 새로움이란 "교환관계가 삶의 전반으로 확장"되면서 "점증하는 독점화" 아래 모든 대상을 "추상적 규칙 안에서 비교가능하고 그 안으로 포함가능한" 것으로 간주하는 데 있다. 그 때문에 "대상 사이의 질적 차이는 무시되고", "관리에 대한 저항은 약화된다."

이것은 수익과 효율과 기능을 고려하는 사회의 여러 조직에서, 어쩌면 거의 모든 조직에서 일어난다고 할 수 있다. 기업의 사무조직이나 정당, 교육기관이나 언론방송이 그런 관리기관이라면, 교황이나 군주나 대통령 같은 지배자는 그런 관리의 주체일 것이다. 관료조직은 이 합리적 관리가 일어나는 대표적 예다. 여기에서 중시되는 것은 전문지식이다. 그래서 전문가 집단이 우대된다.

그러나 이 전문가 집단은 자율적으로 사고하지 못한다. 그들은 미리 마련된 규칙과 규정, 지시와 명령에 충실히 따를 뿐 사안을 공정하고 객관적으로 검토하지 못하기 때문이다. 나치주의자들이 강조한 것도 외부로부터 강제된 규정이나 상부의 지시였다. 그들에게 비판정신은 '기계에 뿌려지는 모래'에 불과했다. 아도르노는 이들 '전문가인간Fachmenschen'과 '문화인간Kulturmenschen'을 대립시킨다.

ㄷ. 문화 — "특수한 것의 이의제기"

그러나 대상은, 인간이든 사물이든, 사회든 현실이든 자연이든, 그렇게 쉽게 비교되기 어렵다. 비교될 수 있는 것도 있지만 비교될 수 없는

---

4   Theodor W. Adorno, Kultur und Verwaltung, a. a. O., S. 125. 괄호 안의 글은 필자의 보충 설명이다.

부분은 더 많다. 마찬가지로 이러저러한 논리에 포함될 수 있는 것도 있지만 이 논리를 벗어나는 것도 있다.

예를 들어 낯설고 이질적이며 우연적이고 비합리적인 요소들은 어떤가? 이것은 모두 관리합리성의 원칙이나 규범에 의해 비교되기 어렵다. 따라서 한두 가지로 재단되거나 포섭될 수 없다. 결국 관리의 원칙은 반성하지 않는 일반성의 원리처럼 대상의 특수성을 억압하는 가운데 일반성을 재현하는 데 있다. 이에 비해 문화는 간단히 말하여 일반성보다는 개별성에 주목하고, 보편성보다는 특수성을 내세운다. 적어도 그 출발점에 있어서는 그렇다고 할 수 있다. "문화는, 일반성이 특수한 것과 비화해적인 한, 일반성에 거스르는 특수한 것의 지속적 이의제기다."[5] 그러면서 그것은 이 특수성에 매몰되는 게 아니라, 다시 일반적이고 보편적 차원으로 열린다.

문화의 활동이란 거듭 강조하여 사물들의 개별성 ― 특수성과 고유성에 주목한다. 그럼으로써 속물적이고 통속적이지 않은 사물의 원래 자리를 옹호한다. 이런 점에서 문화의 근본관심은, 적어도 아도르노적 시각에서는, 예술의 근본관심과 다르지 않다.

예술은 무엇보다 개별적인 것의 특수성에 주목하기 때문이다. 자율성은 이 개별적인 것들의 독자적 가치다. 문화는 자율성의 옹호를 통해 수익계기에 왜곡되지 않는 무엇을 구제하려 한다. 그 점에서 그것은 목적합리성에 어긋난다. 마찬가지로 예술도 목적합리성에 저항한다. 그리하여 문화에 대한 아도르노의 논의에서 '문화'라는 말 대신 '예술'을 넣어도 의미가 통하는 경우가 많다.

이 점에서 문화와 관리의 이율배반이 드러난다. 아마도 문화가 마치

---

5   Ebd., S. 128.

인문학이 그러하듯이 '쓸모없는 것의 쓸모'를 말한다고 한다면, 이 쓸모란 바로 지배이데올로기에 대한 이 저항에 있을 것이다. 이 저항의 원동력은 사고의 자율성에 있다. 아도르노는 쓴다.

> 종의 자기보존의 체계를 넘어가는 것으로서의 문화는 모든 현존하는 것이나 모든 제도에 대하여 어떤 비판적 계기를 필수불가결하게 포함한다. 그것은 결코 많은 문화적 형상물이 구현하는 단순한 경향이 아니라, 질적으로 완전히 다른 것에 폭력적으로 행해지는 통합에 대한 저항이다. 그것은 단일화 자체의 이념에 항의한다. 달리 환산화할 수 없는 것이 번성하면서 지배적 실천을 의문스럽게 드러낸다. 명백한 실천적 의도를 통해서가 아니라, 그저 있는 것 자체로, 말하자면 그 비실천적 성격을 통해 예술은 어떤 논쟁적이고 비밀스러운 정도의 실천적 특성을 갖는다.[6]

윗글에는 문화의 핵심에 대한 아도르노의 통찰이 서너 가지 담겨 있는 것으로 보인다. 첫째, 문화란 단순히 "종의 자기보존의 체계"에 머무르지 않는다는 것, 그런 "자기보존의 체계를 넘어간다"는 것이다. 바로 이 넘어감, 이 넘어감의 내용과 그 역학에 문화의 "비판적 계기"가 들어 있다.

사실 인문학의 주된 과제는 이 초과적 잉여 부분을 어떻게 설득력 있게 밝히는가에 있지 않나 싶다. 둘째, 이 비판적 계기를 통해 문화는 "질적으로 다른 것에 폭력적으로 행해지는 통합에 대한 저항"이 된다. 그러나 이 비판적 계기보다 더 중요한 것은, 셋째, 문화의 이 비판이 어떤 확연하게 드러나는 방식을 통해서가 아니라, "그저 있는 것 자체로, 말하자

---

6   Ebd., S. 131.

면 그 비실천적 성격을 통해" 드러난다는 사실이다.

이 비실천적 성격을 아도르노는 예술이 갖는다고 썼지만, 문화도 예외는 아닐 것이다. 그렇다면 위의 서술에서 주어는 '문화와 예술'로 해석해 볼 수도 있다. 다시 요약하면 이렇게 된다. 문화나 예술은 첫째, 자기의 보존적 차원을 넘어서고, 둘째, 이렇게 넘어서는 비판적 계기를 통해 "통합에 저항"하며, 셋째, 이 저항은 그러나 어떤 실천적 의도가 아닌 "그저 있음으로써" 행해진다. 그저 있음으로서의 저항을 벤야민은 '비의도적 의도의 진실성'이라고 보았다. 예술과 문화의 현실개입은 비의도적 실천의 방식으로 이뤄진다.

2) 조직

사회의 한 조직이 이윤과 수익의 동기에 의해서만 움직일 때, 그래서 그런 수익원리만 목적으로 삼는다면 어떻게 될까? 그런 조직 속의 개별적 의식은 점차 휘발된다.

ㄱ. 조직의 자기목적화

앞서 적었듯이 관리는 조직을 통해 이뤄진다. 개인은 이렇게 조직된 구성원이다. 그렇다면 조직을 합리화한다는 것은 산업사회의 기술화요 기능화다. 조직은 목적지향적인 합리화 단체이기 때문이다. 이 조직에서 개개인의 견해나 성향은 고려되지 않는다. 개인의 견해는 오히려 묵살되고 억압된다. 대신 미리 정해진 규칙과 원칙이 모든 것을 결정한다. 이 원칙이 바로 목적합리성이다.

목적합리성 아래 조직된 인간의 관계는 직접 일어나지 않는다. 그것은 목적에 의해, 목적이 지난 수익과 효용의 법칙 아래 매개된 채 일어난다. 그러니만큼 인간의 상호작용은 간접적이다. 개인은 행동의 주체가 아니라 객체에 가깝다. 그래서 하나의 도구나 원자로 전락한다. 인간의 도구적 성격은 상호행동의 이 같은 간접화로부터 생겨난다. 개인과 개인은 직접 교류하고 접촉하는 게 아니라, 수익계기에 의해 움직이기 때문이다.

이처럼 수익계기에 의해 조정되고 규율되므로 사람들 사이의 상호관계도 줄어든다. 설령 있다고 해도 그 관계는 차갑게 굳어 있고, 그 동기는 외적이고 폭력적이다. 그리하여 관리합리성에 따른 조직에는 경직성과 차가움, 외면성과 폭력성이 지배한다. 소외나 사물화는 이런 경직성과 외면성 그리고 폭력성의 사회경제적이고 문화적인 명칭이다. 헉슬리A. Huxley나 오웰G. Orwells이 그린 부정적否定的 유토피아도 이렇게 굳어버린 세계의 모습이었다.

오늘날의 소비사회에서 보듯이 자동차와 인터넷, 김치냉장고와 OLED TV 그리고 핸드폰만 현실에 구비된다면 유토피아적 표상은 모두 실현되는가? 이런 관점에서 보면 조직도 사회화 형식의 하나이고, 더 정확하게 부정적 사회화 형식의 하나다.

자본주의 사회에서 하나의 조직은, 그것이 합리화하면 합리화할수록, 하나의 목적 — 수익최대화의 목적에 봉사한다. 이 목적은 시간이 갈수록 자기목적화한다. 이렇게 자기목적화하면 할수록 조직의 합리성은 대상으로부터 더 멀어진다. 조직은 그 생리상 더 확장하려 하고, 그래서 더 총체적total으로 되면 될수록 더 부분화되고 파편화되기 때문이다. 조직합리성의 확장충동은 기이하게도 점차 자폐적으로 되는 것이다. 이 자폐적 조직 속에서 개인적이고 개별적이며 특수한 고유성은 억압된다. 개별적인 것의 자유와 직접성 그리고 자발성은 허용되지 않는다.

그리하여 사회가 개별영역을 통합하여 하나로 만들어 가면 갈수록, 그래서 점점 더 잘 기능하면 할수록 그것은 더 높은 수준에서 합리화되는 게 아니라 오히려 비합리적이고 불합리적으로 변질된다. 사회의 지배 원리는 합리화가 아니라 비합리화이기 때문이다. 사회 전체는 이 같은 비합리성의 증가 때문에 위태로워진다. 그래서 지속되기 어렵다. 지나친 합리성은 불합리성을 낳으면서 사회를 위험에 빠트리는 것이다.

여기에서 우리는 사회적 전체과정에서 하나의 조직이 갖는 의미를 다시 생각하게 된다. 하나의 조직이 한 사회의 축소형이라면, 합리성을 내세운 조직의 비합리성은 곧 사회 자체의 비합리성으로 환산될 수 있다. 이 비합리성은 그 사회를 파괴시킨다. 이것은 나치즘의 군사관료조직이 2차 세계대전 막바지에 권력을 극대화하는 가운데 점차 경직화되어 간 데서도 잘 나타난다. 그런데 이런 현상은 정도의 차는 있는 채로 모든 서열화된 조직에서도 확인된다.

ㄴ. "격리된 개별의식"

모든 조직의 불합리화 혹은 경직화에는 투명성의 부재가 있다. 불합리한 조직에는 이성이 작동하지 않기 때문이다. 그것은 스스로 생각하거나 자기를 돌아보지 못한다. 조직의 구성원은 이미 있는 것을 되풀이하고, 미리 있는 규정을 추종하며, 위로부터의 명령에 순종한다. 그것은 낯선 것 — 이질적인 것을 소화하지도 못하고, 다른 것을 인정하지도 않는다. 그래서 점차 굳어간다.

그리하여 불합리한 조직에서 조직과 개인이 불화한다. 마찬가지로 조직의 권력과 개별적 사고는 상충한다. 그렇다면 어디에 희망이 있는가? 아도르노는 "격리된 개별의식"에서 어떤 가능성을 발견하는 것으로 보인다.

현재하는 세계에서 세계정신을 찬탈하는 집단적 힘들에 대하여, 일반적이고 이성적인 것은 이성의 일반성을 유순하게 내주는 더 강력한 무리에서 보다는 격리된 개별적인 것에서 더 잘 겨울을 날 수 있다. 수천 개의 눈이 두 눈보다 더 많이 본다는 문장은 거짓이고, 그것은 집단성과 조직의 물신화에 대한 정확한 표현이다. 이 물신화를 파쇄하는 것이 오늘날 사회적 인식의 가장 높은 의무다….

공적인 것의 이성적 질서는, 지나치게 계획되고 불완전한 조직에 거스르는 저항이 다른 극단에서, 즉 개별적 의식에서 일깨워질 때만, 상상할 수 있다. 조직으로부터 벗어난 삶의 낙후된 영역에서만 관리되는 세계의 부정성에 대한 통찰이, 그럼으로써 인간적 품위의 세계에 대한 이념이 무르익는다.[7]

위 인용문에서 요지는 세 가지로 줄일 수 있다.

첫째, 오늘날 "집단적 힘들"은 "세계정신을 찬탈한다." 그러나 "수천 개의 눈이 두 눈보다 더 많이 본다는 문장은 거짓"이다. 그것은 "집단성과 조직의 물신화에 대한 정확한 표현"이기 때문이다.

둘째, 저항은 가능하다. 어떻게 가능한가? 그것은 "격리된 개별적인 것에서beim isolierten Einzelnen", 혹은 "개별적 의식에서im individuellen Bewußtsein" 가능하다. 그 방법은 무엇인가?

셋째, 물신화된 집단과 조직을 "파쇄하는 것이 오늘날 사회적 인식의 가장 높은 의무"다. 이 파쇄는 되풀이하건대 어떤 집단의식이나 무리에 의해서가 아니라, 이 무리와 조직으로부터 거리를 둔 개인에 의해 가능하다.

---

7   Theodor W. Adorno, Individuum und Organisation, in: ders., *Soziologische Schriften I*, a. a. O., S. 455.

아도르노는 일깨워진 개개인의 비판의식에 의해 공적 삶의 이성적 질서가 실현될 수 있다고 판단한다. 이 부분은 강조될 필요가 있다. 그가 사물화된 삶의 출구 없는 현실에서 희망을 찾는 것은, 문화에서든 문학에서든, 공통적으로 "격리된 개별적인 것"이기 때문이다.

총체적으로 관리되는 사회에서 다른 것 — 다르게 생각하거나 다르게 행동하거나 다르게 존재하는 것들은 예외 없이 무시된다. 모든 차이는, 그것이 인간의 것이든 사물의 것이든, 정신적이든 육체적이든, 철저하게 청산된다. 오직 외적 규범 — 미리 설정된 규칙이나 원리에 속하는 것들만 허용된다. 무엇을 위해? 그것은 총체적 관리와 지배를 위해서다. 이 총체적 지배를 경제적으로 실현한 것이 오늘날의 자본주의 사회라면, 그것을 정치제도적으로 구현한 것은 파시즘적 전체주의였다.

전체주의 체제에서 개개인은 개별적 고유성을 지닌 독립된 개인으로서가 아니라, 하나의 집단으로서 자리한다. 각각의 목소리를 지닌 각자의 실존으로서가 아니라, 일체화된 하나의 단위로서 '그저 있다'. 마치 물건처럼 아무런 자의식이나 주체적 판단이 없이, 그 어떤 자율성도 책임도, 그래서 독자적인 가치의 기준과 윤리감각 없이 그는 존재한다. 그러니만큼 파시즘의 개인은 쉽게 영향을 받는다. 그들은 비합리적이어서 폭행도 쉽게 한다. 이들에게 참된 의미의 개인성은 없기 때문이다. 이것이 파시즘적 대중을 구성하는 개개인이고, 파시즘의 집단심리학이다.

파시즘적 대중은 '탈개인화된de-individualized' 개인이다. 이들의 행동 동기는 성적 충동만큼이나 본능적이고 자의적이며 즉흥적이다. 불합리한 대중은 쉽게 극단으로 치닫는다. 이들은 역사적 변화의 주체가 아니라 원자화된 잉여존재다. 그렇듯이 지도자는, 아니 지도자마저도 전체주의 사회에서 독립적 인격을 갖지 못한다. 대중이 지도자에게서 구원을 찾듯이 지도자는 대중을 모으는 운동 속에서만 존재하기 때문이다. 그러므로 전체주의 체제에서 핵심은 지도자도 대중도 아니라, 이 둘을 정해진 이데올로기로 몰아가는 맹목적 이념운동이다.

아도르노의 총체적 관리사회 개념은 후기자본주의의 사물화된 사회를 전제하지만, 이 사물화된 사회는, 그것이 총체적으로 관리되는 것 이상으로 수익극대화의 원리 아래 움직인다는 점에서 총체적으로 지배되고, 바로 이 점에서 전체주의적인 요소를 지닌다고 할 수 있다. 이런 강제체제 속에서 삶이 전반적으로 피동화/수동화/타율화되는 것은 자명하다. 아도르노는 집단의 이런저런 힘들, 그리고 이 힘들에 의한 기계적 조직과 이 조직이 행하는 물신화를 불신한다.

이 사물화된 상태는 삶의 곳곳에서 사람의 눈을 멀게 하면서 서로 이어져 있다. 그것은 삶의 일반적 분야에서뿐만 아니라, 이 일반적 분야를 반성적으로 서술하고 검토하는 문화의 활동도 크게 다르지 않다. 문화역시 사물화되어 있고, 문화의 가장 정채精彩 있는 영역으로서의 예술도 사물화에 침윤되어 있기 때문이다. 그러므로 문화산업적 관리사회에서 개인은 깨어있는 의식을 갖기도 어렵고, 문화의 자율성도 보장받기 어렵다. 그렇다면 어떻게 해야 하는가?

오늘날 예술은 스스로 타율화되면서 상품이 되고 키치가 된다. 현대의 이데올로기는 키치적 문화상품을 당연한 것으로 받아들인다. 이데올로기가 이념의 변질이라고 한다면 이 변질된 이념으로서의 이데올로기 자체가 자본의 수익적 관심을 대신하기 때문이다. 이것이 현대문화의 타락이고 그 변질이며 퇴행이다. 아마도 주어진 것 ─ 기성질서에만 꿈이 머문다면 우리는 이데올로기적이지 않기 어려울 것이다. 그러니 이미 있는 것의 너머로 우리는 나아가야 한다. 이렇게 '그 너머로 나아가는' 것이야말로 문화와 예술의 본래적 방향이기도 하다. 예술은 개별적인 것의 유일무이한 진실성 속에서 기존질서 그 너머를 추구한다.

이제 주체의 힘으로 의미의 객관성을 추구하는 것은 더 이상 불가능할지도 모른다. 오늘날 합리성이 있다면 그것은 총체적 관리하에서 개별적인 것의 특수성을 억압한 가운데 인위적으로 조성된 결과일 것이다. 이 모순된 상황에서 순수 무잡한 통일성이나 전체성, 조화나 종합을 말하는 것은 거짓이기 쉽다. 예술과 문화의 몰락에 이어 '교양의 몰락'을 말하는 것도 이런 맥락에서다. 바로 이 일 — 모든 쇄신의 시도가 불가능하게 보이는 현실에서 총체적 관리사회의 문화적 폐해를 분석하는 가운데 삶의 다른 가능성을 모색하는 것이 미래의 문화론이다.

Ⅲ. '문화산업'=상업화된 시장문화

> **"**
> 오늘날 예술은 이미 생산자에게서도
> 그런 교양과 단절되어 있다.
> 아도르노, 『심미적 이론』

문화산업은 전방위적으로 관리되는 현대 대중사회의 소비문화를 지칭한다. 그 대표적인 것이 라디오와 영화 그리고 잡지 같은 것들이다. 이것은, 문화산업론이 전개되는 『계몽의 변증법』의 출간 시점인 1947년을 기준으로 봤을 때, 그렇다는 것이다.

오늘날의 관점에서 보았을 때 인터넷은 말할 것도 없고, 페이스북이나 트위터 혹은 카카오톡 같은 사회관계망 서비스SNS도 산업화된 대중문화매체에 포함될 수 있을 것이다. 예를 들어 현재 영화산업의 플랫폼은 극장에서 모바일로 전환되고 있다. 혹은 영화나 TV 프로그램을 인터넷으로 제공하는 유튜브나 넷플릭스 같은 OTT 매체를 생각할 수도 있다. 그러나 그 당시 TV는 문화산업의 주된 품목이 아니었다. 이 모든 매체들은, 그것이 자본주의적 경제질서 아래 생산되고 유통되고 소비되는 한, 시장화되어 있다.

그러므로 문화산업이란 간단히 말하여 상업화된 시장문화라고 할 수 있다. 이 문화산업은, 다시 단순화한다면, 오직 한 가지 목적 — 이윤과 수익을 향해 전력투구한다고 볼 수 있다. 그것은 이런 목적 외의 다른 가치는 배제한다. 이것이 바로 수익관심Profitsinteresse이다. 그런 점에서 수익관심의 시장원리는 모든 것을 대량생산되는 통조림 캔처럼 동질화한다.

이처럼 문화산업은 문화를 하나의 상품으로 간주한다. 그것은 문화의 산물을 더 이상 심미적 예술적 가치에 따라 평가하는 게 아니다. 그래서 자율적이고 독자적인 가치를 가진 대상으로서가 아니라, 사고 팔 수 있는 상품의 하나로 취급한다. 따라서 문화정책은 이런 물건을 선전하고 판매하기 위한 전략에 골몰한다.

선전과 예술을 하나로 통합시킨 것은 나치의 선전장관이었던 괴벨스 P. J. Goebbels였다. 파시즘은 통합할 수 없는 것을 통합하는 무자비한 지배 기술과 다름없었다. 아도르노와 호르크하이머는 썼다. "저항하는 자의 반항을 질식시킨 다음에 이들을 받아들이면서 지배자의 항구적 자비를 베푸는 통합의 기적이 바로 파시즘을 뜻한다."[8] 나치파시즘이 통합할 수 없는 것을 통합하는 정치적 메커니즘이라면, 문화산업은 이 정치적 메커니즘의 경제적 버전이다.

그리하여 문화산업의 소비욕구는 소비자에게서 나오는 게 아니라 판매자나 공급자로부터 나온다. 문화적 산물이 단순히 생산되어 유통되

---

8 Max Horkheimer/Theodor W. Adorno, *Dialektik der Aufklärung*, a. a. O., S. 177.

는 게 아니라 일정한 조작과 조종 아래 생산되고 유포되며 소비되는 것
이다. 그러므로 현대사회의 상품욕망은 '조작된 욕망'이다. 소비자가 아
니라 공급자가 모든 일에서 소비를 규정하고 조정하며 규제하고 통제하
기 때문이다. 이 규제와 통제의 기준은 거듭 말하여 수익극대화의 원칙
이다. 문화산업하의 산물들은 최대수익의 경제효용성 아래 재배열된다.
이것이 이른바 표준화Standardisierung다. 문화산업의 표준화란 곧 동질화요
획일화와 다르지 않다.

1. 표준화=수익화=획일화

표준화란 문화산업 아래에서 곧 경제화이고 수익화다. 문화산업이라
는 말에서 산업은, 아도르노적 맥락에서는, 표준화의 뜻을 갖는다.[9] 그것
은 삶의 모든 영역을 수익 극대화의 원칙에 따라 재편성한다. 문화산업
은 이 표준화와 수익화 혹은 경제화에 집중한다. 대량생산된 문화상품은
기존의 사회정치적 지배관계를 비판적으로 고찰하게 하는 게 아니라, 당
연한 것으로 간주하고 받아들인다.

1) 이미 있는 것의 정당화 ─ 현혹이데올로기

이렇게 정당화하는 이념의 체계를 우리는 흔히 '이데올로기'라고 부

---

9 아도르노는 이렇게 쓰고 있다. "산업이라는 표현은 단어 그대로 받아들일 수 없다. 그
   것은 이를테면 모든 영화 관객에게 흔히 일어나는 서부영화(Western)의 그것처럼 사
   물 자체의 표준화(Standardisierung der Sache selbst)와 관련된다. 그것은 유포기술의 합리화
   에 관계하지 생산과정에 엄격하게 관련되지 않는다." Theodor W. Adorno, Résumé über
   Kulturindustrie, in: *Kulturkritik und Gesellschaft I*, Gesammelte Schriften, Bd. 10·1, Frankfurt
   am Main, 1977, S. 339.

른다. 이데올로기의 첫 번째 기능은 정당화다. 이데올로기는 기존현실과의 관계를 옳다고 간주하는 가운데 스스로 거짓으로 변질된다. 그러면서 그 이외의 가능성 — 삶을 다르게 볼 수 있고, 세상은 다른 식으로 변화가능하다는 생각을 차단한다.

이 같은 현혹의 이데올로기 아래 현실의 변화는 허락되지 않는다. 대중문화의 이데올로기를 한 문장으로 고치면 그것은, 아도르노가 지적하듯이, "현재 있는 그대로의 네가 되어라"이고, 그래서 "그렇잖아도 있는 상태의 지나친 이중화이고 정당화"다.[10] 이때 '현재 있는 그대로'란 자기의 감정이나 사고에 충실하라는 뜻이 아니다. 그것은 주어진 것에 만족하라는 뜻이다. 나아가 주어진 것 이외의 이질적인 것은 추구하지 말라는 뜻이다. 그럼으로써 각자의 정체성을 존중하는 것이 아니라 그 파괴에 골몰한다. 이런 경우 비판은 불가능하다.

대신 이미 있는 것은 그 자체로 정당화된다. 정당한 것은 이미 있는 것이고, 이 기존 상태는 그 자체로 지속되어야 하기 때문이다. 이것이 바로 문화산업의 이데올로기다. 그것은 이미 있는 것을 옳은 것으로 수용하는 이데올로기이고, 그러는 한 삶의 실제 상태에 대한 인식을 방해한다. 이미 있는 것의 정당화가 문화산업의 이데올로기라면 이 자기동일적 이데올로기를 극단적으로 선전하는 정치체제가 파시즘이다. 아도르노는 「프로이트 이론과 파시스트 선전의 패턴」에서 이렇게 적고 있다.

파시즘이 사람들을 그저 지금 있는 그대로의 존재로 간주하는 것이 파시스트 선전의 비밀인 것은 당연할 것이다. 있는 그대로의 존재란 오늘날의

---

10 Theodor W. Adorno, Beitrag zur Ideologienlehre(1954), in: ders., *Soziologische Schriften I*, a. a. O., S. 476.

표준화된 대중문화의 진실한 아이들이다. 목표의 실현이 사회적 현재 상태 뿐만 아니라 심리적 '현재 상태'를 뛰어넘을 것인데, 이런 목표를 설정하는 대신 이들에게 자율성과 자발성이 재대 박탈되어 있다. 파시스트 선전물은 오직 자신의 목적을 위해 현존하는 정신을 '재생산'해야 한다. 그것은 변화를 끌어들일 필요가 없다. 파시스트 선전의 가장 중요한 특징의 하나인 반복강제는 이 지속적 재생산을 위한 필연성과 하나가 되어 있다.[11]

위 인용문에서 핵심은 세 가지다.

첫째, 강박적 반복은 파시즘 선전술에서 강조되는 가장 중요한 특징이다.

둘째, 이 반복강제에서 박탈되는 것은 인간 개개인의 "자율성과 자발성"이다.

셋째, 이 반복강제는 그러나 파시즘 체제에서만 나타나는 게 아니다. 그것은 "오늘날의 표준화된 대중문화"에서도 나타난다. 물신화된 대중문화는 "사회적 현재 상태뿐만 아니라 심리적 현재 상태"도 강박적으로 제공한다.

오늘날의 상품소비문화는 동일성의 자기강박적 반복 메커니즘이다. 이 반복적 이데올로기 앞에서 문화산업의 수용자는 '눈멀어진다 verblendet'. 그래서 현실로부터 멀어진다. 현실의 실상은 은폐되고 위장되는 것이다. 영화를 만들 때는 11살짜리 아이의 수준을 고려해야 한다는 미국의 한 영화제작자에 대해 아도르노는 쓴 적이 있지만, 이것은 오늘날의 한국에서도 다르지 않다.

---

11 Theodor W. Adorno, Freudian Theory and the Pattern of Fascist Propaganda, in: ders., *Soziologische Schriften I*, a. a. O., S. 429.

예를 들어 '쉽게 글을 쓰라'는 주문을 받을 때 그 기준은 '초등학교 5~6학년이나 중학교 1학년생 수준'이라는 말을 이 땅의 저자들은 흔히 듣는다. 나 역시도 그랬다. 문화산업의 산물이 보여 주는 것은 삶에 대한 바른 조언이나 도덕적 책임이 결코 아니다. 그것은 주어진 것에 순종하라는 노골적인 지시이거나 암묵적인 충고다. 아도르노가 자주 쓰는, 지극히 아도르노적인 정식화 ― '보편적 현혹의 연관항universaler Verblendungszusammenhang'이라는 말은 이렇게 해서 나온다. 연관항Zusammenhang이란 관련되는 사항들의 전체, 다시 말하여 '전후관계' 혹은 '맥락' 혹은 '전체구조'라는 뜻이다.

그리하여 문화산업은 삶의 복잡다기한 사실을 '보편적으로' '현혹하는' '전체맥락'이 된다. (각각의 단어가 모두 중요하다.) 현혹의 동질화이고 거짓의 보편화라고나 할까? 그것은 현실의 관련 사안을 기만적으로 동질화/획일화/상투화한다. 문화산업의 보편적 기만에서 차이가 있다면, 그것은 사소한 차이일 뿐이다. 그것은 이윤과 수익이라는 하나의 정해진 목적을 위해 전력투구하고(이것이 동질성 원리다), 이런 목적을 위해 체계화하며(이것이 합리성 원리다), 이 체계화된 합리성 아래 대상은 예외 없이 평준화된다(이것이 사물화 원리다).

이러한 일치 ― 동질성과 합리성과 사물화의 전적인 일치 속에 문화산업의 주된 병폐가 있다. 그러므로 문화산업에서의 합리화는 곧 동질화이고, 이 동질화는 곧 사물화다. 문화산업에서 합리화와 동질화 그리고 사물화는 의미론적으로 같다.

그러나 정신은 기존에 있는 것뿐만 아니라 있을 수 있는 것 ― 아직은 없지만 앞으로 가능한 무엇을 드러내고자 애쓴다. 그럼으로써 인간 현존의 조건을 성찰하려 한다. 하지만 문화산업 아래 정신은 이 같은 역할을 갖기 어렵다. 문화산업의 원리는 눈앞에 있는 것 ― 가시적이고 현상적인 것에만 집착하기 때문이다. 아마도 문화산업의 반복강제 이데올로기가 지닌 가장 큰 폐해는 우리의 정신이 단순히 있는 것 — 순전한 현존의 반복만 허락하는 데 있을 것이다. 그것은 삶의 어떤 다른 가능성을 묻지 않는다. 그것은 정신의 마비다. 정신이 마비된다면 이 마비된 정신에서 나온 사고나 견해나 의식도 마비된다.

2) 천편일률의 영구화

그러므로 문화산업이 내세우는 질서란 되풀이하건대 현 상태status quo의 유지다. 이런 목표를 위해 그것은 문화산업의 폐해에 대한 비판까지도 제도 안으로 통합해 버린다. 아도르노가 「문화산업론」에서 분석해 낸 주된 내용도 바로 여기에 있다. 곳곳에 그 사례가 있지만 세 군데만 읽어 보자.

> 전문가들이 장점이나 단점으로 말하는 것은 경쟁과 선택가능성이라는 가상을 영구화하는 데 기여할 뿐이다.
> 가치의 한결같은 척도는 얼마나 눈에 띄는 생산을 할 것인가와 얼마나 전시를 잘하는가에 있다.
> 소비자에게 분류할 것은 더 이상 남아 있지 않다. 그것은 생산에서의 도식화 작업에서 이미 행해졌기 때문이다.[12]

문화산업을 특징짓는 것은, 방송이건 영화건, 신문이건 라디오건, 아니면 책이나 잡지건, 획일화 원리다. 이 획일화의 기준은 위쪽보다는 아래쪽을 향해 있다. 그래서 하향평준화라고 할 수 있다. 하향평준화에서

---

[12] Max Horkheimer/Theodor W. Adorno, *Dialektik der Aufklärung*, a. a. O., S. 144ff.

많은 것은 상투화되고 피상화되며 저질화된다.

천편일률화되는 것은 사람의 경우 '개인'이나 '개성'이라고 한다면, 사물의 경우 '개별성'이나 '특징'이 될 것이다. 개개인의 개성이 표준화되면 그는 수동적 인간이 되고, 사물의 개별성이 표준화되면 특성 없는 물건이 된다. 오늘날 인간관계의 일반적 모델이 마치 조기축구회나 볼링 동우회 회원들 간의 우정처럼 평준화되어 버린 것도 그런 맥락에서일지도 모른다.

이 표준화된 인간의 개성이나 사회적 관계의 일반 그리고 대량생산된 물건의 특성 없는 특성을 절찬하는 것이 문화산업의 싸구려 숭배다. 이 표준화된 패턴을 가장 강조하는 것이 파시스트 선전물이다. 아도르노는 이렇게 적는다.

이러한 패턴들은 심리적 이유 때문에 표준화된다. 전도유망한 파시스트 추종자는 이 엄격한 반복을 갈망한다. 그것은 마치 지루박 춤[1940년대 유행한 빠른 춤]이 인기 있는 곡의 표준 패턴을 갈망하는 것과 같다. 그래서 그들은, 이런 게임의 규칙이 엄격하게 지켜지지 않으면, 격분한다. 이 패턴들의 기계적 적용은 그런 의식의 핵심 가운데 하나다.[13]

파시스트 추종자들은 표준화된 패턴 속에서 대상을 적과 동지로 나누고, 이 흑백의 이분법은 그들 사이에서 신성화된 종교적 의례처럼 경배된다. (파시스트들의 언어와 태도가 유사종교적 형식을 띤다는 것은 자주 언급된다.) 이런 이분법을 그들은 상대에 대한 박해나 비난, 무시와 탄압에

---

13 Theodor W. Adorno, Anti-Semitism and Fascist Propaganda, in: ders., *Soziologische Schriften I*, a. a. O., S. 404f.

적용한다. 파시스트가 '적'으로 규정한 사람들은, 유대인이든 공산주의자든 아니면 은행가건, 예외 없이 이런 "패턴의 기계적 적용" 아래 일원화된다. 대상의 이 일원화 속에서 기존의 질서는 요지부동해진다.

이처럼 파시즘 선전술에서 두드러지는 것은 대상의 표준화/패턴화이고, 이 패턴 속에서 이뤄지는 현실의 물신화다. 표준화는 늘 상투성으로 떨어질 위험을 지닌다. 말하자면 구체적 대상으로부터 추상화되는 것이다. 그래서 자신의 실재성reality을 상실한다.

그러므로 표준화란 곧 사물화요 물신화다. 물신화는 곧 이데올로기화이기도 하다. 문화산업에서 이뤄지는 가장 근본적인 병폐는 바로 여기 — 살아 있는 것의 인공적 절멸이다. 그것은 모든 생명 있는 것에서 그 생명을 박탈해 버린다. 이처럼 오늘날의 생산물은 소비자에게 어떤 각성이나 새로운 의식을 제공하지 않거나 거의 제공하지 않는다. 그것은 이미 있는 가치를 더 공고히 할 뿐이다.

그리하여 문화산업 아래 수용자의 경험은 소비 품목이 더해질수록 오히려 더 빈곤해진다. 하지만 경험내용의 이런 빈곤에도 그들은 이 빈곤에 책임 있는 자들에 대항하기보다는 소비자들끼리 더 자주 싸운다. 이것이 문화산업의 순응주의적 효과다. 이것은 예술과 경제, 예술작품의 반성적 잠재력과 정치의 이데올로기적 성격이 착잡하게 뒤섞인 데서 올 것이다.

지금까지 드러나듯이 오늘날 문화는 산업적이고 상업적인 방식으로 제작되고 유통, 소비되면서 또 하나의 상품으로 자리한다. 이렇게 상품으로 기능하면서 그것은 생산자의 수익을 극대화하는 데 기여한다. 이때 치켜세워지는 것은 천편일률화된 껍데기 개성이다. 이것을 잘 보여 주는 사례가 요즘 유행하는 TV의 각종 선발대회castingshow가 아닌가 싶다.

2. 캐스팅 쇼

앤절라 케플러는 아도르노의 문화산업론을 이율배반성이라는 관점 아래 논하면서 오늘날 문화산업의 한 대표적 예로 TV 방송에서 중계되는 선발대회를 들었다.[14] 요즘에는 퍼져 있듯이 한번 제작된 방송프로그램은 전 세계적으로 유통되고, 비슷한 형식으로 복제되어 인터넷을 떠다닌다. 그러면서 대중 사이에서 엄청난 관심과 인기를 끈다. 그것이 엄청난 수익의 원천이 되는 것도 말할 것이 없다.

이를테면 영국의 오디션 프로그램인 〈더 엑스팩터The X Factor〉나 〈브리튼스 갓 탤런트Britain's Got Talent〉, 혹은 독일 방송RTL에서의 〈독일은 슈퍼스타를 찾는다Deutschland sucht den Superstar〉라는 방송, 아니면 미국의 〈아메리칸 아이돌American Idol〉이 그 좋은 예다. 〈더 엑스팩터〉는 위키피디아에 의하면 영국 ITV에서 2004년 9월부터 시작된 리얼리티 음악방송 프로그램으로서 영국에서는 매우 인기가 높다고 한다. 최종 경연은 무려 2천만 명이 시청하고, 그 시청률은 60%를 넘은 때도 있다는 것이다.

1) 스타 숭배 — 표준화와 타율화

이러한 TV 프로그램의 포맷은 크게 보아 서로 다르지 않다. 세계 각국의 선발대회는, 외양적 측면에서 보면, 길을 잘못 들었거나 아직 재능을 꽃피우지 못한 사람들을 발굴하고 도와주는 형식을 띤다. 그래서 누구는 갑작스럽게 부상하여 그토록 갈망하던 가수나 모델이나 연예인이 되기도 하고, 또 누구는 순식간에 유명세를 타거나 막대한 부를 누리기

---

14 Angela Keppler, Ambivalenzen der Kulturindustrie, in: *Adorno Handbuch*, hrsg. v. Richard Klein/Johann Kreuzer/Stefan Müller-Doohm, Stuttgart, 2011, S. 260.

도 한다.

선발대회에서의 이 같은 모습은 또 다른 한편으로 어떤 시청자들에게는 '기적처럼' 놀랍고 감동적인 사건으로 받아들여진다. 그래서 흔히 이렇게 말하곤 한다. "꿈은 이루어진다." 하지만 다시 물어보자. '정말 꿈은 이루어지는가?'

실상의 내막은 다르다. 방송의 과정은 사실 오래전부터 기획되고 철저하게 계산된 결과일 때가 대부분이다. 가수나 배우들은 크고 작은 기획사에 의한 치열한 스카우트나, 방송국 간의의 과다한 경쟁, 그리고 전국적으로 방영되는 공적 프로그램에 의해 체계적으로 관리된다. 아마도 그 사이에서 이뤄지는 피나는 훈련과 심사, 선발과 출연 등의 그 기나긴 행사과정을 추동하는 하나의 일관된 동기는 이윤욕구일 것이다. 물론 각 개인에게는 흔히 말하듯이 꿈을 이뤄가는 자기실현의 과정도 될 것이다.

그러나 이 모든 과정은 크게 보아 소수의 거대 독점기업이 설정한 수익 목표에 의해 좌우된다고 해야 할 것이다. 그리하여 모든 '기적' 뒤에는 엄청난 이권에 의해 움직이는 엄청난 이해관계가 자리한다. 연출과 조연출, 각종 스태프와 팀과 매니저, 여기에 광고주는 잘 알려진 몇 가지 구성요소일 것이다. 이런 전세계적 오디션 프로그램의 열풍에서 한국도 예외는 아니다. 이를테면 SBS 방송의 〈슈퍼스타 서바이벌〉은 그 한 가지 사례다. 이런 종류의 프로그램은 계절마다 거의 같은 형식에 조금씩 다른 내용을 담은 채로 전파된다.

한국은 흔히 연예인 지망생의 공화국이라고 불린다. 어떤 보도에 따르면 매년 136개 대학에서 방송과 연예 그리고 영화와 관련된 1400여 명의 학생들이 졸업한다고 한다. 게다가 이런 학과에 진학하기 위해 수많은 노래학원과 연기학원이 있고, 엔터테인먼트 회사나 매니저사가 즐비한 것은 말할 것도 없다. 현재 한국에서 가장 번창하는 기획사는 HIVE나

SM 엔터테인먼트, 혹은 JYP 엔터테인먼트 같은 연예인 관련 업체라는 사실은 잘 알려져 있다.

이러한 스타 숭배에서 확인되는 점의 하나는 인간의 표준화라고 해야 할 것이다. 산업사회에서의 표준화란, 앞서 적었듯이, 대체로 상향 평준화라기보다는 하향평준화에 가깝다. 점증하는 표준화는 단순히 외부에서 부과되는 경제원리의 한 항목에 그치는 게 아니라, 각 개인의 의식과 무의식 내부로까지 침투한다. 그래서 그 내면과 감성과 충동도 변질시킨다. 그리하여 오늘날 텔레비전이란 '일종의 문화적 신경가스'라고 배리 로페즈Barry Lopez, 1945~2020 같은 환경저술가는 썼다. 모든 개별적인 것들을 우리 모두가 아는 흔하디흔한 것들로 뭉뚱그려놓기 때문이다.

표준화 원칙은 오늘날의 대중소비사회에서 자아 자체의 확고한 구성원리가 된다. 개인의 육체와 영혼이 하나의 기계나 인형처럼 굳어 가면서 타율화되는 것은 그런 맥락 속에서다. 이처럼 사물의 완벽한 사물화는 인간 주체의 사물화로 귀착한다.

대중매체가 행사하는 이 압도적 힘 앞에서 오늘날 사람들은 속수무책으로 노출되어 있다. 그들에게는 문화산업이 전제하는 규범이나 상황과의 집단적 동일시 외의 다른 길은 허락되지 않는다. 인터넷이나 방송 신문에서 우리가 매일 보고 듣는 것은 일정하게 규격화되고 조리되며 양념 쳐진 정보들이다. 그것은 우리 자신이 듣고 보고 맛보고 싶은 것이라기보다는 최대 판매와 매출을 위한 크고 작은 전략회의에서 미리 짜여진 것들이다.

그런데 이렇게 짜여진 것들은 소비자 스스로 결정한 것이 아니라, 외부 판매자로부터 부과되는 여러 프로그램 중에 하나다. 이것은 물론 문화산업 종사자들이 구상하고 입안한 것이다. 이렇게 만들어진 것들은

'유행'이나 '트렌드' 같은 이름 아래 소비자에게 떠넘겨진다.

그러므로 현대소비사회에서의 개인은 단순히 의식의 차원뿐만 아니라 무의식의 차원에 이르기까지 원하든 원하지 않든 최대수익의 독점원리 아래 종속된다. 그래서 정신의 가장 미묘한 내부 영역에 이르기까지 뒤틀리지 않을 수 없다. 이렇게 개인적이고 욕구적인 것은 사회적이고 이데올로기적인 것과 구분되기 어렵다. 이것은 두 차원이 적절하게 교류한다는 뜻이 아니라, 사회집단적 요구 아래 개인적인 것이 억압되고 개별적인 것이 질식된다는 뜻이다. 이것은 바람직한 통합이 아니다. 그것은 인성의 왜곡과 사실의 호도 속에서 이뤄진다는 점에서 '거짓 통합'이다.

사회적인 것과 개인적인 것의 거짓 통합을 주도하는 것이 바른 의미에서 사회적인 것일 수는 없다. 오늘날 사회적인 것이 압도한다면 이때의 사회적인 것이란 정확히 말하여 사이비사회적인 것들이다. 이 사이비사회적인 것 아래 개인의 외면은 뒤틀리고, 그 내면은 증발된다.

2) 새로운 문화산업의 예 ― 'BTS'와 '웹툰 레진코믹스'

오늘날 새로운 문화산업의 예로 캐스팅 쇼를 거론하면서 그 폐단만 언급하는 것은 현실에 맞지도 않고, 공정한 일도 아닐 것이다. 이미 문화산업적 기술과 그 효과는 한국사회에서뿐만 아니라 전 지구적으로, 우리가 원하든 원하지 않든, 이미 나날의 생활 깊숙이 침투해 있다. 그리고 그것은 폐해만 입히는 게 아니다. 아니 폐해가 아니라 엄청난 수익을 포함하는 긍정적 기능도 발휘하고 있다.

이를테면 남성 7인조 그룹 '갓세븐GOT7'이나 '블랙핑크', '레드벨벳'이나 '트와이스'가 있다. 트와이스의 경우 9인조의 여성 아이돌 그룹인데, 이들은 한국인 5명과 일본과 대만 출신 4명으로 구성되어있다고 한다.

인적 구성의 이런 국제성과 혼종성은 이들의 노래 제작이나 투어 방식에서도 되풀이된다. 그러니까 이들은 처음부터 국내시장보다는 해외시장을 염두에 두면서 활동을 시작한 것이다.

그 가운데 요즘 가장 인기 있는 그룹은 아마도 방탄소년단BTS일 것이다. 이들의 활동은, 이미 널리 보도되고 있듯이, 대중가요의 영역에서 거의 전무후무한 역사를 쓰고 있다. 이들은 지난 5월 〈러브 유어 셀프 전 티어Love yourself 轉 Tear〉로 미국 앨범 차트 '빌보드 200'에서 1위를 차지했고, 얼마 전에는 새 앨범 〈러브 유어 셀프 결 앤서Love yourself 結 Answer〉를 발표하였으며, 이 앨범의 국내 선주문만 150만 장에 이른다고 한다. 방탄소년단은 오는 9월부터 전 세계 16개 도시에서 33회에 걸쳐 월드 투어에 들어간다고 가는데, 그 최소 매출액은 800억에 이르고, 간접수출 및 유발효과는 1조 6000억에 이를 것이라고 한다.

전 지구적 인기를 보여 주는 그들의 사례는 이미 2~3년 전부터 계속 보도되었다. 그들은 2017년 빌보드 음악 시상식에서 31주 동안 '최고의 사회적 예술가top social artist'라는 항목에서도 수상자로 선정되었다. 이때 '사회적'이라는 것은 트위터에서 6백만 명의 팔로워와 4백만 명의 유튜브 이용자, 그리고 4백만 명의 페이스북 팬을 가졌다는 것을 뜻한다. 말하자면 방탄소년단은 사회적 매체에서 왕좌를 차지한 것이다.

2013~2016년 사이 미국 대학에서의 한국어 수업 강좌도, 다른 외국어 강좌가 전반적으로 줄어든 반면에, 65%나 올랐다고 한다.[15] 그전까지 미국에서 가장 많이 배우던 외국어는 스페인어였다. 미국의 K-POP 팬들은 방탄소년단 광고를 위해 뉴욕 타임스 스퀘어 전광게시판를 빌리는

---

15 Sam Wolfson, English is no longer the default language of American pop, *The Guardian*, 31 May 2018.

데 여러 차례 돈을 냈는데, 그것은 3만 달러 정도 된다고 한다. 또 곧 있을 런던 공연은 영국의 대표적 공연장인 'O2 아레나'에서 열리는데, 유럽에서 가장 큰 공연장이라는 이곳 공연표는 다 매진되었고, 가장 싼 티켓이 한국 돈으로 8만 9800원(62 파운드)라고 한다.[16]

방탄소년단의 이 같은 전 세계적 인기는 놀랍다. 하지만 기이한 측면이 없는 것은 아니다. 놀라운 것은 그 인기의 진폭에서 오고, 기이한 것은 그 인기를 구성하는 몇 요소의 쉽게 납득하기 힘든 요인 때문이다. 이른바 '노예 계약' 아래 이뤄지는 '대량 사육'이나 '무자비한 착취' 혹은 '방부처리가 된 듯한 귀여움' 같은 요소들은 이미 지적된 바 있다. 아마 K-POP에 대한 서구 미디어의 전통적 반응이 유보적이었던 이유도 여기에 있을 것이다.

이 같은 이유 외에 『가디언』은 "세균 없는 표준"을 지닌 그들의 K-POP 가사는 "매우 매력적이고 논쟁적이지만, 영국의 10대들은 한국에서의 사회적 관습에 대한 젊은 비판을 들을 정도로 절망적이지는 않다"고, "만약 소년 밴드 팬들이 그 가수들에게 자신의 판타지를 투사하고 있다면, 그것은 그 팬들이 이해하지 못한 가사를 쓰는 그 그룹이 애원하는 듯한 텅 빈 스크린을 재현하기 때문"이라고 분석했다.[17] 그만큼 방탄소년단의 노래 가사도, 이들 그룹에 환호하는 팬들도, 적어도 방향성과 지향에 있어서는, 분명한 것이 나타나지 않고 있다는 지적이다.

그런데 방향성과 지향에서의 이 같은 모호성 자체가 대중문화의 특성이기도 하다. 더욱이 한국사회에서 청소년들이 겪는 좌절과 영국과 미

---

16   Alexis Petridis, BTXS: Love Yourself: Tear review. K-pop's biggest band keep ploughing on, *The Guardian*, 18 May 2018.

17   Ibid.

국 혹은 그 밖의 사회에서 그 청년들이 겪는 경험 사이에는 관습적 사회적 규범적 단절과 차이가 적잖게 있을 것이다. 하지만 그럼에도 방탄소년단의 연주에는, 노래든 춤이든 선율이든 리듬이든, 놀라운 데가 많지 않나 싶다. 그들이 찍은 뮤직비디오는, 이것 역시 내가 전문적으로 평가할 수 있는 입장은 아니지만, 세련되고 많은 공력이 들어간 작품으로 보인다. 또한 가사도 다른 여느 아이돌 그룹보다 더 진정성이 느껴진다. 그러나 다른 한편으로 그것이 얼마나 오래갈지, 나아가 문화사적으로 얼마나 의미 있는 것이 될지는 좀 더 시간의 경과를 기다려야 할 것 같고, 여기에는 또 다른 분석이 필요해 보인다.[18]

아이돌 그룹 못지않게 대중문화에서 강력한 또 다른 하나가 웹툰 플랫폼을 중심으로 한 대중 서사의 위력이다. 오늘날 서사의 생산과 소비 그리고 유통의 방식은 웹상의 다양한 활동들이 보여 주듯이 이전과는 전혀 패러다임을 낳고 있다. 그것은 웹툰이나 웹진, 웹게임과 웹소설 그리고 웹드라마 등에 이르기까지 엄청난 콘텐츠를 포함하고 있다. 이것들은 그 자체로 TV 드라마나 예능, 게임이나 만화를 포함하는 또 다른 문화 콘텐츠를 견인한다.

이를테면 웹툰에서의 원작에 따라 제작된 멜로드라마는 지금 한국사회에서 가장 잘 팔리는 상품의 하나다. 아마 오늘날의 서사 지형에 대한 연구는 웹툰 없이 불가능할 것이다. 이것의 실제적 영향력은 최근 웹툰

---

18 미국 펜실베이니아 대학의 한 교수는 최근(2018. 9.) 학생들에게 강연하며 이렇게 말했다. "어떤 사람들이 전 세계적으로 현재 각종 기록을 깨고 있고, 이들이 24시간 이내 4천 5백만 번의 다운로드를 한다면 그들은 '쿨(cool)하다'는 표시다. 그런데도 이 사람들을 여러분들 대다수가 들은 적도 없고, 누구인지조차 알지 못한다면, 여러분은 이 새로운 글로벌 시장에서 경쟁력 있게 살아갈 수 없다. 여러분은 자기현실에 갇혀 있는 것이다." 이 말은 설득력 있게 들린다. https://www.youtube.com/watch?v=MUelbjg7rsI 참조.

레진코믹스가 미국 만화 엔터테인먼트의 양대 산맥인 '어벤저스' 군단의 '마블'과 슈퍼맨 그리고 배트맨의 'DC'를 누르고 미국시장에서 최고의 매출을 올린 데서도 확인된다.

이러한 아이돌 가수 그룹과 웹툰의 활약은, 지금까지의 한류문화론에서 흔히 그래 왔듯이, 그 파급 공간이 국내나 동남아시아에서만 적용되는 게 아니다. 이들은 세계시장을 자신들의 활동무대로 삼고 있고, 그 적용 분야도 연예계나 대중문화에만 그치지 않는다. 이들은 이미, 인터넷이든 방송이든, SNS에서든, 전 세계적 공간에서 출현한다. 온갖 비디오와 영상 혹은 드라마뿐만 아니라, 캐릭터 사업에도 관여하고 있다. 그래서 그들의 활약상은 소비재 수출이나 정보기술IT 기기 같은 제조업의 동반성장을 견인한다고 평가받는다. 방탄소년단 역시 'BT21'이라는 캐릭터 사업을 통해 지적재산권을 이용한 음악 외 사업에도 관여한다.

그리하여 오늘날 세계콘텐츠 사업의 시장규모(1조 9860억 달러)는 이미 자동차(1조 3000억 달러)나 정보기술(9000억 달러)을 이미 넘어섰다. 그 증가 비율은 앞으로 5% 이상 될 것이라고 한다. 일자리 정책이 최근 최저임금 정책과 그 후유증이 보여 주듯이 엄청난 재정 투입에도 별다른 효과를 내지 못하는 데 반해, 이들 문화산업은 엄청난 결과를 보여 주고 있다. 더욱이 30세 이하 청년종사자의 비중(약 30%)은 모든 업종의 평균 두 배에 이른다고 한다. 이런 이유로 이들 문화산업을 '우리의 미래'라고 부르는 시각도 있다.[19]

그리하여 제3세대 아이돌 그룹이나 웹툰 문화가 '문화'인지 '산업'인지, 혹은 '문화'인지 '상품'인지 더 이상 구분하기 어려워 보인다. 아니, 그런 구분 자체가 무의미해 보이기도 하다. 이 모든 현상은 오늘날 문화의

---

19 최현미, 「BTS 월드투어와 신(新)문화산업」, 문화일보, 2018. 8. 23.

성격과 그 지형도가 그만큼 급격하게, 그 형식과 내용 모두에서, 전방위적으로 변하고 있다는 예증이 아닐 수 없다.

이제 대중문화와 고급문화, 문화와 상업의 구분은, 마치 예술과 자연 혹은 자연과 인공 혹은 교양과 대중 사이의 구분처럼, 착잡한 것이 되어 버렸다. 이 착잡한 혼재가 지닌 의미와 무의미, 그리고 그 의의를 제대로 밝혀내는 것이 앞으로 문화이론 연구자나 문화비평가뿐만 아니라, 매체 이론 연구자나 문화콘텐츠 혹은 스토리텔링 종사자의 주요 과제가 될 것이다.

3) 사이비 현실주의 - 사실왜곡

대중매체의 현실 앞에서 사고는 새로운 경험 없이 굳어 간다. 이런 경직성은 이데올로기에 의해, 이데올로기가 조장하는 허위의식과 정당화에 의해 더 심해진다. 여기에서 지배적인 것은 현실 자체가 아니라, 현실을 가장한 사이비현실주의pseudo-realism다. 거짓현실주의가 현실을 대신하는 것이다.

그리하여 정신의 자율성은 증발한다. 나아가 자율적 사고를 통한 비판적 사고도 어렵고, 이런 사고를 통한 진리의 추구도 쉽지 않다. 자유스러운 삶은 그만큼 살아가기 어렵게 되어 버린 것이다. 그리하여 현실에의 순응원칙은 영혼의 저 깊은 심부에까지 가닿고, 영혼의 가장 미묘한 움직임까지 뒤흔든다. 문화산업의 사물화 원리 아래 사고와 정신, 자유와 자율, 비판과 진리는 근본적으로 차단되어 버렸다. 이것이 자본주의 환산화 체제에 대한 개인의 총체적 종속이다.

계몽주의의 기획이 자연에 대한 인간의 지배가 인간에 대한 인간의 지배로 끝나듯이 문화산업적 기획 아래 이뤄지는 문화에 대한 경제의 지배 역시 인간에 대한 인간의 지배로 끝난다. 그것은 인간 자신의 표준화 — 개별적 개성의 주체성 상실로 귀결한다. 인간의 표준화란 한마디로 말하여 주체의 탈주체화다. 표준화된 인간은 주체의 자기절멸에서 완성된다. 주체의 자기절멸에서 인간은 자신의 고유성 — 개체의 환원불가능한 독자성과 유일무이성을 잃는다.

오늘날 문화를 파괴하는 힘은 문화의 밖에서가 아니라 그 안으로부터 자라 나온다. 이것이 총체적으로 관리되는 문화산업의 현실이고, 이 관리세계에 순응하는 개인의 현주소다. 그러므로 문화산업하의 개인들이란 더 이상 개인이 아니다. 그들에겐 자아가 없기 때문이다. 상품사회에서의 개인은 자아 없는 개인 — 망실된 자아의 유령이다.

이런 이유에서 상품소비문화에서의 성공이란 대체로 신화에 지나지 않는다고 말할 수 있다. 그것은 기획사와 매체와 자본에 의해 만들어진 것이기 때문이다. 문화산업적 성공 신화란 가짜신화다. 그렇듯이 문화산업에서 상찬받는 개성이란 가짜개성이고 사이비 개성일 가능성이 높다. 이런 사회를 구성하는 것은, 이 사회를 구성한다고 선전되고 장려되는 것은 다수의 다원성이 아니라 단수의 획일성이다. 그들은 비슷한 의견을 서로 모방하면서 비슷한 목소리로 말하고 비슷하게 행동한다. 그러나 그 견해는 일목요연할 수는 있지만, 내실 있기는 어렵다.

그러나 대중은, 특히 생각 없는 대중은 공적 매체에서 유포되는 이 같은 성공 신화가 자기자신의 것인 양 열광한다. 그것은 화려하게 치장된 외피와 그럴듯한 선전 문구를 담고 있기 때문이다. 하지만 그 신화는 낡은 것이다. 그것은 이미 있어 왔던 것의 대량복제이기 때문이다. 문화산업의 스토리는 베스트셀러처럼 값싼 감성을 자극하는 유행상품에 불과하다.

대중매체 현실에서 또 하나의 특징은 '사안의 감성화'라고 할 수 있다. 사안의 감성화란, TV에서든 콘서트장에서든, 공연되는 사건을 다 같이 보고 듣고 웃으며 함께 노래하고 춤추고 즐기면서 각자의 고민을 감정적으로 해소하는 데 있다.

여기에도 물론 순기능이 없지 않다. 현실의 곤란과 부담으로부터 벗어나게 하는 해방적 효과가 있기 때문이다. 그러면서도 정신의 긴장을 요구하는 논리적 연관관계는 누락되어 있다. 그것은 차라리 감정적 도취와 흥분 그리고 여흥 속에서 현실을 잊고 사실을 호도하는데 기여한다. 호도란 말 그대로 '풀을 바르는 것'이다. 사실에 풀을 발라 그 실상을 감추거나 흐지부지 덮어 버린다. 그리하여 개인적이면서 동시에 사회적인 현실의 정직한 대면은 일어나지 않는다.

사실호도와 현실왜곡은 병진並進한다. 현실호도의 이 같은 방향은 앞서 언급하였듯이 평준화 혹은 수평화다. 더 정확하게 말하여 하향평준화다. 이런 하향평준화 때문에 인식과 오락의 경계는 소멸되고, 예술과 상업의 구분은 휘발된다. 마찬가지로 정치와 광고, 진지성과 오락도 구분하기 어렵다. 인식해야 할 대상이 오락처럼 버무려지고, 정치가 광고처럼 선전되며, 논쟁이 쇼처럼 제공되는 것이다.

그리하여 어디에서도 진지성을 찾기 어렵다. 두 영역 사이의 경계가 소멸되면서 사안은 결국 기존질서를 정당화하는 데로 귀결된다. 문화산업이 주입하는 질서란 언제나 현재의 현상적 질서이기 때문이다.

현상적 질서는, 그 질서에 만족해하는 사람들에게 사이비적으로 여겨질 때조차, 의문시되지 않는다. 아도르노가 적었듯이 "문화산업의 정언명령은, 칸트적 정언명령과는 다르게, 자유와는 더 이상 아무런 관련이 없다. 그것은 이렇게 말한다. 너는 너 자신을, 아무런 언급 없이, 짜맞춰야 한다. 어떻든 있는 것 안으로 너를 끼워 넣어야 한다."[20]

---

20 Theodor W. Adorno, Résumé über Kulturindustrie, a. a. O., S. 343.

하향평준화의 이런 전반적 경향 속에서 개인의 감정과 사고와 행동의 방식은 획일화된다. 이 획일화 속에서 현실에 대한 주체적 경험과 구성적 전취의 가능성은 사라진다. 심각한 것은 바로 이런 가능성의 망실亡失이다.

문화산업적 상품 앞에서 주체의 반응방식들은 상투화되고 도식화된다. 상투화란 그만큼 생생함이 결여되었다는 뜻이고, 그래서 죽어 있다는 뜻이다. 사고와 행동의 도식화된 경험방식은 있어 왔던 것들의 지루한 되풀이일 뿐이다. 현실을 새롭게 경험하지 못한다면 우리는 진정 살아 있다고 말하기 어렵다. 상투화된 경험 속에서 우리는 살아 있되 이미 죽어 있는 것이다.

3. 상투성의 세계 — "언제나 동일한 것의 자유"

문화산업의 산물은 이미 있어 왔던 것의 되풀이에 만족하는 까닭에 자연히 상투적 형식을 띤다. 그것은 근본적으로 구태의연하고 천편일률적인 세계다. 그러니 새로운 것은 있지도 않고, 있을 필요도 없다. 변화가 있다면 그것은 이미 짜인 틀 안에서 주어진 세목細目의 기계적 반복이다.

이렇게 천편일률적으로 제공되는 문화산업물의 갖가지 항목들 가운데 어떤 것이 가끔 새로워 보일 때도 물론 있다. 그러나 그 내용은 기존을 답습한다. 이것은 자유에 대해서도 마찬가지다. "이데올로기의 선택에서 자유는, 그것은 늘 경제적 압박을 보여 주는데, 모든 분야에서 항상 동일한 것에 대한 자유로 입증된다."[21]

---

21 Max Horkheimer/Theodor W. Adorno, *Dialektik der Aufklärung*, a. a. O., S. 190.

그리하여 문화산업에서의 자유란 "언제나 동일한 것에 대한 자유die Freiheit zum Immergleichen"다. 상품소비사회에서의 자유란 언제나 동일한 것의 자유 외에 없다. 그러니 그것은 새로운 경험과 의미의 지평으로 열리는 자유가 결코 아니다. 그것은 이미 있어 왔던 것의 지겨운 되풀이에 불과한 까닭이다. "문화산업에서 발전이라고 등장하는 것 ─ 그것이 제공하는 끊임없이 새로운 것은 늘 동일한 것의 포장이다."[22]

문화산업 아래에서는 이미 주어진 것만 한없이 되풀이되지만, 그 이윤의 계기는 결코 변하지 않는다. 새로움이 있다면 그것은, 벤야민식으로 말하여, '언제나 다시 동일한 것들의 새로움das Neue des Immerwiedergleichen'일 뿐이고, 그래서 하버마스가 적었듯이 '언제나 다시 동일한 것의 반복강제 Wiederholungszwang des Immerwiedergleichen'가 된다. 만약 현대인에게 자유가 있다면, 그것은 어쩌면 있어 왔던 것만 선택할 자유일지도 모른다. 하지만 그것은 바른 의미의 자유도 아니고, 온당한 의미의 자유도 되기 어렵다.

마찬가지로 우리는 이성에 대해서도 이렇게 말할 수 있다. 문화산업의 합리성이란 수익지향적 이성이다. 이 이성은 올바른 이성이 아니다. 문화산업은 할리우드 영화가 보여 주듯이 대중의 오락욕구를 만족시키기 위한 것이다. 이런 욕구 충족을 통해 문화산업의 대중매체는 타성에 도전하거나 현실을 비판하거나 기존질서에 거스르는 계기를 박탈한다. 사실 오늘날 상품의 대부분은 정도의 차는 있는 채 그런 기능을, 적어도 조금은, 아니, 아주 심각하게 갖는다고 할 수 있다. 그것은 언제나 동일한 것의 반복경험 속에서 새 의미의 가능성을 질식시킨다. 그것은 반응의 자동화 속에서 감성과 사고를 마비시킨다.

지금까지의 논의에서 한 걸음 물러나자. 이러한 문화산업론은 오늘

---

22 Theodor W. Adorno, Résumé über Kulturindustrie, a. a. O., S. 339.

날의 관점에서 보면 지나치게 단순화된 느낌을 주기도 한다. 문화산업의 모든 산물이 저급한 것은 아니기 때문이다. 그 원리도 간단치 않다. 그런 점에서 우리는 문화산업론 아래 이뤄지는 대중문화에 대한 관점과도 거리를 둘 필요가 있다. 할리우드 영화가 모두 저질인 것은 물론 아니지 않는가? 이를테면 히치콕A. Hitchcock 감독의 영화는 할리우드의 표준체계 아래 제작되었지만, 그런 틀을 벗어난 걸작으로 널리 평가받는다.

좀 더 넓은 각도에서 보면 아도르노와 호르크하이머의 문화산업론이 대상으로 한 것은1930~1940년대 미국의 대중문화이고, 그 당시는 라디오와 영화를 포함하는 대중매체의 세계였다. 여기에서 중요했던 인물은 채플린C. Chaplin이나 웰스O. Welles 혹은 데이비스B. Davis 같은 사람들이다. 그렇다는 것은, 두 이론가의 관점이 영화 영역에 머물렀지 그 밖의 사회정치적 영역으로 확장되진 않았다는 뜻이다. 이러한 사실은, 이들의 대중비판에서 경제적 분배 문제나 매카시즘과 같은 당시의 정치적 경향, 혹은 히로시마나 나가사키 원자폭탄 투하와 같은 미국정부의 군사적 행동에 대한 언급이 누락되어 있거나 거의 없었다는 데서도, 확인된다. 그러니만큼 그들의 문제의식은 그만큼 제한적이라고 할 수 있다.[23]

좀 더 심각한 문제는, 아도르노와 호르크하이머의 이성개념이, 하버마스나 호네트A. Honneth가 정확하게 썼듯이, "이성을 섣불리 도구적 이성과 동일시"함으로써 "사회적 병리 현상을 비판하기 위한 규범적 기준들을 정식화할 모든 가능성을 스스로 박탈해 버렸다"는 지적일 것이다.[24] 이성의 내용은, 정치나 법 혹은 도덕과 과학에서 보듯이, 훨씬 폭넓게 작용하는 것이고, 또 분야마다 그 기능이 조금씩 다를 것이기 때문이다.

23 Sven Kramer, Im Exil, in: *Adorno Handbuch*, a. a. O., S. 11.

24 Andreas Hetzel, Die Dialektik der Aufklärung, in: *Adorno Handbuch*, a. a. O., S. 395.

그러나 그렇다고 해도 호르크하이머나 아도르노의 비판적 관점은 여전히 중대한 성찰적 자료를 제공하지 않나 싶다. 오늘날의 현실이 전체적으로 문화산업적 지배 아래 순응적 현상의 일부로 '관리'되고 있다는 사실도 부인하기 어려워 보이기 때문이다. 고객은 흔히 말하듯이 '왕'이 아니다. 그렇다고 '신하'라고 할 수 있는 것도 아닐 것이다. 왕이면서 신하라고나 할까? 아니, 고객은 주체가 아니라 객체에 가까울 것이다.

어떻게 불리건 오늘날의 소비주체가 문화산업이라는 거대기계의 부속품에 불과한 것은 분명해 보인다. 바로 그 때문에 대중은 유흥의 오락생활 속에서 비판능력을 갖고 살기 어렵다. 아도르노와 호르크하이머가 대중문화mass culture라는 용어를 '문화산업'이라는 단어로 바꾼 것도 당시 미국문화의 상품이데올로기적 성격 때문이었다. 상품이데올로기적 성격이란 사물의 표준화에서 드러나는 현상들, 이를테면 위로부터의 소비자의 통합이나, 언제나 동일한 것의 강제적 부과 같은 요소에 있었다.

이러나저러나 프랑크푸르트학파의 비판철학도, 비록 비판을 자신의 주요 과제로 삼고 있음에도 인간의 현실이 총체적 관리사회로 가는 길을 막지 못하였다고 할 수 있다. 현대사회에서는 철학은 마치 문화처럼 경제와 자본의 일부로 포섭되어 버렸고, 따라서 철학에서의 비판도 하나의 제스처일 가능성이 높아졌다.

4. 문화산업의 자기기만

문화산업적 현실에서 개개인의 삶은 위축된다. 대중은 자동적으로 반응할 뿐 그 의미나 내적 연관성을 묻지 않는다. 그리하여 문화산업 아래 소비자의 환상과 사고력은 박탈된다. 독자적으로 결정하고 책임 있게 판단하는 개인의 능력은 점점 고갈되는 것이다. 오늘날의 개인이 관습에 순응하는 유아적幼兒的 개인에 가까운 것은 그 때문일 것이다. 이런 이유에서 오늘날의 대중문화를 '문화의 전반적 유치화'라는 관점에서 파악하려는 학자도 있다.

자기의식의 유치화는 지식인에게도 예외가 아니다. 대부분의 현대 지식인에게 주어진 일은 기존관계의 정당화라고 할 수 있다. 혹은 '혁신'이나 '융합'이라는 이름 아래 이뤄지는 연구비 수주 경쟁이다. 그가 하는 일은 이윤원칙에 부합하는 지식을 만들어 내는 것이기 때문이다.

이런 상황에서 현실에 대한 비판이나 다른 환상의 가능성은 회피된다. 대신 기존관계의 순응이나 그와의 통합이 강조된다. 그러니만큼 자유나 자율보다는 수긍과 추종이 장려된다. 문화산업 아래 개인의 역할은, 일반인이든 지식인이든, 단순 소비자의 그것으로 축소되어 버리는 것이다. 이런 점에서 그럴듯한 민주적인 참여는, 아도르노와 호르크하이머가 지적하였듯이, 거짓일 가능성이 높다. "문화에 대해 말하는 것은 언제나 문화를 거스르는 것이 되어 버렸다." "문화산업은 그 소비자를 속여 자신이 언제나 약속한 것을 기만한다."[25]

이러한 지적은 여전히 유효한, 그래서 통절한 질책이 아닐 수 없다. 결국 문화산업은 문화를 장려하는 게 아니라 사멸시킨다. 문화산업에 의해 문화가 더 번성하는 게 아니라 오히려 훼손되고 질식된다. 그것은 계몽의 원칙을 발전시키는 것이 아니라 위반한다.

그리하여 문화산업은, 계몽주의 이후의 이성이 그러하듯이, 계몽의 배반이고 그 신화화로 타락한다. 이것은 계몽의 반계몽화다. 그래서 아

---

25 Max Horkheimer/Theodor W. Adorno, *Dialektik der Aufklärung*, a. a. O., S. 152, 161. 『계몽의 변증법』은 호르크하이머와 아도르노가 같이 쓴 저작이지만, 인용된 구절이 들어 있는 '대중기만으로서의 계몽'은 아도르노가 쓴 것으로 알려져 있다.

도르노는 쓴다. "문화산업의 전체효과는 반계몽Anti-Aufklärung의 그것이다. 문화산업에서 계몽은 … 대중기만이 된다 … 그것은 자율적이고 독립적이며 의식적으로 판단하고 스스로 결정하는 개인의 형성을 방해한다. 하지만 이것은 성숙한 자들에게서만 보존되고 전개될 수 있는 민주사회의 전제조건일 것이다."[26]

개인의 바른 인격 형성이 저지될 때, 그는 유아로 퇴행한다. 퇴행한 개인은 철없는 아이처럼 유치해진다. 그런 유아에게 세계와의 바른 만남은 있기 어렵다. 그는 자기를 책임 있게 유지하지 못할 뿐만 아니라 자신의 능력도 펼치지 못하기 때문이다. 모든 개인의 유아로의 퇴행, 아마 이것이 문화산업의 가장 큰 해악일지도 모른다. 이때 문화산업은 "대중기만"이 된다. 이 대중기만적 성격 때문에 문화는 결국 반계몽적으로 변질된다.

그렇다면 문화산업의 이 압도적 힘에 대해 어떻게 대응할 수 있는가? 문화산업이 배태하는 새로운 형식의 평준화와 도구화 경향에 대하여 우리는 어떻게 저항할 것인가? 앞에서 아도르노는 "자율적이고 독립적이며 의식적으로 판단하고 스스로 결정하는 개인의 형성"을 강조하면서 이것이 민주적 사회에 없어선 안 될 조건이라고 내세웠다. 아마도 이것이 핵심이라고 해야 할 것 같다. 혹은 '비판적 사고능력의 복원'이라고 말해도 좋을 것이다.

비판적 사고력을 통해 문화산업의 이중성 ─ 그 이율배반과 모순을 간파하고 수익관심의 이데올로기를 문제시하는 일이다. 이렇게 할 수 있다면 우리는 대중매체에 의해 제공되는 사건을 단순히 보고 듣고 즐기는 데 그치는 것이 아니라, 그래서 그런 행사에서 자리를 지켰다는 사실을

26 Theodor W. Adorno, Résumé über Kulturindustrie, a. a. O., S. 345.

자랑하는 데 만족하는 것이 아니라 ―이 경우 행사는 하나의 이벤트로 그친다―, 그 참여를 반성적으로 검토할 수도 있을 것이다. 결국 바른 인격의 형성과 자율적 독립적 개인 그리고 비판적 의식 … 이 모든 것은 하나의 고리처럼 연결되어 있다.

다시 말해 보자. 여기에 생각하는 의식이 있고, 이런 의식으로서의 사고가 있으며, 이 사고가 움직일 때, 그는 의식 있는 주체로 성장한다. 의식 있는 주체가 스스로 결정하고 행동하면서 그런 행동의 결과에 책임질 때, 그는 비로소 자율적 개인일 수 있다. 아마 자율적 개인이라면 그는 문화의 가능성에 대해서 뿐만 아니라 그 기만의 위험성까지 반성적으로 검토할 것이다. 이런 자율적이고 독립적이며 의식적인 개인을 아도르노는 "민주사회의 전제조건"이라고 여겼다. 이 자율적이고 독립적이며 의식적인 개인과 주체의 형성 없이 민주적 사회는 건설되기 어렵다. 이성적 사회를 위해 문화산업의 반계몽주의적 자기기만은 극복되어야 한다.

호르크하이머와 아도르노의 『계몽의 변증법』은 이런 물음에 대한 답변의 시도다. 특히 아도르노는 이 눈먼 이데올로기에 대항하는 것이 비판사회학의 과제요 책임 있는 정신의 태도라고 여겼다. 이런 정신과 사고는 어디에서 길러지는가? 그것은 아도르노적 맥락에서는 '예술'이라고 해야 할 것 같다. 그리하여 이 글의 관심은 다시 예술로 돌아간다.

IV. 예술의 자율성

지금까지 다룬 것을 다시 쓰면 이렇게 된다. 아도르노의 문제의식은 크게 보아 서너 가지의 장애들, 말하자면 아우슈비츠의 역사적 경험과 망명 생활(첫째), 이런 경험 앞에서의 언어와 논리와 이성의 무기력(둘째), 그리고 전후 자본주의의 환산화 체제와 그 강제 이데올로기(셋째), 나아가 그 앞에서의 개인의 파편화된 삶(넷째)에 대응하는 작업이었다고 할 수 있다. 그의 '관리사회론'과 '문화산업론'은 이런 문제의식적 배경 속에서 현대의 대중문화를 분석하고 개념화한 이론적 틀이다.

그렇다면 이렇게 물을 수 있다. 아우슈비츠 이후에 삶은 가능한가? 아우슈비츠 이후의 삶이 '이전과 같지 않으려면', 다시 말해 이성적인 것이 되려면 문화나 예술 그리고 철학은 어떻게 해야 하는가? 아니 '어떻게 해야 하는가'라고 묻기 전에 '문화와 예술과 철학이 과연 어떤 의미 있는 일을 할 수 있는가?' 그렇게 할 수 있다고 자부할 수 있는가? 이런 물음을 좀 더 넓은 맥락에서 다시 쓰면 이렇게 된다. 비판적 사고는 오늘날의 상업문화 앞에서 어떻게 수익극대화의 이데올로기를 넘어 삶의 소외와 주체의 타율화를 극복할 수 있는가?

아도르노가 물었던 것은 바로 이런 사항이었다. 그의 이런 포괄적 문제의식을 염두에 두면서 필자가 여기에서 다루려는 것은 문화산업과 예술의 관계다. 즉 문화산업하에서 예술은 무엇을 할 수 있고, 예술의 이 능력은 어디에서 오는가? 예술의 자율성은 과연 총체적 관리의 합리성에 저항할 수 있는 어떤 의미 있는 계기를 제공하는가?

이렇게 물을 때 우리는 문화산업에 대한 논의로부터 이 문화산업에 대항하는 예술의 역할과 그 가능성에 대한 물음으로 넘어간다. 예술의 가능성에 대한 논의에서 우선 필요한 것이, 다소 도식적이긴 하지만, 전통적 예술문화와 오늘날 예술문화 사이의 구분이다.

1. 문화산업 대 자율예술

서구미학사에서 대략 18세기에서 19세기 말에 이르기까지의 예술을 부르주아적/시민계급적 자유주의적 예술이라고 한다면, 모더니즘 예술은 보들레르를 중심으로 19세기 말부터 20세기 초 사이에 전개되었다고 할 수 있다. 그에 반해 현대예술은 2차 세계대전 이후, 대략 1960년대를 지나면서 후기자본주의적 경향을 본격적으로 띠기 시작한다.

이때 시민적 자유주의적 예술은 하나로 뭉뚱그려 흔히 '자율적'이었다고 평가된다. 그것은 한편으로 기존의 권력질서(왕과 성직자)에 저항하면서도 다른 한편으로 하부계층을 배제하기 때문에 엘리트적 예술이라고 비판받기도 한다. 그러면서도 기존현실에 대한 변혁적 기능을 가진 것으로 간주되었다. 이것은 사회적 현실 속에서 이 현실을 넘어 자신을 펼쳐 가려는 자율성 덕분이었다.

후기자본주의 시대에 들어 예술은 기존의 그 같은 자율성을 상실하기 시작한다. 왜냐하면 예술의 내용은 앞서 적었듯이 문화산업의 상업화된 성격에 의해 본질적으로 변질되어 가기 때문이다. 이것을 조금 다른 시각에서 볼 수도 있다. 시장이 더 넓게 보아 근대의 초창기인 15~16세기부터 형성된 것이라면, 예술의 상업적 변질도 좀 더 오랜 기원을 가졌다고 봐야 한다. 그러나 문화의 내용과 형식이 현실의 상업적 자본적 성격으로 말미암아 더 급격하게, 그래서 근본적으로 변한 것은 아무래도 20세기 후반에 나타난 현상이라고 봐야 할 것이다.

문화의 이 같은 전반적 상업화는 예술만의 현상에 그치는 게 아니다. 한 사회에서 만들어지는 모든 문화적 산물이, 신문이든 라디오든, 영화든 방송이든, 혹은 TV나 잡지나 인터넷이든, 정도의 차이는 있는 채 오늘날에는 거의 다 그렇다고 해야 할 것이다. 그것은 경제적 수익의 정언명령에 따라, 그래서 참여자의 의도와는 관계없이 일정하게 기획되고 제작되며 유포되고 소비된다. 그리고 이 모든 과정은 일정한 관리의 체계 속에 있다. '일정한 관리의 체계 속에 있다'는 것은 이미 적었듯이 '사회정치적 현실의 기존질서에 순응하도록 조직된다'는 뜻이다.

문화산업은 무엇보다 경제이데올로기적 관계의 연속성을 고수한다. 그래서 생산품은 거의 비슷한 모습을 띤다. 문화산업의 산물들은 문화이면서 상품이고 제품이면서 돈이다. 그것은 앞서 썼듯이 언제나 새로운 것을 내세우지만, 그 근본은 있어 왔던 것들의 되풀이다. 그러니만큼 상투형의 반복이다. 문화산업에서 선택의 자유란 여러 상투적 사례들 가운데에서만 허용된다. 그것은 소비자가 원한 것이라고 광고되지만, 꼭 그런 것은 아니다. 설령 원한 것이라고 해도 그런 상품으로 소비자의 욕구가 충족되는 것도 아니다. 전시된 상품이란 대개 소비주체의 의사와는 무관하게 지시된 것이거나 외부로부터 강제된 것이다.

하나하나의 상품은 사용자의 필요와 취향과 기질에 맞는 것이라기보다는 '맞다고 여겨지면서', 그래서 마치 사용자 자신의 욕구를 채워 주는 것처럼 착각되면서 소비된다. 현대인의 상품소비방식은 근본적으로 대리적이다. 이 대리 충족 속에서 문화산업은 사회적으로 통합될 수 없는 것들 ─ 개개인의 유일무이하고 고유한 욕망을 기존의 질서 안으로 통합해 버린다.

상품으로서의 문화가 기능하는 하나의 중요한 분야가 신문과 방송 같은 대중매체다. 현대의 대중매체도 이 같은 문화산업에 노출되고 그 일부로 양산된다. 그것의 내용과 목적 그리고 원칙은 독자적 기준에 따라 만들어지기보다는 환산화의 수익원리에 따라 생산과 분배 그리고 소비의 전 영역에 걸쳐 광범위하게 재편성된다. 그럼으로써 표준화된다. 이렇게 만들어진 표준화된 형식은 그 매체의 운영과 조직원리에서뿐만 아니라, 이 조직 아래 움직이는 인간의 내밀한 영역에까지 스며들어 작동한다.

이 작동의 궁극적 폐해는 사실로부터의 격리다. 사실격리는 곧 현실

소외다. 아도르노가 대중문화mass culture나 대중매체mass media라는 말 대신 '문화산업'이라는 말을 쓴 이유도 이런 전방위적 표준화의 산업적 폐해를 좀 더 분명하게 강조하기 위해서였다.

그러나 앞에서도 썼듯이 대중문화에 대한 아도르노의 비판이 얼마나 타당한 것인가는 좀 더 자세히 물어볼 필요가 있다. 오늘날의 영화는 문화산업적 표준화로 말미암아 관객을 천편일률적 동일성으로 길들이는가? 그래서 그들의 감정이나 사고도 마치 똑같은 제복을 입히듯이 획일화되면서 그 상상력이나 자발성은 박탈되고 마는 것인가? 그렇지는 않을 것이다. 그런 경우도 있지만 그렇지 않은 경우도 적지 않다. 팝 컬처의 내부에 자리한 이른바 하위문화sub-culture의 여러 음악들 ― 로큰롤이나 펑크, 비트나 힙합 혹은 테크노 음악 같은 것의 전복적 잠재력을 우리는 무조건적으로 무시할 수 없다. 그 파편화된 형식 속에서 현실저항적 잠재력이 발견될 수도 있다.

오늘날과 같은 상품소비사회에서 가치와 규범이 총체적으로 관리된다면, 기성질서에 대한 비판적 잠재력은 차라리 이 파편화된 형식과 이 형식의 형상적 진실 속에서 발견될 수도 있다. 그 잠재력은 사건의 중심이 아니라 그 변두리에서 모색될 가능성이 높다. 이런 점에서 재즈 음악에 대한 아도르노의 폄하는 일면적으로 보인다. 이 문제에 대해서는 다른 기회에 더 상세히 논의되어야 할 것이다.

2. 예술의 탈예술화

시민적 자율성 예술과 상품예술의 대립을 우리는 '사용가치'와 '교환가치'라는 마르크스 개념으로 등치시켜 이해할 수도 있다. 하나의 물건이 쓸모 있을 때 이 쓸모는 그 물건의 사용가치가 된다. 이 사용가치는 물건 속에 들어 있다. 그에 반해 교환가치는 교환을 통해 발생한다. 교환은 거래에서 일어난다. 이때의 물건은 '상품'이 된다.

자본주의는 마르크스에 따르면 이 같은 교환가치적 생산체계 속에서 작동한다. 이런 관점에서 보면 예술의 성격도 자본주의 시장경제 안에서 변질된다. 그것은 그 자체로 지닌 사용가치적 요소를 구현하기보다는 얼마에 교환되느냐에 따라, 즉 얼마나 생산되고 소비되면서 이윤을 창출하느냐에 따라 그 목적을 구현한다.

그리하여 예술은 근현대의 자본주의 체제 안으로 들어서면서 자체의 자율성을 상실하게 되고, 교환가치적 이윤 액수에 따라 규정된다. 문화의 이러한 상업적 성격은 이미 적었듯이 20세기가 아니라 더 오랜 기원을 갖는다고 봐야 한다. 그러면서 상업화 경향은 1960년대 이후 본격화되는 후기자본주의적 성격 때문에 가속화되었다고 할 수 있다. 그리하여 현대의 예술은 본래의 자율성 지위를 상실하게 되면서 좀 더 철저하게 '탈예술화Ent-Kunstung'하기에 이른다.

아도르노와 호르크하이머가 문화산업론에서 강조하는 것도 예술의 이 같은 탈예술화다. 다시 쓰자. 예술의 탈예술화란 문화상품화에 의한 예술 자체의 철폐다. 이제 예술작품은 문화일반이 그러하듯이 상품으로 변질된다. 그래서 상품으로의 문화의 타락에 상품으로의 예술의 타락은 상응하게 된다. 문화 타락과 예술 타락은, 이 둘이 상업적 시장화라는 점에서, 구조적으로 서로 일치하는 것이다. "비판이론에서 결정적인 것은 '예술의 할인판매'가 아니라, 예술과 문화가 어떻게 상품형식적 산물로 변질되고, 그 때문에 문화와의 교류방식이 어떻게 변하게 되었는가다."[27]

---

27 https://de.wikipedia.org/wiki/Kulturindustrie_%E2%80%93_Aufkl%C3%A4rung_als_

문화산업이 내세우는 것은 기존의 질서이고, 그 이념은 지배와 통합이다. 문화산업의 이데올로기는 예술의 주체가 그 나름으로 느끼고 자율적으로 사고하는 것을 장려하는 게 아니다. 그것은 오히려 현존하는 것을 정당화하는 가치와 기준을 위로부터, 혹은 예술의 밖에서 부과한다. 이것이 문화산업의 문화관리방식이다.

그리하여 문화산업 아래 문화의 성격이 바뀌고 예술의 지위가 달라지는 것은 당연해 보인다. 그에 따라 예술과 문화에 대한 청중의 교류방식도 바뀔 수밖에 없다. 이제 예술에서 전복적 기능은 거의 허용되기 어려울지도 모른다. 비판적 성찰적 기능은? 이것 역시 쉽지 않다. 그에 반하여 자본주의의 현실지배관계는 이전보다 훨씬 공고화되어 간다.

예술경험에서 주체가 반성적 체험을 할 수 없다면 그것은 예술작품의 수용적 차원에서 승화가 불가능하다는 뜻이 된다. 이것은 거듭 강조되어야 한다. 예술의 존재이유는, 적어도 궁극적으로는, 바로 이 현실의 고양가능성에 있기 때문이다. 문화산업의 이데올로기는 심미적 승화와 전복의 이 가능성을 차단하는 데 있다.

3. 자율적 예술의 부정적 계기

그렇다면 예술의 탈예술화 앞에서 어떻게 할 수 있는가? 문화산업에 의한 예술의 철폐를 우리는 그저 바라보고 있어야만 하는가? 그래서 거대한 맹목의 기만 구조 앞에서 그럴듯한 문화 이벤트가 제공하는 값싼 위로에 만족하며 싸구려 감성의 껍데기 삶을 살아야 하는가? 그렇지는 않을 것이다.

Massenbetrug 참조.

아도르노의 논의에서 흥미로운 것은 문화산업적 상품에 저항할 수 있는 하나의 가능성을 그가 '진실한 예술작품das authentische Kunstwerk'에서 찾는다는 사실이다. 후기자본주의 시장체제에서 많은 것이 교환되고, 문화마저 하나의 상품으로 전락하게 되지만, 그래서 대부분의 물건들은 사용가치가 아니라 교환가치를 갖게 되지만, 그렇다고 이전의 예술작품이 완전히 말살되는 것은 아니다. 예술작품의 진실성도 그렇다. 적어도 아도르노는 이렇게 판단하는 것 같다.

예술작품의 이 같은 진실성은 아도르노가 보기에 다름 아닌 자율성에 있다. 예술의 자율성은 광범위한 문화상품 가운데 아주 작은 일부로서, 그래서 그 구석에서 별로 표나지 않게, 그러나 계속 연명해 나가기 때문이다. 주의할 사실의 하나는 그가 강조하는 자율성은 완전한 의미의 자율성이 아니라 비교적 의미의 '상대적 자율성'이라는 점이다. 예술은, 아니 예술마저도 편재하는 문화산업적 지배관계 속에 통합되어 있는 것이 오늘의 현실이다. 이렇게 편재하는 지배관계를 만들어 내는 것은 이미 언급하였듯이 총체적 관리사회이고, 그 효과는 현혹의 연관항Verblendungszusammenhang이다.

논의에서 다소 벗어나는 말이지만 독일어의 관념적 사변적 정식화 수준은 매우 높다. 그것은 다르게 표현하여 철학과의 친화력이 높다는 뜻이기도 하다.[28] 그래서 어떤 개념어는 하나하나씩 풀어서 더 자세히,

---

28 아도르노가 12년간의 망명 생활을 마치고 1949년 독일온 이유는 향수(Heimweh) 때문만은 아니었다. 그런 향수가 전혀 없었다고 말할 순 없겠지만, 더 결정적인 이유는 모국어로서의 독일어가 갖는 '철학과의 친화성'이었다. 이와 관련된 말은 『한 줌의 도덕』의 여러 곳에서 나온다. 사람이 품는 고향에의 그리움은 대개 고향 산천을 향한 것이지만, 이 지리적 공간보다 사람의 영혼이 더 갈구하는 것은 그 공간을 드러내고 형상화하는 표현적 가능성일지도 모른다. 그러므로 고향의 산과 들과 강만큼이나 그리운 것은 이 산천을 담은 언어일 수 있다. 고향이 있어도 그곳에 갈 수 없고, 설령 갈 수 있다고 해도 그 고향이 이전

그래서 더 꼼꼼하게 살펴볼 필요가 있다. '현혹의 연관항'이라는 말도 그렇다. 그것은 모든 것을 '눈멀게 하는 구조이자 맥락관계'라는 뜻이다. 우리 사는 현실에서 현혹과 기만이 이토록 철저하게 자리한다면, 그래서 그 현실이 총체적으로 관리된다면 어떻게 예술의 자율성이 온전한 형태를 가질 수 있겠는가? 아마 이 거짓스러운 관리사회에서 예술의 자율성은 극도로 허약하고 위태로우며 언제라도 부서질 수 있다.

그러나 보편적 기만의 상품사회에서도 이 거짓구조에 거스르는 움직임이 없는 건 아닐 것이다. 크게 보면 정신과 지성의 운동이 그렇고, 그 바탕에는 철학의 활동이 있을 것이며, 문화는 이런 학문적 활동을 둘러싼 테두리다. 이런 저항의 계기를 아도르노는 참되고 진실한 예술작품에서 찾는다. 진실한 예술에는 어떤 비판적 충동이 들어 있고, 따라서 사회적 지배관계를 문제시하는 잠재력 — 현실타파적 가능성이 들어 있다고 그는 본 것이다. 이 비판적 가능성을 그는 '부정적' 계기라고 불렀다.

예술에 내장된 부정적 계기의 메커니즘에 대해 필자는 지금까지 아도르노에 대한 여러 편의 논문과 책을 통해 해명하고자 시도한 바 있다.[29] 그 부정적 계기는 다시 간단히 줄이면 두 가지로 나타난다고 할 수 있다.

과 더 이상 같지 않다면 우리는 어떻게 해야 하는가? 인간은 고향에 가는 것만큼이나 '고향'이라고 적으면서 그렇게 적힌 하얀 종이 위의 글자를 소리내어 읊조리며 헛된 위로를 받는다. 이것은 형이상학적 위로가 될 것이다. 이것을 우리는 물론 '언어형이상학'이라고 비판할 수 있다. 그러나 현실의 어떤 것도 그 자체로 인간 갈망의 순수함에 상응할 수 없다면, 그래서 그 갈망을 충족시켜 줄 객관적 대응물이 현실에 없는 것이라면, 인간의 염원은 근본적으로 '형이상학적으로 혹은 존재론적으로 구성된다'고 말하지 않을 수 없다. 이것을 우리는 다시, 마치 하이데거의 존재신학처럼, 존재론적 결함이라고 폄하할 수 있다. 그러나 이 존재론적 형이상학적 갈망 없이 인간은 더 나은 삶의 가능성을 추구할 수 없을지도 모른다.

29 문광훈, 『아도르노와 김우창의 예술문화론 — 심미적 인문성의 옹호』, 한길사, 2006 참조.

첫째, 예술작품은 이미 있어 온 것이 아니라 없었던 것 — 비동일적인 것의 묘사를 통해 새로운 삶과 인간의 가능성을 보여 준다. 둘째, 그 다른 가능성의 탐색 속에서 예술은 긍정적으로가 아니라 부정적으로 현실에 대항한다. 예술작품은 아직 존재하지 않은 낯선 것들의 경험을 드러내기 때문이다. 이 부정적 계기에는 예술의 자율성이 자리한다. 예술의 자율성에서 나오는 부정적 계기에 기대 우리는 자본주의적 지배관계와 그 이데올로기를 벗어날 수 있을지도 모른다.

마찬가지로 진실한 문화에는 자율적 자발적 부정적 계기가 들어 있다고 할 수 있다. 그것은 일정한 목적을 겨냥하는 게 아니라 자기목적적이다. 그러나 이 자기목적적 자율적 계기는 오늘날 문화에서의 관리와 조직이 자기목적적으로 되는 것과는 다르다. 문화에서의 관리와 조직이 자기목적으로 삼는 것은 수익극대화의 원칙인 반면에 문화의 자기목적이란 이 이해관계를 떠나 고유한 가치를 겨냥한다는 뜻이다. 이런 가치의 주요 목록에는 보편성 — 자유와 평등과 박애 같은 보편성의 가치가 들어 있다.

그러므로 문화의 목적과 예술의 목적은, 이 둘이 그 자체의 가치를 추구한다는 점에서, 더 정확하게 말하여 그 너머의 어떤 것으로 나아간다는 점에서, 서로 만난다. 올바른 문화는 자기목적적 지향 속에서 사고의 자율성을 위한 자유의 여지를 허용한다. 이 자유의 놀이공간에서 주체는 부단히 묻고 찾으며 검토하고 모색한다. 그런 자율적이고 독립적인 주체가 민주사회의 심미적 주체다. 기존질서에 대한 저항적 잠재력은 이 지속적 물음으로부터 생겨난다. 기존과는 다른 사고와 다른 현실의 가능성은 이 모색 속에서 조금씩 구현될 것이다.

V. 문화비판의 변증법

"

역사를 통일된 이론과의 관련개념으로 볼 때
역사는 선한 것으로서가 아니라 끔찍한 것으로 구성될 수 있기 때문에,
사유는 진실로 부정적 요소다.

호르크하이머/아도르노, 『계몽의 변증법』

지금까지 우리는 아도르노에게서 '총체적 관리사회'의 의미가 무엇인지, 이렇게 총체적으로 관리되는 현대의 현실에서 '문화산업'은 무슨 뜻을 갖는지 살펴보았다. 그것은 1960년대 이후 진행된, 이른바 후기자본주의적 상품사회에서 문화가 수익최대화의 원칙 아래 얼마나 상업화-표준화-평준화되었고, 그런 평준화된 생활양식으로 인해 소비자로서 우리의 감각과 사고가 얼마나 타율적으로 뒤틀리게 되어 버렸는가를 살펴보는 일이었다.

이 사물화된 상업문화의 현실에서 아도르노가 하나의 출구를 보았다면 그것은 예술의 자율성이었다. 이 자율성으로부터 어떤 다른 경험 혹은 다른 삶의 가능성을 보았기 때문이다. 그가 문화산업의 현실에서 문화비판을 했다면 이 문화비판의 에너지도 이 자율적 힘으로부터 나온다고 할 수 있다. 자율성은 사고의 원리이고, 이 사고는 이성으로부터 온다. 이 이성으로 추동되는 것이 곧 정신이다. 문화의 가장 성숙한 표지가 하나 있다면, 그것은 아마도 정신의 자율성을 보장해 주는 데 있을 것이다.

자율적 정신을 보장하려면 문화는 근본적으로 자기의 부정성을 견지해야 한다. 이 부정성의 문제의식에는 분과학문적으로 철학과 예술, 문

화 그리고 문화비평이 관계하고, 개념적으로는 자율성과 독립성, 사고와 정신 그리고 변증법 등이 관계한다. 사고는 자신의 자율성과 독립성에 기대어 삶의 사물화와 타율성에 부정적으로 응전한다.

이런 문화의 내적 운동 그 부정적 메커니즘은 매우 복잡하다. 어떻게 정리될 수 있을까? 나는 문화와 문화비평에 대한 아도르노의 생각을 세 가지로 정리한 다음, 그에 대한 결론을 내리려 한다. 그 세 가지란 "부정주의否定主義", "자기역류적 사고" 그리고 "내재적 비판적 문화"이고, 그 결론이란 "사물화를 이겨 내기"이다.

1. 부정주의

총체적으로 관리되는 사회의 사물화된 삶을 제대로 비판하기 위해서는 어떤 전면적 기획이 필요하다. 그것은 이미 썼듯이 비판 대상뿐만 아니라, 이렇게 비판하는 자기자신마저 비판해야 한다. 나아가 이 비판은 한두 차례가 아니라, 지속적으로 이뤄져야 한다. 그리하여 대상비판과 자기비판의 지속적 수행이 총체적 관리사회의 경직된 삶을 이겨 내기 위한 필수조건이다. 아도르노 철학의 '부정성' 혹은 '부정주의Negativismus'는 여기에서 온다.[30]

아도르노의 사상은 문명적 파국과 역사적 좌절에도 불구하고 학문

---

30 그러나 비판은 나의 생각에 종국적으로는 이 비판으로부터도 물러설 수 있어야 한다. 즉 비판은 비판의 절대화를 넘어서야 한다. 참된 비판은 비판의 절대시가 아니라 그 중단을 포함하고, 이 중단 후의 새로운 성찰적 가능성까지 염두에 둬야 하기 때문이다. 앞에서 내가 '자기성찰적 문화'를 말한 것은 그런 이유에서였다. 너그러움이나 상호존중이 비판의 중단에서 생기는 새로운 실천적 가능성이라면, 이 너그러움 이후의 새로운 활동 여지는 중단 후에 성찰할 수 있는 사안이 될 것이다.

과 정신의 어떤 가능성을 다시 사유하려는 악착같은 고투苦鬪의 지적 표현이다. 그러니만큼 그것은 자기모순의 착잡한 산물이 아닐 수 없다. 하지만 이 모순 앞에서도 그는 포기하지 않는다. 이제 어떤 가능성이 있다면 그것은 여하한 쇄신적 시도마저 불가능하게 보이는 난관aporia에서나 가능하다. 그는 철학의 과제를 다음과 같이 분명하게 정식화했다. "철학이 아직도 필요하다면 그것은 언제나처럼, 비록 자기자신을 제어하는 사고의 무기력한 시도라고 해도, 확산되는 타율성에 대한 저항으로 자리한다."[31] 그의 부정적 사유가 내장한 급진성도 이 착잡한 이율배반성을 의식한 결과일 것이다.

그러므로 오늘날 학문적 시도는, 문화적이든 철학적이든 예술적이든, 재앙적 현실 앞에서 이 현실을 이겨 내기 위한 어떤 작은 시도에 불과할 것이다. 그만큼 오늘날의 사상적 탐구는 보이는 보이지 않는 실패와 좌절, 무화無化와 퇴행의 위험 앞에 놓여 있기 때문이다. 이 근본적 취약성 앞에서도 사유는, 적어도 그것이 사물화에 대한 저항의 행위라는 점에서만큼은, 물러서지 않는다. 아도르노는 적는다. "변증법은 모든 사물화에 대한 비타협성을 지칭한다."[32]

아도르노의 「개인과 조직」(1953)이라는 글은 이렇게 끝난다. "인간이 무엇이고, 인간적 일의 올바른 형성이 어떠한지 우리는 잘 알지 못한다. 그러나 인간이 어떻게 존재해선 안 되고, 인간적 일의 어떤 형성이 잘못인지 우리는 안다. 오직 이 일정하고 구체적인 앎 속에서 다른 것 ― 긍정적인 것이 우리에게 열려 있다." 이렇듯이 아도르노의 문제제기방식

31 Theodor W. Adorno, Wozu noch Philosophie, in: ders. , *Kulturkritik und Gesellschaft II*, a. a. O. , S. 464.

32 Theodor W. Adorno, Kulturkritik und Gesellschaft, a. a. O. , S. 26.

은 긍정적이 아니라 부정적이다.

이 부정적 방식은 아도르노의 철학이나 미학과 마찬가지로 그의 사유방식까지 특징짓는다. 사안이 복잡하다면 '그것이 무엇인가'가 아니라 '무엇이 아닌가'를 알아봄으로써 우리는 그 사안에 좀 더 분명하게 접근할 수 있을지도 모른다. 이 부정적 접근을 아도르노는 60여 년 전에 시도했다. 그리고 그 방식은 현실이 복잡할수록 여전히 시도해 볼 만하지 않는가 나는 생각한다. 현대의 비판이 가능하다면 그것은 우리의 사유가 현실에 부정적으로 개입함으로써 예기치 않게, 그래서 점점이, 그리고 우발적으로 이뤄질 수 있을지도 모르기 때문이다. 이런 우발적 시도는 역설적이게도 어떤 지속적 실천의 의미 있는 출발점이 될 수도 있다.

2. 자기역류적 사고

아도르노의 이런 태도는 이미 적었듯이 그의 현실체험에 배인 오랜 낙담과 좌절을 증거한다. 그러니만큼 설득력 있어 보인다. 이 시도는 그의 학문적 노력이, 그가 『부정변증법』에서 쓰고 있듯이, "아우슈비츠가 되풀이되지 않도록, 그와 비슷한 어떤 것도 일어나지 않도록" 하는 데 있다고 결의하는 데서도 확인된다.[33]

이렇게 하려면 사고는 대상을 검토하면서 그렇게 검토하는 자신도 검토해야 하고, 나아가 이 검토에 내장될 수 있는 오류의 가능성까지 살펴보아야 한다. 사고는 지속적으로 사고하는 가운데 사고 자체의 위험성도 들여다볼 수 있어야 한다. 사고 자체의 위험성이란 사고가 비변증법적일 때, 그래서 제대로 작동하지 못할 때 나타난다. 그러려면 사고는 스

33 Theodor W. Adorno, *Negative Dialektik*, a. a. O., S, 358.

스로 움직여야 하고, 이렇게 움직이는 가운데 자신을 돌아보아야 하며, 자기반성의 이런 움직임 속에서 타자 검토 또한 지속적으로 수행해야 한다. 그러면서 사고는, 앞서 썼듯이, 때때로 멈출 수도 있어야 한다. 사고는 사고중단 속에서 사고 자체도 넘어서야 한다.

이것은 과연 몇 겹의 사고실천인가? 사고는 그 자체로 반성이자 쇄신이고 개선이자 초월인 자기변형의 운동이다. 이 비판적 반성 속에서 사고는 그 자체로 자족하는 것이 아니라 사회적 삶의 실제 과정과 한편으로 관계하는 가운데 자신의 자율성을 확보하고, 다른 한편으로 돌처럼 굳어 가는 현실의 경직성을 문제시한다. 아도르노가 "자기자신마저 거슬러 사유하기auch gegen sich selbst denken"를 강조한 이유도 바로 그 때문일 것이다.[34]

그런 의미에서 삶의 죽음은 사고가 움직이지 못할 때 이미 나타난다고 할 것이다. 사고가 스스로 반성하지 못한다면, 의식은 둔해지고 상투화된다. 그래서 거짓을 일삼게 된다. 거짓과 우둔함, 그것은 사고의 중지이고 그 죽음이다. 사고가 자신을 거스르지 못한다면 현실을 지배하는 것은 거짓 해방의 선전 문구들이다. 이때 사고는 사물화된다. 즉 굳어지면서 조야하고 상스러워진다. 그에 반해 전체 문화는 안락함을 구가한다. 그래서 자족적으로 된다.

그러나 성찰 없는 자족의 문화란 야만적이다. 적어도 아도르노의 관점에서는 그렇다고 할 수 있다. 문화가 현실에 의문을 제기하지 못한다면 그것은 거짓이기 때문이다. 이때 관조contemplation나 명상meditation 같은 가치는 폄하된다. 그러나 관조가 반드시 그렇게 부정적인 요소인가는 다시 물어볼 필요가 있다. 나는 그렇게 생각하지 않는다. 관조는 아리스토

---

34 Ebd.

텔레스에게 신적 차원으로 나아가는 가장 높은 이성적 활동이기도 했다. 그러나 이것이 아니더라도 관조는 심미적 경험에서 가장 중요한 요소이기도 하다.

총체적으로 관리되는 사회에서 비판과 저항은 제대로 자리하기 어렵다. 어쩌면 그런 의식이나 태도 자체가 불가능하다고 해야 할지도 모른다. 오늘날의 사회에서는 프롤레타리아마저 관리사회 안으로 흡수되면서 시민계층의 일부로 통합되어 버린 것처럼 체제비판도 기존체제의 논리 속으로 함몰되어 버린다. 그러나 비판의식을 잃지 않는다면 우리는 이 비합리적 세계에서 이 세계와 다를 수 있는 어떤 질서를 실현시킬 수도 있다.

그러므로 총체적 사회비판이란 편재하는 이데올로기적 기만에 대한 비판에 그치는 게 아니다. 그것은 어떤 다른 삶의 지평으로 나아간다. 변함없이 핵심은 의식성이고 비판성이며, 이 비판적 의식을 위한 자율성과 자발성의 견지다.

3. "내재적 비판적 문화"

앞에서 나는 사고가 검토하는 대상을 거스를 뿐만 아니라, 이 대상을 검토하는 자기자신마저 거슬러야 한다고 언급했다. 그렇다는 것은 다른 식으로 말해 사고가 변증법적이어야 한다는 요구다. 이런 요구는 까다롭다. 왜 까다롭고 까다로워하는가? 그것은 오늘날의 세상이, 그리고 이 세상의 문화가 간단하지 않기 때문이다.

학자는 이론 속에서 현실에의 대응 방식을 강구한다. 따라서 이론은 그가 현실로 나아가는 실천의 수단이다. 현실이 복잡하다면 이 현실에 대항하는 이론도 복잡할 수밖에 없다. 이 복잡한 체계를 통해 그는 현실을 파악하고 견디면서 살아 내려고 애쓴다. 아도르노는 쓴다.

> 세계는 공허하게 돌아가는 범주 속에서 검은 것과 하얀 것으로 나뉘었고,
> 그런 지배를 위해 정리되는데, 개념은 바로 그런 지배에 대항하기 위한 것이
> 다. 어떤 이론도, 진실한 이론조차, 만약 그 이론이 대상에 대한 자발적 관계
> 를 한 번이라도 단념한다면 광기로의 그런 왜곡 앞에서 안전할 수 없다. 그
> 앞에서 변증법은 문화대상물에 사로잡히는 일 앞에서처럼 자기자신을 보호
> 해야 한다. 변증법은 정신의 숭배에 몰두해서도 안 되고, 정신의 적대시에
> 몰두해서도 안 된다. 문화에 대한 변증법적 비평가는 이 문화에 참여하면서
> 참여하지 말아야 한다. 그렇게 할 때만 그는 사물에 대해 그리고 자기자신
> 에 대해 정당할 수 있다.[35]

위 인용문이 어렵게 느껴진다면 그것은 "이론"과 "변증법"과 "(문화)비
평가"의 의미가 겹친 채 서술되기 때문일 것이다. 그러나 아도르노의 요
지는, 꼼꼼히 따져보면, 그리 복잡하지 않다. 자세히 살펴보자.

한편에 세계와 공허와 왜곡과 거짓이 있다면, 다른 한편에 개념과 이
론과 변증법과 비평가가 있다. 글의 핵심은 이론이 "대상에 대한 자발적
관계"를 유지하는 일이다. 그러려면 이론을 추동하는 사고는 자발적이
어야 하고 독립적이어야 한다. 이 자발성과 독립성으로부터 "변증법"이
나오기 때문이다.

따라서 변증법은 "정신의 숭배에 몰두해서도 안 되고, 정신의 적대시
에 몰두해서도 안 된다." 정신은 이성적 사유에 필수불가결하지만, 그렇
다고 그 정신이 절대화되어선 곤란하기 때문이다. 우리는 정신의 가능성

35　Theodor W. Adorno, Kulturkritik und Gesellschaft, a. a. O., S. 29.

4장 문화산업과 문화비판

359

과 위험에 대해 거리를 유지해야 한다. 사유는 정신을 숭배해서도 안 되고, 적대시해서도 안 된다. 그것은 정신의 가능성과 불가능성 그 사이에 자리한다. 그 사이의 긴장 속에 자리하면서 이 긴장을 하나의 생산적 계기로 삼는 사유의 한 방식, 그것이 변증법이다. 이런 이론의 긴장을 유지할 때 주체는 문화비평가의 자격을 가질 수 있다. 그래서 "변증법적 비평가는 이 문화에 참여하면서 참여하지" 않을 수 있다.

앞에서 우리는 오늘날의 문화가 문화산업적 의미에서 착잡할 정도로 모순에 차 있고 이율배반적이라는 사실을 확인했다. 아도르노의 위 인용문에서 읽은 것은, 이런 문화에 대한 우리의 대응 방식 역시 단순할 수 없다는 것이고, 그래서 복합적이고 다차원적이며 탄력적이어야 한다는 점이다. 오늘날 행해지는 그 어떤 성찰에서도 한계가 없을 수 없기 때문이다. 이 확실한 한계 속에서 이뤄지는 시도는, 그것이 아무리 작고 미미한 것이라고 해도, 실패할 수 있다.

그러므로 우리는 우리의 시도가 현실을 변화시킬 수 있다고 미리 확약해선 안 된다. 모든 이론적 노력 ― 정신의 체념은 오늘날 불가피하다. 아도르노가 문화비평에서 '내재적 비판적' 요소를 말한 것은 아마 그 같은 이유에서일 것이다.

문화는 단순히 내재적이고 비판적인implizit-kritische 문화로서 진실하며, 그것을 잊어버리는 정신은 그 정신이 키우는 비평가에게뿐만 아니라 자기자신에게도 복수한다. 비판은 그 자체로 모순에 찬 문화의 필요불가결한 요소이고, 모든 비진리에도 불구하고 마치 문화가 비진실한 것처럼 그렇게 다시 진실하다.[36]

---

36 Ebd., S. 15.

아도르노가 문화에서 '내재적 비판'의 방법을 말한 것은 오늘날의 거친 물질세계에서 경제가 갖는 압도적 위력 때문일 것이다. 현대세계의 이 물질적 생산과정에서 직접적 저항은 아마도 가능하지도 않을뿐더러, 가능하다고 해도 그 시도는 취약할 것이다. 모든 의식은 누차 언급했듯이 체계적으로 통합되고 합리적으로 관리되기 때문이다. 현대세계는 합리성마저 불합리하게 만드는 시대다. 그리하여 의미는 휘발되고 경험은 경박해진다.

4. 사물화를 견뎌 내기

그러므로 기존현실에 대응하는 우리의 방식은 지금까지보다 더 간접적이고 더 미묘하지 않으면 안 된다. 다시 말하여 그 실천은 밖에서부터 행해지는 것 이상으로 안으로부터 행해져야 하고, 드러나는 것 이상으로 드러나지 않게 되어야 한다. 즉 간접적이고 내밀해야 한다. 그러면서도 비판은 여전히 견지되어야 한다. 비판은, 아도르노가 정확하게 적고 있듯이, "그 자체로 모순에 찬 문화의 필요불가결한 요소"이기 때문이다.

이제 문화든 문화에 대한 비판이든, 이 모두는 진리와 비진리 사이를 뚫고 지나가야 한다. 이 사이의 모순을 단순히 비난하고 외면하는 데 그치는 게 아니라, 이 모순과 적극적으로 만나 대결하고, 그와 교류하면서 응전해야 한다. 그 응전의 방식이 바로 문화비판의 내재적 길이다. 다시 묻자. 왜 내재적이어야 하는가? 좋고 나쁜 것, 혹은 정당하고 부당한 이 모든 것이 착잡하게 얽혀 있기 때문이다. 문화와 상업이 얽혀 있듯이 예술과 오락은 얽혀 있다.

우리는 현실에 자리하는 모든 의미 있는 것의 공고한 공모관계, 그 근본적 역설과 이 역설의 아포리아를 말하지 않을 수 없다. 아마도 아도르노가 슈펭글러O. Spengler를 끌어들이면서 "정신과 돈은 같은 부류다"고 말하는 것은 이런 이유에서일 것이다.[37]

오늘날 문화는 사회의 모든 부도덕한 죄악 현상에 직간접적으로 관여한다. 그러면서도 사회적 적대관계에 대한 자의식을 지니지 않는 것은 아니다. 문화가 '문화'라는 이름을 가질 수 있는 것은, 아마도 문화가 문화라는 이름을 저버릴 수 없는 것은 사회적 적대관계에의 이 치명적인 연루에도 불구하고 이 적대관계에 대해 견지되는 비판적 자의식 덕분일 것이다. 그런 점에서 문화비판도, 철학이나 사유가 아도르노에게 그러했듯이, 다시 한번 더 부정적이다. 오늘날의 문화나 문화의식은 근본적으로 부정적이고 부정적이어야 한다. 비판적 의식은 이 부정성으로부터 나온다. 이 부정성이 또한 사고에 자율성을 부여한다.

이처럼 문화는 사회경제적 체계에 종속되어 있음에도 직접적 자기생존의 차원을 넘어서려는 어떤 움직임을 가진다. 이 넘어섬, 넘어서려는 이 움직임, 이 움직임의 자기초극적 의지가 문화의 정체성에서 결정적이. 문화란 현 상태의 이데올로기를 넘어서려는 자기초극적 반성의 쇄신운동이다. 자율성은 그런 초극적 움직임의 에너지에 다름 아니다. 자율성은 이 정신의 변함없는 원리다.

사회가 전체적으로 되면 될수록 정신 또한 더 사물화되고, 사물화에서 자신을 빼내기 위한 정신의 시작도 그렇게 더 역설적으로 된다. 불운에 대한 극도의 의식도 잡담에 불과한 것으로 왜곡될 위험에 처한다. 문화비판은 문화와 야만의 변증법이라는 마지막 단계 — '아우슈비츠 이후 시를 쓰는 것은 야만적이다라는 단계 앞에 처해 있다. 그것은 오늘날 시를 쓰는 것이 왜 불

---

37 Ebd., S. 18.

가능하게 되었는지를 말하는 인식도 갉아먹는다. 비판적 정신은 절대적 사물화를 ―이 사물화는 정신의 발전을 자기 요소들 가운데 하나로 전제하였고, 오늘날에는 정신을 완전히 흡수하려 하는데―, 정신이 그 자체의 자족적 관조에 머무르는 한, 감당하지 못한다.[38]

위의 글은 「문화비판과 사회」라는 글의 마지막 대목이다. 핵심은 사물화와 비판정신, 사회와 문화비판의 관계다. 오늘날 문화는 아도르노가 쓰고 있듯이 '문화와 야만의 변증법' 속에서 움직인다. 현대인의 삶은 20세기에 들어와 유례없는 야만적 현실을 겪었다. 그리하여 그의 저 유명한 문장 ― "아우슈비츠 이후 시를 쓰는 것은 야만적이다"를 우리는 다시 되뇌어야 한다. 그러면서 더 나아가야 한다. 어떻게? 바로 여기에 문화비판의 미래 과제가 있다.

이제 정신은 "그 자체의 자족적 관조에 머물러"선 안 된다. 사물화 비판은 문화비판의 핵심이다. 나아가 오늘날 철학의 핵심과제이기도 하다. 철학이 간단히 말하여 타율성에 대한 저항이라면, 이 철학적 저항은 정신의 자율성을 옹호하기 위한 것이기 때문이고, 사물화는 이 자율성을 억압하는 것이기 때문이다.

사유는 모든 자명한 것 ― 가능하지만 지금 여기에 없는 것, 그래서 비동일적이고 부재하는 것을 대변한다. 이것이 철학의 비판적 합리성이 하는 일이다. 그것은 사유의 근본방향이면서, 이 사유로서 문화비판이 이뤄지는 한, 문화비판의 방향이기도 하다. 그러므로 문화비판이 변증법적으로 되어야 하는 것은, 더 구체적으로 부정변증법적으로 작동하여야 하는 것은 자명하다.

---

[38] Ebd., S. 30.

사실상 문화비평의 변증법적 표현법은 문화의 척도를 실체화해선 안 된다. 문화비평은 전체 속에서 자신의 위치를 꿰뚫어 보면서 문화에 대해 유동적으로 대응해야 한다. 그러한 자유 없이, 문화의 내재성으로 의식이 넘어가지 않고 내재적 비판 자체를 생각하기 어렵다.[39]

이제 이렇게 결론적으로 말할 수 있다. 한편으로는 의식과 사고와 정신이 놓여 있고, 다른 한편으로 문화와 문화비판이 놓여 있다. 오늘날 현실이 상업화와 사물화, 표준화와 경박화로 특징지어진다면, 문화나 문화비판도 이 사물화된 생활세계에 깊게 연루되어 있다. 그러면서도 그것은 그 자체의 내재적 비판적 계기로 인해 이 강제체계로부터 빠져나오고자 애쓴다.

사물화된 강제체계로부터 빠져나오기 위해 문화비평은 문화의 어떤 것도 "실체화해선 안 된다". 그것은 그때그때 변화하는 상황에 "유동적으로 대응해야" 한다. 이 유동하는 정신의 이름이 부정변증법의 정신이고, 그에 대응하는 것이 문화의 내재적 비판적 계기다. 이 계기는 자율의 정신에서 온다. 그래서 자유의 표현이기도 하다. 자유는 거듭 말하여 비판의식이 "문화의 내재성"을 염두에 두는 데 있다.

그리하여 문화비판은 더 내밀하고 더 간접적이며 더 복합적이고 더 유연해야 한다. 이것이야말로 아도르노가 말한 바 ― 문화의 변증법을 의식하는 일이고, 이렇게 의식하는 것이 문화비판의 길이다.

이제 문화비판도 문화처럼 그 자체로 부정변증법적이어야 한다. 그것은 여하한 동일화 강제를 넘어서 아직 오지 않은 것, 그러나 더 나은 삶의 미래를 비판적으로 예시해야 한다. 이것이 변증법적 문화비평가의

---

39 Ebd., S. 23.

책무다. 아마도 미래의 바른 문화는, 마치 미래의 시가 진실과 기만의 변증법을 고민해야 하듯이, 오직 문화와 야만의 착잡한 변증법을 견디면서 관통할 수 있을 때만, 잠시 실현될지도 모른다.

VI. 거칠지 않은 것들 — 문화의 약속

이제 이 글의 결론에 이르렀다.

오늘날 문화의 가능성을 생각한다는 것은 참으로 혼란스럽고 착잡한 일이 되어 버렸다. 자본주의하의 삶은 이미 되풀이하여 지적하였듯이 철저하게 사물화되어 있고, 그 현실은 관리 합리성 아래 조직되어 있기 때문이다. 수익최대화의 경제원리가 최우선시되는 이 같은 사회에서 문화도 예외일 순 없다. 문화 역시 철저히 상업화된 시장문화의 일부를 이룬다.

오늘날 돈과 자본, 상업과 광고와 이윤의 위력으로부터 완전히 자유로운 문화를 상정하기란 불가능하다. 그러니 상업화된 문화의 대안가능성 — 문화산업을 지양할 수 있는 문화비판의 가능성은 참으로 어려운 문제가 아닐 수 없다. 그러한 해결책은 아마도 사고와 관점의 복합성 그리고 자율적 정신의 독립성을 지닌 학자에게서나 기대할 수 있을 것이다. 단지 이 글에서 내가 하려는 것은, '나의 경우 지금의 문화에 대해서, 또 오늘날의 상업문화에 대해서 어떤 태도를 가질 수 있는가'라고 물었을 때, 떠오른 몇 가지 생각들을 서너 가지로 간추려 정리하는 일이다.

거듭 말하여 문화를 생각한다는 것은 문화의 빛과 어두움을 동시에 생각한다는 것이고, 이 명암의 현실적 조건을 검토한다는 뜻이다. 그것이 곧 '문화의 변증법'이다. 그러므로 문화의 변증법은 흔히 그러하듯이 문화의 유산과 업적을 찬미하는 데 그치는 게 아니다. 그것은 오히려 문화의 야만과 고통이라는 숨은 역사까지 기억하고 소환하면서 그와 다른 이성적 지양의 가능성까지 고민하고자 한다. 이성적 문화의 변증법은 삶의 사물화에 저항하는 부정주의와 이 부정주의를 통한 내재적 비판적 문화의 가능성을 탐색하는 데로 이어져야 한다.

문화는 변증법 속에서 움직인다. 그것은 반성적 비판적 성찰 속에서 자기를 넘어서고, 이렇게 넘어서면서 생활세계의 야만화에 대항한다. 이 야만화를 야기하는 것은 물론 경제적 합리성의 지배 ― 수익 최대화의 원칙이다. 따라서 삶의 야만화에 대항한다는 것은 구체적으로 인간관계의 지나친 조직화와 이 조직화로 인한 거친 사회화를 문제시한다는 뜻이다. 이 과도한 조직화와 사회화야말로 삶의 활기와 그 변형가능성을 경직시키는 근본 원인이기 때문이다.

이 사물화 원리에 대척적으로 자리하는 게 자율성이다. 사물화가 수익최대화를 추구하는 경제원리라고 한다면 자율성은 자유로운 정신의 원리다. 그래서 자율성은 예술과 문화의 핵심 가치이기도 하다. 자율의 정신은 삶의 크고 작은 가능성을 천편일률화하는 가치와 원리, 원칙과 규범에 저항한다. 이 굳어 버린 가치와 원칙으로부터 이데올로기가 나오기 때문이다. 사실 문화산업이 표방하는 표준화나 수익화도, 그것이 각 개인이 동의하고 선택한 게 아니라, 주체의 바깥에서, 다시 말하자면 사회집단적 상업적 요구에 의해 만들어지고 부과된 것이라는 점에서, 경제 이데올로기의 하나일 뿐이다.

1. 사물화된 삶의 항구적 되풀이

이데올로기적인 것은, 사고든 원리든 이념이든, 예외 없이 뻣뻣하다.

그래서 거칠고, 그래서 굳어 있다. 이 일체의 굳은 것을 이데올로기라고 한다면, 자율의 정신은 이데올로기적으로 경직된 이 모든 조야함에 저항한다. 그것은 지금 당장 알 수 없으나 무한하게 열려 있는 삶의 또 다른 미지적 가능성을 외면하고 억압하며 무시하고 배제하기 때문이다.

이데올로기적인 것은 대체로 비합리적이다. 물론 그것이 합리적으로 보일 때도 있다. 그러나 이때의 합리성이란 계산 가능한 합리성 — 교환가치적 관점에서의 타산적 합리성인 경우가 대부분이다. 적어도 그것은 삶의 실존적 쇄신가능성을 고려하거나 그 가능성의 전체에 열려 있지 않다. 그런 점에서 비합리성보다 경직성이 이데올로기의 본질에 더 가깝다.

이에 반해 자율의 정신은 삶의 드넓은 가능성에 열려 있고자 한다. 그것은 어떤 원칙에 의해 강제되거나 지시되는 게 아니라, 스스로의 가치기준과 판단 아래 자신의 방향을 정하려 한다. 따라서 자율성은 이데올로기적 경직성에 저항한다. 그것은 이렇게 저항하는 이성의 원리이기도 하다. 문화는, 적어도 그것이 제대로 된 것이라면, 정신의 이 자율성을 장려한다. 이성적 문화는 자율적 정신의 신장伸長을 도모하고 격려한다. 이성적 문화의 일부로서 문화비판이 하는 일도 그와 다르지 않다.

여기에서 드러나듯이 문화와 문화비판, 정신과 자율성, 사고와 자유는 분리되지 않는다. 그것은 서로 깊게 이어지고 긴밀하게 상호작용하는 가운데 사회의 이성적 토대를 구성한다. 만약 문화가 타락한다면 그것은 이 문화가 정신의 자율성을 훼손하기 때문이다. 정신이 훼손될 때, 그 사고가 자유로울 수 없다. 부자유한 사고는 뒤틀린 삶의 징후이기 때문이다. 이 징후는 사물화에서 생긴다. 삶이 사물화될 때, 비판이 제대로 작동하지 못한다. 무능한 문화비판은 기존질서를 정당화하거나 그 질서의 예찬을 되풀이한다.

그리하여 사물화된 삶은 비이성적 정치질서와 순응적 문화비판 속에서 영속한다. 아마 오늘날의 자본주의 현실은 그 모든 지적과 경고와 비판에도 불구하고 사실은 이 사물화된 삶을 영원히 되풀이할 운명에 처해 있을지도 모른다. 그런 점에서 필자의 이 글도 현실의 거대한 사물화 현장에서 일어나는 하나의 굼적임에 불과할지도 모른다. 문화는, 특히 상업화된 문화는 그에 대한 모든 논평도 마치 없었던 것처럼 삼키면서 평준화해 버릴 것이다.

우리가 할 수 있는 것은 무엇일까? 만에 하나라도 할 수 있는 게 혹시라도 있다면 그것은 무엇일까? 필자는 칸트를 떠올리고, 이 칸트를 다시 비판적으로 사유한 푸코를 떠올린다. 그것은 철학적 전통을 선험적 인식론적 비판의 관점에서 새롭게 재정식한 칸트의 문제의식과, 칸트의 이 같은 비판사고를 계몽주의적 입장에서 하나의 근대적 태도로 재해석할 때 푸코가 가졌던 문제의식이다. 나는 이것을 '칸트적 푸코적 계기'라고 이름 붙였다.

2. 칸트적 푸코적 계기

이러한 문제의식을 제대로 다루려면 말할 것도 없이 칸트와 푸코의 관련되는 여러 저작을 다루어야 마땅하다. 하지만 그런 생각이 담긴 두세 편의 글을 자세히 검토해 보아도 그 문제의식의 핵심은 웬만큼 드러난다. 그런 대표적인 글이 칸트의 「계몽이란 무엇인가?」(1784)이고, 칸트의 이 글이 발표된 지 200년 되던 해에 푸코가 쓴 「계몽이란 무엇인가?」(1984)이다.

이 두 편의 글이 갖는 의미에 대해서 필자는 이미 논의한 적이 있다.[40] 이 글에서는 칸트의 비판적 계몽적 문제 제기를 보다 넓은 의미론적 맥락 속에서, 말하자면 '지배와 주체의 관계 속에서 윤리적 태도의 문제로 재위치시킨' 푸코의 고민에 초점을 맞춰 보고자 한다.

칸트가 3대 비판서에서 던진 것은 잘 알려져 있듯이 우리가 '무엇을 알 수 있는가?', '무엇을 해야 하는가?', 그리고 '무엇을 희망해도 좋은가?' 라는 물음이었다. 그것은 이 물음 앞에서 우리가 행동할 때 필요한 것이 이성이고, 주체가 외적 권위에 종속시킴 없이 자신의 이성을 스스로 사용할 때 비로소 계몽적 인간이 된다는 것이었다. 자신이 무엇을 알고 무엇을 해야 하며 무엇을 희망할 수 있는가를 생각하면서 자기의 이성을 사용할 때 주체는 일체의 독단과 타율로부터 벗어날 수 있기 때문이다. 이것은 감정과 사고 그리고 행동의 방식을 '자발적으로 선택하는' 일이고, 이렇게 선택하면서 자기 삶을 '좋게 만들어 가는' 일이다. 그런 점에서 그것은 좋은 습관과 태도를 기르는 일이고, 그래서 윤리적이다.

여기에 대한 푸코의 논평은 그의 「계몽이란 무엇인가?」에 잘 나타나 있다. 이 글은 20쪽 정도밖에 되지 않는 짧은 글이다. 하지만 실감 나는 언어와 현실적이면서도 창의적인 문제의식으로 가득 차 있다. 그래서 몇 가지로 요약하기 쉽지 않다.

푸코의 글에서 특이한 점은 내가 보기에 세 가지다. 첫째, "계몽주의와 우리를 이어 주는 끈이란 독단적 요소에 대한 충실성이 아니라, 오히려 어떤 태도의 항구적 재활성화"이고 ―그 태도는 "우리의 역사적 시대에 대한 항구적 비판"으로 자리한다―, 둘째, 이 항구적 비판 속에서 각자가 "자아를 하나의 자율적 주체로 구성하는 것"을 그는 "철학적 에토스a philosophical ethos"로 보았다는 점이며,[41] 셋째, 결국 '근대적modern으로

---

40 문광훈, 『한국 현대소설과 근대적 자아의식』, 아카넷, 2010, 119~133쪽 참조.

41 Michel Foucault, "What is Enlightenment?," in: *Ethics. Subjectivity and Truth*, ed. by Paul

4장 문화산업과 문화비판   369

된다'는 것은 단순히 지나간 "역사의 한 시기"가 아니라 "하나의 태도an attitude"로서, 또 "현재적 현실과 관계하는 하나의 방식"으로서, 그래서 "자기자신을 지나가는 순간의 흐름 속에 있는 자로서 받아들이는 게 아니라, 복잡하고 어려운 정련elaboration의 대상으로 삼는 것"이다.[42]

이 근대적 삶을 푸코는 "우리 자신에 대한 비판적 존재론"이라고 부른다.[43] 이러한 문제의식은 물론 칸트에서 온 것이지만, 푸코의 칸트 이해에는, 그가 『주체의 해석학』에서 펼쳐 보이듯이, 주체의 자기구성 원리와 절제의 윤리 개념도 작용한다. 주체의 자기구성이라는 것은 우리가 말하고 사고하고 행동하는 주체로서의 자기를 만들어 가는 일을 뜻한다. 여기에 느끼는 일도 추가하는 게 좋을 것이다. 그리하여 감각과 사고, 말과 행동이라는 주체구성의 작업에서 비판이 중요하다면 이 비판에 어떤 요소가 들어 있는가?

푸코가 해석한 칸트적 비판의식에 따르면 계몽은 단순히 미리 정해진 어떤 이념('이성'이나 '해방' 같은)이나 규칙 혹은 가치를 역설하는 데 결코 있지 않다. 그것은 거듭 강조하여 각 개인이 자기의 자아를 끊임없이 '만들어 내고 고안하며 구성하고 정련해 가는' 데 있다. 그것은 더 구체적으로 현재에 대한 주체의 관계를 새롭게 해체하고 변형시켜 가면서 스스로 자율적 주체로 살아가는 일이다. 자유는 어떤 이념이나 개념 속에 있는 게 아니라, 매일 매 순간 실행되는 주체의 항구적 자기정련화 작업에 다름 아니다. 그것이 바로 철학적 윤리이고, 나아가 철학적 차원을 넘어 근대적 인간으로 살아가는 일이다.

Rabinow, New York: New Press, 1997, p. 312.
42 Ibid., p. 309, 311.
43 Ibid., p. 319.

푸코의 이런 생각들은 아마도 문화비판의 미래와 그 가능성을 성찰하는 필자의 이 글에도 어느 정도 해당할 것이다. 아니 그것은 우리가 견지해야 할 문화이해의 한 핵심이 될 만하지 않은가 나는 생각한다. 그 이름이 '문화이해의 비판적 존재론'이다.

3. 문화이해의 비판적 존재론

지식과 권력의 공모관계나 이 공모관계에 대한 담론분석적 시도는 물론 푸코 이후에 나오는 것이다. 하지만 푸코가 아니더라도 우리는 그 착잡한 상호관계를 상정할 수 있다. 인간의 지식은 크고 작은 권력관계의 자장磁場 안에서 펼쳐지고, 이 권력관계의 영향과 지배를 받으며, 그 지배 속에서도 어떤 진리의 가능성이 완전히 질식되는 것은 아니다. 문화연구, 혹은 더 크게 인문학이 탐색하는 것도 그 작은 가능성이다. 도덕적 행동의 주체로서 인간의 윤리도 이런 권력의 자장 안에 있다. 그러니만큼 우리는 우리 자신을 지식과 문화의 순수하고도 온전한 주체로 구성하기 어렵다.

어떻게 해야 하는가? 오늘날의 비판적 문화이해는 어떻게 구성될 수 있는가? 어떻게 구성되어야 우리는 현대라는 동시대에 걸맞은 현대인으로 살아갈 수 있는가? 지금의 상업화된 문화현실에 대응하는 문화비판의 형식으로서 나는 세 가지 조건을 언급하고자 한다.

1) 세 층위 — 자기관계, 타자관계, 존재관계

사람이 살아가면서 삶에 대해 맺는 관계는 하나가 아니라 여러 형태를 띤다. 마찬가지로 그는 자신에 대해서도 여러 방식으로 관계할 수 있다. 이를테면 나의 나 자신에 대한 관계가 있고, 내가 타인과 맺는 관계가 있으며, 자연에 대해서나 신 혹은 존재에 대해서도 일정한 관계를 맺을 수 있다. 여기에서 출발점은 자기물음이다.

이 자기물음을 통해 개인은 삶의 현재와 미래의 가능성에 대해 묻고, 이 물음 속에서 자기자신에 대한 주체의 관계를 이전과는 다르게, 그래서 좀 더 나은 방향에서 새로 구축할 수 있다. 자기관계의 새 구축은 줄이면 세 차원에서 일어난다. 즉 감각과 사고 그리고 행동에서다. 다시 말하여 첫째, 감각의 주체로서 나는 어떻게 구성되어 있는가? 둘째, 사유의 주체로서 나는 어떻게 구성되어 있는가? 셋째, 행동의 주체로서 나는 어떻게 구성되어 있는가?

개인은 감각과 사고와 행동에 대한 자기물음을 통해 주체 자신의 주체다움 ─ 주체성의 가능성을 묻고, 이 물음 속에서 자신을 비로소 독립적으로 구성할 수 있다. 그의 정체성identity ─ 그의 인격과 인성, 개성과 취향과 기질은 이런 식으로 조금씩 형성된다. 이것이 곧 칸트적 의미에서 자아를 자율적 주체로 구성하는 일이고, 푸코적 의미에서 자아를 자기행동의 윤리적 주체로 변형하는 일이다.

이렇게 주체가 자기와 맺는 윤리적 관계는 주체가 타자와 맺는 합리적 관계로 확대될 수 있다. 이때 타자the other란 타인/동료인간일 수도 있고, 사물/물건일 수도 있다. 그것은 좀 더 확대하여 세계와 자연을 지칭할 수도 있다. 타자를 세계와 자연이라고 할 때 이 대상에 대한 주체의 관계는 합리적이어야 한다. 나아가 관계의 대상이 존재라고 한다면, 그 관계의 성격은 형이상학적으로 될 것이다.

이 모든 관계는, 다시 최대한으로 줄이면, 주체의 자신에 대한 관계와 타자에 대한 관계, 그리고 존재에 대한 관계로 요약될 수 있다. 이런 관계적 맥락적 문제의식 속에서 우리는 권력과 주체와 진리 사이의 상호연관성도 자연스럽게 문제시할 수 있다. 이러한 생각을 문화이해에 적용하면 어떻게 될까? 문화가 일종의 관계망 속에서 여러 층위에 걸쳐 움직인다면, 이 문화에 대한 이해도 마땅히 자기관계와 타자관계, 동일적인 것과 비동일적인 것을 고려해야 한다. 그렇다는 것은 문화적인 것과 비문화적인 것, 문화의 빛과 그 어둠을 동시에 사고해야 한다는 뜻이다.

그리하여 문화의 순수가능성(자기관계)을 견지하고 탐색할 뿐만 아니라, 그것의 타락과 오용 가능성(타자관계)도 고민하는 것은 문화이해의 그런 관계망적 문제의식 속에서 가능할 것이다. 나아가 문화의 자기이해는 문화 자체를 넘어가는 가능성 — 비문화 혹은 문화 이전의 문화적 가능성도 헤아릴 수 있어야 한다. 이른바 문명화 이전의 원시사회에 있었던 행복한 삶의 가능성은 이처럼 문화를 절대시하지 않을 때, 그래서 문화주의에 빠지지 않을 때 조금씩 성찰될 수 있을 것이다.

2) 관계의 재편성

우리는 대상에 대한 다차원적 관계 속에 있고, 이 관계의 양상 혹은 방식mode을 만들면서 살아간다. 이것을 푸코는 '주체화subjectivation' 혹은 '자기양식화self-stylization'라고 불렀다. 사람이 세상을 살아간다는 것은 이미 적었듯이 자기에 대한 그리고 외부 세계에 대한 자신의 관계방식을 만들고 창조하면서 살아간다는 뜻이다. 만약 자기물음이 타자물음으로 이어지고, 이 타자물음이 존재의 물음으로 이어진다면, 이 세 가지 문제 제기는 곧 삶 자체의 변화로, 자연스럽게 이어질 것이다.

그러므로 제반관계의 재편성은 곧 삶의 재편성이다. 이것은 문화이해에서도 적용될 수 있지 않을까 싶다. 문화culture/Kultur개념의 핵심에는 잘 알려져 있듯이 cultivate — 땅을 일구고 식물을 재배하며 인간관계를 구축한다는 뜻이 들어 있다. 그래서 기술의 함양과 교양의 축적으로 이어진다. 아마도 문화의 궁극적 의미는 마음의 밭을 가꾸는 일 — 심전경

작心田耕作의 작업으로 수렴될 것이다. 따라서 문화이해도 마땅히 삶의 재편성으로 이어져야 한다.

그러나 이러한 문화이해는, 우리가 이 글에서 다룬 것이 문화산업론이었고, 이 이론을 구축한 아도르노가 아우슈비츠라는 문명사적 파국을 거쳐 총체적 관리사회의 사물화된 삶에 의문을 제기한 만큼, 부정적 사유를 포함하는 문화비판의 변증법까지 고려해야 한다. 권력과 주체와 지식의 이율배반을 문제시하고, 삶에 부과된 한계의 분석을 통해 한계 그너머의 가능성을 타진하는 것도 그런 문화비판의 변증법에 포함될 것이다. 문화이해가 삶의 제반관계의 변화로 이어진다면, 삶의 이 변화된 관계로부터 새 문화의 가능성도 생겨나게 될 것이다.

그렇다면 다시 문제는 삶의 기존관계를, 그 어떤 문화주의의 신화나 문화적 이상주의의 오류에 빠지지 않고, 어떻게 비폭력적이고도 이성적으로 재편할 수 있는가다. 이제 문화는 자신의 한계 속에서 이 한계를 그대로 두는 게 아니라, 이 한계의 철저한 검토를 통해 한계 너머의 더 진실하고 더 선하며 더 아름다운 가능성을 탐색하는 데로 나가야 한다. 새 문화윤리의 실현가능성은 그다음에 올 수 있을 것이다.

3) 비판적 존재론 '너머'로

푸코가 칸트의 계몽개념을 재해석하면서 그 핵심에 우리의 현재 상태에 대한 비판이 있고, 그것은 하나의 태도이자 철학적 에토스다고 말할 때, 그 태도란 여하한 권력적 관계 — 지식의 권력관계적 제약성을 비판하면서 우리 자신을 자율적 주체로 구성해 가는 일이었다. 그가 말하는 윤리적 태도의 항구적 활성화나 그 활성화를 통한 철학적 삶이란 바로 주체구성의 이 같은 정련화 과정을 뜻했다. 현재에 대한 성찰적 관계를 가지거나 그런 관계로서의 근대적 태도를 체화하는 일도 다르지 않다. 그것은 그 자체로 자유를 실행하는 일이기도 하다.

그러므로 참으로 중요한 것은 자유나 해방을 규정하거나 주장하는 일이 아니라, 자유를 실행하는 일이다. 자유의 이 같은 실행은 기존의 현실을 어떤 면에서 존중하지만, 어떤 면에서는 위반함으로써 이뤄질 것이다. 이것이 바로 칸트적 푸코적 계기를 새롭게 구현하는 일이다. 이것은 또 문화이해의 비판적 존재론이 자리하는 방식이라고 할 수 있다.

하지만 오늘날의 문화이해는, 적어도 내가 이해하는 그것은, 이 개념규정적 차원을 넘어서야 한다. 개념규정적 차원을 넘어 다시 지금 여기로, 그래서 생활의 현재적 현실로 다시 자리잡아야 한다. 그렇다는 것은 문화론이 문화에 대한 논의의 수준에 머무는 게 아니라, 나날의 생활 속으로, 그래서 개별적 주체의 구체적 생활원리로 육화되어야 한다는 뜻이다. 이렇게 육화된다면 아마도 그때에는 '문화이해의 비판적 존재론' 같은 명칭을 내버려도 상관없을 것이다. 문화이해보다 더 중요한 것은 나날의 활기찬 삶 속에서 실제로 '문화를 사는' 일이기 때문이다. 이것은 마치 우리가 나날의 삶에서 문화적으로 살아간다면, 문화비판의 당위성에서 '비판'을 내버려도 좋은 것과 같다.

그러나 문화적 삶을 살기 위해서라도 문화는, 다시 한번 더 강조하여, 스스로 반성적일 필요가 있다. 우리는 중첩적이고도 다중적으로 성찰적이어야 한다. 문화이해의 비판적 존재론이 필요한 것은 이런 면밀하고도 철저한 반성을 위해서다. 이 자기반성적 태도로부터 우리는 삶의 사물화를 고민하고 언제나 동일한 것의 기계적 타성을 넘어 나날의 삶을 그 나름의 충일성 속에서 살 수 있게 될지도 모른다. 그때 문화는 내재적 비판의 부정변증법을 통해 일체의 폭력과 야만으로부터 냉정한 거리를 둘 수 있을 것이다.

이제 마무리하자. 오늘날 문화가 진실하다면 그 진실성은 그만큼의 거짓 위에 자리해 있기 때문일 것이다. 오늘날의 문화가 그럴듯해 보인 다면 그것은 그럴듯해 보이는 만큼 치장되어 있기 때문일 것이다. 그러 니까 현대문화의 진실성은, 오로지 그 거짓가능성을 우리가 의심하고 질 의하며 관통해 나갈 때, 비로소 정립될 수 있을 것이다.

문화는 근본적으로 자기를 넘어서고자 한다. 그래서 단순한 생존 — 자 기연명적 차원을 넘어 어떤 다른 것 — 지금 여기에는 없으나 있을 수도 있는 더 나은 삶의 지평을 향해 나아간다. 우리는 지금 여기를 지배하는 온갖 편견과 무지와 폭력과 포퓰리즘을 넘어 좀 더 나은 세계로 나아갈 수 있는가? 문화는 구태의연한 표현이긴 하나 더 진실하고 더 선하며 더 아름다운 것으로의 반성적 지향이다. 그것은 더 높은 곳을 향한다는 점 에서 상승적이다.

문화의 이 지향은, 예술 역시 상승적 움직임 속에서 부재하는 것의 암 호로 자리한다는 점에서, 예술의 지향과도 통한다. 이 둘 사이의 본질적 친화성은, 예술이 문화의 가장 빛나는 영역이라는 점을 고려하면, 당연 한 것인지도 모른다. 이 문화적 지향에서 가장 핵심적인 요소는 아마도 자율성 — 자율의 정신일 것이다. 사고는 이 자율성에 의해 비로소 움직 이기 시작한다. 좋은 문화는 이 자율성을 보장하는 문화다.

그러므로 문화의 목표는 분명하다. 그것은, 결국 한마디로 줄이자면, 사고와 정신의 자율성을 장려한다. 그것은 자율적 사고와 정신이 그저 그럴듯해서가 아니라, 자율적 사고와 정신이야말로 상투적 인간 현실을 경직되지 않게 하기 때문이다.

사람은 자율적 정신 속에서 비로소 자기의 삶을 무한한 가능성의 지 평 아래 부단히 변형시켜 나갈 수 있다. 이런 변형가능성에 그의 자유가 있고, 그 변형가능성으로부터 그의 행복이 자라 나온다. 문화가 사물화 비판이 되고, 철학이 타율성에 대한 저항이 되어야 하는 것도 그런 이유에서다. 문화는 일체의 경직화와 왜곡, 조야함과 비루함에 저항한다. 그리하여 문화의 사물화 저항은 곧 비판적 사유의 길이고, 자율적 정신의 길이다.

결국 문화비판은 사물화 비판이다. 비판의식이 없다면 우리는 기존 질서의 알 수 없는 힘에 의해, 그것이 정치적이든 경제적이든, 끊임없이 통제될 것이다. 이렇게 비판할 수 있다면 문화의 정신은 집단적으로 강제되고 사회적으로 지배적인 이념과 범주를 기계적으로 되풀이하지 않을 것이다. 이때 자유는 자유의 가상이나 거짓이 아니라 진짜 자유일 것이다. 그 사고는 틀에 박힌 생각을 재생하는 데 만족하지 않을 것이고, 정신은 시장의 구매력에 휘둘리지 않을 것이다. 비판적 사고와 자율의 정신 그리고 건전한 이성의 문화가 고갈되지 않는다면, 인간의 삶은 아마 좀 더 자유로울 것이다.

그러나 이 자유로운 삶을 위해서라도 우리는 거듭 강조하건대 다시 '문화와 야만의 변증법'을 기억해야 하고, 이 이율배반의 현실에 대응하는 문화의 '내재적 비판적 계기'를 잊지 말아야 한다. 아마도 문화가 약속하는 것들은 이처럼 착잡한 현실의 변증법과 그에 대한 부단한 성찰적 계기를 통해서만, 오직 그런 성찰적 동력학 속에서만 잠시 지금 여기의 것이 되어줄 것이다. 긍정적 현실은 그 부정 속에서나 자리할 것이다.

5장

타율성에 대한 저항

새끼 당나귀들이 먹고 사는 법을 배우는 것보다
인간의 아이들이 읽고 쓰고 사회에 필요한 일원이 되는 법을
배우는 것이 훨씬 오래 걸리는 이유는 뭘까?

장 그랑빌(J. J. Grandville), 『동물들의 공생활과 사생활』(1842)

큰 작가나 사상가는 대체로 그러하지만, 아도르노의 전모를 파악하는 것도 간단한 일은 아니다. 문학비평가나 음악평론가로서뿐만 아니라 사회학자와 철학자로서, 또 미학자와 대중문화 비판가로서 그가 지닌 문제의식은 그야말로 여러 분과를 광범위하게 포괄하고, 그 각 주제는 복잡다기하기 때문이다.

아도르노의 학문적 중심이 간단히 말하여 세 분야 — 사회학과 철학 그리고 문학예술(미학)에 놓여 있다면, 그가 다룬 여러 주제들 가운데 어떤 것을 다룬다고 해도 그 논의는 이 세 분야에 대한 일정한 이해를 전제한다. 마찬가지로 우리가 다루는 그의 면모가 그런대로 납득할 만한 것이 되려면, 그 밖의 다른 주제에 대한 생각도 적어도 대략적이나마 스케치되어야 할 것이다.

이 글의 목표는 아도르노에게 '교양Bildung이란 무엇인가'에 있다. 교양이 그대로 교육의 내용이자 목표이기도 하다면, 교양개념은 곧 교육개념이기도 하다. 이 교양교육 개념도, 그의 다른 주요 개념들처럼 사회와 정치에 대한 그의 입장이나 문학과 미학에서 나타난 그의 사고와 긴밀하게 얽혀 있다. 그래서 한두 마디로 정리하기 쉽지 않다. 더군다나 개인이나 주체개념에 대한 다른 사람들의 해석이나 논평은 문화산업 개념과 관

련하여 부분적으로 언급되는 데 반해, 교양개념에 대한 그 해석이나 논평은 거의 없는 것으로 보인다.[1]

그러나 교양교육과 관련된 이런저런 생각들은, 그것이 20세기 '문명의 대파국'으로서의 아우슈비츠 학살에 대한 도저한 반성에서 나온 결과이고, 그러니만큼 우리가 오늘의 세계를 살아가는 데, 또 21세기 문학예술과 문화의 의미를 재검토하는 데, 불가결하지 않나 싶다. 이 같은 예술문화의 바탕에는 교양교육의 의미가 자리한다. 이 목표 앞에서 필자가 시도하려는 것은 두 가지다.

첫째, 아도르노가 쓴 주요 저작에 대한 검토가 아니라,[2] 그가 50대 이후 교양교육의 문제와 관련하여 쓴 대여섯 편의 글들을 집중적으로 읽고 해석하는 일이다. 이를테면 「이데올로기론에 대한 기여」(1954)와 「어설픈 교양의 이론」(1959), 「무엇을 의미하는가: 과거의 처리」(1959), 「지금 철학은 무엇을 위한 것인가?」(1962), 「철학적 사고에 대한 언급」(1964), 그리고 「아우슈비츠 이후의 교육」(1966) 같은 글이다.

둘째, 물론 이런 글에 진술된 아도르노의 생각이 이 글을 읽는 우리의 현재 — 2023년 한국의 현실에 그대로 적용될 순 없을 것이다. 어떤 것은 유효하지만, 어떤 다른 것은 틀릴 수 있다. 그러니만큼 비판적 재검토가 필요하다. 우리의 지적 문화적 현실에 맞게 그의 사고는 재수로화再水路化 되어야 한다. 이런 검토를 통해 한국의 예술문화교육에서 교양의 의미와

---

1 이러한 사정은 이전에 나온 아도르노 관련서에서도 그렇고, 최근에 나온 책에서도 크게 다르지 않다. 예를 들어 다음과 같은 책이 그렇다. *Adorno Handbuch*, hrsg. v. Richard Klein/Johann Kreuzer/Stefan Müller-Doohm, Stuttgart, 2011; Stefan Müller-Doohm, *Adorno. Eine Biographie*, Frankfurt am Main 2003; *Das Versprechen der Kunst. Aktuelle Zugänge zu Adornos Ästhetischer Theorie*, hrsg. v. Marcus Quent/Eckardt Lindner, Wien/Berlin 2014.

2 문광훈, 『스스로 생각하기의 전통 — 계몽주의와 그 비판』, 에피파니, 2018 참조.

그 방향을 반성해 보려는 것이 이 글의 목표다.

I. 아우슈비츠 이후의 교육은 어떻게 가능한가?

> **"**
> 정신적인 일에서 진리의 근사치란 없다.
> 어설프게 이해한 것이나 어설프게 경험한 것은
> 교양의 이전 단계가 아니라 그 숙적이다.
>
> 아도르노, 『심미적 이론』

아도르노의 현실인식과 학문관에서 가장 큰 자리를 차지하는 것은 아마도 12년에 걸친 미국에서의 망명생활과 이 망명생활을 전후한 나치 전체주의의 역사적 경험일 것이다. 그 중심에는 아우슈비츠로 대변되는 유대인 대학살이 있다. 이 사건과 관련하여 교양교육의 의미 그리고 문화의 방향을 성찰한 것이 그가 1966년에 쓴 「아우슈비츠 이후의 교육」이다.

당시 시대상황의 성격을 스케치하기 위해 1966년 즈음 아도르노 주변에서 일어난 일을 몇 가지 살펴보자. 그는 이 해에 『부정변증법』을 출간하였고, 숄렘G. Scholem과 함께 벤야민의 편지를 두 권으로 묶어 냈다. 그뿐만 아니라 음악사회학에 대한 강연도 하였고, '신新음악'에 대한 토론에도 참석했다. 1964~1965년에는 독일사회학회 회장으로 '베버M. Weber와 사회학의 현재'에 대한 학회를 개최하기도 했고, 바그너에 대한 글을 쓰기도 했다. 또 1967~1969년 사이에는 학생운동의 그룹과의 충돌이 있었고, 이 갈등으로 그의 강연이 중단되기도 했다. 급기야 일부 운동

권 학생들이 그가 일하고 있던 사회조사연구소가 점거했을 때, 그는 경찰을 불러 쫓아내기도 했다.

거칠고 험악한 시절이었다. '위기의 민주주의'라는 글을 발표하게 된 것도 이 무렵이었다. 하지만 아도르노가 당시 가장 몰두하던 작업은 생애 마지막 대작인 『심미적 이론』의 집필이었다. 그러다가 그는 1969년 8월에 세상을 떠난다.

1966년 4월 18일 독일 헤센주의 라디오 방송에서 있었던 강연의 기록문인 「아우슈비츠 이후의 교육」에서는 동시대의 교양교육이라는 문제가 논의된다. 이 글의 핵심에는 하나의 요구 ─ '아우슈비츠와 같은 참혹한 일이 다시는 역사에서 되풀이되지 않아야 한다'는 절망적 요구가 들어 있다. 이렇게 아도르노가 요구한 데는 물론 분명한 이유가 있었다. 그것은 지난 역사의 참상을 외면하면서 책임의 회피로 일관하던 당대현실의 상황이었다.

1. 역사의 외면, 책임의 회피

2차 세계대전 이후 독일의 과거 청산 과정은 오늘날의 관점에서 보면 흔히 '모범적인' 것으로 알려져 있다. 일본의 식민지 지배를 경험한 이곳 한국에서는 특히 그러하다. 그러나 실상은 반드시 그렇다고 하기 어려웠다. 독일이 지난 과거의 잘못을 집단적으로나 개인적으로 인정하고, 그런 과오를 제도적으로 수용하게 된 것은 사실 수많은 사람들의 치열하고도 줄기찬 노력 덕분이기 때문이다.

2차 세계대전이 끝나고 1950~1960년대를 거치는 동안 그 당시의 독일 사람들이 '과거의 처리Aufarbeitung der Vergangenheit'라고 흔히 말할 때, 그 사회정치적 의미는 '과거의 실상을 진지하게 대면하고, 깨어 있는 의식으로 그 잘못된 역사와 단절한다'는 뜻은 아니었다. 오히려 그것은 과거의 상처와 치욕을 잊음으로써 그 시대와 결별한다는 뜻에 가까웠다. 끔찍했던 유대인 학살을 다시 끄집어낸다는 것은 그들에게 너무도 큰 고통이었고, 지난 학살의 그런 그림자 아래에서 계속 살 순 없었기 때문이다. 그것은 아도르노가 말한 대로 '사형집행인의 집에서는 밧줄을 말해서는 안 되는' 것과 같은 것이었는지도 모른다. 그리하여 과거의 죄과에 대한 의식적 무의식적 방어 경향은 전 사회적으로 팽배했다.

그러나 다른 한편으로 나치즘을 가능하게 했던 현실의 크고 작은 요소나 사회집단적 분위기가 완전히 사라진 것도 아니었다. 사회의 권위적 혹은 권위주의적 성격이나 개인의 집단화, 그리고 역사의식의 부재가 그러했다. 그래서 아도르노는, 앞서 인용했듯이, 민주주의에 반대하는 파시즘적 경향의 부활보다 '민주주의 안에서 일어나는 나치즘의 부활'이 더 위험하다고 경고했다. 예리한 지적이 아닐 수 없다.

파시즘적 전체주의에 대한 경계는 중요하다. 그러나 그에 대한 오늘날의 사회정치적 교육이 어느 정도 이뤄져 있고, 또 그렇게 이뤄지고 있다면, 그래서 1930~1940년대 있었던 역사적 파시즘 형태가 오늘날에 와서 이전과 똑같은 형태로 재현되기 어려운 것이라면, 문제는 역사적 과거 형태의 여러 있을 수 있는 현재적 변주가능성에 대한 경계가 될 것이다. 말하자면 파시즘 체제 안에서의 여러 병리 현상보다는 파시즘을 극복했다고 하는 민주주의 체제 안에서의 파시즘적 부작용이라고나 할까? 그런 점에서 과거를 기억하는 것은 불편한 감정과 고통에도 불구하고 너무나 중요하다.

이 같은 문제의식 아래 아도르노는 아우슈비츠라는 역사적 현실과 다시 정면으로 만난다. 그는 이 현실의 비참한 실상을 다각도로 분석했다. 즉 나치의 대학살이 맹목적 조직과 권력관계의 산물이었다는 점에

서 그는 정치제도적 차원에서 검토했고 ―여기에서 그의 비판철학이 나
온다―, 그 폭력이 개별적 개인적 사안에 그치는 게 아니라 한 시대의 집
단적 분위기요 체질이었다는 점에서 사회심리적 방식으로 접근했으며
―그의 사회학 저작은 이렇게 나온다―, 대학살의 파국적 현실이 결국에
는 책임 있는 주체의 상실로 귀결된다는 점에서, 주체형성과 교육의 차
원에서 분석했다. ―여기에서 그의 교양문화론이 나온다―

그렇다면 아우슈비츠 현상을 지탱했던 것은 무엇인가? 여기에 대한
아도르노의 논의도 복잡하다. 하지만 그것은 세 가지로 모일 수 있지 않
나 싶다. 나치 전체주의의 주된 특징은, 첫째, 남성적 강인함에 대한 요
구, 둘째, 사람들의 조작적 성격, 셋째, 감정과 의식의 물신화다. 이 모든
요소는 파시즘적 체제의 집단적 강제성을 구성한다. 여기에 맞서는 것이
비판적 자기성찰이다. 차례대로 살펴보자.

2. 집단과의 맹목적 동일시

> 〞
> 조직된 군중 속에 속해 있다는 사실만으로
> 인간은 문명의 사다리에서 몇 단계 내려간다.
> 혼자 있었다면 아마도 교양 있는 개인이었을 텐데,
> 군중 속에서는 야만인, 즉 본능적 개인이다.
>
> 귀스타브 르 봉(G. Le Bon), 『군중심리』(1895)

정신분석이나 심리학을 다룬 아도르노의 글은 많다. 그러나 그 논의
는, 그것이 어떠한 분야에 대한 것이든, 대체로 사회심리학적 성격을 띤
다. 개인의 심리적 파행도 기본적으로는 사회구조적으로 조건 지어진다

고 그는 파악하기 때문이다. 그가 아우슈비츠 세계의 특징적 유형으로 제시하는 것은 "집단과의 맹목적 동일시"다.[3]

이때 집단이란 힘이 있거나 권위를 지닌 집단이고, 그래서 '사회'나 '국가'가 된다. 혹은 이익단체일 수도 있다. 이 단체에 속한 대표자들은 다른 구성원을 단체의 이름으로 끊임없이 강제하고 명령하고 지시한다.

1) 강인함에 대한 요구

어느 나라에서나 볼 수 있는 가입의례 — '입회식'이 그렇다. 어떤 단체에 일원으로 가입한 사람은 그 구성원으로 활동하는 대가로 그 단체가 제시하는 여러 가지 제약을 규율 혹은 원칙이라는 이름 아래 받아들여야 한다. 그러나 이 제약이 불편할 수도 있고, 고통스러울 수도 있다.

실제로 1920~1930년대 독일의 소년 소녀들이 거의 예외 없이 저 유명한 히틀러 유겐트Hitlerjugend에 가입했다. 그리고 이렇게 이 단체에 가입할 때도 이처럼 성대한 입문식을 거쳐야 했다. 히틀러 유겐트는 1926년에 공식적으로 출범했지만, 거기에는 4개의 조직이 있었다. 그 가운데 14~18세 남자로 이뤄진 히틀러 유겐트가 조직의 본체였다. 10~14세 남자는 소년단으로, 10~14세 여자는 소녀단에, 그리고 18세 이후의 남자는 나치당으로 들어가도록 되어 있었다. 14~21세의 여자들은 독일소녀동맹으로 소속되었다.

10~14세의 소년과 소녀들은 매년 4월 20일이면 독일 전역에서 성대한 깃발과 횃불의식 아래 소년단과 소녀단 가입을 위한 선서를 했다. 이 날은 히틀러의 생일날이었다. 그래서 이 입문의례는 히틀러가 선사하는

---

3 Theodor W. Adorno, Erziehung nach Auschwitz, in: ders., *Kulturkritik und Gesellschaft II*, a. a. O., S. 681.

생일 선물의 성격을 내포했다. 기이하고 엉뚱하며 끔찍한 이데올로기의 일부가 너무도 자연스럽게 각 개인의 삶과 생활과 정신에 유입되는 순간이었다. 1935년 무렵 이러한 단원은 전국적으로 400만 명에 이르렀는데, 그 수는 10~14세 독일 청소년의 50%에 달하는 수치였다. 그 수치는 1939년을 전후하여 800만 명에 달했다.[4] 히틀러 유겐트가 내건 최고의 목표는 끝없는 훈련을 통해 완벽한 행동 통일과 절대복종을 습득하는 일이었다.

히틀러 유겐트의 단원이 된 아이들은 무엇보다 열성적이고 건강하며 일치단결해야 했다. 그 누구도 인권을 말하지 않았다. 진실하고 선하고 아름다운 것은 아무도 말하지 않았다. 그들 가운데 어떤 사람도 '스스로 결정하는 권리'나 '자기 삶을 살아갈 권리'는 언급하지도 않았다. 그렇게 언급해서도 안 되었다. 그들은 빈 건물이나 헛간 혹은 지하실에 함께 모여 노래를 부르고, 게임을 하며 슬로건을 배웠다. 아니면 밤새워 행군하면서 캠프파이어나 퍼레이드를 벌이기도 했다. 이 모든 것은 오직 하나의 목표 — '훌륭한 나치가 되는 법'을 배우기 위해서였다.

1935년에서 1938년 사이 나치 정권이 '뉘른베르크 인종차별법'이라고 불리는 일련의 법령을 통과시키면서 반유대주의는 점차 심해져 갔다. 이 법률에 따라 독일의 유대인들은 시민권을 박탈당했다. 그뿐만 아니었다. 그들은 공공장소를, 그것이 수영장이든 콘서트홀이든 공원이든, 이용하지 못하게 되었다. 유대인들은 대중교통을 탈 수 없었고, 유대 지식인들이 대학에서 쫓겨났으며, 그 아이들은 더 이상 교육을 받을 수 없었다. 아도르노도 이 무렵 대학에서의 강의권을 박탈당했고, 그래서 옥스퍼드 대학원에 강의 자리를 문의하기도 했다.

4 　수전 캠벨 바톨레티, 『히틀러의 아이들』, 손정숙 역, 지식의풍경, 2005, 44쪽.

히틀러 유겐트가 나치 돌격대원SA이나 친위대원SS과 합세하여 유대인들에게 곤봉을 휘두른 것도 이 무렵이었다. 그들은 유대인 상점의 진열창을 때려 부수고 금은보석이나 옷과 가구를 약탈해 갔다. 유대인들의 집과 공장들은 독일 전역에서 대규모로 파괴되었다. 1000개 이상이나 되는 그들의 예배당도 그랬다.

그 후 수백만 명의 유대인들이 두드려 맞거나 살해당하거나, 군용트럭에 실려 끌려갔다. 하지만 대부분의 독일인들은 그냥 서서 구경하고 있었다. 히틀러 유겐트 소속이었던 아이들은 나치 돌격대의 갈색 셔츠를 부러워했고, 가장 잔혹한 집단으로 알려진 친위대의 검정 셔츠를 '가장 멋진 엘리트 집단'으로 선망했다. 『히틀러의 아이들』에는 곳곳에 이렇게 적혀 있다. "나치는 아이들의 마음을 끄는 것이 무엇인지 잘 알고 있었고, 이런 것들 – 제복, 깃발, 밴드, 배지, 무기, 영웅담을 양껏 제공하였다." "히틀러 유겐트는 독창성이나 개인주의를 참지 못했다." "명령의 사실은 가장 말단에서 시작하여 히틀러에서 정점에 이르렀다." "모든 운동경기들은 애국심을 테스트하는 장이 되었다. … 우리는 모든 것을 독일을 위해 했다. 독일을 위해 멀리뛰기도, 높이뛰기도 마다하지 않았다."[5]

이런 의례에서 아도르노는 나치주의적 폭력의 전형적인 형태를 발견한다. "연기를 태우며 유령을 쫓아내는 밤이나 귀리밭 훑기 같은 풍습의 악은 … 나치주의적 폭력 행위의 직접적 이전 형식Vorform이다. 나치가 그런 끔찍한 것을 '풍속'의 이름으로 찬양하고 돌보았다는 것은 우연이 아니다."[6]

---

5   위의 책, 36~37쪽.
6   Theodor W. Adorno, Erziehung nach Auschwitz, a. a. O., S. 682. "연기를 태우며 유령을 쫓

그러나 집단주의적 관례는 나치즘 체제에서만 있는 게 아니다. 일정한 관례의 맹목적 지배 아래 인권이 무시되고 자유가 억압되며 복종이 조장된다면, 이런 삶의 폭력적 질서는 정도의 차이는 있는 채로 어느 나라 어느 집단에서나 두루 확인할 수 있다. 이를테면 한 곡의 노래가 끝나기 전에 술 한 사발을 다 비워야 하거나(필자가 1980년대 한국에서 대학을 다닐 때 그랬다), 떼거리로 어울려 춤을 춰야 하거나, 심지어 신발에 담긴 술을 마시며 이런저런 임무를 완수해야 한다. 자유와 자율의 부재 — 맹목적 추종과 강요의 관습화된 방식은 독일에서만 일어났던 게 아니라, 어느 시대 어느 사회에서나, 또 과거에서나 현재에서나 널리 확인된다.

그러나 이 같은 맹목성이 유독 강했던 곳이 나치 전체주의 체제였던 것은 말할 필요도 없다. 이 체제의 거친 풍습이 요구하는 것은 강인함의 미덕이다. 파시즘 추종자들은 무엇보다 불요불굴의 정신과 백전백퇴의 불사조 정신을 칭송했다. 그들이 반복적으로 훈련한 것은 총 쏘는 법이나 수류탄 던지는 법 혹은 참호공격과 같은 전쟁 관련 활동이었다. 이 군국주의적인 활동에서 강조된 것은 지칠 줄 모르고 물러날 줄도 모르는 결의요, 상처받지도 않고 손상될 수도 없는 자세였다.

그러나 강하고 힘차며 잘 견디는 것이 늘 좋은 것은 아니다. 이른바 '남성성의 미덕'이 반드시 바람직한 것은 더더욱 아니다. 물론 분야의 성격이나 일의 종류에 따라 필요할 때도 있지만, 그 폐해도 적지 않다. 적어도 그 미덕이 무조건적으로 강제된다면, 그 폐해는 극심할 수 있다. 그

아내는 밤(Raunächte)"이란 354일이었던 월력에서 365일의 태양력으로 옮아가면서 생긴 11~12일을 기념하는 날로, 대개 12월 25일에서 1월 5일에까지 걸쳐 있다. 이날이 되면 사람들은 잡초로 불을 태우면서 유령을 쫓는 일을 하는데, 교회에서 의례를 행할 때 향을 피우는 것도 여기에서 유래한다. "귀리밭 훑기(Haberfeldtreiben)" 역시 여러 가지 풍습의 하나다.

것은 고통에 대하여, 자기의 고통이든 타인의 고통이든, 무감각하게 만들기 때문이다.

다른 한편으로 (권위주의와는 다르게) 권위는 어느 정도 필요한 일인지도 모른다. 권위라는 말이 주저된다면, '믿고 의지할 수 있는 심급'이라고 부를 수도 있다. 하나의 미덕이 단순히 힘의 세기에 그치는 게 아니라 도덕적으로 우월한 것이라면, 그것은 존중되어 마땅하기 때문이다. 그리고 그 같은 미덕은 한 사회를 지탱하는 규범으로 기능한다. 그 사회의 질서는 이런 규범으로부터 생겨난다. 1920~1930년대 서유럽에서 파시즘이 도래한 것은 1차 세계대전 이후 합스부르크 왕가 같은 기성의 안정된 권위가 붕괴되었기 때문이라는 분석도 있다. 권위의 붕괴 이후 사람들은 자기 앞에 떨어진 자유를 감당하기 어려웠고, 그래서 파시즘의 지도자에 기댔다는 것이다.

그러므로 좋은 의미의 권위는 개인적으로나 사회적으로도 필요하다. 중요한 것은 '우리가 어떻게 권위 있는, 그러나 권위주의적이지 않은 정치체제를 만들 수 있을 것인가'가 된다. 어떻게 믿고 의지할 수 있는, 그러나 맹목적 추종을 강요하지 않는 민주체제를 가질 것인가가 결정적인 것이다. 이런 민주적 정치체제는 파괴적이지 않는 삶의 공간을 만드는 데 골몰하되, 전체의 이름을 각 개인에게 강요하는 게 아니라, 오히려 개개인의 고유성을 존중하고 신장하는 가운데 경주될 것이다.

견디고 참는 것은 하나의 미덕일 수 있다. 그러나 그런 인내가 고통에 대하여 무감각하라는 뜻은 아니다. 무엇이든 견디며 참는 것은 어떤 점에서 보면 일종의 자기학대masochism일 수도 있기 때문이다. 이 자기학대는 타자학대와 분리되지 않는다. 자기에게 잘 참는 사람은 간혹 다른 사람에 대해서도 거칠게 대하기를 당연한 권리인 듯 여기기도 하지 않는가? 그러므로 인내심을 키우는 것만큼이나 고통에 대한 감각의 유지도 필요하다.

2) "조작적 성격"

힘 있고 강압적인 집단의 일원이 된 사람은 그 힘에 쉽게 굴복한다. 그들이 시키는 것이라면 그는 지체없이 따른다. 그래서 주체적 인간이 아니라 타율적 인간이 된다. 타율화된 인간은 물건처럼 행동한다. 그는 자의식을 가진 자기규정적 인간이 아니라, 위에서 시키는 대로 행동하고, 그런 행동으로 타인도 대한다. 이런 타율화된 사람들에게는, 아도르노에 따르면, "조작적manipulative 성격"이 있다.[7]

파시즘 사회에서 구성원들은 감각과 사고 그리고 행동에 있어 마치 하나가 된 듯한 반응을 보인다. 그들은 집단화된 구호 속에서 자신들의 소망이 충족되었다고 여기기 때문이다. 이 점에서 파시스트 선전은 일종의 '갈망 충족'이라는 기능을 한다. 조작된 갈망의 전체적 충족, 이것이 곧 집단최면이다. 이 집단최면 속에서 지도자 개인의 히스테리와 구성원 전체의 히스테리는 일치한다. 그러나 이 일치는 물론 실제가 아니라 가짜다. 그것은 인위적으로 짜인 것 ― 감정적 과잉 상태에서 나온 결과이기 때문이다.

이런 이유로 파시스트 추종자들은 논리적 합리성을 따르지 않는다. 그들의 언어는 논증적이고 절차적으로 전개되는 게 아니라, 그때그때의 감정이나 이미지, 착상이나 연상을 따른다. 그래서 그 논지는 일목요연한 체계 속에 펼쳐지기보다는 아무 관계가 없는 말과 말, 명제와 명제 사이에서 그 어떤 합리적 메커니즘 없이 그냥 쏟아부어진 것에 가깝다. 따라서 그런 말을 듣는 사람들은 그 흐름 속에서 말의 내용을 묻는 게 아니

---

7   Ebd., S. 683f.

라, 그 말의 억양과 음조에 따라 자신을 그대로 내맡긴다. 그러면서 그 말을 쫓아간다. 이들의 이름은 '대중mass' 혹은 '군중'이다.

군중은, 르봉이나 프로이트가 잘 지적하였듯이, 지나치게 감정적이고 충동적이며 난폭하고 변덕스럽다. 그들에게는 의식이 없다. 그들은 의식보다는 무의식을 따르고, 양심 대신 본능을 추종한다. 무리는 무엇이든 쉽게 믿고 따르며, 쉽게 받아들이고 분출한다. 그들은 욕망과 그 실현 사이의 지체를 감당하지 못하기 때문이다. 그리하여 그들 행동은 버릇 나쁜 아이나 상스러운 야만인에 가깝다.

충동과 본능에 따른 다수의 난폭한 행동은 집단적 퇴행이고 퇴화라고 할 수 있다. 이들의 감정과 사고와 언어가 전체주의 체제하에서 조작되는 것은 의식과 무의식의 이 같은 퇴행을 잘 증거한다. 이런 식으로 파시즘하의 모든 행사는 집단적 무감각, 이 무감각 속의 전적인 인격 소멸을 목표로 한다.

그러므로 조작적 성격이란, 위/상부에서 부과한 대로 따른다는 점에서 '주체'가 없는 행동이고, 그 내용이 적과 동지를 이원화한다는 점에서 '이분법적'이며, 이 이분법을 끊임없이 되풀이한다는 점에서 '상투적'이고, 주어진 이 질서를 의심 없이 따른다는 점에서 '순응적'이다. 이 모든 것은 주체의 자발적 느낌과 판단 그리고 독립적 행동을 불허한다는 점에서 근본적으로 타율적이다.

문제는 이 타율성이 주체를 억압한다는 데 그치는 게 아니라, 삶의 모든 가능성 ─ 감각과 지각과 사고를 포함하는 경험의 가능성 전부를 질식시킨다는 점에 있다. 무서운 것은 바로 이것이다. 감각과 사고의 질식은 곧 행동의 질식이다. 그리하여 파시즘의 주체 억압 아래 삶 자체의 억압이 되고, 그래서 하루하루의 생활이 마비된다.

그러므로 타율적 인간은 근본적으로 경험능력이 없는 인간이다. 그는 삶을 있어 온 그대로가 아니라 '지금까지와 다르게 있을 수 있다'고 상상할 줄 모른다. 그의 세계는 현상 그대로의 세계일 뿐이다. 그의 생활은 있어 왔던 생활의 기계적 반복에 불과하다. 이것은 그만큼 그의 사고가 사물화되어 있다는 것을 뜻한다. 나치즘이 인간을 조작한다면, 그것은 그의 생활과 성격을 사물화하면서 퇴보시킨다는 의미에서다.

사물화된 의식 속에서 주체는 아무런 자아나 의식의 각성 없이 주어진 세계를 전체로 간주하고, 이 전체와의 맹목적 동일시 속에서 집단과 지도자와 그 권위를 경배한다. 이런 식으로 인간의 성격은 일정하게 조작되고 뒤틀린다.

그리하여 조작적 인성의 연구는 아우슈비츠 분석에서 핵심적이다. 아우슈비츠 이후 교육의 목표는 아도르노에게 이 조작적 인성을 어떻게 극복할 것인가가 된다.

> 아우슈비츠의 반복을 저지하는 시도에서 내게 핵심적으로 보이는 것은 어떻게 조작적 성격이 있게 되었는지에 대하여 우선 분명하게 보여 주고, 그럼으로써 조건의 변화를 통해 그 발생을 가능한 한 방지하는 것이다. 나는 하나의 구체적 제안을 하고자 한다. 학문에서 다룰 수 있는 모든 수단으로 아우슈비츠의 범죄자를 특히 오랜 기간의 정신분석으로 연구하여, 어떻게 사람이 그렇게 되었는가를 밝혀내는 것이다.[8]

아우슈비츠 이후 교육의 핵심은, 거듭 강조하여, 그러한 전대미문의 비참이 반복되도록 하지 않는 데 있다. 이를 위해 아도르노는 '정상적' 사람들이 어떻게 그런 "조작적 성격"을 가지게 되었는지 밝히려 했다. 이

---

8 Ebd., S. 684.

같은 해명에 정신분석이 필요하다고 그는 보았다.

이런 성격을 가진 사람들은, 아우슈비츠 강제수용소 소장이었던 회스R. Höss나 아이히만A. Eichmann이 보여 주듯이, 위에서의 명령이라면 어떤 것이든지, 또 어떤 대가를 치르더라도 완수해 내고자 애썼다. 그들은 자기 하는 일이 무엇인지 일절 묻지 않았다. 자기 일에 대해 그 일을 하겠다는 의지만 있었을 뿐, 그 방법과 결과는 살피지 않았다. 그런 일이 일어나는 현실과 세계에 대해 묻지 않은 것은 말할 것도 없다. 그런 권위주의적 성격구조에는, 아도르노가 정확히 분석했듯이, "힘과 무기력의 차원에 따라 생각하기, 경직성과 반응불능, 인습주의, 순응주의, 결여된 자기의식, 그리고 마지막으로 경험에 대한 능력의 부재"가 있다.[9]

여기에서 권위란 개인보다 강한 힘이다. 집단은 개인 앞에서 강한 힘을 내세우며 개인의 목소리를 잠재운다. 개인은 권위가 지닌 이런 힘 ─ 집단적인 것의 거대한 힘과 자신을 일치시키면서 위로받는다. 위로받는 개인의 자아는 약하다. 그는 스스로 사고하지 못하기 때문이다. 그에게 "자기의식은 결여되어 있다". 그는 굳어 있고, 따라서 현실의 다양한 모습에 제대로 반응하지 못한다. 그는 "순응주의와 인습주의" 속에서 계속 굳어 간다. 그리하여 양심은 결국 죽는다.

개인의 양심 대신 들어서는 것이 집단의 권위다. 그러나 이 권위는 내적인 것이 아니라 외적인 것이다. 그래서 얼마든지 바뀔 수 있다. 그리고 책임도 없다. 사람들은 집단의 이름으로 행해지는 권위와 규범, 명령과 지시에 자신을 맡긴다. 나치즘을 지탱한 것은 이 타율성의 원리다. 타율성의 원리 아래 나치주의자들은 각 개인의 개별성과 고유성 그리고 특수성을 체계적으로 파괴해 나간다. 개인의 개별성이 파괴됨으로써 그 저

---

9   Theodor W. Adorno, Was bedeutet: Aufarbeitung der Vergangenheit, a. a. O., S. 561.

항력도 파괴된다. 이 파괴된 저항력 속에서 구성원들은 이제 집단의 이름으로, 그래서 권위와 명령과 체제의 이름으로 자신을 옥죄이고, 이 권위체제에 자발적으로 복종한다.

감성과 의식과 사고가 마비되면 사람은 아무렇게나 행동한다. 이 행동은 쉽게 폭력성을 띤다. 또 폭력적인 행동을 해도 당연하다고 받아들이거나 이런 행동을 조장한다. 그는 상부의 매뉴얼대로 살 뿐, 세계와 현실을 있는 그대로 파악하지 못하는 것이다. 왜냐하면 무감각하기 때문이다. 그의 감성과 의식은 마비되어 있기 때문이다. 그리하여 그는 폭력적 몸에 대한 기이한 관계를 갖는다. 그에게 난폭함과 공격성 그리고 가학증sadism은 자연스럽다. 많은 나치주의자들에게 사디즘은 일상의 자연스러운 행동이었다.

3) 편집증 혹은 집단적 나르시시즘

감각과 의식이 마비되면 올바로 행동하기 어렵다. 제대로 느끼고 생각하기도 어렵고, 바른 판단이나 행동은 더 불가능하다. 그는 위에서 부과되는 명령을 따르고, 밖에서 주어진 규정만 추종하기 때문이다. 이것을 아도르노는 "집단적 나르시시즘"이라고 부른다. "인간의 주관적 측면에서, 말하자면 심리에서 나치즘은 집단적 나르시시즘을 고조시킨다. 그것은 간단히 말해 민족적 허영을 측량할 수 없는 차원으로까지 고조시킨다. 개별적 인간들의 나르시시즘적 충동감각은 ―굳어 버린 세계는 이 개개인들에게 만족을 약속할 수 없지만, 그럼에도 그 세계는 시종여일 존속하는데― 전체적인 것과의 동일시 속에서 대리만족을 찾는다."[10]

이 집단적 나르시시즘을 우리는 더 자세히 살펴볼 필요가 있다. 전체

---

10   Ebd., S. 563.

주의 사회에서 대중은 자신의 정체성을 스스로 만들어 가는 게 아니라, 이 정체성을 부여해 줄 어떤 사람을 기다린다. 그들은 자기보다 뛰어난 것으로 이상화하고, 이 이상화 속에서 자신의 나약함을 숨기려 한다.

이렇게 이상화된 대상은 아버지 이미지에 가깝다. 혹은 지도자일 수도 있다. 그래서 지도자는 히틀러가 구현해 보이듯이 아버지 같은 이미지를 갖는다. 대중은 자기결함을 은폐하는 가운데 아버지적 대상과 동일시하면서 "위로는 책임을, 아래로는 권위를" 같은 지도자 이데올로기를 내세운다.[11] 이것은 한편으로 자기보다 힘 있는 사람들이나 권위에 무조건적 "책임"을 다한다는 점에서 피학적被虐的/masochistic이고, 자기보다 힘없는 사람들에게 "권위"를 내세우며 제압하려 한다는 점에서 가학적sadistic이다. 이것이 바로 파시즘의 심리학이고, 파시즘적 선전술의 핵심 독트린이다.

그러므로 파시즘적 대중의 인격은 사도마조히즘적이다. 분열된 인격의 이중성은 파시즘 멘탈리티의 가장 중요한 특징이다. 그들은 지도자를 이상화하고 그와 동일시하면서 자신의 개별성과 책임을 억누른다. 이처럼 이상화된 동일시 속에서 그들은 자신이 갈망하는 권위로부터 승인을 받고, 이 승인에 기대 자신의 좌절과 불만을 무마한다. 그러면서 자기보다 약하고 힘없는 소수를 억압하고 배척한다.

이때 그들은 단체 혹은 집단에 통합된다. 파시즘 체제에서 자율적이고 자유로운 개인은 엄밀한 의미에서 없다. 그들은 모두 경쟁적으로 지도자를 닮으려고 애쓰면서 이 나르시시즘적 충동을 동료 구성원에게도

---

11 "위로는 책임을, 아래로는 권위를(Verantwortung nach oben, Autorität nach unten)"은 히틀러가 가장 즐겨 쓰던 지도자 이데올로기(Führer Ideologie)의 한 구절이었다. Theodor W. Adorno, Freudian Theory and the Pattern of Fascist Propaganda, in: ders., Soziologische Schriften I, a. a. O., S. 422.

강요한다.

그리하여 지도자와 추종자, 추종자와 추종자 사이에는 리비도적 결속libidinöse Bindung이 생겨난다. 이것이 리비도적 결속의 메커니즘이다.[12] 그러나 이 맹목적 결속이 진정한 의미의 유대solidarity일 수 없는 것은 자명하다. 개개인의 자아와 정체성은 무시되기 때문이다. 그것은 거짓의 유대고 거짓동일시일 뿐이다.

이런 식으로 허약한 자아의 인간은 자기 대신 집단을, 그것이 국가든 단체든 공동체든 동우회든, 끌어들인다. 그러면서 현실을 은폐한다. 그는 스스로 주체로서 일하는 게 아니라, 그가 되고 싶어하는 것을 '다른 것에 투사함으로써', 이렇게 자기 갈망을 집어넣은 타자를 맹신적으로 쫓음으로써 욕망을 해소시키려 한다. 이것이 이른바 추적망상이자 편집증paranoia이다.

편집증은, 2장 2절 "교양과 부정적 사유"에서 보았듯이, 가짜 교양인의 가장 큰 특징이기도 하다. 스스로 피해나 박해를 받았다고 착각하면서 무엇인가에 광적으로 집착하기 때문이다. 이들에게는 반성력도 양심도 없다. 그들은 분별력을 잃고 지배와 폭력을 일삼는다. 그러니 올바른 주체성이 자리하기 어렵다. 자기규정적이고 자율적인 능력이 없기 때문이다. 자율적이지 못한 사람이 어떻게 자신의 자아와 삶을 스스로 만들어갈 수 있겠는가? 그래서 자기가 한 행동에 책임을 질 수 있겠는가? 피해망상에 빠진 무반성적 인간들의 집단적 폭력체제, 그것이 전체주의다.

그러나 편집증은, 마치 파시즘적 유대가 가짜 유대감이듯이, 건전하

---

12 Ebd., S. 417. 개인을 대중에게 통합시키는 결속이 '리비도적'이라고 분석한 것은 프로이트였다. Sigmund Freud, *Massenpsychologie und Ich-Analyse(1921)*, Studienausgabe, Bd. 9, Frankfurt am Main, 1974, S. 93, 97.

지 못한 욕구이고 광기다. 그것은 욕망에 대한 불순한 대리물이다. 그래서 오래 갈 수 없다. 권력은, 현실정치적 차원에서든 꿈과 욕망의 비현실적 차원에서든, 조만간 무너지고 교체된다. 그러나 이런 붕괴에도 불구하고 개인은 현실을 외면한다. 이것은 나치체제의 붕괴 이후 많은 독일인들이 현실직시를 피한 데서도 잘 나타난다. 그리하여 과거는 제대로 검토되지 못한 채 이월된다. 진정한 반성은 일어나지 않고, 상처는 아물기도 전에 또 다른 상처를 낳는다. 마찬가지로 집단적 나르시시즘도 계속된다.

감정과 의식이 마비된 사람은 자기 하는 일의 의미나 가치에 대해 묻지 않는다. 어떤 기술이 주어졌다면 그는 이 기술을 그 자체로, 마치 그 자체의 목적을 지닌 숭고한 것으로 경배한다. 그래서 기술이 인간을 위해 있고, 인간을 위해 사용된다는 기본사실은 잊힌다. 이들은, 아도르노가 지적하듯이, "희생자를 최대한 빨리 그리고 아무런 차질 없이 아우슈비츠로 옮기는 기차 시스템을 고안해 내도 이 아우슈비츠에서 이들에게 어떤 일이 일어나는지 잊어버린다. 기술의 물신화로 기우는 사람들에게 문제가 되는 것은, 간단히 말해, 그들이 사랑할 수 없다는 사실이다."[13]

그러므로 기술의 맹목적 추구는 감각과 의식의 마비로 귀결된다. 기술은 스스로 목적화하면서 원래의 출발점 — 인간에게 쓸모 있기 위해 존재한다는 목표를 떠난다. 이런 이유로 기술지향적 인간은 진정한 의미에서 사랑하기 어렵다. 마비된 감각과 의식의 인간에게 가장 슬픈 것은 그가 더 이상 사랑할 수 없다는 사실인지도 모른다. 그래서 인간적 품위라는 이상도 잊힌다. 그러므로 감각과 의식의 마비는 기술의 물신화로 이어지고, 기술의 물신화는 삶의 물신화로 귀결된다. 이 기술의 물신화

---

13 Theodor W. Adorno, Erziehung nach Auschwitz, a. a. O., S. 686.

는 결국 사랑의 물신화로 수렴된다.

나치즘 체제의 몰락 이후 오늘날의 민주주의 체제에서도 집단적 나르시시즘이 사라지지 않는 것은 아마도 주어진 것들에의 순응을 강요하는 자본주의적 사물화 이데올로기 때문일 것이다. 사물화된 삶은 결국 사랑의 사물화다. 여기에서 인간은 이미 죽어 있다. 이런 점에서 우리는 주체-자아-개인-의식의 문제로 돌아간다. 핵심은 이 주체/개인을 어떻게 교육할 것인가다. 그것이 '민주적 교육의 방향'으로서의 '비판적 자기 성찰'이다.

3. 비판적 자기성찰 — 민주적 교육의 방향

99

히틀러 치하의 독일에는 특별한 불문율이 널리 퍼져 있었다.
아는 사람은 말하지 않고, 모르는 사람은 질문하지 않으며,
질문한 사람에게 대답하지 않는다는 것이었다.
이런 식으로 독일인들은 자신들의 무지를 획득하고 방어했다. …
이 고의적 태만함 때문에 그들이 유죄라고 나는 생각한다.

프리모 레비(P. Levi), 『이것이 인간인가?』(1946)

생활상의 여러 습관들이 조작되면서 크고 작은 권위에 의지할 때 무엇을 할 수 있는가? 권위주의적 질서가 지배하는 곳에서 개인이 할 수 있는 것은 무엇인가? 아마도 별로 많지 않을 것이다. 그런 체제 아래 개인의 감성과 의식은 집단적인 것과의 동일시 속에서 마비되어 버리기 때문이다. 감성과 의식이 마비되지 않는다면, 그래서 타자의 고통에 무심하지 않아 사랑의 감정을 간직한다면, 아우슈비츠에서와 같은 일은 일어나

지 않았을 것이다.

아우슈비츠 같은 문명사적 파국을 피하기 위해 어떤 일을 해야 하는 가? 물론 여러 가지 덕목이 필요할 것이다. 이것을 살펴보는 것은 그 자체로 민주적 시민교육의 과제가 될 것이다. 조금 둘러 가 보자.

1) "같이 하지 않는다"는 것

앞에서 우리는 '조작적 성격'을 가진 인간에게 세계는 이미 있어 왔던 대로 되풀이된다는 사실을 살펴보았다. 그들은 이 세계가 기존의 세계 그대로일 뿐 '달리 될 수 있다'는 것을 알지도 못하고, 깨닫지도 못한다. 이것은 이데올로기의 작용 때문이다.

이데올로기는 집단적인 것의 이름 아래 모든 것을 현상유지 하려 한다. 이데올로기의 첫 번째 기능은 정당화 — 기존질서의 정당화다. 이 이데올로기에 오염될 때 세계는 이미 결정되고, 이렇게 결정된 대로 영속하는 것으로 간주된다. 이렇게 생각하는 것이 이데올로기다. 그래서 이데올로기는 허위의식이 된다. 허위의식은 사물화된 사고다. 그러므로 이데올로기는 사물화된 허위의식을 양산한다.

사물화된 의식은 지금의 세계가 만들어진 것이며, 앞으로 변할 수 있을 것이라고 여기지 못한다. 그것은 모든 변화의 술어 — '되어 감'과 '형성'에 무감각하다. 그러니만큼 돌처럼 굳어 버린 의식 — 석화石化된 의식이다. 이런 의식을 가진 사람들은 현실을 올바로 경험하기 어렵다. 자신의 제약과 조건도 살펴볼 수 없다. 나아가 자신의 감각과 사고를 경직시키듯이 다른 사람의 그것도 경직시켜 버린다. 사물화 의식은 쉽게 강제되고 전염되기 때문이다. 그러면서도 당사자들은 다른 사람의 운명에 무신경하다. 어쩌면 이런 무관심 — 공감의 무능이야말로 아우슈비츠의 비참을 야기한 주된 원인이었는지도 모른다.

사물화된 의식에 대립되는 개념을 하나만 꼽자면 그것은 자율성이다. 자율적 인간은 주어진 이념이나 부과된 권위를 있는 그대로 따르지 않기 때문이다. 그는 외부에서 온 명령이나 기존의 규범에 대해 묻고, 그 진위 여부를 검토하려 애쓴다. 그는 자기의 원칙을 가지고 있고, 이 원칙 아래 이성적으로 살아가고자 한다. 자율적 인간은 타율성에 저항하는 것이다.

바로 이 타율성의 저항에서 아도르노는 철학의 존재이유를 보았다.[14] 타율성의 저항은 무엇보다 자율적 사고의 힘으로부터 나온다. "아우슈비츠의 원칙에 저항하는 유일하게 진실한 힘은 아마도, 내가 칸트의 표현을 써도 된다면, 자율성일 것이다. 그것은 성찰의 힘이고 자기규정이자, 같이 하지 않겠다Nicht-Mitmachen는 힘이다."[15]

자율성이란 스스로 선택하고, 이 선택한 것을 결정하며, 이렇게 결정하여 행한 결과에 대해 스스로 책임지는 일이다. 그렇다는 것은 행해지는 일에 대하여, 그것이 집단적이든 개인적이든, '깨어 있다'는 뜻이고, 그런 일을 '문제적으로 의식한다'는 뜻이다.

대상을 문제적으로 의식하는 것, 그것은 성찰Reflexion의 능력으로부터 온다. 성찰의 능력으로부터 '함께하지 않겠다'는 부정적 비판적 태도도 생겨난다. 아도르노는 자율적 독립적 개인의 이 교육을 민주사회의 전제조건이라고 여겼다. 그는 「문화산업에 대한 요약」이라는 글에서 이렇게 썼다. "문화산업에서 계몽은 … 대중기만이 된다 … 그것은 자율적이고 독립적이며 의식적으로 판단하고 스스로 결정하는 개인의 형성을 방해

---

14 Theodor W. Adorno, Wozu noch Philosophie, in: ders., *Kulturkritik und Gesellschaft II*, a. a. O., S. 464.

15 Theodor W. Adorno, Erziehung nach Auschwitz, a. a. O., S. 679.

한다. 하지만 이것은 오직 성숙한 자들에게서만 보존되고 전개될 수 있는 민주사회의 전제조건일 것이다."[16]

나치 전체주의가 그 구성원들이 보여 준 집단적인 것과의 맹목적 동일시 속에서 이뤄졌다면, 그것은 근본적으로 '약한 주체'에 기인한 것이다. 그렇다면 약한 주체는 어떻게 지양될 수 있는가? 그것은 "주체의 자의식과 그 자아를 강화"하는 데서 가능하다고 아도르노는 보았다.[17]

그러나 주체는 심리적으로만 구성되지 않는다. 하나의 주체는 개인 심리적으로 구성되면서 사회역사적으로 조건 지어진다. 개인은 지나치게 조직화된 집단이나 단체 앞에서 자신의 무기력을 느낀 나머지 이 집단의 영광을 찬미한다. 나아가 집단적 힘과 자신을 일치시킴으로써 무기력에서 벗어난다. 개인의 약한 정체성은 보다 강한 정체성과의 동일시 속에서 이 집단을 대용품으로 삼는 가운데 자신의 결함을 이겨 내는 것이다.

그러므로 경계해야 할 것은 집단과의 동일시에 깃든 나르시시즘적 편견이고, 이 편견을 지탱하는 병리적 견해다. 이 견해는 자신의 사고를 검토하지 않는다. 편견은 검토되지 않은 사고의 결과다. 스스로 사고할 때, 또 이렇게 사고하는 자신을 검토할 때 주체는 주어진 것에 순응하기보다 그 조건의 장단을 파악하여 좀 더 나은 것으로 나아간다. 현실의 조건을 검토하고, 나아가 이렇게 검토하는 자기의 사고마저 검토한다면,

---

16 Theodor W. Adorno, Résumé über Kulturindustrie, in: ders., *Kulturkritik und Gesellschaft I*, Gesammelte Schriften, Bd. 10 · 1, Frankfurt am Main, 1977, S. 345.

17 Theodor W. Adorno, Was bedeutet: Aufarbeitung der Vergangenheit, a. a. O., S. 571. 아도르노는 '약한 주체(schwaches Ich)'라는 말을 여러 번 되풀이하여 강조한다. S. 558, 562; Theodor W. Adorno, Meinung Wahn Gesellschaft, in: ders., *Kulturkritik und Gesellschaft II*, a. a. O., S. 580.

그 주체는 이미 자율적이다.

2) 거짓 의견을 거스르기

이 자율성은 그저 주어지지 않는다. 주체는 스스로 사고하고, 어떤 경우 '같이 하지 않겠다'고 결단할 수 있어야 한다. 이 분별력은 단순히 성찰력을 가진다고 얻을 수 있는 것이 아니다. 여기에는 몇 가지 단계가 필요하다. 우선 필요한 것은, 아도르노에 기대자면, '의견Meinung'과 '사고 Denken'를 구분하는 일이다. 이러한 문제를 그는 「의견-광기-사회」(1960)에서 다룬 바 있다.

ㄱ. '의견'과 '사고'의 구분

'의견'이나 '견해'는 개인이 지닌 생각opinion이다. 그것은 주체가 내어 놓은 단순한 진술이다.[18] 이것이 무조건 틀린 건 아니다. 그것은 옳을 수도 있다. 사적 견해가 가치중립적일 수 있지만, 편견에 차서 거짓일 수도 있다. 앞의 것이 건전한 견해라면, 뒤의 것은 기이하고 비정상적인 견해다. 독단doxa은 뒤의 것을 지칭한다.

이 두 의견 가운데 흔히 '정상적'이거나 '일상적'이거나 '평범'하다고 부르는 견해는 모두 옳은가? 그것은, 적어도 검증되지 않았다면, 건전하다고 말하기 어렵다. 정상적이고 평범한 견해란 동시대 현실에서 널리 통념화된 견해일 때가 많다. 그것은 대부분의 사람들이 갖는 생각이지 그 자체로 옳은 것은 아니다. 자의적으로 구성되었기 때문이다.

자의적으로 구성되었다는 것은 그 의식의 진리내용이 제한되었다는 뜻이다. 사실에 충실하지 않고, 따라서 객관성의 수준이 떨어지기 때문

---

[18] Vgl. Theodor W. Adorno, Meinung Wahn Gesellschaft, a. a. O., S. 576ff.

이다. 객관성에서 제약된 의견이 진실하기 어렵다. 그리하여 자의적 견해는 사물화된 거짓의식을 필연적으로 양산한다.

견해가 주관적으로 구성된 것인 데 반하여 사고는 객관적으로 열려 있는 견해라고 할 수 있다. 견해가 왜곡된 의식이라면, 그래서 거짓의식이 된다면, 사고는 반성적으로 구성된, 그래서 '상대적으로 더 바른' 의식이라고 말할 수 있다. 그러므로 견해가 사고로 되려면 반드시 반성을 거쳐야 한다. 이렇게 반성된 사고, 혹은 이런 반성의 움직임이 곧 '정신'이다. 개인의 의견도 반성적으로 지양되지 않으면 언제든 편견이 될 수 있다. 그래서 불건전하고 병적일 수 있다.

이러한 구분도, 한 걸음 물러나서 다시 보면, 견해와 사고에 대한 단순화된 이분법이라고 말할 수 있다. 그것은 개념적으로는 구분될 수 있으나 그 실상은 얽혀 있기 때문이다. 독일의 전통철학이 보여 준 것도 어떤 점에서 바로 이러한 것이었다. 그들은 진리라는 개념을 끝까지 파고들면서 객관성을 추구했지만, 이 객관성도 주관에 의해 의미된 것이었다. 그러는 한 그것은 주관적 정신의 산물이 될 수밖에 없다. 그들은 진리의 객관성을 내세웠지만, 이 객관성은 주관에 의해 구성되었다. 말하자면 객관성을 주관성의 핵심인 정신과 일치시킴으로써 얻어진 것이었다. 그리하여 그들의 주관은 '전체를 가장한 부분pars pro toto'에 지나지 않는다고 비판할 수 있다. 그 점에서 형이상학적이다.

이른바 실증주의 철학도 그와 크게 다르지 않다. 실증주의도 개별적 사실과 이 사실에 바탕한 '의견'을 끌어들임으로써 진리의 가능성을 부인했기 때문이다. 더 착잡한 사실은 '어떤 견해를 갖는다'고 말하기 전에 '무엇에 대해 진술한다'는 것 자체가 사실은 대상에 대한 일정한 고정화이고, 기존의 경험 앞에서 자기를 차단하는 일일 수도 있다는 점이다. 무엇에 대해 어떤 견해를 가지는 일과 마찬가지로 무엇에 대해 생각하고 그것을 언어로 표현하는 것 — 정식화하는 일 자체가 일정한 도식화다. 그것은 대상 전체의 충일성을 몇 가지 기호로 추상화하는 일이기 때문이다.

사실 철학의 활동뿐만 아니라 학문 일반이 근본적으로 추상화 활동이다. 그런 점에서 의견을 갖는다는 것은 모든 언어적 표현이 그러하듯이 일종의 물신화다. 이것은 대상과 언어, 이념과 현존, 주체와 객체가 분리된 게 아니라, 서로 깊은 의미에서 겹쳐 있음을 보여 준다.

오늘날 자유민주주의 국가에서 의사표현의 자유는 보장되어 있다고 말해진다. 그래서 개인은 언제라도 자기의견을 표명하고 관철할 권리를 갖는다. 하지만 아무리 자유민주주의를 표방한다고 해도 사회가 일정한 권력관계 아래 움직이고, 이 사회의 많은 사안이 자본주의적 수익원리에 따라 결정된다면, 그 구성원은 이 시장질서에 따라 살아가는 수밖에 없다. 그렇다는 것은 이 사회의 사물화 원리에 개인은 자신을 맞춰 살아야 하고, 이 세계의 차가움과 압도적 힘에 순응해야 한다는 뜻이다.

현대사회에서 지배적 견해란 언론이나 방송 혹은 인터넷에서 흔히 말해지는 것이다. 그래서 그것은 일정하게 조장 되거나 왜곡된 것이기도 하다. 적어도 그것은 사회정치경제적으로 조건 지어진 것이다. 따라서 일정한 편향성을 피하기 어렵다. 편견이나 풍문 혹은 광기는 그런 왜곡된 선입견의 서로 다른 이름들이다.

그러므로 지금 사회를 지배하는 것은 순전한 의미의 진리라기보다는 '공동의 사견私見'에 가깝다고 할 수 있다. 오늘의 현실을 움직이는 것은 사고가 아니라 의견 — 주관적 견해인 것이다. 사고가 도달하지 못하는 곳에서는 언제나 의견이 마치 사고인 것처럼 기능한다. 그러나 의견은 사고가 결코 아니다. 의견은 사고의 거짓 대용품일 뿐이다. 무엇이 진실하고 무엇이 거짓인지, 무엇이 옳고 무엇이 그른가를 결정하는 것은 명증성이 아니라 사회정치적 권력이기 때문이다. 진리나 명증성이 아니라 자의성과 우발성이 삶의 사안을 결정한다. 그러므로 현대사회란 부당한 견해가 정당한 사고를 대체해 버린 사회다.

ㄴ. 아포리아의 성찰

「의견-광기-사고」에서 아도르노가 강조하는 것의 하나는 어떻게 각 개인의 의견이 병적 의견이 되지 않도록 할 수 있는가, 그래서 전체주의적 광기체제를 막을 수 있는가에 있다. 의견과는 달리 사고는 주관적 활동에 그치는 게 아니다. 주관은 객체와 만나야 하고, 이 만남 속에서 좀 더 나은 단계로 옮아가야 한다. 즉 변증법적으로 움직여야 한다. 사고의 주관적 자의적 단계는 이 변증법적 움직임 속에서, 이 움직임의 긴장을 통해 조금씩 지양될 수 있다.

이 변증법적 운동 속에서 사고는 자본주의적 사물화 이데올로기가 강제하듯이 다른 것에 자기를 동화시키는 데 만족하지 않는다. 그래서 기존질서에 순응하는 게 아니라, 타자와 만나고, 이 만남 속에서 자신을 쇄신시켜 가기 때문이다. 사고가 사물화된 의식으로부터 거리를 유지하고, 이 사물화의식이 강제하는 물신화 상태를 비판하는 것은 이런 쇄신 속에서다. 주체의 있을 수 있는 변화는 이 쇄신의 확대과정에서 일어난다. 진리의 조건이 검토되는 것도 이 쇄신과정을 통해서다.

진부한 것은 거짓된 것

사물화는 앞서 언급했듯이 모든 것을 굳게 하고 닫게 만든다. 그것은 이미 있는 것의 기계적 되풀이만 허용하기 때문이다. 사물화 의식에 주관적 요소가 들어 있다면, 그것은 단순히 주관적 차원이다. 그래서 사물화 의식은 현실을 그 자체의 풍요와 밀도 속에서 경험하지 못한다. 거기에는 이성적 종합능력이 박탈되어 있는 까닭이다. 사물화 속에서 많은

것이 지루하고 진부하며 케케묵은 것으로 되어 버리는 것은 그런 이유에
서다.

진부하고 흔해 빠진 것은 견해의 차원에서 '평균적 의견'이 된다. 평
균적 의견은 사회정치적 권력과 수렴되면서 하나의 물신物神으로 굳어진
다. 이 물신화된 의견은 현실로부터 격리되어 있다. 그래서 아도르노는
쓴다. "그러나 진부한 것은 진실할 수 없다."[19]

그러나 좀 더 심각한 문제는 우리가 '견해'와 '사고'를 개념적으로 구
분하고, 이 견해 가운데 검토되지 않은 것을 질의하면서 사고로 나아간
다고 해도 현실의 갈등이 끝나는 것은 아니라는 사실이다. 진부한 것의
이데올로기를 넘어 사고의 객관성을 지향한다고 해도 현실의 불합리는
사라지지 않을 것이다. 나아가 현실의 비합리성은 대다수 구성원의 합리
적 요구를 압도하기도 한다. 이것은 끔찍한 사실이다. 아도르노는 쓴다.
"합리성이 정상적인 것이라는 확신은 거짓이다. 전체적인 것의 끈질긴
비합리성의 지배구역 아래에서는 인간의 비합리성마저 정상적으로 된
다. 비합리성과 인간의 실천적 행동이 지닌 목적합리성은 서로 분리되지
만, 비합리성은 언제나 이 목적합리성도 정치적 행동에서는 서둘러 압도
해 버린다."[20]

아무리 합리적인 사람들이 합리적 사회를 공식적으로 주장하고 희망
한다고 해도 비이성적 행동이나 사고가 현실에서 사라지는 것은 아닐 것
이다. 정상적인 사고 안에서도 병적인 형태는 얼마든지 내재한다. 이 내
재된 비합리성은 특히 정치적 변혁기나 사회적 위기에 거침없이 터져 나

---

19 Theodor W. Adorno, Meinung Wahn Gesellschaft, in: ders., *Kulturkritik und Gesellschaft II*, a. a.
O., S. 593.
20 Ebd., S. 587.

온다. 이것을 아도르노는 나치 시절 대다수 사람들이 인종이론에, 이 이론이 그토록 반박되었음에도, 매달린 사실에서 확인한다. 나치가 구성원에게 자기존중감을 박탈했다면 이 구성원들은 이 빼앗긴 자기존중감을 집단과의 동일시 속에서 되돌려 받고자 애썼다. 그러나 그들의 집단의식은 거짓된 것이었다. 이 집단감정에는 자기정체성에 대한 진정성의 느낌이 제거되어 있었기 때문이다.

사사로운 견해의 표명 없이 자유는 없다. 인간 자유의 가능성은 자기 의사의 표현에서 시작한다. 그러나 그 견해는 가능한 한 투명하지 않으면 안 된다. 그래서 편견이나 선입견의 자의적 상태를 벗어나야 한다. 바로 여기에 논리와 검토, 검증과 고찰이 필요하다. 사고는 바로 이 반성적 작업을 한다. 사사로운 견해는 주체와 객체의 비판적 상호매개를 통하여 사고로 지양된다.

그러나 오늘날의 세계에서 개인은 물질사회의 압도적 영향 때문에 사물화되지 않은 채 살아가기 어렵다. 거짓된 세계에서 거짓되지 않고 살기란 거의 불가능해 보인다. 그리하여 삶이 사물화하듯이 의식도 사물화한다. 그렇듯이 그의 견해는 산산조각 난다. 그는 사회의 압도적 경제원리 앞에 휩쓸린 채 자신의 견해 — 사견의 둥지 안에서 안락하게 서식한다. 그에게는 현실을 있는 그대로 경험하고 반성할 이성적 능력은 없다.

그리하여 삶의 우발성은 증가한다. 아마도 오늘날의 대중이 의견의 주관적 상태 — 가져도 좋지만 안 가져도 무방한 상투성 수준을 벗어나기 어려운 것은 그런 이유에서일 것이다. 한 가지 예를 들어 보자.

최근에 일어난 가짜 뉴스fake news 논쟁은 미국의 트럼프 대통령과 뉴욕타임스 발행인 사이의 설전으로만 그치는 것이 아니다.[21] SNS가 발달하면서 자기와 같은 뉴스만 골라 보는 뉴스 편식 현상이나, 자기와 의견이 다른 뉴스는 무조건 가짜 뉴스라고 보는 현상은 오늘날 널리 퍼져 있다. 이와 관련하여 영국에서는 '디지털 날인'을 의무화하고, 사실 여부가 확인되지 않는 정보의 유통에 대한 정부 대책을 마련할 것이라고 한다.

그러나 그런 공적 대책과는 별도로 개인은 가짜 뉴스와 진짜 뉴스를 스스로 구분할 줄 알아야 한다. 자의적 견해가 무책임하게 편재할 때 비합리적 사건들은 얼마든지 반복될 수 있다. 현실이 무서운 것은 이런 이유에서다.

사고를 거스르는 사고의 힘

우리는 평균적인 것들이 현실을 지배하지 않도록 경계해야 한다. 공통된다는 하나의 이유만으로 이런 생각이 현실을 어느 한 방향으로 끌고 가도록 내버려둬선 안 된다. 여론이나 시대정신도 틀릴 때가 많지 않은가? 우리는 흔히 자유롭고 평등하며 성숙한 사회를 내걸지만, 이런 공적 슬로건과는 관계없이 삶의 억압적 상태는, 적어도 주의하는 마음과 비판의식이 없다면, 영구화될 가능성이 높다. 그리하여 「의견-광기-사고」의 결론도 '의견에 대한 거스르기'로 수렴되는 듯하다.

진리란 의견의 거짓을 거스르는 의지 외에 다른 장소를 갖지 않는다.

그러나 사고의 힘은, 그것이 사고를 청산하는 노력 속에서, 그래서 사고가 단순히 외향적으로 극단화되는 것으로 너무 쉽게 만족하지 않는 데서 드러난다. 즉 사고는 의견에 대해 자기자신 안에서도 거슬러야 한다.[22]

---

21 이준서, 「트럼프, NYT 발행인 불러 가짜뉴스 설전?…'비공개 회동' 공개」, 연합뉴스, 2018. 7. 29.

22 Ebd., S. 593f.

참된 사고는 단순히 사적 의견을 거스르는 데 그치지 않는다. 그것은 사적 의견뿐만 아니라, 자기견해의 주관성 자체도 거스를 수 있어야 한다. 이렇게 거스르는 힘이 곧 반성이요 비판이다. 이 비판은 움직인다. 이렇게 움직이는 사고의 방법이 아도르노에게는 부정변증법이다. 그의 사유는 부정변증법적으로 움직인다. 진리는 이 움직임 — 부정변증법적 비판의 운동에서 온다.

사고가 충실하다는 것은 말의 엄격한 의미에서 사고가 자기비판의 부정변증법적 계기를 내장한다는 뜻이다. 자기자신에 대한 자족이 아니라 이 자족의 상태를 부정하는 것, 그렇게 앞으로 나아가면서 의식은 비로소 올바른 것이 된다. 나아가지 못하면, 그래서 그 자리에 머문다면 의식은 거짓된다. 상투적이고 진부한 것들은 이렇게 움직이지 못하는 것, 그래서 그 자리에 고여 있다. 그러니 썩어 간다.

그러므로 의식은 자신의 각질화 — 껍질이 되는 위험을 경계해야 한다. 이 껍질로서의 상투성이야말로 사물화된 의식이기 때문이다. 사물화된 의식은 그 자체로 이데올로기이기 때문이다. 그리하여 바른 의식은 "오직 자신의 아포리아와 자기자신에 대해 지치지 않고 반성하는 노력 속에" 있다.[23] 결국 민주사회의 성숙한 시민이란 한마디로 자율적으로 사고하고 독립적으로 판단하는 개인이다. 이런 개인으로부터 자유로운 행동의 가능성도 생겨난다. 그것은 부정적 비판적 사고를 연습하는 일이기도 하다. 아도르노가 「아우슈비츠 이후의 교육」에서 되풀이하여 강조하는 것도 바로 이 "비판적 자기성찰에 대한 교육"이다.[24]

---

23 Ebd., S. 592.

24 Theodor W. Adorno, Erziehung nach Auschwitz, a. a. O., S. 676. 비판적 자기성찰은 아우슈비츠 이후 교육의 일반내용이면서 오늘날의 몰락한 교양 — "어설픈 교양"에 대해서도 필수적이라고 아도르노는 본다. "그러나 교양은, 이것이 필연적으로 되어 버린 어설픈 교양

자기성찰의 교육에서 아마 가장 핵심적인 것은 아포리아에 대한 의식일 것이다. 아포리아란 물론 삶의 해결할 수 없는 난관이고, 이 난관은 역설이나 모순으로부터 온다. 인식하는 주체와 이 주체의 인식내용을 벗어나는 것 사이의 간극을, 그 낯선 불일치를 우리는 무조건 외면하거나 억압해선 안 된다. 우리는 대상과 언어의 거리나 주체와 객체 사이의 이율배반을 부단히 의식하고 주제화하며, 이 이율배반 자체를 문제의식의 주된 대상으로 삼아야 한다. 전체주의 사회에서 무시되는 것이 바로 이 간극과 균열이다.

그러므로 참된 성찰적 힘은 주체와 객체, 현실과 언어, 대상과 의식 사이의 균열과 아포리아를 비판적으로 의식하는 데서 생겨난다. 이 의식화 능력이야말로 자기성찰의 진정한 능력이다. 자율적 인간은 이 성찰력 덕분에 개인뿐만 아니라 사회의 병리적 가능성을 경계할 수 있다. 그는 삶의 기만적 구조를 꿰뚫어 보는 "인식의 고통스러운 노력"을 피하지 않기 때문이다.[25] 이 고통스러운 노력 속에서 우리는 자유와 인간성의 이상이 거짓일 수 있는 위험에도 대항할 수 있을 것이다.

3) 아직 오지 않은 것에 대한 갈구

자기성찰의 능력은 개인이 연마하여 얻을 수도 있지만, 교육을 통해 좀 더 효과적이고 체계적으로 장려될 수 있다. 아도르노는 모든 정치교육이, 적어도 2차 세계대전 이후 독일사회에서의 그것은, 궁극적으로는 아우슈비츠가 반복되지 않도록 하는 데 집중되어야 한다고 썼다. 그래

에 대한 비판적 자기성찰 외에 어떤 다른 생존의 가능성도 가지고 있지 않다." Theodor W. Adorno, Theorie der Halbbildung, in: ders., *Soziologische Schriften I*, Gesammelte Schriften, Bd. 8, Frankfurt am Main, 1972, S. 121.

25 Theodor W. Adorno, Was bedeutet: Aufarbeitung der Vergangenheit, a. a. O., S. 567.

서 정치적 사건을 가시적 차원에서만 다룰 게 아니라, 그 배후에 어떤 힘의 관계가 작용하는지 가르쳐야 한다고 보았다. 마찬가지로 국가는 중요하지만, 국가의 권리가 국민의 권리보다 크면 잔혹함은 상존한다고 경고했다.

이러한 교육의 거시적 목표는, 사회적 이념적 차원에서 보면, 계몽주의와 이 계몽주의가 전제하는 휴머니즘 그리고 역사 발전의 손쉬운 이상을 문제시하는 데 있다. 그 미시적 목표는, 개인적 생활적 차원에서 보면, 성찰의 자의식과 자율성을 일깨우는 일이다. 이 두 가지 목표는 결국 한 가지로 귀결된다. 한 가지란 인간의 문명이 다시는 야만화되지 않도록 해야 한다는 윤리적 당위성이다.

자기성찰적 사고는 자명한 것들의 거짓을 부단히 해체하고 구성해가야 한다. 그러려면 주어진 사실을 존중하면서도 그 내용을 검토하고, 이런 내용의 검토 속에서도 사실 너머의 차원으로, 그래서 더 높고 넓은 삶의 지평으로 나아갈 수 있어야 한다. 이것은 있을 수 있는 관점의 모든 자의성을 문제시하는 데서 시작된다. 하지만 이런 의미의 지평이란 아직 실현되지 않은 것들이다. '아직 오지 않은 것들의 갈구'라고나 할까? 그런 점에서 교양교육의 목표는 예술의 목표와 통한다고 할 수 있다. 예술은 아직 지켜지지 않은 행복에의 약속이고, 그런 행복한 유토피아의 선취이기 때문이다.

하지만 교양교육의 목표는 말할 것도 없이 예술의 목표보다 더 현실적이고 구체적이다. 그것은 앞서 적었듯이 비판적 자기성찰을 겨냥한다. 하지만 어느 목표나, 그것이 교양교육에서든, 예술에서든, 합리성의 이름 아래 관리되는 오늘날의 세계에서는, 상품과 자본의 힘이 개개인의 생활뿐만 아니라 의식과 무의식의 심부에까지 스며들어 작동하는, 그래서 주어지고 공급되는 현상적 세계 외에 어떤 다른 현실도 받아들이기 어려운 것으로 보이는 지금의 소비사회에서는 쉽지 않은 것으로 보인다. 그리하여 야만과 파국을 저지하는 교육의 길은 한없는 패배와 좌절을 전제하는 듯하다.

이러한 절망과 회의를 아도르노는 자주 토로했다. 그는 이렇게 썼다. "정신의 유보 없이, 내적 왕국의 환상 없이, 자신의 기능 없음과 무기력을 시인하는 사고만이 아마도 가능한 것 그리고 부재하는 것의 질서에 대한 시선을 필요로 할 것이고, 이 질서에서 인간과 사물은 그 적절한 자리에 놓일 것이다."[26] 그러니까 아도르노가 찬미한 것은 "인간과 사물이 적절한 자리에 놓이는" "어떤 가능한 것과 부재하는 것의 질서"다. 이 질서에서 사고는 "자신의 기능 없음과 무기력"을 부끄러워 숨기는 게 아니라, 차라리 "시인한다".

이 무기력의 시인是認 속에서도 사고는, 적어도 비판적 자기성찰의 사유는 삶의 다른 질서를 희구하려고 애쓴다. 아마도 '다르게 될 수도 있다'는 바로 이 가능성 — 이 다른 가능성의 탐구에 철학의 가장 진보적인 잠재력이 있을지도 모른다. 그런 점에서 자기성찰적이고 이성적이며 성숙한 인간의 교육은 예나 지금이나 절대적으로 중요하다. 계몽주의자 칸트는 스스로 생각하지 못하는 미성숙으로부터 사회가 해방되길 희구했지만, 이런 사회의 해방은 스스로 생각한 일을 감행하는 개인의 용기와 그 결단으로부터 가능하리라고 여겼다.

자신의 예속과 굴종에 대한 직시가 없다면 삶의 굴종은 영속할 것이다. 그럴 경우 인간은 노예가 되지 않기 어렵다. 스스로 생각하지 못할 때 그는 노예다. 다른 삶의 가능성은 스스로 생각하는 데서 시작하기 때문이다. 노예는 사고를 포기하면서 자신의 품위도 스스로 박탈한다. 결

---

26 Theodor W. Adorno, Wozu noch Philosophie, a. a. O., S. 471.

국 자발적 사고야말로 인간의 품위를 창출하는 것이다.

그러므로 독립적이고 자유로워지고자 하는 의지는 곧 삶의 품위를 만드는 일이다. 교육의 가장 중요한 목표는 이 자율성에 있다. 스스로 사고하는 법을 배우고 익힐 때, 인간은 비로소 자율적이고 자유롭다. 이 자유로운 사고 속에서 개인은 집단적인 것의 맹목적 횡포에 저항할 수 있다. 자기성찰의 능력이나 사고와 의견의 구분은 지금의 한국사회가 얼마나 집단적인지, 그리고 민족주의를 포함하여 아직도 얼마나 크고 작은 이데올로기에 포박되어 있는지를 고려한다면, 우리의 시민교육에서 핵심내용이 될 만한 것으로 여겨진다.

II. 교양의 문제

지금까지 살펴보았듯이 「아우슈비츠 이후의 교육」에는 어떻게 사람이 집단과의 맹목적 동일성 속에서 '조작적 성격'을 갖게 되는지, 그래서 감정과 의식의 물신화에 이르게 되는지, 그리하여 왜 교육은 이 물신화된 의식을 문제시하는 '비판적 자기성찰'이 되어야 하는지가 서술되어 있다.

「아우슈비츠 이후의 교육」에 아도르노 말년의 교육관이 집약되어 있다면, 이런 문제의식은 그보다 앞선 글들, 이를테면 「이데올로기론에 대한 기여」(1954)나 「어설픈 교양의 이론」(1959), 「지금 철학은 무엇을 위한 것인가?」(1962)와 「철학적 사고에 대한 언급」(1964)에도 조금씩 방향이나 강조점을 달리 한 채 이미 담겨 있다. 그 가운데 교양의 문제를 직접 거론한 글은 「어설픈 교양의 이론」이다.

「어설픈 교양의 이론」에서 펼쳐지는 아도르노의 논점도 간단치 않다. 이 글은 30쪽 정도 되는 길지 않은 글이지만, 그의 다른 글이 대개 그러하듯이 고도로 압축적이고 밀도가 높아 최대한 집중하여 읽지 않으면 안 된다. 그것은 매우 복잡한 구문구조를 보여 준다.

하지만 그 표현들은 복잡다기한 삶의 현실을 관통하면서 마치 보석처럼 통찰의 빛을 발한다. 아마도 아도르노 읽기의 즐거움은 끊임없이 등장하는 이런 통찰과의 소중한 해후에 있을 것이다.

1. 어설픈 교양의 보편화

아도르노 교양론의 출발점은 간단히 오늘날의 교양이 지나치게 '사회화sozialisiert'되어 있다는 점이다. '사회화'란 물론 이중적이다. 좋은 뜻도 있고 나쁜 뜻도 있다. 하지만 아도르노적 의미에서 그것은 나쁜 뜻에 가까워 보인다. 즉 상업화/물신화되어 있다는 뜻에 가깝다. (그에게 물신화와 상업화, 표준화와 조작화 그리고 문화산업화는 거의 동의어처럼 쓰인다.) 왜 그런가? 이 설명을 위해서는 우회로가 필요하다.

칸트의 계몽철학 이후 서구철학적 사유의 전통에서 '자유롭다'는 것은 '스스로 규정한다'는 뜻이다. 자유로운 인간은 자기의 삶을 스스로 규정하고 선택하며 결정하고 판단한다. 즉 자율적으로 살아간다. 인간은 적어도 그런 자율의 능력을 지닌 것으로 간주된다. 그러므로 계몽주의의 휴머니즘적 전통이 추구하는 것은 삶의 자율적 형성가능성이다. 그러나 이런 삶은 현대에 와서 여러 점에서 위태로워 보인다. 후기자본주의적 사회에서 많은 것들은 상품화해 버렸기 때문이다. 이것을 아도르노는 문화산업 개념으로 설명한 바 있다.

이 전반적 산업화 혹은 상품화 혹은 물신화는 조금 다른 각도에서 보면 주체와 사회 사이에 간극이 없어져 버렸다는 뜻도 된다. 사회가 사회화되어 버렸다는 것은 아도르노적 맥락에서는 사회가 '철저하게 관리된다total verwaltet'는 것과 동의어다. 이것이 총체적 관리의 상태다. 이 총체적 관리 상태는 사물화요 소외의 상태다. 교환의 원리가 전사회적으로 작동하고, 교환원리에 따른 최대수익의 원칙이 그 사회의 가치와 견해를 지배하고 왜곡할 때 개인은 무기력할 수밖에 없다. 그는 더 이상 결정하거나 규정하기 어렵다. 그리하여 그는 자율적이고 자유로워질 수 없다.

개인은 총체적 관리사회에서 제대로 느끼고 생각하지 못할 뿐만 아니라, 그런 경험의 내용을 제대로 제어하지 못한다. 그는 대상과, 이 대상이 타인이든 사회든 자연이든, 깊게 교류하지 못한다. 게다가 이 사회는 근대화 이후 더욱더 파편화되고 물신화되며 피상화되어 왔다. 이제 인간은 올바로 감각하고 사유하지 못하듯이 올바로 상상하지도 못한다. 이것은 아도르노적 맥락에서 "살아 있는 관계"의 "희생"이다.

세계의 탈마법화를 통한 전통상실은 이미지 상실의 상태로, 이전에는 교양과 병립할 수 없었던, 단순 도구로 되어 버린 정신의 황폐화로 끝나 버렸다.

어설픈 교양의 기후에서 상품처럼 물신화한 교양의 사실내용은 그 진리내용과, 교양이 살아 있는 주체에 대해 갖는 살아 있는 관계를 희생하면서, 살아남는다.[27]

오늘날 교양이 "상품처럼 물신화"하였다면, 그 내용은 부실하다. 그것은 '반쯤의' 어중간한 형태이고, 그래서 '어설프게' 된다. 이 어설픈 교양은, 다시 아도르노적 맥락에서 보면, 지나치게 사회화되었기 때문이다.

---

27 Theodor W. Adorno, Theorie der Halbbildung, a. a. O., S. 105, 103.

사회화된 교양은 죽은 교양이다. 현대의 주체는 바르게 느끼고 생각하기 어렵다. 교양이 자신의 진실을 잃고 있듯이, 그래서 스스로 어설프게 되어 가듯이, 이 어설픈 교양으로 치장한 주체는 자신의 경험을 제대로 소화하고 축적하지 못하기 때문이다. 그러므로 오늘의 현실을 지배하는 것은 어설픈 교양이고, 나아가 무無교양이며 반反교양이다. 그것은 하나 같이 단순하고 표피화되어 있어서 가볍고 얄팍하다. 그것은 말의 엄격한 의미에서 무지한 것이다.

어설픈 교양과 반교양, 무교양과 무지는 서로 통한다. 여기에 공통되는 것은 자율성이 다같이 망실되어 있다는 사실이다. 자율성이 자아의 원리라면, 이 자율성이 증발한 곳에서 자아가 바로 서기는 어렵다는 사실은 자명하다. 아도르노는 어설프게 몰락한 교양이 현대사회의 대중을 덮치고 있고, 이 어설픈 교양의 보편적 위력에 문화산업이 조력한다고 파악한다. 이런 모델의 예를 그는 중간사무직 사람들에게서 본다. 그러나 어디 이들뿐이겠는가?

2. 정신의 수단화 ─ 문화물신주의 비판

정신이 단순 도구나 수단으로 전락할 때 그것은 황폐해진다. 가볍고 얄팍해지는 것이다. 여기에서 '가볍다'란 '경쾌하다'거나 '편리하다'라는 뜻보다는 '경박하고 속악하다'는 뜻에 가까울 것이다. 그래서 거칠고 상스러워진다.

이 얄팍하고 경박한 정신이 진리이기 어려운 것은 자명하다. 그것은 사실의 전체와 유리되어 있기 때문이다. 그래서 실체적일 수 없다. 수단이 된 정신은 경험의 내용을 온전히 전달할 수 없다. 정신이 독립적이길 멈추는 것은 이런 맥락 속에서다. 정신의 비독립화란 곧 타율화다. 아도르노는 쓴다.

정신적 문화는, 직업적으로 이 문화에 종사하는 사람을 제외하면, 더 이상 어떤 실체적인 것으로 경험되지 않는다. 보편적으로 사회화된 사회의 그물 망 속에서 순응은 모든 것을 지배하면서 어떤 정신적 독립성에 대한 기억을 더 이상 허용하지 않는다.[28]

위 인용문에서 핵심은 "보편적으로 사회화된 사회의 그물망"이나 "순 응" 그리고 "어떤 정신적 독립성에 대한 기억"이 될 것이다. '사회화된 사 회'란 거듭 말하여 사회가 지나치게 외양화하고 물신화된 것을 뜻할 것 이다. 외양화와 물신화란 피상화이자 경박화다. 이런 곳에서 사람은 이 미 주어진 것에 대한 "순응" 외에 달리 선택할 것이 없다. "순응이 모든 것을 지배하기" 때문이다.

그리하여 정신문화는 사람들 사이에서 "더 이상 어떤 실체적인 것으 로 경험되지 않는다." 그렇듯이 그것은 "어떤 정신적 독립성에 대한 기억 을 더 이상 허용하지 않는다." 이것이 보편적으로 어설픈 교양의 결과다. 아도르노는 쓴다.

이런 경향의 결과가 그 사이에 보편적으로 된 어설픈 교양이고, 모든 정 신적 내용이 소비재로 변화한 것이다. 정신적 내용은 더 이상 구속력도 없 고 이해되지도 않는다. 대신 사람들은 그 문화에 참여하기 위해 정보를 얻 는다. 사실상 문화는 이제 주요한 사회적 사건을 은폐하는 데만 쓸모 있다.

---

28 Theodor W. Adorno, Einleitung zu einer Diskussion über die Theorie der 'Halbbildung', in: ders., *Soziologische Schriften I*, a. a. O., S. 575.

어설픈 교양은 살아 있는 주체와의 살아 있는 관계가 없는 정신적인 것의 확장이고, 지배적 관심에 순응하는 견해로 평준화된다. 모든 매체에 의해 스스로 넓혀진 체계가 된 문화산업은 집중과 기술적 표준화의 경제적 필연성에 복종할 뿐만 아니라, 문화를 내쫓는 사람들을 위한 문화를 동시에 생산한다. 어설픈 교양은 배제된 것의 조작된 정신이다.[29]

위 인용문의 전언을 정리하면 세 가지가 될 것이다.

첫째, 어설픈 교양에서 정신의 내용은 박탈되어 있다. 거기에서는 "살아 있는 주체와의 살아 있는 관계가 없기" 때문이다. 그래서 정신은 "지배적인 관심에 순응하는 견해로 평준화된다." 교양이 피상화되는 것은 그런 맥락에서다. 얄팍하고 어설픈 교양은 "주요한 사회적 사건을 은폐한다".

둘째, 이 어설픈 교양에 작동하는 것이 바로 문화산업이다. 문화산업은 "기술적 표준화"를 통해 의미 있는 문화를 만들거나 이 문화의 창조자에 기여하는 게 아니라, 오히려 "문화를 내쫓는 사람들을 위해 문화를 생산한다". 이렇게 생산된 교양은 "배제된 것의 조작된 정신"이 된다.

"조작된 성격"은 앞서 보았듯이 전체주의적 인간형의 근본 특징이었다. 문화산업하의 교양은 마치 나치즘이나 파시즘에서처럼 사람을 값싼 정보 아래 하향평준화한다. 여기에서 살아 있는 주체는 소외되면서 정신의 자발성도 빼앗긴다.

셋째, 그러므로 어설픈 교양을 가진 사람들은 얼핏 보아 문화에 참여하는 듯 보이지만, 사실은 문화에서 배제된다. 그들에게 교양은 소비재의 하나일 뿐이다. 그들은 아무런 책임도 윤리의식도 갖지 않기 때문이

---

29 Ebd., S. 576.

다. 그들은 책임 있게 사고하지 못하므로 자신의 감각과 사고를 교정하기도 어렵다. 이들에게 비판과 성찰이 사라지는 것은 당연하다.

비판 없는 사회의 문화는 스스로 물신화한다. 문화물신주의에 대한 아도르노의 언급은 이렇다.

아무런 치욕 없이, 문화물신주의를 넘어 문화적이라고 불려도 좋은 것은 오직 자기자신의 정신적 형상이 지닌 정직성의 힘으로 실현되는 것이고, 따라서 사회의 명령에 직접적 순응을 통해서가 아니라, 오직 매개적으로, 즉 정직성을 통하여 사회에 다시 돌아가 작용한다. 그러나 그 힘이 정신으로 자라나는 것은 한때 교양이었던 것 외의 어떤 다른 것에서 나오는 게 아니다.[30]

좋은 문화란 문화물신주의를 넘어선 문화다. 그런 문화에서는 정신의 자유 — 자유로운 정신의 비판이 허용된다. 자유로운 정신과 좋은 사회는 분리될 수 없다. 이런 곳에서 어느 하나는 개인적인 것이고, 다른 하나는 사회적이라고 말할 수 없다. 둘 다 개인적이면서 동시에 사회적이기 때문이다.

정신은 자유로워야 하고, 그래서 개별적으로 작동하는 것이다. 하지만 이런 개인의 자유로운 정신은 이미 사회적으로 기능한다. 개인적인 것과 사회적인 것, 특수한 것과 일반적인 것은 깊은 의미에서 '매개되어' 있는 것이다. 따라서 어떤 사회가 참된 사회라면 이 사회에서 개개의 정신은 마땅히 자유롭고 자유로워야 한다.

거꾸로 정신의 이 개별적이고 고유한 가능성이 무시된다면, 그것은

---

30 Theodor W. Adorno, Theorie der Halbbildung, a. a. O., S. 121.

이미 억압된 사회다. 이 비이성적 사회 속의 정신은 이미 이데올로기화된 정신 — 사물화된 정신이다. 사물화된 정신은 더 이상 정신이 아니다.

이데올로기는 '삶이 지금과는 다르게 될 수도 있다'는 사실을 부정한다. 그것은 이미 있는 것의 현존을 고수할 뿐이기 때문이다. 기존질서의 항구적 되풀이 — 이것이 이데올로기의 지향이다. 그리하여 그것은 자율성을 부정하고 살아 있는 정신을 죽게 한다. 이데올로기적 경직성이 폭력과 테러리즘으로 귀결하는 것도 그런 이유에서다. 그에 반해 정신은 기존의 것을 되풀이하지 않는다.

이데올로기가 이미 있는 것의 단순 재생산이라면, 사고는 이미 있는 것을 넘어간다. 그리고 그것은 그렇게 넘어서는 자기자신마저 넘어서고자 한다. 이 넘어섬, 이 넘어서려는 움직임은 아도르노에 의하면 "자기자신의 정신적 형상이 지닌 정직성의 힘"에서 온다.

기존질서의 되풀이가 아니라 그 극복의 계기는 정신이 지닌 정직한 힘에서 온다. 이 정신은 아마도 아도르노의 철학에서 부정성이 될 것이다. 부정성의 사고, 이것은 자기비판의 성찰력이다. 그리하여 물신주의를 이겨 내려면 우리는 사고의 부정변증법적 계기에 의존해야 할 듯하다. 비판적 사고는 부정의 지양적 쇄신 속에서 올바르게 자리하기 때문이다.

3. 교양의 변증법

오늘날의 교양개념에 대해 우리는 일관되고 통일된 견해를 갖기 어렵다. 그것은 간단히 말하여 현대적 삶이 지나치게 사회화됨으로써 교양이 상품처럼 물신화되고, 이 물신화 때문에 교양의 핵심인 정신도 황폐하게 되었기 때문이다.

그런데 교양이란 말에도, 그 개념사를 추적해보면, 착잡한 것이 많다.

이것은 괴테의 『빌헬름 마이스터의 수업시대』에서 잘 묘사되어 있다.

1) 신분적 특권으로서의 교양

이 소설의 주인공 빌헬름은 귀족계급이 아니라 상인계급 출신이다. 그에게는 재산도 신분도 없다. 그 때문에 그는 자신이 처한 신분과 재산상의 불안정에서 벗어나려고 애쓴다. 그가 연극에 몰두하는 것도 '교양'을 가지기 위해서다.

이 점은 흥미롭다. 교양은 그 발생 시부터 그 자체로 좋은 것이 아니라, 부르주아 상인계급이 귀족계급의 지위에 대응하는 유사신분적 특권의 한 수단으로 자리하기 때문이다. 이 같은 신분적 한계로 인해 부르주아 시민계층의 교양적 노력은 그 자체로 순정한 것으로 보이지 않는다. 거기에도 기만은 들어가 있기 때문이다.

주인공 빌헬름은 휴머니즘적 유산을 통해 기존의 교양 특권을 문제시하지만, 그래서 특권 없는 삶의 인간적인 상태를 내세우지만, 그가 내세우는 휴머니즘의 원칙도 일정한 특권의 벽 뒤에서, 혹은 그 특권의 테두리 안에서 움직인다. 그리하여 자유와 자율성 같은 교양적 목록은 그 자체로 순수한 불변의 항목이 아니라 사회역사적 동력 속에서 시간이 감에 따라 여러 형태로 변질된다.

이런 변질은 오늘날 더 격화된다고 할 수 있다. 현대의 교양은 지금의 상품소비적 사회구조 속에서 물신화되어 있기 때문이다. 앞서 언급한 '어설픈 교양'은 이 물신화된 교양을 지칭한다. 그리하여 교양을 많이 가지면 많이 가질수록 교양을 가진 자는 자기교양을 과시하면서 잘난 체하고 으스대기 일쑤다. 특권화된 교양은 정신의 자유로부터 점차 멀어지고, 삶의 자율성이라는 원래 내세웠던 명제를 배반한다. 그래서 반지성적으로 된다.

2) 상투적 어법

이러한 교양이 말의 엄격한 의미에서 참된 교양이기 어렵다. 그래서 어설픈 교양이 되고, 나아가 무교양이 된다. 생각이 얇고, 그래서 편견에 차 있으며, 그 행동이 옹졸하고 쩨쩨하기 쉽다. 이 어설픈 교양의 부르주아를 '소시민小市民/the petit[petty] bourgeois'이라고 부르는 것은 그런 이유에서다('petit'란 '작고 옹졸한'이라는 뜻이다). 그러므로 어설픈 교양과 소시민 혹은 소시민적 근성은 상호친화적이다.

어설픈 교양이란 '교양이 있는 데 어설프다'는 뜻도 되겠지만, 그보다는 '교양이 없다'는 뜻에 가깝다. 그래서 무교양인과 같다. 무교양의 인간은 자기가 경험하는 것에 대해 별반 의문을 갖지 않는다. 그들은 모든 것을 당연시하기 때문이다. 그들은 위에서 주어진 대로 받아들이고, 밖에서 명령한 대로 따른다. 그래서 공약할 수 없는 것도 공약할 수 있는 것이 되고, 다를 수 없는 것도 아무런 유보 없이 동일시된다. (통합불가능한 것의 통합은 아도르노의 문화산업론에서 사물화된 소외의식의 가장 큰 특징의 하나였다.)

이 동일시에는 두 가지 뜻이 있다. 그것은 이를테면 예술감상에서 요구될 때 그러하듯이 대상의 다채로움에 공감하면서 이뤄지는 동일시라기보다는 이미 가진 인식 틀의 테두리 안에 포섭된다는 의미에서의 동일시다. 그것은 대상에 대한 진실한 이해가 아니라, 대상에 자기의 틀을 덮어씌우는 강제적 활동이다. 이때 대상과 주체는 깊이 교류하기 어렵다. 어설픈 교양은 결국 소외된 의식의 표현이다.

어설픈 교양인이 즐겨 쓰는 것은 상투어Cliché다. 아도르노는 상투적 어법이야말로 모든 파시즘 선전 자료의 가장 핵심적 특징의 하나라고 「반유대주의와 파시스트 선전」에서 지적한 바 있다.[31] 그들은 '그것이 무엇인가? 혹은 '그것은 왜 그렇게 되었는가?'라고 묻지 않는다. 대신 그들은 아무런 이의 없이 '그것은 ~하다'라고 결론 내린다. 아니면 '어떻게, 그걸 모르나요?'라고 말한다.[32] 이런 상투적 기준 아래 그들은 사건을 단정하고, 그 확신을 일삼으면서 그와 다른 견해에 격분하고 단죄한다.

이런 식으로 전체주의적 파시스트가 즐겨 쓰는 논리는 흑과 백, 적과 동지의 상투적 이분법이다. 이 이분법 아래 그들은 대상을 비난하고 폄하하며 빈정거린다. 그러면서 말하는 자와 듣는 자 사이의 감정과 견해의 일치를 도모한다. 이 같은 일치는 반복되고 또 반복됨으로써 지도자와 추종자 사이의 일치로 확대된다. 하지만 이 도식 아래 무시되는 것은 구성원 개개인의 현실이다. 그러면서 현실의 '현 상태는 보존된다'.

그리하여 기존현실의 정당화는 개인의 자기소멸 위에 유지된다. 전체주의 질서에서 각 개인은 이 상투적 세계관의 주입 아래 '추종자'에서 '희생자'로 변질된다. 무서운 것은 바로 이 집단적 변질이다.

3) 집단적 나르시시즘 속의 자아부재

그러므로 어설픈 교양이 만들어 내는 감각과 인식의 내용이 객관적일 수 없다. 그렇다고 그것을 주관적이라고 할 수 있는가? 어설픈 교양의 언어는 객관적이지 못한 것처럼 바른 의미에서 주관적이지도 않다. 그것은 주체 자신의 감정도 정직하게 드러내지 못하기 때문이다. 그것은 왜곡된 의식 — 사물화된 의식의 상투적 표현이다.

그리하여 어설픈 교양의 경험내용은 객관적인 것이 아니라 주관적이다. 더 정확하게는 주관적이라기보다는 감상적이고 퇴행적이다. 여기에

---

31 Theodor W. Adorno, Anti-Semitism and Fascist Propaganda, in: ders., *Soziologische Schriften I*, a. a. O., S. 404f.

32 Theodor W. Adorno, Theorie der Halbbildung, a. a. O., S. 116, 118.

는 바른 의미의 자아가 휘발되어 있다. 자아가 없는 데 그 주체의 정체성
이 제대로 있겠는가? 그럴 수 없다. 정체성이 없는 데 그 개인은 하나의
고유한 주체로 살아가겠는가? 그러기 어렵다. 그에게는 생존적 차원의
연명만 있다. 그래서 아도르노는 썼다. "어설프게 교양 있는 자는 자아
없는 자기보존만 행한다."[33]

어설픈 교양인은 대상에 대한 객관적 고찰을, 이 대상이 사회든 인간
이든 세계든 간에, 하기 어렵다. 그들에게 새로운 출발이나 전환은 없다.
그들은 이미 설정되고 소유한 것들을 지치지 않고 반복하기 때문이다.
그러나 현실이 변할 수 없는 것으로 나타난다면 그것은 의식이 물신화된
까닭이다. 물신화된 의식은 세계를 꿰뚫지 못하고, 그 배후를 꿰뚫으려
고 하지도 않는다.

어설픈 교양인에게 자아는 없다. 거기에는 주어진 사안에 대한 기계
적 추종과 순응만 있지, 주체의 능동적 적극적 개입은 없기 때문이다. 그
리하여 이들에게 비판과 부정이 불가능하다. 만약 비판이 있다면 이것은
'반체제적'이거나 '시대에 맞지 않는', 혹은 '현실을 모르는' 것으로 폄하된
다. 이들은 자신들과 다른 생각을 억압하고 배제하면서 서로의 안정을
확인한다. 말하자면 흔히 통용되고 선전되는 생각들을 공동의 굳건한 유
대로 간주하며 안심하는 것이다. 바로 이 점에서 아도르노는 집단적 나
르시시즘을 읽는다.

더 이상 경험되지 않고 더 이상 현재하지도 않는 교양의 특권과, 이런 교
양과의 실패한 동일시를 고무하는 메커니즘은 ─이것은 집단적 나르시시즘
의 메커니즘인데─ 주관적이다. 어설픈 교양은 그 비밀스러운 왕국을 모든

---

33 Ebd., S. 115.

사람의 것으로 만들었다. 집단적 나르시시즘이 이뤄져 사람들은, 그들이 가진 개인적 충동의 구조에 이른 사회적 무기력의 의식과, 동시에 죄의식을 ― 왜냐하면 그들은, 자기 생각에 따르면, 자기가 존재하고 행해야 하는 것을 그렇게 존재하지도 행하지도 못하고 있기 때문에―, 그들 자신에게 없는 모든 것의 속성을 약속하는 보다 높은 것과 포괄적인 것의 일부가 됨으로써, 그것이 실재하든 상상 속에서든, 보상하고자 한다. 그들은 보다 높은 것의 특질에 참가하는 것과 같은 것을 다시 대표적으로 얻어 내려 한다.[34]

위의 문장이 복잡하다. 그러나 문장의 주어와 목적어 사이에 자리하는 수식구나 수식절을 제외한 다음 주어와 목적어 그리고 동사를 이어 이해하면, 그 요지는 간단한 것으로 드러난다. 핵심은 무엇인가? 그것은 어설픈 교양인이 전체 메커니즘 속에서 "보다 높은 것과 포괄적인 것의 일부가 됨으로써", 자신의 "사회적 무기력의 의식과" "죄의식"을 "보상하고자" 한다는 사실이다.

집단에 대한 주체의 동일시에서 일어나는 것은 앞서 적었듯이 주체의 상실이다. 개인은 살기 위해, 말하자면 자기보존을 위해 스스로 자기를 지운다. 그렇게 지워진 자기 대신 집단이 그를 대신한다. 이제 그의 삶을 살아가는 것은 개인이 아니라 집단이다. 이때 집단은 단체이거나 사회 혹은 국가일 수 있다. 개인은, 그의 정체성이 약하면 약할수록, 집단적인 것을 즐겨 호명한다. 이것은, 아도르노적 맥락에서 다시 해석하면, 교양이 어설프면 어설플수록 더욱 전체에 기댄다는 뜻이 된다. 그래서 "어설프게 교양 있는 자는 자아 없는 자기보존만 행하는" 것이다.

아도르노는 적는다. "어설프게 이해한 것과 어설프게 경험한 것은 교

---

34 Ebd., S. 114.

양의 전前 단계가 아니라, 교양의 숙적이다."³⁵ 오늘날의 얄팍한 교양현실에 대한 명석한 정식화가 아닐 수 없다. 어설픈 교양은 더 이상 교양이아니라, 교양의 '적'이다. 그래서 그것은 '반反교양'이다.

4) "사이비민주주의적 판매원이데올로기"

이런 점에서 오늘날 시장에서 얘기되는 가치들의 기준은 재검토될필요가 있다. 이 기준들은 많은 경우 수익 극대화의 원칙 아래 서열화되어 있고, 따라서 공정하지 못한 경우가 많기 때문이다. 더 구체적으로 말하여 시장에서 말해지는 좋음이나 현명함은 좋지 않음이나 아둔함일 수도 있다. 아도르노는 이렇게 지적한다. "지배적 조건 아래 교양의 참신하고 즐거운 유포는 직접적으로 그런 교양의 말살과 같다."³⁶

그렇듯이 문화산업 아래 말해지는 '발전'은 말의 올바른 의미에서 발전이 아닌 경우가 많다. 마찬가지로 문화산업이 선전하는 자유는 자유가 아니라 부자유이고 억압일 수 있다. 그렇지 않다면 발전을 내세우는 많은 경향은 부자유를 동반한다고 볼 수도 있다. 이것은 오늘날의 민주주의에 대해서도 다르지 않다. 즉 어설픈 교양 아래 행해지는 민주주의란 포퓰리즘적 슬로건이고, 그 때문에 민주주의의 부정이자 파괴일 수 있다. 그것은 교양의 증진이 아니라 변질이다. 이것을 아도르노는 특이하게도 "사이비민주주의적 판매원이데올로기pseudodemokratische Verkäuferideologie"라고 이름 붙인다.³⁷

아도르노의 이런 표현이 특이한 것은 사회현상에 대한 그의 개념적

---

35 Ebd., S. 111.

36 Ebd., S. 110.

37 Ebd.

정식화가 독창적이라는 뜻에서다. 이런 개념어가 구현하는 밀도 있는 압축성은 사회현상이 아무리 복잡하다고 해도 이 현상을 한 줄기 빛처럼 꿰뚫고 지나가면서 그 뼈대를 비춰 주는 듯한 인식적 시원함을 선사해 준다. 활연관통豁然貫通의 지적 명쾌함이라고나 할까? 그의 개념어가 지닌 정확하면서도 정제된, 그럼으로써 높은 설득력은 이런 데서 나올 것이다.

오늘날 사회적으로 통용되는 많은 언어는 이데올로기 — 그것도 시장이나 백화점에서 물건을 팔기 위해 소리쳐 대는 '판매원이데올로기'로 보인다. 이때 거론되는 민주주의가 바른 의미의 민주주의이기도 어렵다. 그리하여 현대의 정치체제는 많은 경우 사이비민주주의적 판매원이데올로기의 형태를 띨지도 모른다.

4. 자율적 사회의 자기성찰적 개인

대상을 환상이나 미화 없이 바라보고 인식하는 것이 정신의 일이고 발전된 의식이다. 그러나 이런 의식은 문화산업 아래서는 갖기 어렵다. 정신은 많은 경우 사물화되기 때문이다. 그러므로 회복해야 할 것은 '깨어 있음Nüchternheit'이다. 즉 취하지 않는 것, 그래서 똑바로 정신을 차리는 일이다. 아도르노는 전통적 교양개념에서 깨어 있는 태도가 부족했다고 보았다.

깨어 있는 정신의 명료함이 개인적 차원에서 회복해야 할 한 덕성이라면, 이 깨어 있는 개인을 장려하고 고무하는 것은 건전한 사회의 일이 될 것이다. 이렇게 되려면 사회는 스스로 열려 있어야 하고, 이렇게 열린 가운데 더 나은 삶의 지평으로 나아갈 수 있어야 한다. 그것이 이성적인 사회다. 이성적 사회를 규율하는 것은 자유이고 자율의 정신이다.

아도르노는 궁극적으로 자율적 사회의 자기성찰적 개인을 신뢰한 것으로 보인다. 사회학과 철학, 미학과 문학예술에서 펼쳐진 그의 다양한 견해는 아마 이 점으로 수렴될 것이다. 여기에 필요한 것은 무엇일까? 나는 두 가지 사항만 다루고 싶다. 그것은 첫째는 "충동승화적 개인"이고, 둘째는 "문화의 이중성"이다.

1) "충동승화적 개인"

아도르노는 「어설픈 교양의 이론」에서 이렇게 썼다.

교양은 자기자신의 의식에 근거한 자유로운, 그러나 사회에서 계속 작용하는, 그래서 자기의 충동을 승화하는 개인에게 순전히 그 자신의 정신으로서 부여되는 것이어야 한다. 교양은 말없이도 자율적 사회의 조건으로 여겨진다. 개개인이 더 명석하면 할수록 전체는 점점 더 밝게 비친다.[38]

위 문장의 구조는 까다롭고 복잡해 보인다. 하지만 강조점은 분명하다. 핵심은 "자율적 사회"의 "자유로운" 개인이고, 이 개인의 자기의식이다. 이 개인은 그러나 그저 자유로운 게 아니라, "자기의 충동을 승화하는 개인seine Triebe sublimierenden Individuum"이다. 이 점은 강조되어야 한다.

자율적 사회에서 중요한 것은 개인 자체가 아니라 '충동승화적 개인'이다. 말하자면 바람직한 개인은 자신의 주관적 성격을 승화하면서 점차 객관적인 차원으로 나아간다. 그래서 "사회에서 계속 작용할" 수 있다. 이때 개인과 사회는 제각각으로 고립되어있는 게 아니라, 서로 영향을 미친다.

---

[38] Ebd., S. 97.

이런 논의에서 무게중심은 충동승화적 개인에 있다. 그는 기본적으로 생각하는 개인이고, 따라서 자율적 인간이다. 생각하는 사람은 자신의 충동과 분노를 억누를 줄 안다. 이 점을 아도르노는 거듭 강조했다. "사고하는 사람은 모든 비판 속에서도 분노하지 않는다. 사고는 분노를 승화시킨다."[39] 충동을 승화할 수 있다면 우리는 분노도 이겨 낼 것이다.

아마도 충동승화적 개인의 의미는 자율적 사회의 합리적 구성과 관련하여, 또 자율적 사회의 민주적 교육 방향과 관련해서도 결정적으로 중요하다고 여겨진다. 이것의 중요성은, 버트런드 러셀B. Russell이 『자서전』에서 루소J. J. Rousseau가 "인간은 사슬에 묶여 태어나지만 자유로워질 수 있다"고 쓴 데 반하여, 작가 조지프 콘래드J. Conrad라면 "인간은 충동을 풀어놓거나 통제받지 않고 되는대로 삶으로써 자유로워지는 것이 아니라, 고집 센 충동을 좀 더 우위의 목적에 복종시킴으로써 자유로워진다"고 썼을 때도[40] 반복되는 것처럼 보인다. 결국 자유란 단순히 자유롭게 사는 데 있는 게 아니라 자기의 충동을 절제함으로써, 이런 충동의 절제를 통해 좀 더 높은 목적으로 전환시킴으로써 비로소 실현되는 것이다.

'더 높은 목적으로 전환시킨다'는 것은 무슨 뜻인가? 우리는 이것을 더 정확하게 그리고 더 구체적으로 서술할 수 있는가? 그것은 철학적으로는 '지양Aufhebung'이고, 미학적으로는 '고양Erhebung'이며, 심리학적으로는 '승화sublimation'라는 뜻이다. 나는 이렇게 해석하고 싶다. 어떤 것이든 이 모두는, 하나의 단계가 그보다 더 높은 또 하나의 단계로 옮아가도록 변형시킨다transform는 뜻에서, 서로 다르지 않다. 즉 상응한다. 예술경험

---

39 Theodor W. Adorno, Resignation, in: ders. , *Kulturkritik und Gesellschaft II*, a. a. O., S. 798.

40 버트런드 러셀, 『러셀 자서전』(상), 송은경 역, 사회평론, 2017, 371쪽.

의 핵심에는, 그 예술이 문학이든 음악이든, 회화든 건축이든, 아니면 연극이나 영화든, 바로 이 철학적 지양과 미학적 고양 그리고 심리학적 승화 단계가 있다. 바로 이 변형단계의 동력학을 탐구하는 데 인문학의 핵심이 있고, 인간학의 미래적 방향이 있다.

자신의 충동과 분노를 보다 높은 목적으로 변형시켜 갈 때 우리는 비로소 자유로운 존재가 된다. 교양은 바로 이 자기변형적 승화를 행하는 과정이고, 이 과정을 북돋는다. 그래서 자유로운 의식을 불러일으킨다. 또 그렇게 개인의 자유로운 의식을 북돋을 수 있다면 그 사회는 이미 자율적일 것이다. 그래서 아도르노는 이렇게 썼을 것이다. "개개인이 더 명석하면 할수록 전체는 점점 더 밝게 비친다."

교양의 문제는 결코 개인의 사적 사안에 그치지 않는다. 그것은 개인의 문제이면서 동시에 사회의 문제다. 교양은 개인과 사회 사이에 자리한다. 교양이 개인과 사회 사이에 자리하는 것처럼 철학을 포함하는 학문과 문화의 일도 그 사이에 자리한다. 이렇게 사이에 자리한 채 그것은 둘을 매개한다. 매개란 결합이고 대조이며 반성이자 비판이다. 매개와 매개, 반성과 반성을 제대로 해 간다면 학문은 교양의 건전한 기관일 수 있다.

그러므로 교양은, 교양을 사유하는 정신은 교양과 그 너머로 나아간다. 말하자면 교양의 재정립과 자기수정을 두려워하지 않아야 한다. 교양은 교양 자체의 전면적 쇄신을 감당할 용기를 가져야 한다. 이런 쇄신의 방향은 그러나 비교양이나 무교양이 아니라 여전히 교양이어야 하고, 야만과 폭력이 아니라 문화와 평화여야 한다. 이 평화의 문화를 위해서라도 교양은 경험현실에 뿌리내려야 한다. 그래서 현실의 야만을 다시 직시해야 하고, 그 폭력과 대결해야 한다. 세상의 모순을 외면해선 안 되는 것이다. 내가 '교양의 변증법'이라고 부르는 것은 바로 이런 이유에서다. 참된 교양은 교양의 반교양 — 교양의 모순과 역설을 딛고 넘어설 수 있어야 한다.

현대의 사고는 산산조각 나 있지만, 이 조각난 파편에는 진리의 빛이 배어 있을 수도 있다. 이러한 비판 역시 자유가 죽어 가는 세계에서 이 세계를 추동하는 정치적 경향을 단절시킬 순 없을 것이다. 그래서 폭력은 현실에서 그 위력을 계속 발휘해 갈 것이다. 하지만 우리는 전체의 횡포에 대항할 수 있다. 철학의 진리는 파편적이지만, 사유는 모순에 대한 직시 속에 진리로 나아갈 수 있기 때문이다. 이것이 사유의 반성과정이고, 이 사유의 반성과정은 곧 교양의 과정이다.[41]

이때 자기형성의 교양과정은 곧 부정적 사유의 철학과정이자 상품물신화에 거스르는 문화비판의 과정이기도 하다. 이렇듯이 아도르노에게 교양론과 철학적 성찰 그리고 문화비판은 깊게 겹쳐 있다. 그러므로 교양의 과정은 지배관계의 구태의연한 틀을 고수하는 게 아니라 그 틀과 과감하게 단절함으로써 사물화된 생활세계의 집단적 상투성을 교정시켜 나간다.

2) 문화의 이중성

자기성찰적 개인으로서 인간은 문화를 더 이상 절대화하지 않는다. 그는 아우슈비츠의 역사적 경험과 이 경험에 대한 비판적 반성을 겪어 왔기 때문이다. 교양이 그러하듯이 문화도 그 자체로 옳은 게 아니라 착잡한 모순관계에 얽혀 있음을 우리는 안다. 그리하여 문화의 이중성에

---

41 아도르노는 "교양이란 … 아마도 사물화에 대한 저항과 하나일 것이다"고 분명하게 적는다. Theodor W. Adorno, Notiz über Geisteswissenschaft und Bildung, in: ders., *Kulturkritik und Gesellschaft II*, a. a. O., S. 497.

대해서도 교양의 변증법에 대해서처럼 문제의식을 지닌다.

앞으로 문화의 과제는 여러 가지 상반된 계기들을 하나로 통합하는 일이 될 것이다. 이 계기는 줄이면 두 가지다. 즉 자연적이고 충동적인 것과 이성적이고 인위적인 것이다. 우리는 상호협력과 유대를 통해 인간의 동물적 충동을 제어해야 한다. 그러나 이 제어활동은 그 자체로 억압적일 수 있다. 사회적 질서는 필요한 것이면서 인위적일 수 있기 때문이다.

그리하여 우리는 이렇게 만들어진 사회적 질서와 규약을 넘어 더 자연스러운 것들의 세계로 나아가야 한다. 무엇보다 동물적 비이성적 충동을 극복하는 가운데 이성적이고 합리적인 것을 추구하면서도 동시에 이이성의 불합리한 가능성에 대해서도 끝없이 질의하면서 자연적인 것의 질서를 다시 회복해 가야 한다. 보다 바람직한 삶의 지평은 이 자연스러운 이성의 질서 너머에 자리할 것이다. 이 두 측면 사이에서 움직이는 문화를 아도르노는 "문화의 이중성격"이라고 지칭하면서 그 균형은 "그저 순간적으로만 성공할 것"이라고 적었다.[42] 그 균형이 그만큼 어려워서일 것이다.

이때 핵심은 이 적대적 계기들 사이의 긴장을 사회의 구성원리로 내면화하는 일이다. 대립되는 계기의 가능성을 사회의 생산적 에너지로 삼는 것이다. 이 긴장이 파괴되면 순응과 추종이 다시 지배할 것이다. 이 것은 계몽주의가, 오이디푸스 신화에 대한 아도르노와 호르크하이머의 해석이 보여 주듯이, 자기를 절대화함으로써 신화화되는 것과 같은 논리다.

상호이질적인 대립항 사이의 긴장적 모순을 직시하지 않으면 현실은 언제라도 물신화된다. 그렇다는 것은 긴장이야말로, 이 긴장이 일어나는

---

42 Theodor W. Adorno, Theorie der Halbbildung, a. a. O., S. 96.

힘의 자장이야말로 교양의 놀이터가 될 것이라는 뜻도 된다. 이 힘의 자장 속에 이뤄지는 개인적 사회적 훈련은 그 자체로 자기형성의 경로다. 이데올로기란, 이 힘의 자장이 경직화될 때, 그래서 어느 한쪽으로 편향될 때 발생한다. 이 두 가지 상반되는 계기를 높은 수준에서 통합한 하나의 모범적 사례가 실러의 미학이 될 것이다.

교양의 발전은 흔히 희망하듯이 결코 직선적으로 이뤄지지 않는다. 그것은 수많은 난관과 장애를 거쳐야 하는 거칠고도 오랜 역정歷程이다. 그러니만큼 그것은 더 깊이 사유하고 고민하며 성찰해야 한다. 그래서 그것은 다시 철학의 문제가 된다.

그러므로 문화의 가능성을 믿는다면 이 문화에 내재한 거짓과 기만의 가능성도 두 눈 부릅뜨고 경계해야 한다. 새로운 문화의 가능성은 문화에 내재한 불순한 바탕의 직시로부터 온다. 문화산업과 문화비판의 문제도 결국 철학적으로 정초되지 않으면 안 된다. 그것은 마치 아우슈비츠 이후 교양교육의 문제가 철학적으로 논거되고 무장되어야 하는 것과 같다. 문화비판이 곧 사물화 비판이라면 이 사물화 비판을 목표로 삼는 것이 오늘날 철학의 과제다.

Ⅲ. 사물화된 의식비판 — 철학의 문제

「지금 철학은 무엇을 위한 것인가」라는 아도르노의 글은 현대에 들어와 심화된 분과화 경향으로 인한 철학의 정체성 위기를 진단한 것이지만, 이 진단의 핵심에는 정신을 수단화하는 문화물신주의에 대한 비판과, 이 문화물신주의로 인한 어설픈 문화의 보편화에 대한 비판이 들어 있다. 그러는 한 철학의 쓸모에 대한 재물음은 교양이념의 쓸모에 대한 재물음과 이어진다.

현대철학의 정체성 위기는 학문적으로 실증주의적이고 과학적인 경향에서 오지만, 사회적으로는 전문화와 기술화에서 오는 것으로 보인다. 실증적이고 과학적이며 전문적인 기술을 제공하지 못하면 학문은 아무 쓸모가 없다. 이 전문화 경향은 아도르노의 진단에 따르면 칸트와 헤겔 이후에 시작되었고, 20세기에 들어와 가속화되었다.

1. 전문화로 인한 위기

이 전문화 속에서 철학은 이제 일반적 지식 — 보편적 앎을 추구하는 게 아니라, 특수한 분야의 하나가 된다. 그것은 개별적인 것의 하나가 되길 꺼리지만, 스스로 그렇게 꺼리는 것이 되어 버렸다. 그리하여 정신의 자유는 상실한다.

한때 뉴턴의 물리학을 일컬었던 드넓은 의미의 철학이란 용어는 이제 없다. 마찬가지로 이성적인 것은 현실적이요, 현실적인 것은 이성적이라고 말했던 헤겔 철학의 전체성 요구도 불합리한 것으로 되고 말았다. '전체'를 내세우는 것은 아도르노가 지적한 대로 광기 어린 체계이고, 이 체계를 자임하는 이념은 거짓이기 때문이다.

이제 철학은 자신을 배반하지 않기 위해 절대적 사유를 거부해야 한다. 그러면서도 진리를 포기할 수 없다. 이러한 모순 — 한편으로 절대적인 것을 내세우지 않으면서도 다른 한편으로 진리를 여전히 추구해야 하는 자기모순이 철학이다. 철학은 이 모순으로 살아간다. 그래서 아도르노는 쓴다. "그러나 진리의 강조적 개념에서 그 어떤 값도 깎아내릴 수 없다. 모순이야말로 철학의 요소다. 이 요소가 철학을 진리로 규정한다."[43] 현대의 철학은 모순을, 아니 모순에 대한 의식을 자기쇄신의 에너지로 삼아야 한다.

그리하여 철학에 남은 것은 파편화된 지식이요, 이 지식을 통해 갖는 모순에 대한 자의식이다. 이 모순의식은 칸트에 기대면 여전히 비판적일 수 있다. 사실 비판은 철학의 기나긴 역사를 추동한 정신의 가장 근본적인 계기이기도 했다. 이것은 칸트가 라이프니츠와 흄의 비판자이듯이 헤겔은 칸트의 비판자였고, 마르크스는 이런 헤겔의 비판자였다는 사실에서도 확인된다.

사실 지성사나 정신사가 간단히 말하여 기존 전통에 대한 다시 읽기이고 다시 쓰기라면, 이렇게 다시 읽고 쓰는 일의 바탕에는 말할 것도 없이 비판정신이 있다. 하지만 이 비판의 이념마저 산산조각 나 버린 것이 지금의 현실이다.

2. 두 학파의 사례 — 논리실증주의와 하이데거 철학

철학적 비판이 이렇게 무기력하게 된 데는 아도르노에 의하면 두 개의 주류 사상이 보여 준 지배적 영향 때문이다. 그 하나는 카르납R. Carnap을 위시한 비엔나 학파에 의해서 시작된 논리실증주의의 흐름이고, 다른 하나는 하이데거 철학의 경향이다.

잘 알려져 있듯이 논리실증주의의 흐름은 과학적 기술적 사고를 표방하고, 이런 사고에 부합되지 않는 것은 모두 '형이상학적 신화적 잔재'라고 비판한다. 그에 반해 하이데거 철학은 '존재Sein'와 '본래성Eigentlichkeit' 혹은 '고유성'을 중시한다. 이것들은 쉽게 눈에 보이지 않는 것이고, 그러니만큼 적극적으로 드러나지 않는다. 그것은 논리실증주

---

43 Theodor W. Adorno, Wozu noch Philosophie, a. a. O., S. 461.

자들의 시각에서 보면 실증적이지positivistisch 않다. 그리하여 하이데거의 존재론은 실증주의와 상극이 된다.

실증주의는 지금 여기 있는 것이나 주어진 것들을 중시한다. 그래서 하이데거적 존재철학을 '의미 없이 공허하다'고 공박한다. 그에 반해 하이데거의 존재론은 실증주의적 사고가 '존재를 잊은' 것이고, 따라서 고유한 문제를 세속화한다고 비난한다. 이 두 흐름은 아도르노가 보기에 한 가지 점에서 일치한다. 그들은 각자가 제기하는 문제만 옳은 것이고, 다른 것은 '형이상학적'이라고 비판한다. 이것은 둘 다 옳다고 할 수도 있고, 그르다고 할 수도 있다.

둘 다 옳을 수 있는 이유는 실증주의의 사실밀착에 일리가 있듯이, 존재 혹은 고유성에 대한 하이데거적 천착도 일리가 있기 때문이다. 그러나 둘 다 그를 수 있는 이유는 실증주의가 사실밀착의 진실성을 가짐에도 불구하고 감각자료를 넘어서는 요소들을 무시하기 때문이고, 마찬가지로 하이데거의 존재론은 존재의 고유성에 대한 주의에도 불구하고 사회역사적 요인을 외면하기 때문이다.

하이데거는 진리가 그 자체로 드러나는 것 ─ 이른바 '탈은폐화ent-bergend하는' 것이라고 보았다. 그래서 존재는 그가 보기에 수동적 의식에만 순수하게 드러난다. 그러나 이때 주체에 의한 매개는 일어나지 않는다. 그렇다면 그것은 진리의 탐구자가 진리 앞에서 할 수 있는 일이 없다는 뜻인가? 만약 그렇다면 이런 시각은 또 하나의 신화가 아닐 수 없다. 진리가 쉽게 드러나서 얻을 수 있다고 여기는 것도 그릇되지만, 그것이 인간이나 현실과는 무관하다고 여기는 것도 납득하기 어렵기 때문이다.

참되다고 말할 수 있는 것은 이 참된 것과 교류하는 존재 ─ 인간과 현실과 관련하여 나타난다. 그러므로 진리는 주객관적으로 매개되어야 한다. 여기에 대해 아도르노는 이렇게 정리한다.

사고는 두 방향에서 필연적 악으로, 말하자면 경향적으로 불신받는다. 그것은 독립성의 계기를 잃는다. 이성의 자율성은 사라진다. 이성에서 독립적 계기란 주어진 것의 숙고에서 고갈되지 않는 것이고, 이성은 이 주어진 것의 숙고에 자신을 맞춘다. 그러나 자율성의 상실과 더불어 자유의 구상도, 그리고 잠재적으로는 인간사회의 자기규정의 구상도 사라진다. 만약 실증주의자들에게 그토록 멀리 나아가려는 인간적 신념을 금지하지 않는다면, 그들은 실천에서도 사실에 대한 순응을 분명 요구할 것이고, 사고는 이 사실 앞에 무기력하다. 그들이 요구하는 것은 단순한 선취이거나 분류이고, 유일한 것에 대해 무기력하다. 그러나 고려되어야 할 것은, 그리고 일회적으로 존재하는 것은 이 유일한 것이다. 그러나 하이데거에게 사고는, 아무런 비판적 권리 없이, 오직 존재만 말하는 어떤 존재에 대한, 경외로울 정도로 개념 없이 수동적인 경청으로서 존재하고, 그 때문에 빛나는 존재의 강력함을 자처하는 모든 것 앞에서 아무런 구분 없이 항복하도록 요구된다. 그리하여 하이데거가 히틀러의 지도자국가로 적응하는 것은 기회주의의 행동이 아니라, 존재와 지도자를 동일시하는 철학으로부터 귀결된 것이다.[44]

아도르노 문장의 까다로움은 잘 알려져 있다. 주어와 동사로 구성되는 한 문장이 있다고 해도 거기에는 부문장이 붙고, 주문장과 부문장에 대한 유보의 문장도 붙는다. 또 어떤 구절에 대한 설명도, 그것이 부족하다 싶으면, 동격의 또 다른 구절이 나란히 첨가된다. 그리하여 문장은 한없이 늘어난다. 그래서 그 의미는 더 복잡해진다.

44 Ebd., S. 464.

하지만 그렇다고 아도르노의 문장에 내장된 의미의 논리가 파악될 수 없는 것은 아니다. 그것은 복잡하고 때로는 성가실 정도로 얽혀 있지만, 그래서 어떤 구절의 뜻은, 적어도 독일어가 모국어가 아닌 외국인은 놓칠 수도 있지만, 그 핵심은 대체로 일관되게 진술된다. 게다가 그런 뼈대가 되는 생각들은 단어를 바꿔 가면서 자주 되풀이된다. 위의 글에서 핵심은, 필자가 파악하기에, 세 가지로 정리될 수 있지 않나 싶다.

첫째, 실증주의적 경향은 "사실에 대한 순응을 요구한다". 그러나 그들이 말하는 사실이란 사실 자체라기보다는 좁은 의미의 사실 ― 주어진 것 혹은 보이는 현상에 국한된다. 거기에서는 주체의 개입이 없다. 따라서 헤겔식의 매개가 일어나지 않는다. 그러므로 실증주의의 활동이란 결국 주어진 사실의 "단순한 선취이거나 분류"에 불과하다. 이런 이유로 그것은 응당 있어야 할 "유일한 것에 대해서는 무기력하다".

둘째, 마찬가지로 하이데거의 철학은 "아무런 비판적 권리 없이", "어떤 존재에 대한, 경외로울 정도로 개념 없이 수동적인 경청"에 불과하다. 그래서 "빛나는 존재의 강력함을 자처하는 모든 것 앞에서" 우리는 "아무런 구분 없이 항복하도록 요구받는다". 여기에서 사고의 핵심인 구분이나 개념의 활동은 일어나지 않는다.

셋째, 이렇게 하여 두 가지 철학의 경향은 결국 말의 엄격한 의미에서 '사고하지 않는다'고 할 수 있다. 이 두 경향에 공통적으로 누락된 것이 "독립성의 계기"이기 때문이다. 독립성은 "이성의 자율성"에서 온다. 그런 점에서 실증주의적 사고나 하이데거의 철학은 사물화된 의식의 표현이라고 할 수 있다. 이성의 자율적 계기가 "자유의 구상" 그리고 "인간사회의 자기규정의 구상"과 이어지는 것이라면, 사고의 누락은 곧 자유의 누락이고 사회인식의 누락이 아닐 수 없다.

이성이 자율적이고 독립적이어야 하는 것은 인간이 스스로 자유롭기 위해서이고, 인간 사는 사회가 스스로 규정할 수 있는 능력을 갖기 위해서다. 그러나 인간이 자율적으로 사고하지 못하고, 그래서 자유롭지 못할 때, 그가 사는 사회는 스스로 규정하기 어렵다. 이런 사회에서 개인이 사라지는 것은 자명하다. 이러한 점은 하이데거 철학의 나치즘 연루에서 분명하게 확인된다.

그리하여 아도르노는 이렇게 결론짓는다. "하이데거가 히틀러의 지도자국가로 적응하는 것은 기회주의의 행동이 아니라, 존재와 지도자를 동일시하는 철학으로부터 귀결된 것이다." 결국 하이데거의 정치적 과오는 아도르노가 보기에 그의 존재철학이 지닌 필연적 귀결을 증명하는 사례에 불과하다. 이것은 그 자체로 강력한 하이데거 비판이 아닐 수 없다.

3. 비판 ─ 타율성에 대한 저항

이제 무엇이 남는가? 필요한 것은, 구태의연한 결론으로 보이지만, 다시 사고이고, 이 비판적 사고 전통의 복원이다. 오늘날 학자들은 많은 경우 '사고'하기보다는 '연구'한다고 아도르노도 이미 1960년대 여러 글에서 지적한 바 있다. 이것은 2024년 오늘의 한국 현실에서도 크게 다르지 않다.

지금 학자들은 '연구'라는 미명 아래 전공 분야의 문헌적 미로에 갇혀 세상이 어떻게 돌아가는지, 자기 삶이 어떠한지는 사고하지 않는다. 학생들은 더 그러하다. 요즘 학문을 직업으로 선택하는 학생들은 점차 줄어들고 있다. 하지만 이런 학생들의 경우에도 '사고'하기 이전에 먼저 '연구'하려 한다. 연구 자체가 나쁜 것은 물론 아니다. 내가 말하려는 것은 사고가 전제된 연구이다. 다시 말하여 자기와 그 테두리에 대한 반성적 문제의식으로부터 출발하는 학문적 탐구다.

그러나 대부분의 연구에는 현실정합성relevance이 누락되어 있는 것처럼 보인다. 이 현실정합성을 추동하는 것은 사고의 독립성이고 이성의 자율성이다. 비판은 이 독립적 사고와 자율적 이성을 관통한다. 아도르노는 쓴다. "철학이 아직도 필요하다면 그것은 예로부터 그러하듯이 비판으로서이고, 퍼져 가는 타율성에 대한 저항으로서다. 비록 자기자신을 제어하는 것이 사고의 무기력한 시도라고 할지라도⋯."[45]

반성한다는 것은 스스로를 절대화하지 않는다는 뜻이다. 그래서 자기사고의 오류가능성과 그 신화화의 위험성을 검토한다는 뜻이다. 그것이 부정적 정신이다. 반성은 그 어떤 것도 최종적인 것으로 간주하지 않기 때문이다.

타율성의 저항을 통해 우리는 스스로 사고하면서도 동시에 이렇게 사고한 것을 다시 질의하는 비판적 계기를 체현할 수 있다. 그것은 크게 보면 신화의 탈신화화를 도모하는 일이고, 나아가 계몽의 탈계몽화이자 재계몽화 작업이기도 하다. 사고의 이런 자기지양, 자기지양을 통한 자기쇄신에 필요한 것이 매개다. 이 매개는 거듭 매개되어야 한다. 매개의 지속은 그 자체로 반성적 움직임을 증거하기 때문이다.

사고는 지양적 매개를 통해 구성적으로 작동한다. 사고의 매개가 반성적 구성운동이라면, 학문의 객관화를 위해 필요한 것이 바로 이 반성이고 반성의 반성이다. 아니면 비판 혹은 비판의 비판이라고 할 수도 있다. 이 점은 되풀이하여 강조되어야 한다.

자기를 절대화할 때 그것은 굳어진다. 그래서 변하기 어렵다. 어설픈 교양은 스스로를 절대화한다. 그래서 낯설고 이질적인 것에 폐쇄적이

---

45 Ebd.

다. 주어진 대상에 대하여, 그것이 문화라고 하더라도, 아무런 유보와 물음 없이 대한다면, 우리는 나치즘 같은 살인 실천에 언제라도 연루될 수 있다. 절대화는 외부의 명령이나 상부로부터의 지시에 복종할 뿐, 주체의 개입을 허락하지 않기 때문이다. 그래서 부자유가 되고 억압이 된다. 이것은 사물화된 상태다. 하이데거 철학이 내세우는 존재나 근원, 혹은 고유성이나 본래성 같은, 철학적으로 의심스러운 용어들은 이런 물음 속에서 다시 검토될 수 있다.

이런 이유에서 논리실증주의나 하이데거의 존재론은 사물화된 의식의 산물이라고 할 수 있다. 이들에게서 사고의 쇄신능력은 부재하기 때문이다. 쇄신능력은 곧 구성능력이다. 이 두 학파는 사고의 반성 ― 매개를 통한 지속적 쇄신가능성에 눈과 귀를 닫는다. 그리하여 그들의 사고는 돌처럼 굳어 있다. 굳은 사고는 동일성을 되풀이하면서도 이질성은 허용하지 않는다.

돌처럼 굳어 있는 이념의 체계, 그것이 곧 이데올로기다. 이데올로기란 되풀이하건대 경직된 이념체계다. 이 이념체계는 불변성과 영원성을 내세운다. 그러면서 어떤 생성의 계기에도 주목하지 않는다. 이데올로기는 변화의 가능성을 두려워하기에 타율적이고 강제적일 수밖에 없다. 하지만 타율성이 진실하기 어려운 것은 자명하다.

스스로 느끼고 스스로 생각하지 못한 주체의 어떤 내용이 진실할 수 있는가? 스스로 선택하고 스스로 행동하지 못한 그 어떤 논리가 설득력을 가질 수 있는가? 그러므로 타율성은 비진리다. 주체가 자율적이고 이 자율성 속에서 타자에 열릴 때, 이렇게 열려 있으려 할 때, 진리는 비로소 싹트기 시작한다. 다른 어떤 요소를 포용하지 못한다면 사고는 진실되기 어렵다. 바른 사고는 스스로 움직이고, 이렇게 움직이는 가운데 자신을 쇄신시켜 간다. 형성과 변형의 쇄신적 움직임은 거듭 강조하여 정신의 가장 중요한 원칙이다.

형성하기를 멈출 때 정신은 죽는다. 자기쇄신을 못한다면 정신은 살아남기 어렵다. 이데올로기는 이런 형성의 원칙을 불허한다. 거꾸로 정신의 형성원리는 이데올로기에 저항한다. 만약 정신이 죽어간다면 그것은 정신이 자율성을 갖지 못한 까닭이다. 정신의 자율, 여기에서 사고는 생겨나고, 거리감이 나오며, 비판적 잠재력이 자라난다.

그러므로 사고는 자신이 아닌 것 ─ 자신에게 낯설고 이질적인 것에 다가가고, 그와 교류하며 그를 넘어서려 한다. 이처럼 어떤 다른 것으로 나아가는 것, 이 타자에의 지향이 사고의 구성적 능력이고, 헤겔적 의미의 '외화外化, Entäußerung'다.

사고는 근본적으로 이데올로기적대적이다. 이런 점에서 사고는 단순한 방법론으로 환원될 수 없다. 그것은 정해진 방법이나 틀 혹은 매뉴얼이 아니라, 작용이고 관여이며 개입이기 때문이다. 사고는 '스며드는' 것이고 '작동하는' 것이며 어떤 영향을 '미치는' 것이다. 정신이 개입하고 작용하며 관여하지 못하면 그것은 정신이 아니다. 사고도 그렇다. 아마도 이런 작용적 성격은 정신이나 사고에만 그치는 게 아니라, 이 사고를 바탕으로 하는 철학이나 이 정신으로 움직이는 학문 일반의 성격에도 해당될 것이다.

정신의 이런 개입적 작용적 관여적 참여 속에서 우리는 문화의 거짓 가능성을 질의할 수 있다. 여기에는 '시민적 용기'가 필요하다. 아도르노는 이렇게 쓴다.

자기자신의 물결을 따르지 않는 사고의 힘은 이전에 생각된 것에 대한 저항의 힘이다. 열정적 사고는 시민용기Zivilcourage를 요구한다. 개별적 사고자는 위험을 무릅써야 한다. … 그것이 자율성이 가르쳐 주는 경험의 핵심이다. 감행 없이, 오류의 현재하는 가능성 없이 어떤 진리도 객관적이지 않다. … 위험하게 사고하는 것, 사고를 고무하는 것, 사실의 경험으로부터 벗어나 그 어떤 것 앞에서도 놀라 물러서지 않는 것, 그래서 이미 생각해진 어떤 관례에 의해서도 속박되지 않는 것.[46]

철학의 존재이유가 한마디로 타율성에 대한 저항이라면, 윗글에는 이 저항의 방식이 잘 나타나 있다. 그것은 "자기자신의 물결을 따르지 않는 사고"다. 다시 말해 사고의 물결을 '거스르는' 사고다.

그리하여 철학적 사고는 "위험하게 사고하는 것, 사고를 고무하는 것, 사실의 경험으로부터 벗어나 그 어떤 것 앞에서도 놀라 물러서지 않는 것"이고, 그래서 "이미 생각해진 어떤 관례에 의해서도 속박되지 않는 것"이다. 왜냐하면 "감행 없이, 오류의 현재하는 가능성 없이 어떤 진리도 객관적이지 않"기 때문이다.

그러므로 제대로 된 정신 혹은 제대로 된 사고라면, 그것은 기존의 질서 앞에서 물러서는 것이 아니라, 그래서 그 관례에 속박되는 것이 아니라, 그 질서에 거스르고, 그 체계를 벗어나면서 "위험스럽게 사고"할 수 있어야 한다. 위험을 감행하고 감당할 용기를 내장해야 한다. 이 역행적 시도 속에서 사고는 사실의 객관성에 다가선다. 진리의 새로운 지평을 그렇게 다가선 객관성 속에서 조금씩 열리기 시작한다.

---

46 Theodor W. Adorno, Anmerkungen zum philosophischen Denken, in: ders., Kulturkritik und Gesellschaft II, a. a. O., S. 604f.

IV. 자율적 개인의 자기성찰적 능력 — 결론

지금까지 살펴보았듯이 교양교육에 대한 아도르노의 이해는 결국 하나의 물음 — '아우슈비츠 이후의 교육은 어떻게 되어야 하는가?'라는 물음으로 수렴된다. 파시즘 전체주의의 체제는 그가 보기에 집단적인 것과의 맹목적 동일시 속에서 개인은 조작적 성격을 띠게 되고, 이 조작적 성격에 의해 감각과 의식은 물신화된다. 물신화된 감각과 정신은 비판적으로 사고하지 못한다(1절).

그런데 물신화된 감각과 의식은 전체주의 사회에서만 나타나는 게 아니다. 그것은 현대 상품소비사회에서 심화된다. 문화산업의 표준화 아래 사람들의 정신은 수단화되고, 그 견해나 관점은 상투화한다. 개인은 대중매체가 전파하는 이런저런 상투어를 내면화하면서 집단적 나르시시즘에 빠져들기 때문이다. 그리하여 군중의 지적 활동은 적극적으로 일어나는 게 아니라, 오히려 억제된다. 군중의 지적 능력이 개인의 지적 능력보다 못 미치는 것은 그 때문이다. 상품화된 문화는 지적 능력의 이 같은 집단적 저하를 가속화한다. 집단의 나르시시즘적 도취에서 개인의 자아는 결국 사라진다. 이것을 아도르노는 "사이비민주주의적 판매원이데올로기"라고 지칭했다(2절).

흥미로운 것은 아우슈비츠 이후의 교양교육이라는 주제에서 드러나는 현실과 인간의 문제점들은 아도르노가 철학의 주제를 다룰 때도 조금씩 뉘앙스를 달리하면서 되풀이된다는 점이다. 오늘날의 사상과 정신의 위기도 전문화나 파편화로 인해 야기되었기 때문이다. 이것을 그는 논리실증주의 학파와 하이데거 철학을 예로 들어 설명했다. 그러나 이들의 주장은 어떤 점에서 타당해 보이지만, 어떤 다른 점에서는 현실을 폭넓고 유연하게 파악한 것 같지 않다. 그리하여 사고의 한계는 드러나고, 이 한계로 인한 현실의 폐해는 지속된다. 이런 결과 앞에서 아도르노가 내세운 철학의 목표는 '타율성에 대한 저항'이다(3절).

비판Kritik한다는 것은 그리스적 어원상 '구분한다krino'는 것이고, 이 구분을 통해 '결정한다'는 것이다. 구분하고 결정하면서 주체는 스스로 생각할 수 있다. 스스로 생각한다는 것은 칸트적 의미에서 '성숙하다'는 뜻이다. 스스로 사고하고 판단하며, 이 판단에 따른 행동에 책임지면서 우리는 성숙한 주체 — 자율적 사고와 독립적 인간으로 자라나는 것이다.

비판은 중요하다. 그러나 비판보다 더 중요한 것은 책임일 것이고, 이 책임 속에서 주체가 스스로 자라나는 것, 즉 자기형성일 것이다. 그러므로 이 형성이 지향하는 궁극적 가치로서의 자율과 독립의 의미는 변함없이 중요하다. 아마도 이 모든 요소를 아우르는 것은 비판의 내향화 — 내향적 비판의 가능성일 것이다. 반성이나 성찰은 비판의 이 내향성을 함의한다. 그래서 궁극적 지향의 목표가 될 만해 보인다.

아마도 비판이 더 높은 설득력을 가지려면 타자비판이기 이전에 먼저 자기비판이어야 한다. 적어도 자기비판을 전제한 타자비판이 아니라면 그 비판은 공허할지도 모른다. 이것이 비판의 내향성이 갖는 현재적 의미다.

오늘의 문화산업적 현실에서 삶의 타율성이 가중되고 있다면, 그래서 감정과 의식이 물신화되고 어설픈 교양이 보편화되고 있다면, 이 타율성에의 저항은 교양과 교육의 목표이자 철학의 목표이고, 나아가 문화의 목표이기도 하다. 그러나 타율성에의 이 저항은 타자적으로 이뤄질 것이 아니라, 내향적으로 우선 실행되어야 한다. 그러니까 앞으로의 문화는 자기성찰적 비판의 자율문화여야 한다.

학문이 보여 주는 것이 있다면 그것은 아도르노가 썼듯이 "자신에게 대립되는 것 그리고 낯선 것에 대한 정신의 헌신이며, 이 헌신 속에서 정신은 비로소 자신의 자유를 획득한다."[47] 자유는 오직 낯선 것들 — 이질성 혹은 타자성과의 매개 속에서 얻어진다. 따라서 매개의 매개는 필연적이다. 매개의 매개가 반성의 반성이라면 사고의 반성적 매개운동은 중단을 모른다. 그것은 계속되어야 한다. 이 이어짐의 쇄신운동 — 이어지면서 자기를 넘어서는 지양적 움직임 속에 사유의 진리내용이 있다. 그리고 이 진리는 그 자체로 자유의 표현이다. 아마 자유를 향한 반성적 매개과정은 그 자체로 교양과 교육의 목표가 될 것이다.

자유와 인간성은 단순히 이념에 그치는 게 아니다. 그것은 현실이 되어야 한다. 즉 구체적으로 실현되어야 한다. 자유의 이 같은 실현을 위해 우리는 그럴듯한 이념의 가상적 허위에 계속 질의해야 한다. 그러면서 우리와 같지 않은 것들에 대하여 스스로를 닫아 두지 않아야 한다.

변함없이 견지해야 하는 것은 타율성에 대한 저항이고, 이렇게 저항할 수 있는 에너지로서의 활달한 정신이다. 비판은 살아 꿈틀대는 이 정신에서 온다. 비판의 정신은 삶이 '달리 될 수도 있다'는 믿음에서 온다. 지금과 다를 수 있다고 믿는 것은 희망의 표현이요, 그렇게 사고하는 것은 정신의 자유다. 이것은 또 우리가 살아가는 이유이고, 살아갈 만한 이유이기도 하다.

자유로운 정신은 사고의 독립성과 이성의 자발성으로부터 온다. 이 모든 것의 바탕은 반성적 자기성찰의 태도이고, 그 방향은 자율적 정신문화다. 자기성찰의 정신문화는 마땅히 이 땅의 전통이 되어야 한다.

---

47 Theodor W. Adorno, Notiz über Geisteswissenschaft und Bildung, a. a. O., S. 495.

6장

알렉시예비치에게 대답하다

— 결론을 대신하여

최근에 나는 스베틀라나 알렉시예비치S. Alexievich의 소설 『붉은 인간의 최후Secondhand Time』를 읽었다. 이 작품은 소련이 해체되던 1991년에서 시작하여 2012년까지 수백 명의 사람들과 행한 인터뷰를 묶은 것이다. 그러니까 이것은 1917년 소련 혁명 이후 이른바 '붉은 인간'으로 살았던 사람들이 그 광대한 땅에서 어떻게 살았고, 체제 붕괴 후 그 삶이 어떻게 변했는지를 보여 준다.

이 뛰어난 기록물이 내게 흥미로웠던 것은 단 한 가지 — 산다는 것이 무엇인지, 사람이 사는 데 참으로 필요한 것은 무엇이고, 인간은 무엇을 꿈꾸고 열망하는 것인지를 시대와 역사라는 기나긴 관점에서 놀랍도록 다채롭고 생생하게 보여 준다는 사실에 있다. 그 시대는 무엇보다 혁명의 시간이었고, 이념과 사상의 실험 기간이지 않았던가?

인간이 사는 데 필요한 것을 최대한 줄이면 두 가지로 수렴되는 듯하다. 첫째는 말할 것도 없이 생활의 재화財貨다. 사는 데 필요한 이런저런 물품들 말이다. 그러나 이것으로 충분한 게 아니다. 인간은 '그 이상'을 바란다. 즉 경제적 물질적 경험적 차원을 넘어서길 바란다. 이때 등장하는 것이 꿈이고 열망이고, 초월이고 구원 같은 것이다. 인간은 좀 더 진실하고 선하며 아름다운 것을 추구하는 것이다. 사회주의 체제 안에서 살았던 러시아인들에게 그 꿈은, 적어도 집단적으로 내세워진 명분상의 그것은 사회주의 이념이었다.

그리하여 인간이 열망하는 것은 생활의 필요와 이념이 된다. 이 두 가지를 두고 지난 100여 년 동안 러시아에서 일어난 크고 작은 사건들은 러시아 밖에서 살았고 지금도 살아가는 사람들 — 나를 포함하여 지구 위의 사람들 모두에게 삶의 좀 더 나은 방향을 조정하는 데 중대한 참조 틀이 되지 않을까 싶다. 사실 미학의 존재 의의도 이것과 무관한 게 아니다.

이 글은 알렉시예비치의 이 훌륭한 기록물이 던지는 몇 가지 문제 제기 앞에서 아도르노의 문제의식이 어떻게 응전할 수 있는지를 살펴본 것이다. 삶의 적나라한 실상에 견주어 그의 사상의 타당성 여부를 검토한 것이라고 할까? 그의 미학적 문제의식이 소비에트적 삶의 폐해에 대하여 어떻게 대응할 수 있는지 설득력 있게 논할 수 있다면, 이 글은 그 자체로 그의 이론적 내구력을 입증해 줄 것이다.

그렇지 못하다면? 그렇다면 이 글은 실패한 것이다. 나는 이렇게 생각한다. 아도르노의 철학과 미학은 다름 아닌 나치 전체주의로 대변되는 20세기 정치적 역사적 파국과의 집요하고도 끈질긴 대결 속에서 힘겹게 정제되어 나온 성찰적 산물이기 때문이다. 그리하여 이런 논평은 이 책의 결론이 될 만해 보인다.

우선 알렉시예비치가 그리는 소련 시절의 삶을 살펴보자.

I. 소비에트 시절의 삶

"

… 우리는 자유라는 무거운 짐 때문에 등이 굽고 말았다.
아무도 우리에게 자유가 무엇인지 가르쳐주지 않았기 때문이다.
우리가 배운 것이라고는 자유를 얻기 위해 죽는 방법밖에 없었다.

스베틀라나 알렉시예비치, 『붉은 인간의 최후』

1917년 3월에 일어난 러시아 혁명으로 러시아 제국이 멸망했다. 혁명 이후 수립된 임시정부는 이어진 10월 혁명으로 붕괴되었고, 이후 볼셰비키가 정권을 잡았다. 그러자 백군이 공산주의에 반대하며 내전이 일어났다. 하지만 이 싸움에서 볼셰비키가 승리했다. 초대 지도자는 레닌이었다. 그가 1924년에 죽자 스탈린이 새 지도자가 되었다.

그 후 소련과 미국의 냉전 대립 속에서 60여 년이 흘렀다. 1986년 미하일 고르바초프는 개혁개방정책으로 소련 경제를 중흥시키려 했다. 1991년 공산당의 보수파가 쿠데타를 일으켰지만, 국민의 반발로 실패했다. 그해 12월 고르바초프가 사임하면서 소련은 공식적으로 해체되었다. 그러니까 소비에트 시절은 1917년에서 1991년까지 74년간 이어진 셈이다.

이 기간에 살았던 사람들은 흔히 '호모 소비에티쿠스homo sovieticus' — 소비에트적 인간이라고 부른다. 그들은 어떻게 살았을까?

1. 호모 소비에티쿠스

호모 소비에티쿠스들은 70여 년간 마르크스-레닌주의 아래 살았다. 그들은 부자도 가난뱅이도 없이 '모두 잘 살 수 있는 사회'를 지향했다. 더 이상 왕이나 귀족이 아니라 아무런 계급 없이, 또 신분이나 종족이나 종교나 문화에 따른 차별 없이 모든 사람이 형제가 되어 평등하게 살 수 있는 노동자와 농민의 국가를 볼셰비키당은 세우고자 했다.

그리하여 소비에트적 인간은 마르크스-레닌주의라는 이념 아래 인간을 개조하려 했고, 이런 인간들이 모여 사는 사회를 정의롭게 재편하려 했다. 하지만 그들은 이 이념의 역사와 자기를 분리할 줄 몰랐다. 아니, 이 이념과 인간의 통합 가능성뿐만 아니라 그 간극 — 균열과 불일치의 가능성을 고려하지 않았다. 2차 세계대전에서 히틀러와 싸워 이겼을 때, 그래서 러시아 적군이 베를린 국회의사당에 붉은 깃발을 꽂았을 때, 그들은 열광적으로 환호했다. 그런 환호 속에서 그들은 위대한 조국을 느꼈고, 자신이 이 조국의 일원이라는 사실에 감격스러워했다. 유리 가가린의 우주 비행 이후 공산주의를 믿게 되었다는 사람들도 부지기수다.

이 같은 자부심 속에서 소비에트적 인간은 스탈린 체제의 탄압도 받아들였다. 누구나 공산당원이 되고 싶어 했고, 당의 무슨 위원회에 가입시켜 주거나 무슨 단체의 단원만 시켜 줘도 감지덕지했다. 그러는 사이 수백만 명의 동료가 제명당하거나 숙청당했고, 수감되거나 수용소로 끌려갔다. 체포나 실종, 사살이나 제거는 그들에게 지극히 익숙한 단어였다.

하지만 소비에트적 인간들 가운데 아무도 당에 문제가 있다고 여기지 않았다. 그렇게 생각했다고 해도 입 밖으로 내는 경우는 드물었다. 엄혹한 감시와 무자비한 탄압 때문이었다. 스탈린 체제에서는 춤을 췄다고 고발당하고, 여자친구에게 꽃을 선물했다고 심판받기도 했다. 심지어 스탈린과 닮았다고 잡혀간 사람도 있었다. 소비에트가 집권한 지 20년이 지나도록 이 나라는 입을 만한 바지 한 벌 생산하지 못했지만 불평하는 사람은, 적어도 겉으로는, 나타나지 않았다. 모두 큰북을 울리고 깃발을 흔들면서 구호의 광기와 운동의 열광 속에서 비참하게 살았다. 혁명이 당과 동일시되고, 이 당이 급기야 스탈린 개인으로 수렴되는 권력의 찬탈과정을 우리는 "보론1: 혁명의 전체주의화 ― 동일성 원리의 폐해"에서 이미 살펴보았다.

그러다가 전례 없는 개혁정책perestroika이 일어났다. 1985년 4월이었다. 이것은 스탈린주의의 병폐를 철폐하는 데서 시작되었다. 개인의 자유를 확대하고 기업의 자율성을 존중하며 갖가지 통제와 억압도 줄여 갔다. 개인에게 다양한 생산수단을 허용했고, 중공업 위주의 불균형 성장

전략도 수정되었다. 외교정책에서도 탈군사화와 탈이데올로기가 나타났다. 이전에는 상상조차 하기 어려운 일들이었다.

이처럼 급진적인 변화는 러시아의 사회 전체에 엄청난 혼란을 초래했다. 이 혼란으로 무수한 고통이 생겨났고, 그 고통은 모두 개개인의 몫이었다. 이 시절을 겪은 한 사람은 이렇게 토로했다.

페레스트로이카 이후엔 모든 것이 끝나버렸다오. 자본주의가 터진 봇물처럼 쏟아집디다. 90루블의 가치가 10달러 정도로 곤두박질했지. 그 돈으론 살아갈 방도가 없었기에 난 부엌에서 길거리로 나섰소. 나만의 세계를 벗어나 보니 우리에게 사상이란 게 없었다는 것을, 그저 항상 둘러앉아 계속 떠벌떠벌 말만 늘어놓았다는 것을 깨달았지. 그리고 어디선가 전혀 다른 유의 사람들이 출현했소. 산딸기색 재킷을 입고 굵직한 금반지를 낀 젊은이들이었소. 그들은 우리에게 새로운 게임의 법칙을 말해주었소. 돈이 있으면 인간이고, 돈이 없으면 아무것도 아니라는 법칙을. 내가 헤겔 전집을 읽은 사람이라는 걸 대체 누가 알아준단 말이오. '인문학도'라는 말은 질병의 진단명같이 들렸지. 인문학도들이 할 수 있는 일이라고는 만델시탐 작품집을 손에 들고 있는 것밖에 없다고 조롱하는 듯했소. 미지의 세계가 열린 뒤 인텔리겐치아는 상상을 초월할 정도로 빈곤해졌소.[1]

국가의 목표는 사상에서 자본으로 옮아갔다. 사회의 지향은 이념에서 돈으로 바뀌었다. 이른바 "게임의 법칙"이 달라진 것이다. 이전 같으면 범죄였을 일들이 이제는 '비즈니스'라는 명목으로 태연히 자행되었다. 매점매석의 돈벌이도 그랬다.

---

1   스베틀라나 알렉시예비치, 『붉은 인간의 최후』, 김하은 역, 이야기장수, 2024, 29~30쪽.

사람들은 모든 것을 바꾸기 시작했다. 누구는 당원증을 반납했고, 누구는 나라를 떠났고, 누구는 시골로 칩거했다. 어디서나 논쟁이 일어났다. 서로 다른 생각 때문에 아이들은 부모와 언쟁을 벌였고, 직장에서는 동료들이 서로 다투었다. 누구는 싸웠고, 누구는 맞았으며, 누구는 제명당했고, 누구는 파산했다. 소리 소문 없이 신념과 원칙을 바꾼 사람들이 한두 명이 아니었다. 누구는 자유를 외치며 시위에 나가는 동안, 어떤 이들은 석유와 가스를 차지하느라 여념이 없었다. 이전에는 노동자나 기술자가 사회적으로 가장 존경을 받았다면, 이제는 돈을 버는 사람이 최고로 간주되었다.

하지만 개혁개방 정책 후에도 공통사항은 한 가지 있었다. 그것은 모두가 '잘 살고' 싶어 한다는 사실이었다. 모든 사람이 반소비에트적 정서를 갖지 않았지만, 반공산적이든 친공산적이든 누구나 새 물건에는 열광했다. 이 상품들은 더 이상 소비에트 시절의 군수용품처럼 꾀죄죄하고 칙칙한 것이 아니었기 때문이다. 외국에서 들어온 TV나 진공청소기는 편리했고, 점퍼나 스웨터나 속옷은 화려했다. 청바지와 비디오와 자동차는 최고의 인기품목이었다.

그리하여 온 나라가 상점과 은행으로 뒤덮였다. 브로커와 회계사는 유망 직종이었다. 도서관과 극장들은 비었지만, 시장과 가게는 늘 북적였다. 사람들은 모닝커피와 주스 마시는 법도 익혀야 했다. 결국 고르바초프의 개혁정책은 소련의 해체 속에서 사회주의 체제 자체의 붕괴를 초래하고 말았다.

2. 스탈린 숭배자들

체제가 붕괴된 후 이전 세대 사람들은 그 시절을 동경했다. 그들은 공산주의의 이상향을 염원하면서 건국에 헌신한 사람들이었다. 그 일부는 스탈린의 탄압 속에서도 체제의 정당성을 옹호했다. 하지만 다른 일부는 그 체제에 반대하며 개혁을 환영했다.

이렇게 갈린 마음은 오늘날의 젊은 세대에게도 없다고 볼 수 없다. 누구는 이전 시절을 비판했지만, 다른 누구에게 그 시절은 향수로 남아 있다. 스탈린 강제수용소가 '관광상품'으로까지 나오는 것도 그런 이유에서다.

> 대중 사이에서 소련에 대한 동경이 생겨났고, 스탈린 숭배자들도 나타났다. 19세에서 30세까지의 젊은이들 중 절반 이상이 스탈린을 '가장 위대한 정치가'로 꼽고 있다. 오히려 사람을 더 죽였으면 죽였지, 히틀러 못지않은 스탈린이 있던 나라에서 신新스탈린 숭배자들이라니! 소련의 모든 것이 유행하기 시작했다. … 그뿐 아니라 솔로베츠키 제도나 마가단에 있는 스탈린 강제노동수용소가 관광상품으로까지 나와 있다.[2]

더 끔찍한 사실은 러시아인만 소비에트적 인간이었던 게 아니라는 점이다. 벨라루스인과 투르크멘인, 우크라이나인과 카자흐인도 그런 부류에 속했다. 그들은 서로 다른 국가에서 각기 다른 언어를 구사하며 살았지만, 동일한 사회주의 이념을 추구했다.

하지만 소비에트적 인간은 자신들이 추구하는 이념의 구체적인 내용이 무엇인지, 이런 이념을 추구하는 국가는 어떠하고, 그런 국가의 구성원으로서 자신이 어떤 존재인지 묻지 않았다. 그들은 국가와 자신을 동일시했고, 이 국가를 위해 모든 것을 바쳤다. 하지만 그렇게 추구한 목표

---

2 위의 책, 21쪽.

가 무엇이고, 이 목표의 어떤 것이 옳고 어떤 것이 그른지 결코 묻지 않았다. 그들에게는 '자기'도 없었고, '물음'도 없었다. 대외적으로 내세워진 이념의 명분 아래 그들 자신이 어떤 폭력을 휘두르는지 알지 못했다. 그들은 전혀 생각할 줄 몰랐다.

이 때문이었을까? 1990년 소련이 붕괴했을 때 구소련연방에 살던 사람들은 그들 나라에 있던 러시아인들을 내쫓고 때리고 죽이고 강간했다. 그들은 얼마 전까지 같은 버스를 타고, 같은 학교에 다니며, 같은 책을 읽고, 같은 언어(러시아어)를 배우며 형제처럼 살았지만, 연방 해체 이후에는 서로를 죽였다. 이웃끼리 죽이고 동급생끼리 죽이고 오빠가 동생을 죽이기도 했다. 이 무도한 사건은 실제로 흑해 동쪽에 위치한 조지아의 자치공화국 압하스Abkhaz에서 일어났던 일이다.[3] 30여 개에 이르는 소련의 자치/독립공화국에서도 다르지 않았다.

반대로 구소련에서 온 불법노동자들을, 그가 체첸인이든 타지크인이든, 아르메니아인이든 우크라이나인이든, 모스크바 경찰은 패거나 감금하거나 죽였다. 마치 체첸에 파견된 러시아 군인이 그러했듯이 사람을 미워하고 죽이는 데는 아무런 이유가 없었다. 일반 대중도 크게 다르지 않았다.

3. "평범한 망나니들"의 밀고

왜 그랬던 것일까? 인간이 난폭한 것은 시대적 현실적 경향일까, 인간이 미숙하고 어리석어서일까? 그가 추구하는 사상과 이념 때문일까, 인간의 본성 자체의 한계 때문일까? 이것은 매우 오래된 질문이다. 왜 사

---

3 위의 책, 346쪽.

람들 사이에는 여전히 스탈린 숭배자가 있는 것일까? 책 속에는 이런 인터뷰가 있다.

왜 우리가 스탈린을 심판하지 않았는지 알고 싶으시다고요? … 스탈린을 심판대에 올리려면 먼저 우리의 가족, 친지, 지인들을 심판해야 했기 때문이에요. … 제 가족을 예로 들어 이야기해드릴게요. 우리 아버지는 1937년에 감옥에 갇혔습니다. … 감옥에서 10년이나 계셨어요. 집을 되돌아온 아버지는 살고자 하는 의욕이 남달랐어요. … 아버지들이 우리에게 해줄 수 있던 유일한 이야기는 폭력에 대한 것, 죽음에 대한 것뿐이었어요. … 반면 다른 그룹에 속하는 아버지들도 있었어요. 아직도 수용소에 가지 않은 아버지들. 대신 이런 아버지들은 수용소로 끌려갈까봐 두려움에 시달려야 했습니다. 그 상태가 한두 달이 아니라 몇 해씩, 수년 동안 계속된 겁니다! … 당시에는 사람들이 언제든 체포되어 끌려갈 수 있었고, 언제든 NKVD[소련 비밀경찰]에[4] 파견되어 근무할 수도 있었어요….

이제 '망나니'들에 대해 얘기해볼까요? 평범하고 전혀 무섭지 않은 망나니들 … 우리 아버지를 밀고한 사람은 이웃에 사는 유라 아저씨였대요. … 유라 아저씨는 자기 아이들과 낚시를 갈 때면 저도 데려가주었고, 말도 태워주곤 했어요. 우리 집 울타리도 고쳐주었고요. 그러니까 이게 이상한 거예요. 망나니는 망나니처럼 생겨야 하는데, 이미지가 전혀 다르단 말이에요. 유라 아저씨는 평범한 사람이었고, 심지어 착하기까지 했어요.

… 우리 가족 중에 파벨 삼촌이라는 분은 시베리아 NKVD군에서 복무했어요. … 그러니까 제 말은요, 화학적으로 순수한 절대악은 없다는 거예요

---

4 이들은 스탈린의 통치 기간에 숙청을 도맡았다. 이곳에서 근무한다는 것은 '숙청과 고문과 추방에 관련된 일을 수행한다'는 뜻이었다.

… 그 안에는 스탈린과 베리야[NVKD]의 우두머리만 속해 있었던 것이 아니라, 옆집 유라 아저씨, 예뻤던 올랴 누나도 속해 있었으니까요….[5]

위에서 인터뷰한 사람은 분명 말하고 있다. "왜 우리가 스탈린을 심판하지 않았는지"에 대하여. 그것은 "스탈린을 심판대에 올리려면 먼저 우리의 가족, 친지, 지인들을 심판해야" 하기 때문이다. 말하자면 한 시대의 악에 대한 물음은 "가장 가까운 사람들"에게서부터 시작해야 한다. 그래서 그는 자신의 가족을 예로 든다.

그의 "아버지"를 밀고한 사람은 다른 누군가가 아니라, 어릴 때 그와 같이 놀아 주고 낚시도 가고, 그의 집 울타리를 고쳐 주던 바로 "옆집"의 "아저씨"였다. 마찬가지로 그의 "큰아버지"를 밀고한 사람은 "큰아버지의 조카딸" — "아름답고 명랑하고 노래도 잘 부르는" "올랴 누나"였다. 그러니까 "망나니는 망나니처럼 생겨야 하는데" 현실에서는 전혀 그런 게 아니다.

악한 사람은 결코 악하게 나타나지 않는다. 악은 악한 사람에게도 들어 있지만, 평범한 사람의 선량한 행동이나 아름다운 마음에도 들어 있을 수 있다. 마찬가지로 한 체제의 메커니즘 전체가 폭력 기계처럼 작동한다면 그 체제 속에서 살아가는 사람들은, 의도하든 의도하지 않든, 악을 행하지 않으면 안 되는 상황에 처하게 된다. 사람은 자신이 살아가는 시대를 닮고, 서로가 서로를 닮는 까닭이다. 그래서 가족들끼리 감시하고 이웃끼리 고발했다. 그리하여 그 체제 안에서 산 모든 사람은 서로가 서로에게 아무렇지도 않은 듯이 '배반하며 공존했다'.

이 사실을 알려 주는 사람의 "파벨 삼촌"도 저 악명 높은 비밀경찰로

---

5   위의 책, 49~51쪽.

근무하지 않았던가? 그 시절 소련 사람들은 적군/독일군보다 공안을 더 두려워했다고 한다. 그러니 작가가 쓴 대로 "화학적으로 순수한 절대악은 없다".

4. 기묘한 공생관계 ― 희생자이자 망나니인

이처럼 기이한 공모관계는 소련 사회에서 한두 군데 있었던 게 아니다. 그것은 사람 사는 곳이면 어디서나, 어느 지역이나 어느 관계에도 널리 퍼져 있었다.

어느 시골 지역에서는 마을 사람의 대부분이 수용소와 관련된 일을 했다. 특히 남자들은 그랬다. 요리사나 교도관 혹은 감시병이나 공안들… 이런 직업 외에 다른 직업이 그곳에는 없었다. 그 얘기를 들어 보자.

하지만 배불리 먹을 순 있는 직업이었다더군요. 봉급과 배급식량이 나왔고 제복도 제공됐으니까. 다들 그렇게 말하더군요. 그건 '일'이었다고. 수용소가 그들에겐 직장이었던 거예요! 군복무지였다고요! 그런데 무슨 범죄를 운운하냐고요. 무슨 영혼과 죄를 들먹이냐고요. 수용소에 수감되어 있던 사람들은 아무개가 아니라, 바로 인민들이었고요. 그 사람들을 수감하고 감시한 것도 바로 인민들이었어요. 그 일을 위해서 다른 곳에서 따로 부른 사람들이 아니라 같은 마을 사람들, 가까운 사람들이 그 일을 했던 거라고요. 그랬으면서, 지금은 모두가 줄무늬 죄수복을 입고는 희생자였다고 말하는 거라고요. 스탈린 혼자에게만 죄가 있다고 하죠. 하지만 한번 생각해 보세요… 이건 단순한 수학 문제라고요. 수백만 명에 달하는 죄수들을 감시하고, 체포하고, 심문하고, 추방하고, 한 발자국만 옆으로 벗어나도 총으로 다스려야 했어요. 누군가 그런 일들을 해야만 했어요. … 그렇다는 건 수백

만 명에 달하는 수행원들이 있었다는 것을 뜻한다고요….[6]

스탈린 체제하에 사람들은 서로를 감시하고 밀고하면서 불안과 공포 속에 살아야 했다. 서로가 서로에게 기만당한다고 여기면서 동시에 서로를 기만하며 살았다. 그들 가운데는 알지 못하는 이유로 탄광에 끌려가 '외부와 연락이 불가한 10년 형'을 선고받은 한 사람이 있었다.

끌려간 그 남자의 아내는 5층 아파트에서 뛰어내려 죽었고, 그의 아들은 할머니가 대신 키웠다. 10년 후 그 남자는 야윈 몸에 이 하나 없는 초라한 몰골로 집으로 돌아왔다. 하지만 가족은 아무도 남아 있지 않았다. 그는 원래 일하던 공장으로 돌아갔고, 같은 사무실의 같은 책상에 앉아 다시 일하기 시작했다. 그런데 그를 밀고했던 사람은 바로 그의 반대편에 앉아 있던 사람이었다. 돌아온 남자는 그 사실을 알고 있었다. 작가는 이렇게 쓰고 있다.

"… 그게 우리예요! 우리네 인생이요! 우리는 그런 사람들이에요… 한번 생각해보세요, 아우슈비츠의 희생자와 망나니들이 한 사무실에서 근무하고, 똑같은 경리부에서 월급을 받는 거예요. 전쟁 후 똑같은 훈장을 받고요. 그리고 지금은 똑같은 연금을 수령해요. … 전 모르겠어요. 인간이 아니게 되는 시점이 어디부터인지… 혹시 선생님은 아시나요?"[7]

다시 쓰지 않을 수 없다. 작가가 지적한 대로 '화학적으로 순수한 악'은 없다. 그렇다는 것은 순수한 악이 없듯이 순수한 선도 있기 어렵다는

---

6 위의 책, 386~387쪽.
7 위의 책, 402~403쪽.

뜻이 된다. 선과 악은 뒤섞이듯이 희생자는, 상황이나 처지나 여건이 바뀌면, 언제라도 가해자가 되기 때문이다. 그러니 인간이 "인간이 아니게 되는 시점이 어디부터인지" 정확하게 알기란 극히 어렵다.

나이가 들면 다들 불쌍해진다. 노인들 가운데 밤이 오면 거리에서 빈 병을 수거하거나 지하철에서 담배를 파는 사람들이 있다. 혹은 음식물 쓰레기통을 뒤지는 노인들도 있다. 하지만 그 어른들이 모두 죄가 없는 사람은 아닐 수 있다. 그들의 과거가 어떠했는지, 그들이 지난날 어떻게 행동했는지 우리는 알지 못한다. 선과 악이 뒤섞여 있고, 희생자가 망나니이기도 하며, 이렇게 쓰고 생각하는 나 역시 이 착잡한 인간 조건에서 예외일 수 없는 것이 삶이며, 이 삶의 조건은 쉽게 변하지 않는다. 무섭고 섬뜩한 일이 아닐 수 없다. 이 대목에서 나는 또 하나의 아포리아를 만난다.

아포리아가 쉽게 해결하기 어려운 하나의 국면이라면, 이 아포리아를 우리는 있는 그대로 직시하고 인정하기 어렵다. 쉽게 인정하지 않을 뿐만 아니라, 직시하기도 꺼린다. 아포리아와 대결하고 아포리아를 성찰하는 것은 아도르노가 되풀이하여 강조한 내용이었다. 그것은 예술의 합리성이 이질적인 것의 자취와 흔적을 좇는 가운데 '보다 나은 실천'을 하기 위한 것이었고(1장 4절 "예술의 합리성"), 비판적 사유가 거짓 의견을 거스르기 위해서 반드시 요구되는 것이었다(5장 1절 "아우슈비츠 이후의 교육은 어떻게 가능한가?").

그러나 마르크스주의자들은 아포리아를 인정하지 않는다. 그런 인정은 '패배주의적인' 것으로 간주되기 때문이다. 혁명가들도 다르지 않다. 아포리아를 거론하면 투쟁심이 약해지고 전선戰線이 흐트러진다고 생각하기 때문이다. 그리하여 그들은 혁명이라는 구호 아래 선의가 어떻게 폭력으로 변질되는지 묻지 않는다.

그러나 삶의 현실이 인간이 생각하는 대로 되는 경우란 드물다. 사회나 세상 이전에 자신의 주변만 돌아봐도 이것은 분명 드러난다. 아니 자기의 주변이 아니라, 자기의 내면부터 그렇지 않은가? 우리의 생각이나 나 자신의 고민이 닿는 곳곳에 알 수 없는 모호성과 비의秘儀와 난관이 자리하는 것이다.

그렇다면 아포리아는 아포리아인 그대로 놔둔 채, 그러나 이 아포리아에 포박된 채 머무는 게 아니라, 그 착잡한 요인에 대해 우리는 계속 물을 필요가 있다. 아무런 생각 없이 체제의 복제품으로 살아가는 데 만족하는 게 아니라, 그런 복제품이길 거부하고 그 체제가 무엇을 강제하는지 질의할 수도 있다. 그래서 살인 기계의 한 부품을 살아가는 게 아니라, 그와 다른 어떤 가능성을 모색할 수도 있다. 하지만 몇몇 비판자나 시인이나 작가가 보여 주었듯이, 아마도 미치거나 죽지 않고는 그런 일을 해내기 어려울지도 모른다. 자율적 인간의 성찰적 삶은 그처럼 혹독한 것이다.

소비에트적 인간들은 왜 그런 일이 일어나는지 몰랐고, 아무도 묻지 않았다. 아무도 생각하지 않았기 때문이다. 아니 더 정확히 말하여 '생각하는 법'을 몰랐기 때문이다. 아니, 아무도 생각하지 않으려고 했다는 것이 더 근본적인 문제인지도 모른다. 그런 점에서 아도르노가 강조한 성찰력 — '집단과의 맹목적 동일시를 경계하는' 자세는 여전히 절실해 보인다.

II. 예술의 방식

어떤 사람에게 러시아 10월 혁명은 '레닌'이나 '사회주의'라는 말과 동의어였고, 어떤 경우에는 지금도 그렇다. 그것은 이 땅에 평등과 정의와 형제애를 세우려 했던 실현불가능한 꿈의 이름이었다. 그러나 그 목적은 너무도 많은 피와 고통과 죽음을 초래했다.

하지만 다른 한편으로 혁명의 실패를 초래한 것은 스탈린주의자였지 공산주의 자체가 아니었다고 지적하는 이들도 있다. 현실사회주의가 문제였지 사회주의라는 이념 자체는 여전히 유효하다는 것이다. 정말 그러한가?

1. '언제나 전쟁 중인' — 평화로운 삶을 살아갈 능력이 없는

인간은, 적어도 보통의 인간은 '역사'를 위해 살지 않는다. 그는 훨씬 평범하고 단순하게 산다. 그렇다고, 되풀이하는 말이지만, 먹고 마시며 일하고 자고 노는 게 삶의 전부는 아니다. 그는 매일 비슷하게 살아가지만 그 이상을 꿈꾸기도 한다. 그래서 때로는 초월을 생각하고 사상과 이념을 추구한다.

하지만 그 같은 이념을 추구한다고 해서 소련체제에서 보이듯이 고발이나 밀고가 자연스러울 순 없다. 그렇듯이 편리한 생활의 선호는 이해되지만, 돈의 신전 아래 소비를 우상화하는 것도 바람직해 보이지 않는다. 가정부나 관리인 혹은 일꾼을 거느리고, 호화로운 집에서 캐비아를 퍼 먹고 사는 게 행복의 전부는 아닐 것이다.

그렇다면 어떤 길을 갈 수 있을까? 우선 필요한 것은 정직한 현실인식이다. 아랫글은 그런 인식의 예를 보여 주는 듯하다.

"스탈린을 겪은 우리는 피에 대해서 전혀 다른 태도를 갖게 되었어요. 우린 가족끼리 서로를 죽였던 그 일들을, 왜 살해당하는지도 모른 채 학살당한 수많은 사람들의 죽음을 기억하고 있어요. 이 기억은 남아 있고, 우리의 삶에 존재하고 있어요. 우리는 망나니들과 그들에게 당한 희생자들에게 둘러싸여 성장했습니다. 우리에겐 이러한 유형의 공존이 꽤 익숙한 일이잖아요. 우리는 평화로운 상태와 전시 상태를 구분하지 못해요. 우린 늘 전쟁 중이었으니까요. 텔레비전을 켜면 정치가, 사업가, 대통령까지 너도나도 저급한 비속어를 사용하며 제각기 떠들어대죠. 뒷돈을 대다, 뇌물을 먹이다, 삥땅 치다 등등. 인간의 존재는 발에 밟히는 가래침만 못하다고요. 마치 감옥에서처럼요…."[8]

러시아는 역사 속에서 쉼 없이 전쟁을 치렀다. 그 가운데 방어 전쟁은 드물었다. 그들은 시베리아를 정복했고, 백러시아를 굴복시켰으며, 지금은 우크라이나를 침공하여 전쟁 중이다. 프란츠 카프카F. Kafka의 소설 『소송Der Prozess』을 희곡 버전으로 무대에 올린 페터 바이스P. Weiss의 두 작품 ─『소송』(1975)과 『새로운 소송』(1982)에도 극의 시작과 끝에는 전쟁이 나온다. 인간이 하는 대부분의 일은 폭력적 수단에 의해 시작되고 마무리되는 것이다.

소련 경제의 기본구조가 군대와 관련되어 있는 사실도 이와 관련된다. 전체 경제의 70%가 그렇다는 분석도 있다. 그 체제 아래 최고의 두뇌들은, 수학자든 물리학자든, 미사일과 탱크와 폭탄을 연구했다. 1990년 개혁 이후에는 이들뿐만 아니라 수천수만 명의 군인들이 실업자가 되었다. 어느 비행사는 슈퍼마켓에서 일하기도 했다. 스탈린 체제는 항시적 전시체제였다. 그래서 한 인물은 말한다. "전쟁과 감옥, 이 두 단어는 러시아어에서 가장 중요한 단어들이에요. 러시아어 전체를 통틀어서요!"[9]

---

8 위의 책, 48~49쪽.

이런 체제에서 생명이 존중될 리 만무하다. 생활은 거칠었고, 현실에는 거짓과 폭력이 난무했다. 훔치고 빼앗고 죽이고 가두는 것은 그들의 일상이었다. 그들의 과학기술적 발전은 생활에서의 결핍과 문화적 야만이라는 희생을 치르고 얻은 것이다. 소비에트적 인간형은 이런 지속적 전쟁의 분위기에서 태어났다. 이들은 '승리냐 혹은 패배냐'라는 군사적 범주로 생각한다. 그들에게는 중산층도 없고, 각성된 시민계층도 드물다. 야당 지도자 보리스 넴초프가 수년 전 크렘린궁 앞에서 총에 맞아 죽은 것도 그런 맥락에서였을 것이다.[10] 지금의 푸틴 정권도 러시아 사회의 집단적 위임에 의한 자연스러운 결과라는 지적도 있다.

1990년대 개방정책 이후 러시아는 폴란드처럼 제도적 개혁을 이뤄내지 못했다. 민족주의적 엘리트는 엄청난 돈을 긁어모았으나 서구로부터 인정받지 못한다고 느끼는 반면, 일반인들은 나라가 다시 강력해져야 한다고 여긴다. 그들의 의식에는 '위대한 조국'으로서의 러시아 이미지가 뿌리박혀 있다. 어떻게 해야 할까?

2. 심미적 태도 — 비폭력적 매개의 화해방식

나는 되풀이하여 쓴다. 인간은 원대한 이념이나 사상 때문이 아니라, '그냥 살고' 싶어 한다. 이러한 사실 역시 결코 간과되어선 안 되는 삶의

---

9 위의 책, 313쪽.

10 보리스 넴초프(Boris Nemzow, 1959~2015)는 옐친 대통령 시절인 1997년에서 1998년까지 러시아 연방의 부총리를 지냈다. 그는 처음에 푸틴을 지지했으나 나중에는 비판자가 되었다. 그는 2015년 2월 27일 크렘린궁으로 가는 길목인 모스크바 대교에서 피살되었다. 그 때 거리로 나가 시위한 사람은 5만 명이었다고 한다. 그러나 그 인원이 100만 명쯤 되면 푸틴도 체포하지 못할 것이라는 보도도 있다. 그렇다면 러시아 사회의 개혁을 위한 최소한의 각성된 시민이 100만 명쯤 된다는 것일까?

중요한 존재이유다. 이것을 우리는 심정적으로 인정할 뿐만 아니라, 제도적으로도 보장할 수 있어야 한다. '그냥 살아본 적이 없다'는 것은 스탈린 체제 아래 살았던 러시아인들의 큰 비애였다. 그러면서 여분의 힘이 있다면 뜻과 보람을 ('추구해야 한다'는 것이 아니라) 추구할 수도 있을 것이다.

뜻과 보람이란 사상과 이념의 문제다. 주의해야 할 것은 바로 이 대목이다. 지극히 위험하기 때문이다. 인간은 인간 이하의 존재인 것만큼이나 그 이상의 존재다. 아니 그런 존재인지 아닌지 우리는 알기 어렵다. 아마도 그런 존재일 것이라고 우리는 여긴다. 아니 그렇게 '여기고 싶어 한다'. 이때의 '우리'도, 더 정확히 표현하자면, '나'라고 써야 한다. 우리라는 '나 이외의 전체'에 대해 나는 모르니까. 그것이 정직하고 사실에 부합되는 표현이기 때문이다.

그러므로 다시 쓰자. 나는 인간이 인간 이상의 존재일 것이라고 생각하고, 또 그렇게 생각하고 싶어 한다. 이것은 안간힘이다. 어떤 안간힘인가? 어떤 선함 혹은 어떤 고귀함으로 나아가고자 하는 안간힘이다. 이 나아감, 나아가고자 하는 의지, 바로 여기에 인문학적 가치와 인간의 신적 속성이 녹아 있는 것으로 여겨지기 때문이다.

이를테면 실러가 예술에 기대어 '욕망의 고귀화'를 고민하고, 아도르노가 '충동승화적 개인'을 강조한 것도 그런 본성의 중화中和가 이 같은 나아가려는 움직임에서 생겨나는 까닭이다. 칸트 역시 그런 의지를 '선의지'라고 불렀고, 이 선의지는 '신적'이라고 여겼다. 마찬가지로 스피노자 B. Spinoza는 완전성을 향해 우리를 나아가게 하는 모든 것을 '선'이라고 불렀고, 그런 완전성으로의 일을 방해하는 것을 '악'이라고 부르면서 완전한 신을 생각하고 향유하는 사람이야말로 가장 완전한 인간이라고 썼다. 더 나은 상태를 향한 이런 분투가 근거 없는 착각일 수도 있다. 하지만 나는 그것이, 감히 말하거니와, '내가 살아가는 이유'라고 말하고 싶다.

우리가 생각하고 이 생각 속에서 좀 더 나아지려는 이유는 무슨 고귀함이나 존엄성을 위해서가 아니라 우리 자신의 영혼마저 찬탈될 수 없기 때문이다. 지금보다 좀 더 나은 것 — 더 나은 진실과 선의와 아름다움을 떠올리는 것은 내 마음 깊은 곳으로부터 우러나오는 영혼의 목소리인 까닭이다. 그런 점에서 자기성찰적 의무는 오늘날의 과제에 그치는 게 아니라 항구적인 과제다. 그것은 인류의 역사 이래 한 번도 온전하게 실현된 적이 없는 문명사적 결함이기 때문이다.

각자가 생각하지 않는다면, 생각하기를 포기한다면, 푸틴이나 루카셴코 같은 독재자가 우리 사는 사회의 영혼을 찬탈할 것이다. 성찰적으로 비판하는 계층이 없다면 그런 독재자가 물러나도 또 다른 극우파가 등장하여 우리를 좌지우지할 것이다. 그들은 영혼까지 찬탈하여 폭력과 죽음의 야만적인 세계로 몰고 갈 것이다. 생각을 하지 않으면 않을수록, 그래서 자기 나름의 기준이나 정체성이 구비되지 않으면 사람들은 이런저런 음모를 그럴듯하게 포장하여 내건 명분에 속아 그들을 지지한다. 자기세계가 없는, 그래서 정치 외에는 달리 마음 쏟을 곳이 없는 사람들도 마찬가지다.

그런 점에서 주의하는 마음 — 되돌아보는 성찰은 필수적이다. 이런 점에서 나는 인간의 존엄성을 믿는, 아니 믿고 싶어 하는 칸트주의자인가? 칸트에게 최고의 이상이 필요했던 것은 그것이 실제로 인간에게 있어서가 아니라, 그런 이상이 있음으로써 세계의 모든 일이 어떤 필연적원인에서 나오는 것처럼 볼 수 있었기 때문이다. 신이 최고의 선이라면이 선이 필요한 것도 같은 이유에서였다. 다시 말해 선은, 그것이 현실에실제로 있어서가 아니라, 인간이라는 삶의 합당한 존재이유로서 필연적이기에 요청되는 것이다. 그러므로 더 나은 삶에 대한 이념 — 실존적 고양에의 열망은 인간에게 '도덕적으로 필연적으로' 보인다.

인간에게는 어리석음과 맹목의 본성적 한계에도 불구하고 이 한계에 대항하여 이 한계에서 벗어나려는 자유에의 의지가 있지 않은가? 예술과 학문을 통한 '목숨을 건 도약salto mortale'은 그런 이유에서 이뤄지지 않는가? 나는 이렇게 믿는다.

1) 이념을 위해 생활을 희생시켜야 하나?

공산주의 체제는 전체적으로 보아 '이념을 위해 생활을 희생시켰다'고 할 수 있다. 그들은 이상을 실현하기 위해 죽음도 마다치 않았지만, 그 외의 것은 무시하거나 배제했다. 그들은 욕구나 본능도 억눌렀다. 이런 이상 아래 그들은 사고 싶은 것이나 입고 싶은 것, 먹고 싶은 것이나 가고 싶은 곳을 말할 수 없었다. 이처럼 자연스럽고 자명한 것들이 스탈린 체제에서 허용되지 않았다. 그런 점에서 소비에트적 생활양식은 지양되어야 한다.

사람들은 그 시대에 맞게 그리고 각자의 방식대로 살아갈 뿐이다. 그러나 보편적 길이 없을 수 없다. 그 길이란 무엇인가? 그것은 지금 여기의 일상에 충실하면서도(첫째), 이 일상을 넘어 좀 더 오래가는 것들 ─ 진실하고 선하며 아름다운 것을 추구하는 일이다(둘째). 여기에서 결정적인 사실은 진선미의 추구가 강제 없이 이뤄져야 한다는 사실이다(셋째). 예술은, 예술의 경험은 바로 이런 일 ─ 진선미의 비강제적 추구방식을 떠맡는다.

생활과 이념의 통합은 낮의 시간 뒤에 밤이 뒤따르는 것처럼 자연스러운 일이다. 하지만 그것은 명령이나 강제가 아니라 자발적 동의 아래 이뤄져야 한다. 각자의 선택과 결정을 존중해야 한다는 뜻에서다. 하지만 선택과 결정의 능력은 절로 획득되지 않는다. 여기에는 오랜 학습과 연마가 필요하다. 가정교육이나 학교에서의 수업, 그리고 사회적 예절과 관습이 중요한 것도 그런 이유에서다. 소련에서 보듯이 석유나 가스만으로 민주주의를 수입할 수 없다.

세상에는 알아가야 할 것이 많고 물어야 할 일도 많다. 세상에는 너무도 많은 미지未知의 문들이 있고, 이 문들에는 제각각의 열쇠가 필요하다. 마음 놓고 기댈 만한 고향이 있어야 한다면, 그리고 이런 고향에 대한 탐색을 우리가 살아 있는 한 그칠 수 없다면, 그렇게 시도되는 비강제적 모색의 한 방식, 그것이 곧 예술이고 인문학이다. 나는 이 비폭력적 매개의 화해적 방식이 미학이고 예술의 심미적 경험이라고 생각한다. 그리고 이것은 지금까지 내가 다뤘던 아도르노의 미학이 보여 준 바이기도 했다.

모든 것을 다 갖고 있는 사람마저도 부족한 것을 느끼는 게 인생이라면, 우리는 참고 견디면서 사는 것도 배워야 한다. 자긍심만큼이나 체념하는 것도 때로는 필요하다. 그렇다고 이 체념에 머무를 필요는 없다. 우리는 행복한 삶에 대해, 올바른 뜻과 의미에 대해 다시 정의할 필요가 있다. 그리하여 나는 다시 묻는다. '우리는 억압과 강제 없이 전진할 수 있는가?'

2) 억압과 강제 없이 전진할 수 있는가?

나는 '그렇다'고 생각한다. 어떻게 그런가? 아래에서 나는 아도르노 미학을 다시 바꿔 쓰면서 그 답변을 하고자 한다. 그의 문제의식은, 최대한 줄이면, 네 가지로 수렴될 수 있다. 첫째, 비판적 철학의 사유와, 둘째, 예술적 표현의 대응, 셋째, 이것이 갖는 심미적 경험에서의 의미, 그리고 넷째, 교양형성적 의의로 요약될 수 있다.

첫째, 비판적 철학의 사유와 관련하여

오늘의 사회가 자본주의적 환산화 체계 속에 자리한다면 이 사회를 움직이는 것은 최대수익과 이윤의 원리라고 할 수 있다. 이 원리에 부합하면 동질적인 것으로 허용되고, 이 원리에 부합하지 않으면 이질적인 것으로 배제된다. 회사나 기업의 운영원리가 그렇고, 사람 사이의 사회적 관계도 다르지 않다.

그리하여 삶의 사회정치적 질서는 총체적으로 관리되고, 각 개인은 자신의 고유성을 잃는다. 이것이 곧 삶의 사물화다. 이러한 개인성은 현대의 경쟁사회에서 억압되거나 방치되거나 외면된다. 그런 개인성을 완벽하게 파괴한 역사적 사례는 아우슈비츠에서의 유대인 말살이었다. 소비에트적 인간도 크게 다르지 않았다. 그들은 스탈린 체제 아래 자신이 노예라는 것을 인식하지 못했다. 노예로 사는 것을 좋아하는 경우도 많았다. 그들은 일상이 어떻게 이뤄지고 있는지, 신문에서 보도되는 사건이나 TV에서 언급되는 당의 메시지가 무엇을 뜻하는지 묻지 않았다.

여기에 필요한 것이 비판적 성찰적 사유다. 사람은 계속해서 생각해야 하고, 이렇게 생각하는 자신의 생각에 대해서도 생각해야 한다. 이것이 부정적 사유이고 이 사유의 움직임이자 변증법이다.

아도르노에게 철학이 비판적 사유의 이름이었다면, 이 사유를 지탱하는 원리가 부정성이었다. 부정적 사유는 자본의 이윤원리 아래 배제되는 것들 — 비동질적이고 이질적인 것에 주목한다. 그것은 삶의 모순과 이율배반을 직시하는 가운데 무엇이 잊히고 유린되는지 묻는다. 그러면서 사회적 관계에서 외면된 항목에 주의하고 사라진 자취와 흔적을 좇는다.

둘째, 예술적 표현의 대응에 대하여

비판적 사유의 부정의식과 반성의식이 철학의 길이라면 이 철학의 방식은, 적어도 아도르노가 여기기에, 예술의 방식을 동반해야 한다. 즉 철학적으로 사유한 내용은 예술적으로 표현되어야 한다. 그러므로 철학과 미학이 하나가 되어야 한다.

흥미로운 사실의 하나는 철학적 사유방식과 예술적 표현방식이 서로 통한다는 점이다. 철학이 기존의 의미체계에서 벗어난 것들 ― 비동일적이고 양립불가능하며 모순적인 것을 추구한다면, 그래서 통일적이고 절대적이며 총체적인 세계상에 거스른다면, 예술도 지배적인 것들의 변두리에 주목하기 때문이다.

예술은 삶의 구석에 자리하는 작고 사소하며 변변찮은 것들에게 주의하고, 이 변변찮은 것들의 여운과 메아리를 드러내고자 한다. 시와 예술이 자연의 침묵에 귀 기울이고 세계의 수수께끼를 탐색하는 것도 그런 이유에서다. 존재하지 않는 것의 상기야말로 예술의 존재이유인 것이다.

셋째. 심미적 경험에서의 의미에 대하여

의미심장한 것은 이렇게 이뤄지는 이질성의 복원이, 철학에 의해서건 예술에 의해서건, 아무런 강제나 강요 없이 이뤄진다는 사실이다. 즉 자유로운 선택의 자발성이 보장된다. 이 자발성이 철학적 사유의 주체나 예술적 표현의 주체(창작자)에게 개별적으로 주어진다면, 예술의 경험에서는 더 폭넓게 실현된다. 예술감상에 참여하는 사람들은 생산자에 비해 훨씬 많기 때문이다.

심미적 경험 속에서 각 개인은 새로 느끼고 다르게 생각하는 법을 배운다. 그러면서 그때 만난 세계는, 그것이 이미 알고 있는 세계와 다른 세계라는 점에서, 그의 현실을 좀 더 높은 곳으로 옮겨 놓는다. 이 다른 현실과의 만남을 통해 심미적 주체는 자신의 주체성을 좀 더 나은 것으로 변형시킨다.

'좀 더 나은 것'이란 더 진실하고 선하며 아름다운 것을 뜻한다. 따라서 이 움직임은 근본적으로 윤리적이다. 이런 주체가 충동승화적 개인이다. 심미적 경험은 윤리적 변형의 고양경험이다. 이것이 넷째, 예술의 교양형성적 의의이다.

3) "나는 당신의 진리를 필요치 않아요!" ― 또다시 아포리아와 만나다

그러나 예술의 이 네 가지 의의가 현실에 대한 충분한 답변이 되긴 어려울 듯싶다. 인간은 그 정도로 이성적이거나 분별적이지 않기 때문이다. 인간이 살아가는 현실은 훨씬 더 가혹하기 때문이다.

앞서 보았듯이 인간은 제각각의 가치와 맹목과 편견 속에서 살아가고, 일평생 선과 악 사이에서 헤맨다. 나는 다시 한번 현실의 난관, 이 난관으로서의 삶aporia을 만난다. 예술이 보여 주는 것은 바로 이 아포리아의 직시일 뿐인지도 모른다. 이것은 알렉시예비치가 2013년 독일 서적평화상을 수상했을 때 행했던 감사연설에도 들어 있다.[11]

『아연 소년들』에 대한 소송이 시작되었던 법정에서 제가 ―그 당시 저는 이 책으로 소련군을 모욕했다는 죄로 기소되었는데― 한 죽은 군인의 어머니를 발견했을 때, 얼마나 충격을 받았는지 기억합니다. 우리가 처음 만난

---

11 Swetlana Alexijewitsch, "Warum bin ich in die Hölle hinabgestiegen?," Dankesrede, Friedenspreis des Deutschen Buchhandels 2013; https://www.blaetter.de/ausgabe/2013/november/warum-bin-ich-in-die-hoelle-hinabgestiegen.

곳은 그녀 아들의 관 앞에서였습니다. 그 아들은 외동아들이었고, 클 때까지 그녀가 홀로 키웠습니다. 그녀는 절망에 차서 그 관에 머리를 찍으며 중얼거렸습니다. '누가 저 안에 있지? 내 아이야, 네가 여기에 있니? 관이 너무 작은데, 너는 더 컸는데 … 누가 여기에 들어 있지?' 그녀는 나를 쳐다보며 소리쳤습니다. '온전한 진실을 말해주세요! 그들이 이 아이를 군대로 끌고 갔습니다. 아이는 목수였고, 장군을 위해 다차/시골별장을 고쳐 줬지요. 하지만 사격법은 알려 주지 않았어요. 그런 다음 전쟁으로 내보냈고, 거기서 바로 첫째 달에 그가 죽은 것입니다.'

그 법정에서 나는 그녀에게 물었습니다. "왜 여기에 당신이 왔지요? 저는 진리를 썼어요." "나는 당신의 진리가 필요치 않아요. 나는 나의 아들이 영웅이었기를 바랍니다."

『아연 소년들』은 알렉시예비치가 1992년에 낸 소설이다. 이 책을 쓰기 위해 그녀는 아프가니스탄 곳곳을 돌아다니면서 소련-아프가니스탄 전쟁 참전군과 전사자들의 어머니를 만나 500여 차례 인터뷰했다. 그때 참전한 군인들 가운데는 소년병이 많았다. '아연소년'이라는 명칭은 이들의 유해가 아연으로 만들어진 관에 담겨 왔기 때문이다.

그렇게 담겨 온 관은 의심스러울 때가 많았다. 다른 사람의 시체이거나 물건이 들어 있는 경우도 있었기 때문이다. 하지만 국가는 그들을 '영웅'이라 부르면서 거창한 행사를 열었고, 이 행사에는 많은 사람들이 동원되었다. 심지어 그런 칭호를 자랑스러워한 유족도 있었다. 그들은 "영웅"을 원하지 "진리"를 원하지 않았던 것이다. 이것도 우리가 직시해야 할 인간현실의 또 다른 아포리아다.

스탈린의 악이 어떤 다른 사람들이 아니라 바로 나의 가족과 친지와 지인들 사이에 있었다는 데 처음의 아포리아가 자리했다면, 두 번째 아포리아는 인간이 흔히 생각하는 것과는 다르게 사실보다는 '영웅'을 바라는 데 있다. 죽은 병사의 어머니는 진실이 아니라 거짓을 원하는 것이다. 이러한 아포리아는, 이를테면 드물게 나타나는 선한 정치가라고 해도 그들을 추종하는 자가 반드시 선하다고 말할 수 없고, 일반 시민이 독재자보다 덜 폭력적이거나 덜 탐욕적이지 않을 수도 있다는 사실에도 들어 있다. 일반 시민이 독재자보다 나아 보이는 것은 그들 시민에게 그런 공적 무대가 아직 제공되지 않았기 때문일 수도 있다. 이것은 우리 자신 혹은 나에게도 다르지 않다.

시기와 증오와 탐욕은 없는 게 아니라 수면 아래 잠겨 있을 뿐이다. 삶의 현실에는, 그것이 인간성의 현실이든 현실 자체의 현실이든, 얼마나 많은 착잡한 굴곡과 당혹스러운 그늘이 자리하는가? 그래서인가, 앞의 감사연설에는 이런 구절이 들어 있다.

러시아 문학의 위대한 쟁점은 이렇습니다. 솔제니친은 고통이 인간을 더 낫게 한다고, 수용소에서 사람은 정화된 연옥에서 나오는 것처럼 나온다고 주장했습니다. 그 반면에 샬라모프Schalamow는 수용소 경험이 인간을 타락시킨다고, 수용소 경험이란 수용소 안에서만 소용될 뿐이라는 점을 확신했습니다. 시간은 샬라모프가 옳았다는 사실을 보여 줍니다. 사회주의가 남긴 인간은 수용소에서의 생활만 잘했습니다.

그러니까 인간은 고통을 겪어도 '나아지지 않는다'. 이것은 인류가 고대 그리스 이래, 소크라테스의 위대한 가르침에도 불구하고 더 나아지지 못했다는 사실에서 이미 되풀이된다. 인간 사회는 물질적으로나 과학적으로 발전할 수 있지만, 그 외 다른 것은, 생활이나 삶 자체를 포함하여, 개선되지 않는 것이다.

그러므로 인간은 각자의 삶에서 매번 '처음부터 다시 시작해야' 한다. 이렇게 새로 배우면서 현실을 익혀 가야 하는지도 모른다. 인간은 진실을 알고 싶어 하기보다 칭찬을 바라며, 선의나 아름다움보다 이익과 편안함을 추구하기 때문이다. 그토록 많은 피와 죽음을 겪으면서도 전혀 변하지 않을 수도 있는 것이 인간의 한 실상이라면, 이런 인간이 거의 대부분이라는 것은 또 하나의 다른 실상 — 거의 빠져나오기 힘든 실존적 아포리아로 보인다.

얼마나 많은 진실이 아무런 메아리 없이 사라지고, 그저 허공 속에서 속삭이는 것처럼 붕붕거리다가 잊혔는가? 삶에는 사람 사는 숫자만큼이나 많은 아포리아가 있다. 그러나 의견과 사고를 구분하고 아포리아를 성찰하라는 것도 아도르노의 중대한 문제의식이었다. 자기역류적 사고는 그가 강조한 내재적 비판문화의 핵심이었다.

참으로 인간은 자기나 동료인간에 대하여 아무것도 배우지 않는지도 모른다. 아마 푸틴이 사라진다고 해도 또 다른 푸틴이 등장할 것이고, 인간 사는 어느 곳에 수용소가 세워진다면 이곳에서 일하려는 사람들이 오늘날에도 개미 떼처럼 몰려들 것이라는 누군가의 말은 크게 틀리지 않을지도 모른다. 그것이 인간 현실의 적나라한 모습이고 역사의 진실이다. 어떻게 해야 하는가? 삶은 하나의 맹목에서 또 하나의 맹목으로 옮아가고, 인간의 역사는 하나의 무덤에서 또 하나의 다른 무덤으로 행진하면서 지워지고 생겨나는 것인가?

그러나 우리는 선과 악 사이에서 새롭게 마음을 다잡아야 한다. 우리 자신이 바뀌지 않는데 우리 사는 세상이 어떻게 바뀌겠는가? 내가 자신을 돌아보지 않는데 어떻게 내가 사는 삶이나 내 주변의 조건이 나아지겠는가? 새로운 삶은 절로 되지 않는다. 작가와 인터뷰한 어느 한 사람은 이렇게 말했다. "솔제니친의 가르침대로 우리부터 먼저 거짓 위에서 살지 않는 법을 배워야 해요. 그것 없이 우리는 1밀리미터도 더 전진할 수 없을 겁니다. 그것 없이는 그저 원을 빙빙 돌게 될 거예요."[12]

아마도 맞는 말일 것이다. 우리에게 필요한 것은 구호나 깃발이 아니라 평화로운 삶이다. 무슨 용사나 영웅이 필요한 게 아니라, 조용하고 소박하게 살아가는 매일의 삶 ― 시위나 바리케이드가 아니라 평범하나 정직한 나날이 중요한 것이다.

하지만 이 조용하고 평범한 삶도 당연히 오는 게 결코 아니다. 그것은 사회구성원 모두가 깨어 있어야 하고, 그들 각자가 자신과 주변을 돌아보며 살 때 비로소 가능하다. '깨어 있음Nüchternheit'은 아도르노의 교양 이해에서도 핵심적인 덕목이었다. 아무런 환상이나 미화 없이 현실을 직시하는 태도는 한 개인이 자율적 사회의 성찰적 주체로 살아가는 데 필수불가결한 목록이다. 그렇지 않으면 삶의 공간은 언제라도 파괴될 수 있기 때문이다.

되풀이하건대 우리가 이성적이어야 하는 것은 고귀한 이념이나 사상 때문이 아니라, 우리 사는 공동체가 망나니에 의해 짓밟히지 않도록 하기 위해서다. 그래서 우리의 소중한 자유가 상스럽고 미숙하며 야만적인 자들의 손에서 놀아나지 않게 하기 위해서다. 그렇게 깨어 있어야 우리 각자는 유일무이하게 주어진 이 세상에서의 삶을, 이 목숨의 기적을 아무렇게나 방치하는 게 아니라, 오직 그 자신에게 어울리는 뜻깊은 방식으로 살아갈 수 있지 않은가? 이것이야말로 삶의 절대적 이유가 될 만하지 않은가? 예술은 바로 이런 이유를 가끔 그리고 넌지시, 또 아무렇지도 않은 듯이 무심하게 깨우쳐 준다.

---

12 스베틀라나 알렉시예비치, 앞의 책, 2024, 443쪽.

Ⅲ. 아도르노를 체득했다면 그를 떠나라

심미적 주체는 부정적 사유를 통해 지배적 경향을 거스른다는 점에서 사회비판적이고, 예술의 경험 속에서 훼손되지 않는 것들을 모색한다는 점에서 개별적인 것의 고유성에 주목한다. 더 이상 국가나 집단이 그를 대신할 수 없다. 그의 삶을 살아가는 것은 스탈린이나 나폴레옹이 아니라 김철수가 이영희 같은 그 자신이기 때문이다. 평등사회나 노동자 국가가 그의 이념이 되는 게 아니라, '자신이 바라는 바가 그가 살아가는 이유여야' 마땅하다.

그러므로 각자의 기질과 양식에 따라 살되(첫째), 이렇게 사는 데 그칠 게 아니라, 그 양식에 대해 질의하면서(둘째), 나아가 이 질의 속에서 자신만의 삶을 만들어 가면서 살 일이다(셋째). 그것이야말로 우리에게 가장 큰 기쁨을 주고 온전한 행복감을 준다. 그런 개인적 이유는, —여기에서 놀라운 전환이 일어나는데— 각자가 부단히 느끼고 생각하면서 자신을 만들어 가는 가운데 보편적 이념으로 열릴 수 있다. 가장 개인적이고 개체적인 것이 일반적이고 보편적인 것과 연결될 수 있는 것이다.

하나의 선과 악은 언제나 또 다른 선과 악으로 이어진다는 것, 그것이 인간 삶의 항구적 모습으로 보인다. 하지만 현실에는 기적처럼 놀라운 일이나 소중한 인연이나 관계가 없지 않다. 그리고 바로 그 옆에 진선미에 대한 열망도 자리한다.

어리석은 인간에게 과오는 불가피한 것으로 여겨지고, 모든 의미 있는 것에는 고통이 따르지만, 그럼에도 인간은 고통받기 위해서가 아니라 기뻐하기 위해 살아가지 않는가? 이 기쁨 속에서 우리는 주어진 삶을 사랑해야 하지 않는가? 매일 새로 느끼고 다르게 생각하는 가운데 조금씩 더 나은 방향으로 고쳐 가는 생활 — 그런 기쁨에 찬 나날이야말로 온전한 행복이고 삶의 목표가 되어야 마땅하다. 그것이 심미적 주체가 자기형성의 기쁨 속에서 누리는 자유로운 삶의 모습이다.

이런 점에서 아도르노 미학은 현대의 사물화된 삶을 비판할 때 긴요할 뿐만 아니라, 그저 소박하고 평범한 삶을 살아가는 데서도 여전히 설득력 있는 논거를 제공하지 않는가 나는 생각한다. 그러나 이렇게 살아갈 수 있다면 우리는 더 이상 아도르노를 거론할 필요도 없을 것이다. 그의 문제의식을 이미 그 나름으로 내면화하고 있기 때문이다. 그를 체득했다면 그를 더 이상 고수할 게 아니라 미련 없이 떠날 일이다.

나는 아도르노를 읽으면서 그의 사상을 배웠고, 그에 대해 쓰면서 그와의 작별을 준비했다. 한 사상가에 대한 최고의 경의는 그에 대해 쓰면서 자기 나름으로 살아가는 일이기 때문이다. 그 나름의 자기 삶을 사는 것, 그것이야말로 철학과 예술을 공부하고 미학을 실천하는 길이다. 되풀이하건대 미학의 완성은 각 개인이 자기에게 어울리는 뜻과 보람 속에 사는 데 있다. 그때에는 미학이라는 말이나 아도르노라는 사상가도 필요없을 것이다. 그리고 그렇게 그를 떠난 후 우리는 전혀 다른 모습으로 그와 다시 만날 수도 있다.

이렇게 다시 만난 아도르노는 이전의 아도르노일 수 없다. 그것은 나에게 육화된 아도르노이기 때문이다. 그의 생각은 이미 내 속에 들어 있어서, 내 정신과 영혼의 일부로 녹아 있어서 그와 나 사이에는 꿰맨 자국도 표나지 않기 때문이다. 이것이 그의 미학을 전유專有하는 나의 방법이다. 그렇듯이 독자 여러분은 이런 방법을 참고로 하면서 각자의 삶을 살 일이다. 그것이 부정적 사유의 변증법이고, 사랑의 변증법이며, 삶 자체의 자기쇄신적 변증법이 아닐까?

삶을 온전히 살아가려면 얼마나 많은 것들이 필요하고, 동시에 얼마나 많은 것들을 지워 가야 하는가? 얼마나 오래 연마하면서 자신을 갈고

닦아야 하는가? 나는 이 모든 것이 삶에 대한 사랑과 관심에서 시작된다고 생각한다. 철학의 성찰과 예술의 표현은 그런 관심 어린 사랑의 한 방식이다. 아도르노 미학은 바로 이 점을 떠올리게 한다.

전문용어

인명

예술의 유토피아

아도르노의 문제의식